本书出版得到
国家重点文物保护专项补助经费资助

绵阳崖墓

绵 阳 博 物 馆
成都文物考古研究所 编著

文物出版社
北京·2015

图书在版编目（CIP）数据

绵阳崖墓／绵阳博物馆，成都文物考古研究所编著.
—北京：文物出版社，2015.12
ISBN 978－7－5010－4342－2

Ⅰ.①绵…　Ⅱ.①绵…②成…　Ⅲ.①崖墓－发掘
报告－绵阳市　Ⅳ.①K878.85

中国版本图书馆 CIP 数据核字（2015）第 157906 号

绵阳崖墓

编　　著：绵阳博物馆　成都文物考古研究所

责任编辑：孙漪娜
责任印制：张道奇
封面设计：程星涛
出版发行：文物出版社
社　　址：北京市东直门内北小街 2 号楼
邮　　编：100007
网　　址：http：//www.wenwu.com
邮　　箱：web@ wenwu.com
经　　销：新华书店
印　　刷：北京京都六环印刷厂
开　　本：889mm×1194mm　1/16
印　　张：33.75　插页：4
版　　次：2015 年 12 月第 1 版
印　　次：2015 年 12 月第 1 次印刷
书　　号：ISBN 978－7－5010－4342－2
定　　价：360.00 元

The Rock Tombs in Mianyang

(with an English Abstract)

by

Mianyang Museum

Chengdu City Institute of Relics and Archaeology

Cultural Relics Press

Beijing · 2015

主　　编：王　毅　王锡鉴

执行主编：刘雨茂　唐光孝

编　　委：王　毅　王锡鉴　卢引科　刘雨茂　宋建民

　　　　　邱　艳　胥泽蓉　唐光孝　索德浩　谢　林

序

　　《绵阳崖墓》公布了自 20 世纪 90 年代以来发掘、清理的 98 座崖墓的全部资料。全书分为三编：第一编绵阳市区崖墓概述；第二编崖墓发掘报告；第三编初步研究。考古发掘报告的主要任务在于客观地、如实地公布考古发掘资料，为此目的书中将初步研究单独列为一编，和发掘报告部分区别开来。因为初步研究是发掘者对资料观察研究的结果，其中难免会带有个人主观的因素，例如对墓葬形制的分型分式研究，对随葬器物的分型分式研究等。将发掘报告和初步研究区分开来，这样有利于读者对这批资料进行较为客观地分析、研究，这一点书中已经说得清楚。发掘报告部分将这 98 座崖墓以每座墓作为一个单位，从墓葬形制、雕刻画像到随葬器物逐一公布，资料完整，为读者有效地利用这批资料作更深入地研究提供了方便。还有些墓葬破坏严重，仅发现有随葬器物者，甚至有的墓葬建造尚未完工而废弃。如双碑白虎嘴 23 号墓，也进行了编号公布，这些对了解墓葬的分布、墓地的规划也是有益的。另外，书中在第一编专门列出第一章第三节，介绍了丧葬习俗及古代墓葬之发现，它们是：一、战国晚期至西汉时期的土坑墓；二、东汉至南北朝时期的砖室墓；三、东汉至南北朝时期的崖墓；四、唐宋元明时期的石板墓。这些介绍虽然较为概括，但对读者来说，无异拓宽了视野，尤其是一、二两部分和《绵阳崖墓》关系密切，为读者提供了颇有价值的参考。这种编写体例是值得肯定的。

　　崖墓是我国古代墓葬的一种，为依山开凿山洞作为墓室，属于横穴墓。我国目前发现最早的崖墓为西汉时期，主要分布在北方黄河中下游地区，有河南省永城的梁王墓、河北省满城的中山王墓、山东省曲阜的鲁王墓以及江苏省北部徐州的楚王墓，这些崖墓规模宏大、结构和布局复杂，保存好的随葬器物众多，制作精美。

　　四川崖墓众多，分布亦广，时代主要为东汉时期，以中小型为主，虽有些较大的墓如天回山崖墓、乐山麻浩崖墓、中江塔梁子崖墓等，但和北方西汉时期的大型崖墓相比，无论从墓葬规模、结构还是随葬器物的种类、数量、制作精美程度等，都是不能相提并论的。北方那些大型崖墓均为诸侯王一级及王室家族的墓葬，而四川崖墓一般为中下级官吏、地方豪强的墓葬，甚至是平民百姓的墓葬。两者身份悬殊。这大概是四川崖墓数量众多的原因之一。绵阳地区是四川崖墓集中的地区之一，并且有自身的特点。

　　这 98 座崖墓均属小型墓，从墓葬形制到随葬器物及其组合都有变化，发掘报告从这些演变着手对崖墓作了分期、断代的研究。这个分期和断代是建立在考古类型学研究的基础之上的，所以其结论是可信的。它们的时代主要从东汉中晚期一直延续到魏晋、南北朝时期，下限可达隋至唐初。这批崖墓的发掘和研究为绵阳地区崖墓编年的研究提供了一个标尺，也为四川其它地区崖墓编年的研究提供了一个重要的参考标准。正像河南洛阳烧沟汉墓的发掘和研究，"通过这批材料的研究，建立起洛阳汉墓年代的标型序列，并为中原各地汉墓编年提供了可资鉴的标尺"①。因此这批崖墓虽然均为小型墓，由于其前后发展的连续性和阶段性均较为清楚，从中可以看出其演变的规律，这正是它们的可贵之处。

前面谈到东汉时期的崖墓主要集中在四川地区，是崖墓最为盛行的时期。东汉以后的崖墓发掘不多，且较为零星，对它们的认识也很不够。《绵阳崖墓》公布的材料，从东汉中晚期一直延续到东晋、南朝，下限可到隋、唐初。属于东晋和南朝的崖墓，即崖墓的第五期和第六期，而第四期为蜀汉和西晋，这期崖墓数量虽然较少，但在崖墓发展、演变过程中的承上启下作用却是有重要意义的。从四川崖墓的发展情况看，魏晋南北朝时期是崖墓从盛行走向衰落的时期，尤其是墓葬规模普遍较小而结构简单，这一点和全国同一时期墓葬的发展变化是一致的。虽然绵阳崖墓中属于晋与南朝时期为崖墓的衰落时期，但它们是我国古代崖墓的组成部分，结合其他地区的崖墓，可以看出崖墓发展、演变的整个过程，为研究崖墓这种葬制不可或缺的资料。至于四川宜宾地区一些小型、简单的所谓"直穴墓"则可视为崖墓的孑遗②。从这方面讲，对这一批魏晋、南北朝时期的崖墓资料应予以足够的重视，并认真地加以研究。

四川崖墓有许多在墓壁上或崖棺上、石棺上雕刻有画像。在绵阳崖墓中也有这类画像，本书公布的材料中，画像崖墓比较集中发现在河边九龙山沙包梁墓地，时代为东汉中晚期。在汉代墓葬中用以装饰墓室的有壁画墓、画像砖墓和画像石墓，崖墓画像从材质方面说应属画像石，但墓壁是不能移动的，又区别于画像石，它的不可移动性又和壁画墓相似，应该说它有自身的特点。这几类画像统称为"汉画"，它们用艺术的形式形象、生动地反映了汉代人们生活、生产的某些方面，也反映了汉代人们的一些意识观念乃至宗教思想等，是研究汉代历史的绝好材料。

壁画墓在西汉时已经出现，东汉时有较多发现，主要分布在黄河中下游地区，如陕西、河南、山西、河北、内蒙古、山东等地，另外辽宁省的辽阳地区也发现有壁画墓，时代为东汉末年至三国时期。关于壁画墓的渊源，应和古代建筑物中的壁画有关。西汉早期的湖南马王堆3号墓在棺室内壁上挂有大幅帛画③，江苏盱眙东阳土坑木椁墓④、江苏邗江胡场土坑木椁墓⑤发现有木刻画、木板彩画，它们都位于椁室的内壁上，正是壁画墓中壁画所在的位置，时代为西汉中期。因此可以把它们看做是壁画墓的先河，而画像石墓、画像砖墓和崖墓画像均可视为雕刻和模印出来的壁画。

我国画像石墓主要分布在苏北、山东地区；河南南阳地区；陕北地区，并各有不同的风格和特色。四川也有画像石墓并有画像石棺，有的画像石和画像砖共用于一墓之中。画像崖墓主要分布在四川地区并有画像石棺和画像崖棺，也发现崖墓中雕刻画像和壁画共用

① 中国社会科学院考古研究所：《新中国的考古发现和研究》，北京：文物出版社，1984年，第412页。
② 四川大学考古专业78级实习队：《四川叙南崖葬调查纪略》，《考古与文物》1985年1期。
③ 湖南省博物馆：《长沙马王堆二、三号墓发掘简报》，《文物》1974年7期。
④ 南京博物院：《江苏盱眙东阳汉墓》，《考古》1979年5期。
⑤ 扬州博物馆等：《江苏邗江胡场汉墓》，《文物》1980年3期。

于一墓之中的现象。这些可视为四川汉墓的特色，我们在研究画像崖墓时应放在全国"汉画"墓中去考察、分析，并结合墓葬形制、随葬器物及其组合，才能得出较接近真实的结论。

《绵阳崖墓》所收 98 座崖墓中的随葬器物都为一般性的随葬器物，并无惊人发现，但是它们从早到晚，无论是器物的形制还是器物的组合都在发生着变化，形成了一个系列。这正是这一批器物在考古学研究中值得重视的，因为我们可以考察它们演变的轨迹，这种演变和墓葬形制的演变是一致的。这种演变则是当时人们有意安排的，受人们的社会意识支配，而社会意识是由社会存在决定的。

汉代墓葬中以陶俑随葬较为普遍，东汉时四川地区各类墓葬中出土陶俑数量多，且制作精美，为全国之冠。他们以生动的形象反映出汉代人们的生产活动、家居生活。这批墓葬共出土各类陶俑 230 多件，为我们勾画出当时人们社会生活的某些方面，也为汉代人们服饰的研究提供了绝好的材料。还有一个问题，那就是在出土的陶俑中，有些陶俑为同一模型翻制，如白虎嘴 M25 的 2 件带刀俑、白虎嘴 M26 的 2 件男俑、白虎嘴 M29 的 5 件带刀俑等。冯汉骥先生在研究汉画像砖时指出："从已发现的汉画像砖来看——以成都出土者为例——凡是同一题材的都系一模所制，很少有不同模的，就是有，也不超过两种模。由此可以证明，在当时仅有一两家制造此种画像砖的场所，有如近代的'纸扎店'，丧家在建墓时，即可按照墓主的身份和社会地位，购买与其相合者砌在墓壁上，作为墓主在死后的享用。"[①] 据此，陶俑同模翻制的情况，大约也是有专门生产的作坊，产品作为商品出售，供需要者选购。

在随葬器物中，瓷器是这批墓葬的亮点之一。在墓葬的第一期至第四期中，以随葬各种陶器为主；在第五期和第六期中，陶器的种类和数量均有减少，而瓷器有较多出土。纵观我国古代在日常器用方面，大体上说，商周时期统治阶级大量使用青铜器，它们有一整套的组合形式。铜器也是礼器，在祭祀、宴会等场合都要使用，并以身份的不同，在组合方面亦有区别，在贵族们的日常生活中也广泛使用。一般人们使用陶器。到了汉代，铜器的地位远不如商周时期，同时封建贵族、富有的豪强们大量使用漆器，考古发掘出土的汉代漆器种类多，数量也大，且制作精美，漆器轻便、华丽而耐用，深受人们喜爱，漆器制作工艺要求高，工序复杂，自然价格昂贵，这在《汉书·贡禹传》、《盐铁论》均曾经提到。一般人们仍以陶器为主。到魏晋时期，瓷器日益被广泛使用，在小型墓中也常有出土，这和瓷器制作相对漆器、铜器来说要简单得多，并且能批量生产有关，瓷器较为实用，也相当精美，遂为人们喜爱。南北朝时期瓷器制作技术已很成熟，它取代漆器也是势所必然。绵阳崖墓瓷器出土情况，是最好的说明。

崖墓既属横穴墓，它的起源自然应从我国横穴墓的发展演变中去探寻。我国在新石器时代普遍流行竖穴土坑墓，并且在商周时期也是墓葬形制的主流。大约相当西周时期，在我国西北地区的辛店文化、卡约文化出现了"偏洞墓"，即在竖穴土坑的长侧墓壁向外掏挖一个土洞作为墓室，这样竖穴土坑部分起到了墓道的作用。陕西西安市长安张家坡西周墓

---

① 冯汉骥：《四川的画像砖墓及画像砖》，《文物》1961 年 11 期。

地中也发现一批"偏洞墓"①。到了春秋战国时期，秦国墓葬仍有不少竖穴土坑墓，也还有"偏洞墓"，但在陕西凤翔高庄秦墓地已出现了另一种形式的洞室墓，即在竖穴土坑的一端向外掏挖出土洞，即竖穴土坑和洞室处于一条直线上②，正式形成了竖穴墓道洞室墓的形制。这类洞室墓遂为秦墓所流行。如陕西西安龙家庄秦墓地的195座墓葬中，竖穴土坑墓77座，偏洞墓4座，直线洞室墓114座③。到西汉时期，这种洞室墓已很流行，进而出现用空心砖或小砖砌筑墓室，分别称为空心砖墓或小砖墓，空心砖墓流行的时间很短，之后小砖墓成为流行的形制称为砖室墓。这里只是简要地梳理了横穴墓出现和演变的情况，从崖墓的开凿方式、墓葬布局和结构看，和洞室墓、砖室墓的关系密切，或可认为它们是一脉相承的。北方的崖墓都属西汉时期，早于四川崖墓，在汉代大一统的情况下，今四川境内包括重庆市的巴、蜀、广汉诸郡都有大批移民，原巴蜀地区已成为经济发达的地区之一，特别是蜀郡的成都成为当时的"五都"之一。汉武帝开发西南夷之时，巴蜀四郡已成为开发西南夷的前方基地。中原地区对巴蜀等郡的影响是很明显的，因此北方地区崖墓对四川崖墓的影响应该也是存在的。

至于为什么东汉到南北朝时期四川地区盛行崖墓，目前似乎尚未有很好解释。当然，一种埋藏形式的流行，必须有其条件，如人们有能力修建这种墓葬；有建造这种墓的地理环境、自然条件；人们的需要，这属观念的问题。就全国范围来说汉魏晋南北朝时期人们有能力修建崖墓自不必说，就地理环境来说，在全国具备四川盆地的地形、地貌的应当有很多地方，最后人们的观念倒是应该重视的。但是四川地区同时也流行砖室墓，就在绵阳地区也存在东汉到南北朝时期的砖室墓，并且它们的随葬器物也基本相同，看来这一问题尚需从不同角度和思路深入地思考。

《绵阳崖墓》是成都文物考古研究所和绵阳博物馆联合编著的大型考古发掘报告，两家文博单位在考古材料收集、科研力量以及后勤保证等诸多方面发挥各自优势，精心合作，编写出了较高水平的考古报告，使得沉寂库房多年的田野考古资料得以完整、客观、科学的公布于世。通过这样的形式它不仅让大量躺在库房中的文物变"活"，还为广大研究者提供了珍贵的一手材料，这是一件大好事！希望还能看到更多的这样形式的成果发表出来。乐为之序。

宋治民

2014. 12. 1

---

① 梁星彭：《张家坡西周洞室墓渊源与族属试探》，《考古》1996年5期。
② 吴镇烽等：《陕西凤翔高庄秦墓地发掘简报》，《考古与文物》1981年1期。
③ 陕西考古研究所：《西安尤家庄秦墓》，西安：陕西科学技术出版社，2008年。

目　录

第三编 初步研究 ……………………………………… 375

结 语 …………………………………………………………… 431

附 表

后 记 …………………………………………………………… 445

英文提要 ……………………………………………………… 447

插图目录

图版目录

第一编

绵阳市区崖墓概况

第一章　绵阳历史地理概述

第一节　自然地理环境[①]

　　绵阳全境近98％的地域属于涪江流域。涪江是嘉陵江右岸最大的一级支流，发源于四川省松潘县黄龙乡岷山主峰雪宝顶，由西北流向东南，斜穿四川盆地，于重庆市合川城南汇入嘉陵江。涪江干流全长近700公里，绵阳市境内约329公里；流域面积约3.64万平方公里，其中绵阳市境内约占1.97万平方公里。本报告考古发掘的墓葬主要位于涪江中游地区，尤其在涪江与安昌河、芙蓉溪交汇河段沿岸分布最为密集。此外，在潼江、梓江支流也有崖墓发现，如柏林堰儿湾、白蝉朱家梁子等崖墓群。远离河流的崖墓仅在河边九龙山有分布[②]。

一　涪江流域自然地理环境

　　涪江流域主支流发育丰富，呈浓密的枝状水系（图一），其干流源于著名的黄龙风景区，称涪源沟。江水东南流经平武，入江油后抵武都镇灯笼桥，流程约240公里，为涪江上游，其后南下，经涪城、游仙，蜿蜒东南，进入遂宁市区，流程约270公里，为涪江中游。遂宁以下，河流弯曲自东南进入重庆，在合川市城关南侧汇入嘉陵江，流程160余公里，为涪江下游。

　　作为一个相对独立的地理单元，涪江流域上游属于龙门山断裂褶皱带，中下游属于四川台向斜川北台凹平缓褶皱带。流域内以安县雎水、安昌，江油含增、武都、马角坝为界，西北部属于龙门山区，山势雄伟，重峦叠嶂，大部分为中高山地；东南部中、下游流域大部属于四川盆地的丘陵和河谷平坝地区。

　　涪江上游的高山地带人居环境恶劣，常年低温寒冷，宜耕之地少，特别是生产力水平比较低下的时代，贫瘠之地难以供养长居之民。而中、下游流域自古以来就是人类安居的乐土，这与其优越的地理地貌和宜人的生态环境密不可分。

　　涪江中游以下，溪河纵横，水系密布。低山浅谷和丘间壑沟多是常年水流不断，形成蛛网状水系；一级支流主要有平通河、通口河、安昌江、凯江、梓潼江、洋溪河、郪江、琼江等河流，流域面积达到3.3万平方公里以上。丘陵、河谷阶地和平坝是涪江中下游流

　　①　该节参考刘期益、李方国、王治中编：《绵阳市国土志》，成都：四川科学技术出版社，1998年。

　　②　实际上九龙山不远处仍有古河道遗迹，只是现在已经干涸。

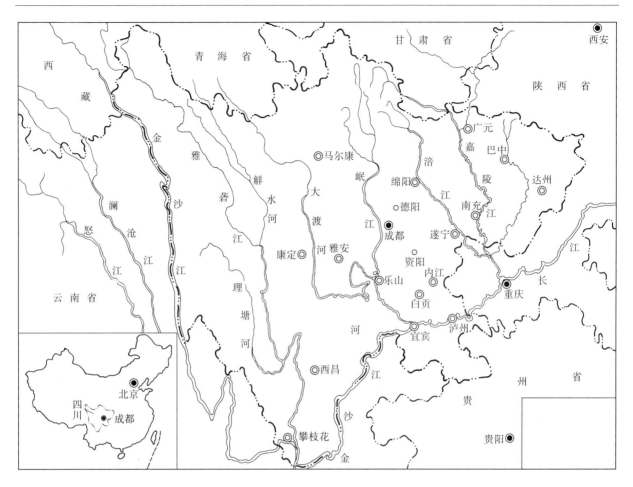

图一　水系分布图

域的主要地貌形态，约占辖区面积的85%。这一地区属于四川盆地亚热带季风湿润气候区，四季分明、冬暖春早、夏热秋凉，雨热同季。气候温和、云雾多、湿度大、日照少、无霜期较长，一年四季常绿，全年都适合农作物生长。整个涪江中下游土地宽广、水源便利、宜于耕种，自古以来就是人口密集、农业比较发达之地。2008年1月中旬至4月底，我们对涪江中下游各县（市、区）进行了实地考察，发现整个涪江中下游流域分布最广、数量最多的遗存是崖墓。

二　绵阳自然地理环境

绵阳地跨涪江中上游地区，包括涪江上游全段、中游上半段流域，呈西北—东南向狭长带状，东西宽约144公里，南北长约296公里，辖区面积20249.45平方公里，属于涪江流域的有19717平方公里，占全市总面积的97.2%。地理坐标为北纬30°42′~33°26′，东经103°45′~104°43′。

绵阳地势与整个流域一样自西北向东南倾斜，市域以安县雎水、安昌，江油含增、武都、马角坝为界，西北部属青藏高原东部边缘山地，群峰叠嶂，地势高险；东南部属四川盆地西北部，丘陵连绵、地势显著下降（图二；图版一），市境形成西北和东南两个不同的综合自然区。

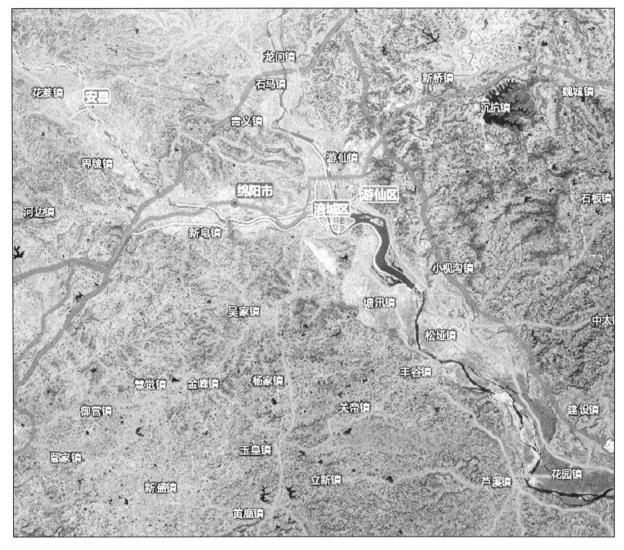

图二 绵阳市地形图

西北部山地是青藏高原东部向四川盆地的过渡地带,占全市辖区面积的46.65%。以低中山和中山为主,气候分属暖温带、寒温带和寒带,降水丰富,蒸发少,但光、热、水组合条件差,无霜期短或终年积雪,夏短甚或无夏。这里自然生态环境较好,植被和动物种类也很丰富,但不宜农耕,加之历来交通不便,非古代先民理想的长居之地。

绵阳东南部地区地貌景观以丘陵、平坝和低山为主,分别占全市辖区面积的20.4%、18.6%和14.35%。低山形态多呈阶梯状,属亚热带气候,雨量丰沛、气候湿热,是农林皆宜的地貌类型。平坝地势平坦、土层深厚、地下水位高,河面与坝面仅数米之距,而且水、热和光照组合条件好,一年可2~3熟,是农业民族理想的居址。丘陵地貌处于四川盆地亚热带季风湿润气候区,水、热和光照组合条件好,从古至今都是垦殖率很高的农耕区。同时,涪江等主要河流两岸的河漫滩及阶地主要是第四系更新世和全新世冰水堆积形成。其上部为黄色粉质黏土,夹有钙质结核,部分含铁、锰质结核及砂姜;下部为砾石层,以石英岩、石英砂岩为主,次为变质岩类,局部为黏土及沙土填充。河流两岸软硬适宜的砂岩正好为大规模崖墓的开凿创造了条件。因此,绵阳崖墓群便主要集中发现于市境东南部的丘陵地区和平坝附近的山沿地带。如梓潼江、涪江的中游，安昌河的中下游，以及凯江和郪江三台段等流域都有数量较大的崖墓群。

　　本报告发表的崖墓指狭义的绵阳（大绵阳包括其管辖的6县1市2区的范围），即今绵阳市所辖的涪城和游仙两区境内发掘的墓葬，涉及涪江中游、安昌河下游和芙蓉溪等河流的沿岸台地。同时，在距离主要河流较远的深丘地带也有发现，如游仙柏林堰儿湾、白蝉朱家梁子等（图三）。

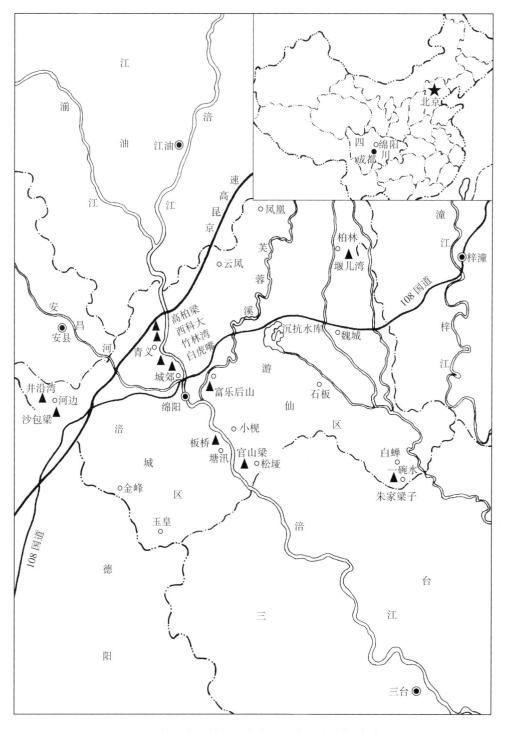

图三　绵阳市涪城区、游仙区汉代崖墓分布总图

第二节　历史沿革

迄今在绵阳发现最早的人类遗骸——北川甘溪乡金宝村烟云洞晚期智人门齿证明，距今约 2 万年前，我们的先祖就在这里劳动、生息。先民们居住于洞穴之中，过着狩猎和采集生活。

从今天的考古发现来看，绵阳新皂边堆山、江油大康大水洞、平武白马焦西岗、盐亭高灯乡等地都发现了距今 5000 年前后的新石器时代晚期遗址或遗物。

盐亭县麻秧乡发现一组殷商时期用于祭祀的石璧，说明绵阳先民在商代已经进入了文明时代，共同创造了特色鲜明的早期巴蜀文化。

大约在公元前 4 世纪，古蜀国的英雄开辟了通往中原的金牛道，绵阳成为金牛道上的重镇之一，有"蜀道咽喉"、"剑门锁钥"之称，与成都平原和中原的联系、交往更加紧密。

公元前 316 年，绵阳纳入秦国版图；公元前 221 年，绵阳市境归入秦中央王朝，先属巴郡，后归蜀郡。绵阳市境历史上最早的县以上政区建制为汉代的广汉郡。据《史记》《汉书》《华阳国志》和《水经注》等史籍记载，西汉建立全国统一政权后，高祖六年（公元前 201 年）即将富饶的巴、蜀二郡北部地区分出，设置新郡，因其地域广袤，故为广汉郡。广汉郡治地梓潼。新编《绵阳市志》载有"广汉郡治考"一文，文中介绍广汉郡建郡之初，其治地即郡府所在地，就在梓潼县乘乡，又名绳乡、神乡、蛇乡，今七曲山南麓的连枝坝一带，距县城北一里许。汉安帝元初二年（公元 115 年），因羌人起义，威胁梓潼，于是将广汉郡治迁于涪县（今绵阳市区），时益州刺史部和巴、蜀等郡均派兵驻扎涪县，加上广汉郡兵力联合镇压起义，涪县成为州、郡、县三级政区建置治地。三年后，羌人起义遭到镇压，益州治地迁回成都，各郡军队返回原地，广汉郡才迁治地于广汉乘乡（时称雒县）。广汉郡治在梓潼的时间从公元前 201 年到公元 115 年，长达 316 年，郡治是由于战争的原因从梓潼迁至涪县，再迁至雒县。汉时广汉郡辖地甚广，领有十三县：梓潼县（王莽改为子同，今梓潼县城关），汁方县（莽改美信，今什邡亭镇），涪县（莽改统睦，今绵阳市区），雒县（莽改吾雒，今广汉县北），绵竹县（今德阳黄许镇），广汉县（莽改广信，今射洪柳树镇），葭萌县（今广元昭化镇），郪县（今三台郪江镇），新都县（今新都县城东），白水县（今青川沙州乡，又叫白水街），刚氏道（今平武古城镇），甸氏道（莽改致治，今九寨沟县境），阴平道（今甘肃文县西北）。其中在绵阳市境有四县：梓潼、涪县、郪县、刚氏道。

献帝建安二十二年（公元 217 年），刘备为了酬赏功臣，又分出广汉郡北部地区设梓潼郡（治地梓潼县得名），领七县一亭：梓潼、剑阁、涪县、汉寿（广元东昭化、原葭萌）、白水（青川东）、昭欢（广元北沙河）、汉德（剑阁东北汉阳乡）、德阳亭（江油小溪坝）。西晋后期，成（汉）李特、李雄父子据蜀，定国号为"大成"，后李雄之侄李寿改国号为"汉"，故史称"成汉"，时长 43 年（公元 304～347 年）。其间，梓潼郡迁治地于涪县。其时巴西郡又因战乱也迁至涪县，成为寄郡，又称侨郡；而以涪县为治地的梓潼郡为属郡，又称实郡。故此时一度又名巴西梓潼郡，为双头郡，领有五县：涪县、梓潼、万安（德阳罗江）、汉德（剑阁汉阳乡）、剑阁。从西晋到南北朝的三百多年间（公元 265～589 年），市境先后经历了西晋、成汉、东晋、前秦、刘宋、南齐、梁、北魏、西魏、北周等 10 个朝代和国家的统治，因战争频仍，干戈不熄，攻城毁城不断，人口迁徙频繁。战争一来，政府官员无力抵抗，只有将其臣民带走他地，形成侨郡、侨县（寄县）；战争一过，又迁回原地。因此地方政区建置兴废无常，分合不定，侨实混杂，迁徙频繁。市境先后设置过潼州、新州、龙州 3 州，有梓潼、巴西、巴西梓潼、潼川、北阴平、阴平、新巴、江油、新城、始平、西宕渠、北宕渠、高渠等 13 郡、40 余县。这种混乱的状况到隋文帝统一全国后才得以改变。

隋一统中国，开皇五年（公元 585 年）始称绵州。唐宋至明清，市境内逐渐形成了中部以绵阳市区为治地的绵州、东南部以今三台县城为治地的梓州——潼川府、西北部以今江油——平武为中心的龙州（龙安府）等 3 个政区建置中心。今绵阳市区因处"控山川形势之胜，为省门之藩蔽"之地，州郡建置时间最长。自西晋怀帝永嘉元年（公元 307 年）梓潼郡迁治涪县起，到民国二年（公元 1913 年）绵州裁撤，共延续了 1600 多年。

1977～1985 年，绵阳地区所辖各县多次调整分撤，成立绵阳地级市，辖 6 县 1 市 1 区。1992 年 11 月，分市中区建涪城、游仙二区。至此后，绵阳市一直辖今 6 县 1 市 2 区。本报告所录之崖墓就集中在今涪城和游仙二区境内。

第三节　丧葬习俗以及古代墓葬之发现

从考古发现来看，绵阳境内迄今最早的墓葬是战国晚期的土坑墓。至东汉，崖墓成为绵阳境内最主要的丧葬形式，是目前绵阳存留最多的古代遗存。唐宋元明时期，已发现的墓葬数量很少，基本都是石板墓。

一　战国晚期至西汉时期的土坑墓

绵阳境内的战国晚期至西汉时期的土坑墓主要发现于主城区附近的三个区域。

第一区域是今游仙区碧水寺东侧的龟山片区，汉初的涪县县治就在龟山南脚开元场。20 世纪 70 年代晚期到 80 年代，绵阳磁性材料厂搞建设时发现大量战国至西汉时期的土坑木椁墓，出土有铜釜、剑、钺等具有巴蜀特色的文物。20 世纪 80 年代，在建设现中科院九院松林坡干休所时发现大量西汉土坑墓。

第二个区域是今涪城区青义镇北的西南科技大学新校区。2002 年 6 月，学校在修建食堂过程中发现西汉早期竖穴土坑墓 2 座，出土陶豆、陶罐和铜釜甑等文物 50 余件。经调查，此区域有战国晚期至汉初墓群。

第三个区域是今高新区永兴镇玉龙院村双包山片区。从 1991 年底至 2000 年，发现并清理了西汉早期至晚期的土坑木椁墓近 30 座。大部分墓葬在砖厂取土过程中被破坏，但 1、2 号墓结构基本完整，出土陶器、漆木器、铜器、石器等文物 1000 余件。其中，人体经脉木雕模型是我国目前发现最早的人体经脉实物，精美的漆器和银镂玉衣片说明墓主身份相当显赫。

另外，2007 年 10 月，在高新区松林坡发现 1 座西汉土坑墓，出土陶罐、陶钫、陶杯、铁釜和半两钱等 20 余件随葬品。附近还发现了 1 座东汉砖室墓和约 20 座崖墓。

2006 年，在平武县响岩新场镇清理战国晚期土坑木椁墓 15 座，出土陶器 10 件，部分墓葬发现有漆器痕迹。经调查和勘探，此地是一处重要的战国墓群，数量可达上百座，但大部分在建设过程中被破坏。

二　东汉至南北朝时期的砖室墓

东汉时期的砖室墓主要发现于城区东街、红星街、建设街、文庙街、解放街和黄家巷等区域，其他地方仅有零星发现。1994 年、2003 年和 2007 年，分别在原新华印刷厂（东街）、南街和解放街发现 4 座约王莽时期的砖室墓，出土陶器、铜器 130 余件，钱币近万枚。2004 年 4 月，在老城区地下管网改造过程中，距地表 3～4 米以下发现很多被破坏了的汉代砖室墓。

在游仙龟山、涪城西山、高新区松林坡等地也发现有零星的汉代砖室墓，但大多毁坏严重，只能作简单清理。2006 年 12 月，西科大西山校区在修化粪池时，发现 1 座积碳砖室墓，规模较大。

汉以后的砖室墓仅发现三处。1988 年，原绵阳针织厂在基建中发现六朝砖室墓，出土形态各异、造型生动的陶俑、陶鸡、陶狗等文物 20 余件。1991 年，在园艺乡姜家坡（今绵阳科创园区南侧）建砖厂时发现 1 座六朝砖室墓，出土瓷盘、碗、盘口壶、铜鐎斗和银饰物等文物 23 件。2008 年，在 827 基地西边王家大山发现 2 座六朝砖室墓，出土陶器和青瓷器 20 余件。

附近郊县也发现有汉至南北朝砖室墓，其中梓潼县城附近最为集中。在梓潼县文昌镇（古今郡县治地）和长卿镇，即涪江支流梓潼江东、西两岸平坦宽阔的阶地上发现有汉魏砖室墓。2010 年 12 月，绵阳市文物局和梓潼县文管所在文昌镇文丰村一组联合抢救性清理了汉魏砖室墓 8 座，2000 余块墓砖的侧面皆有各种画像。2011 年 3 月初，绵阳市文物管理局从梓潼县的马廷堂先生手中征集了 500 余块画像和几何纹砖，这些砖均收集于梓潼县文昌镇和长卿镇。2011 年 2 月 21 日至 24 日，四川省文物考古研究院、绵阳市文物局和梓潼县文物管理所共同在梓潼县文昌镇以及长卿镇进行了一次砖室墓和画像砖的专题调查，发现至今尚有较多汉魏时期的砖块暴露于田间地头，或被村民用于砌墙垒坎。特别是地处梓潼坝范围的文昌镇三星村"三堆子"和石马坝范围的长卿镇南桥村"三堆子"两地，在出土汉魏砖较集中的地点至今仍残存部分土堆（小地名"三堆子"即源于该土堆），其下应为砖室墓。梓潼出土的画像砖相较于成都平原和其他地方的画像砖，在表现技法、画面布局、画像内容、艺术风格等方面均有差异，具有浓郁的地域特色，是汉魏时期川西北地区画像砖的典型代表，对于研究梓潼及绵阳和川西北地区的政治、经济、文化和艺术具有重大价值和意义。

三　东汉至南北朝时期的崖墓

绵阳市境以安县雎水、安昌，江油含增、武都和马角坝等乡镇一线为界，东南方向的盆地丘陵和河谷平坝的山坡都是崖墓分布地域，时代以东汉为主，下限可到南北朝时期，个别的崖墓甚至晚到隋、唐初。

绵阳崖墓群分布往往较为密集。涪城区河边乡九龙山崖墓群上千座崖墓分布在约 2 平方公里的范围内。三台郪江崖墓更是如此，以郪江镇为中心的 15 平方公里的区域内发现 51 个墓群，暴露的崖墓数量达 1638 座，而且各墓群依山势走向成排分布，密集排列。又如刘家堰崖墓群，在长不过 100、高不及 30 米的山坡上就发现有 66 座墓葬，分三层梯次布局。

绵阳崖墓最集中之地是境内重要江河冲积平坝边缘的山丘岗峦斜坡上，如涪江、安昌江和梓潼江等河流沿岸较大平坝边缘的山崖上。安县花荄镇柏杨村四社象鼻嘴崖墓群有 50 座以上，象鼻嘴崖墓群位于安昌河东岸，其山下为河流冲积形成的平坝。开阔的平坝和便捷的水源为古代先民提供了优越的生存环境，而附近的山丘岗峦，成为山下居民的理想埋葬地。

崖墓在涪江的重要支流也有分布，如安昌河、梓潼江和郪江等。沿这些江河行走，陡壁上的崖洞随处可见，梓潼县许州镇栏杆村玉泉山和毛狗洞东墙寺崖墓群就较为典型。

绵阳主城区处于三江汇合处，城区周边均为山丘，这些山丘上发现了大量崖墓。在涪江西岸，从西科大校园沿江向南或西南方向，经千佛岩、圣水、牌坊沟侧顾家山、西山、何家山、大包梁、双碑松林坡、白虎嘴直至普明后山、边堆山、塘汛坝山坡一带均发现有崖墓；涪江东岸的龟山、五里堆、老龙山、富乐山、白云洞以及小枧、松垭境内的山包上也分布有大量崖墓。据不完全统计，这些区域已发现崖墓近千座，时代从东汉延续到南北朝晚期，有的可能到隋或唐初。

崖墓内出土了大量文物，绵阳博物馆和各县市的馆藏文物中很大一部分来源于崖墓，对研究绵阳汉至南北朝时期的历史提供了重要的实物资料。

四 唐宋元明时期的石板墓

石板墓，包括石椁墓，是绵阳唐宋至元明时期主要的墓葬形式，唐代和元代石板墓发现较少，宋明时期的相对较多。

唐代石板墓现已确认一处。2004 年，在城北高水金达小区发现 5 座石板墓，出土陶器、铁器和钱币等 20 余件文物。

宋代石板墓发现较多，主要集中于两个区域，即涪城区塘汛镇东坝和游仙区开元场龟山一带。20 世纪六七十年代，在塘汛镇东坝的开荒改土中发现大量石板墓，近十年来，这一带也常有发现。开元场龟山一带，从 20 世纪 70 年代开始，就不断有宋代石板墓被发现，出土有墓志铭、宋代钱币等。城区其他地方也有零星发现，如 2004 年在石塘镇盘龙村七社发现宋代石椁墓 1 座，出土雷公、地母、牛头、金鸡和玉狗等三彩陶俑 25 件；杨家镇十一大队也曾出土宋代三彩陶俑 30 余件。1996 年在小枧梓阳村二社沙包梁发现 1 座宋代石板墓，出土陶、瓷等文物 7 件，后壁石板有阴线雕刻。

元代石板墓仅发现一处。2004 年，在农科区松垭镇日新村二社出土具有元代风格的陶俑等文物 20 余件。经调查，此区域为元代石室墓群。

明代石板墓主要发现区域与宋代墓葬分布区域重合，即塘汛镇东坝和开元场龟山一带。另外，2009 年在永兴镇黎家院子发掘了 24 座明代石板墓。

第二章　崖墓调查发掘及报告编写经过

第一节　绵阳崖墓分布特点

四川地区崖墓分布范围甚广，中心区域为岷江、沱江、涪江、嘉陵江中下游和长江沿岸等地区，即四川盆地的中心地带，其中以岷江中下游和三台地区数量为多，规模为大①。本报告所涉及崖墓正位于崖墓分布范围的中心区域。

绵阳崖墓的分布与地形、地貌和气候等因素紧密相连，有以下几个特点。

第一个特点是直接在临江、临河的崖壁上开凿，主要集中在潼江、梓江沿岸和涪江中游的一些地段。冲积河谷的一边往往会形成开阔的河谷平坝，面积从数平方公里至30余平方公里不等，是居民理想的供水源地，为古代先民提供了优越的生存环境；河流的另一边是悬崖坡度较大的陡坡，在陡坡上分布着大量的崖墓。这个特点在潼江沿岸（上至许州镇牛蹄村）最为典型，许州镇南杠村燎原坝的潼江东岸霞富山（又名东墙寺山）临河几成绝壁，在其山腰上重重叠叠开凿出50余座崖墓，分布面积可达6000平方米。鏊龙、城关、东石、交泰等沿潼江、梓江分布的崖墓也是这个特点。涪江中游游仙小枧白云洞、三台刘营、灵兴等某些地段崖墓分布也是如此，只可惜在1997年修建绵三公路、1998年修建绵盐公路时被毁坏殆尽。

第二个特点是在与平坝相连的山丘岗梁上开凿，而隔河相望的陡坡上极少发现。比较典型的是涪城区的圣水寺山经西山、河家山、双碑白虎嘴到普明山，三台境内的永明、老马、里程、灵兴等乡镇所在平坝边缘的山丘岗峦，这些地方崖墓分布密集，为涪江及其支流两岸崖墓开凿的主要地区，相对于在陡坡上凿造崖墓来说要省事、方便得多。

第三个特点是在离河较远的山丘、垄岗和呈长岛状的低山上开凿崖墓。这些山丘、岗梁和低山沟谷相间，一般都顺一定方向平行排列、延伸，相对高差30～200米。沟谷发育较宽，一般在100～1000米，加之山丘坡度低缓，多有小河流过。因此这些地区很早也得到开发，山丘上留有的大量崖墓就是明证。而且，这还是绵阳崖墓的主要分布区域。在涪城、游仙、三台的大部乡镇和梓潼、安县、江油的部分乡镇都有发现，其中以三台郪江镇为中心的1.5平方公里的范围内最为密集。

---

① 罗二虎：《四川崖墓的初步研究》，《考古学报》1988年第2期。

第二节　调查与发掘经过

绵阳市现辖涪城、游仙，以及高新、仙海、经济技术开发、农业科技示范、科教创业园等 7 个园区，但只有涪城、游仙两区是国家法定的县级行政区，其他 5 个开发区都是从涪城和游仙两区剥离出来的，所以本报告在介绍墓葬材料时，只分作涪城区和游仙区两部分介绍调查和发掘经过。

一　涪城区崖墓群的调查与发掘

本报告中涪城区崖墓群分别发现于城郊双碑白虎嘴、河边九龙山井沿湾、园艺高柏梁、河边九龙山沙包梁、塘汛坂桥、青义西科大、城郊西山竹林湾及金峰戏台梁子等 8 个地区，共计 83 座。

（一）城郊双碑白虎嘴崖墓群

1998 年 8 月 8 日，绵阳博物馆在城郊乡双碑村白虎嘴一个建设工地发现一处崖墓群。墓群位于绵阳城区西部坡地，属于绵阳涪江西岸汉至六朝崖墓的重要分布区域，东距何家山崖墓群约 2 公里，东北距西山崖墓群约 3 公里，西南约 7 公里是新皂边堆山新石器时代晚期遗址，西侧约 8 公里处是双包山西汉土坑墓群。

白虎嘴墓地发现崖墓 65 座，集中分布在所在山坡长约 130、高约 15 米的范围内。崖墓排列有序，分上、中、下三层布局，很多崖墓彼此相间仅 1 米左右，甚至部分崖墓之间还存在打破关系。

由于建设施工中放炮开山，加之砂岩质的崖墓自然垮塌严重，以致多数崖墓无法清理，已清理的墓葬无一完整，其墓道或墓室均遭到不同程度破坏。双碑白虎嘴崖墓群发掘清理并有记录者共计 36 座，而墓葬资料基本完整的只有 26 座。

参加发掘人员有唐光孝、唐飞、钟治、彭世全、史平、王勇、巩仁、夏良民等，绘图有唐光孝、唐飞、钟治，器物修复史平、巩仁，工地负责人唐光孝。

（二）河边九龙山井沿湾崖墓群

2000 年 5 月 13 日，绵阳市河边乡九龙山公墓在挖排水沟时发现崖墓群，绵阳博物馆得到消息后，立即赶赴现场了解情况，并及时上报省文物主管部门。之后即着手组织考古人员到现场进行勘探发掘。

九龙山井沿湾崖墓位于绵阳市河边乡项家庙村八组，距绵阳市区约 20 公里。北临九龙山公墓，东约 20 米为河边镇上游水库放水渠，九龙山绵延于公墓的南、西、北部。九龙山井沿湾共发现崖墓 2 座，除公墓挖水沟时暴露 1 座（编号 2000MFJM1）外，在其北侧约 2 米处又发现 1 座（编号 2000MFJM2）。

参加发掘人员有胥泽蓉、史平、巩仁等，绘图胥泽蓉，器物修复史平，工地负责人胥泽蓉。

（三）园艺高柏梁崖墓群

2000 年 9 月 1 日上午，绵阳博物馆接到市公安局巡警支队四大队报告，称 8 月 30 日晚挡获一起哄抢、私分文物案件。经巡警询问，所获文物出土于城郊园艺新庙村五社迎宾大道高柏梁段施工现场，博物馆随即组织人员进行勘察。

高柏梁以张家沟为界，向南约 100 米处为西南科技大学西山校区。西南科技大学西山校区在 1984 年（当时为绵阳农业专科学校）大规模建设中曾发现数十座崖墓，时代以南北朝为主，也有一些东汉崖墓，是一处汉至南北朝时期的崖墓群。在高柏梁施工地段，东西相距约 125 米、上下相对高差不到 5 米的斜坡上已经暴露 28 座崖墓，显然是一处规模较大的墓葬区，应该同属西山崖墓群。

清理时间为 9 月 2～21 日，发掘了 28 座崖墓，其中 24 座墓葬结构基本完整。

高柏梁崖墓出土器物的位置一般在墓门口和墓室右部，封门多用石板，少数利用汉砖。

参加发掘人员有唐光孝、胥泽蓉、史平、巩仨、杨伟、夏良民等，摄影唐光孝、杨伟，绘图有唐光孝、胥泽蓉，器物修复巩仨，工地负责人唐光孝。

（四）河边九龙山沙包梁崖墓群

1986 年 6 月，涪城区（当时为绵阳市中区涪江以西部分）河边乡项家庙村八组村民在九龙山之柏树湾、沙包梁开垦荒地时发现崖墓，绵阳博物馆和市文管所闻讯后即对其进行了调查。

调查确认，项家庙村八组青木树湾、沙包梁的"蛮子洞"是一处汉魏崖墓群，部分崖墓墓道和墓门垦荒时被毁掉，有的整墓被掏空。为了解情况，绵阳博物馆和文管所组织人员对已经暴露且保存较好的 7 座墓葬进行了抢救性清理，出土文物 80 余件。根据村民介绍，当地"蛮子洞"最早于 20 世纪 60 年代开山平地时发现，到 90 年代已暴露约 170 座。

根据调查情况和清理收获，1986 年 6 月 28 日，绵阳市人民政府公布"九龙山崖墓群"为第一批市级文物保护单位。保护范围北起项家庙村八组井沿湾北坡 50 米、南至玉皇村七组上屋基、大捂窖脚下龙西堰外侧，西起大捂窖东南坡 50 米、东至项家庙村到玉皇村村道。

20 世纪 90 年代初，河边九龙山崖墓再遭盗掘。1992 年 2 月，绵阳文物部门对九龙山被盗崖墓进行了第二次调查，采集了数十件陶罐、碗、俑、仓、水田和铜铁器及钱币，并且在沙包梁西北坡发现 1 座纪年墓。期间，在绵阳博物馆配合下，河边镇（原为乡）政府和涪城区公安分局对九龙山崖墓采取了一些保护措施，对盗掘崖墓的犯罪活动进行了多次打击，抓捕并处理了一批盗掘古墓犯罪人员。

2000 年 5 月，九龙山公墓管理处在挖排水沟时，在东坡边缘井沿湾发现 2 座崖墓，绵阳博物馆对其进行了清理。

2000 年底，九龙山崖墓再一次遭到大规模的盗掘。绵阳博物馆进行了约半个月的考古调查，摸清了沿九龙山东坡的井沿湾、青木树湾、沙包梁，南坡的上屋基、大捂窖等五处崖墓群的分布状况，发现沙包梁是九龙山崖墓群的核心区域，暴露的数量将近 120 座。沙包梁西北坡崖墓分布在宽约 160、高约 20 米的缓坡上，崖墓分层排列，从上至下可分三层，暴露近 50 座。沙包梁东南坡崖墓分布在宽约 250、高约 30 米的斜坡上，也是分层排列，从上至下可分四层，暴露近 70 座；排列密集，墓间距离有的不足 0.5 米。

2001 年 5 月 4 日～6 月 4 日，绵阳博物馆对九龙山沙包梁东南坡已经完全暴露的 11 座崖墓进行了清理和测绘。墓葬结构比较完整的有 7 座，分别是 1、2、3、4、5、7 和 11 号墓。除 3 号墓外都有精美的雕刻，其中 2、9、11 号墓的雕刻最为精彩。墓葬全部被盗扰，有的是空墓，如 8、10 号墓，其他墓葬出土了 92 件陶、瓷、银、铜、铁等类器物，钱币 96 枚。

参加发掘人员有唐光孝、杨伟、曾凌云、吕春林、巩仁、夏良民等，摄影文星明、杨伟，绘图曾凌云、夏良民，器物修复巩仁，工地负责人唐光孝。

（五）塘汛坂桥崖墓群

2002 年 1 月，绵阳市涪城区塘汛镇坂桥村十二社在修建居民区时发现古墓，随即报告绵阳博物馆。博物馆接到报告后，立即派员赶赴现场调查。

经调查，在塘汛东坝西侧的山脚发现 2 座崖墓，墓道部分在平整地基过程中受到不同程度的破坏。绵阳博物馆组织人员对这批崖墓进行抢救性清理，共清理崖墓 2 座，出土文物 20 件。

参加发掘人员有宋建民、唐光孝、杨伟、巩仁、夏良民等，摄影宋建民、杨伟，绘图夏良民，器物修复巩仁，工地负责人宋建民。

（六）青义西科大崖墓群

2002 年 7 月，绵阳博物馆接到群众报告，称在涪城区青义镇西南科技大学新校区建设过程中发现古墓，绵阳博物馆考古人员立即赶赴现场调查。

经现场勘探，在西科大新校区和老校区之间的山坡上发现 6 座崖墓，其中 1 座已完全被毁，其他 5 座也在修建教工宿舍过程中受到不同程度的破坏。绵阳博物馆随即组织人员对这批被破坏崖墓进行抢救性清理，共清理崖墓 5 座，出土文物 26 件。

参加发掘人员有宋建民、杨伟、巩仁、夏良民等，摄影宋建民、杨伟，绘图夏良民，器物修复巩仁，工地负责人宋建民。

（七）城郊西山竹林湾崖墓群

2004 年 1 月 30 日，绵阳市文物局接到城郊西山公园报告，称园内有古墓被盗，博物馆立即派员赶赴现场调查。

经现场勘探，两座被盗崖墓在西山公园蒋琬墓围墙南侧陡坎处，距蒋琬墓约 20 米。在公安部门取证后，绵阳市文物局组织专业技术人员对被盗崖墓进行抢救性清理，田野工作于 31 日下午完成。清理崖墓 2 座，出土文物 6 件。

参加发掘人员有宋建民、杨伟、巩仁、夏良民等，摄影宋建民、杨伟，绘图夏良民，器物修复巩仁，工地负责人宋建民。

（八）金峰白果林戏台梁子崖墓群

2012 年 2 月 8 日，绵阳市涪城区金峰镇白果林村二社在修建乡村公路时发现古墓，随即报告绵阳博物馆。博物馆接到报告后，立即派员赶赴现场调查。

经现场勘探，在村委会东北侧的戏台梁子发现 2 座崖墓，墓道部分在修路过程中大部分被毁。随即，绵阳博物馆组织专业技术人员对崖墓进行抢救性清理，共清理崖墓 2 座，出土文物 19 件。

参加发掘人员有宋建民、胥泽容、杨伟、巩仁、夏良民等，摄影宋建民、杨伟，绘图夏良民，器物修复巩仁，工地负责人宋建民。

二　游仙区崖墓群的调查与发掘

本报告中游仙区崖墓群分别发现于白蝉朱家梁子、松垭官山梁、小枧富乐后山及柏林堰儿湾 4 个地区，共调查清理崖墓 15 座。

（一）白蝉朱家梁子崖墓群

1996 年 2 月 29 日，绵阳市游仙区白蝉乡一碗水村朱家梁子古墓被盗，绵阳博物馆接到报告后立即派员到现场进行了调查。朱家梁子位于绵阳市区东约 70 公里的川北丘陵地区，西距白蝉乡政府所在地约 5 公里。调查得知，古墓位于朱家梁子半山腰，已有 6 个盗洞。盗洞前均散落许多陶片，还有一块纪年砖。随后对其进行了抢救性清理。

清理工作从 3 月 4 日开始，至 27 日结束，共清理 6 座崖墓。崖墓东西相距不足 60 米，几乎在山腰的一条直线上，自西向东依次编号 1996MYZM1 ~ 1996MYZM6。

参加发掘人员有唐光孝、李正、史平、杨小平等，摄影和绘图唐光孝，器物修复史平，工地负责人唐光孝。

（二）松垭官山梁崖墓群

官山梁崖墓群位于游仙区松垭镇日新村七组和十组的官山梁。地处浅丘地貌，西距涪江 2 公里，东约 50 米为绵阳至盐亭省道、约 500 米为青龙山，北约 100 米为张家湾，南面约 500 米为何家桥。地理坐标为北纬 31°23′27″0，东经 104°49′24″2，海拔 436 米。

2009 年 7 月，绵阳市游仙区在"三普"调查中发现该崖墓群。共发现 22 座崖墓，其中日新村七组分布 8 座，十组分布 14 座。除 M22 外，崖墓均开凿于山体东坡，面朝公路，由南向北连续编号。因修路以及人为破坏等原因，大部分被毁严重，墓葬均被盗扰，无出土器物。

"三普"调查组对 M2、M14 和 M11 进行了详细的测绘，对其余崖墓只进行了简单的测量。

参加调查人员有宋建民、夏良民、巩仁以及四川大学考古学系 2008 级研究生贝蕾、柴丽丽，现场绘图夏良民，调查负责人宋建民。

（三）小枧镇富乐后山崖墓群

富乐后山崖墓群位于游仙区小枧镇紫阳村六组的富乐后山，西距涪江约 2 公里，东约 200 米为紫阳沟，南约 500 米为塔子梁，北与游仙区游仙镇芙蓉村相邻。

2009 年 10 月，绵阳市游仙区在"三普"调查中发现该崖墓群，为了解其分布及保存情况，绵阳文物局组织人员对该墓群再次进行了调查，共发现 5 座崖墓，均开凿于山体东坡近山顶处，朝向紫阳沟，墓葬均被盗扰。调查组对其中 3 座崖墓进行了测绘，分别编号为 2009MYFM1、M2 和 M3。

参加调查人员有宋建民、巩仨、夏良民以及四川大学考古学系 2008 级研究生贝蕾、柴丽丽，现场绘图夏良民，器物修复巩仨，调查负责人宋建民。

（四）柏林堰儿湾崖墓群

堰儿湾崖墓群位于游仙区柏林镇高唐村一组的九龙山，东为堰儿湾，西为左家湾，南为文家坝，北为唐家坝。

2009 年 10 月，绵阳市游仙区在"三普"调查中发现该崖墓群，为了解绵阳崖墓的分布及保存情况，绵阳文物局组织人员于 11 月对该墓群再次进行了调查。共发现 14 座崖墓，均开凿于山体东侧近山顶处，朝向堰儿湾，墓葬均被盗扰。调查组对其中 3 座崖墓进行了详细测绘，分别编号为 2009MYYM1、M5 和 M8。

参加调查人员有宋建民、巩仨、夏良民以及四川大学考古学系 2008 级研究生贝蕾、柴丽丽，现场绘图夏良民，器物修复巩仨，调查负责人宋建民。

第三节　报告编写经过及体例

一　编写经过

2007 年 10 月，绵阳博物馆与成都文物考古研究所签订《绵阳崖墓》考古报告编写合作协议，并成立了有双方人员参加的课题组，商定对绵阳涪城、游仙二区历年发掘的崖墓进行合作整理，并编撰考古报告。

2007 年底前，课题组对绵阳博物馆自成立（1985 年）以来发掘的崖墓资料进行了全面梳理，选择保存状况较好、发掘资料比较完整且具有代表性的墓葬进行了初步整理。1996 年以前涪城区发现的崖墓数量总计在 50 座以上，如 1986 年和 1992 年河边九龙山两次清理的东汉崖墓，1988 年城郊乡西山清理的六朝崖墓，1989 年吴家镇孔雀村清理的东汉崖墓，1989 年和 1990 年城郊乡何家山清理的东汉崖墓等等。这个时期发现的崖墓出土文物较多，还有不少比较重要且很有影响的文物，例如东汉陶说唱俑、陶马、陶舞俑和铜佛像、摇钱树、大铜马以及六朝黑釉瓷器和青瓷器等。需要说明的是，由于这些墓葬发掘人员有的已退休，有的工作变动，使得发掘记录和绘图资料散佚，因此本报告主要收录的是 1996 年以来绵阳抢救性发掘的、资料比较完整的九处崖墓资料。2009 年绵阳游仙区"三普"田野调查结束后，又补充了三处崖墓点的新资料。

2007 年底至 2008 年"5·12"地震前，课题组对涪江流域的崖墓分布状况进行了初步调查。调查包括四川省绵阳的梓潼、安县、盐亭和三台，遂宁的射洪、蓬溪、大英和船山、安居，德阳的中江和罗江，资中的乐至，重庆市的潼南和合川等区县。同时，对确定整理的崖墓点的发掘记录资料和出土的随葬器物进行清理和核对，开始器物的修复以及编写器物卡片、绘图等工作。

2008 年 "5·12" 地震后至 2009 年 5 月，四川省文博战线的同志全力投入文物抢险救灾和灾后重建工作，《绵阳崖墓》报告编写整理相关工作基本停顿，只是偶尔对相关资料进行一些清理或核对。

2009 年 6 月~2010 年 1 月，课题组对河边乡九龙山沙包梁崖墓墓葬结构和墓室雕刻进行重新测绘，修复器物，复核并修正墓葬结构图，绘制器物底图，编写墓葬结构和器物文稿。

2010 年 3~10 月，处理出土钱币并进行分期研究（部分钱币由于残损严重或质地太差未能拓片），绘制墓葬结构和器物墨线图，修改墓葬结构和器物相关文本。

2010 年 11 月~2012 年 3 月，对墓葬及出土器物进行类型学研究和分期研究。2012 年 4 月~2013 年 3 月，对报告拟用器物进行拍摄，多次讨论修改报告文稿，并最终定稿。

二　报告体例

本报告分三个部分：第一编对绵阳崖墓历史地理环境进行了概述，让读者对绵阳崖墓背景情况有一个大致的了解，并叙述了崖墓发现、清理、整理、编写经过。第二编为崖墓发掘报告，此编尽量客观、详尽报告崖墓的发掘调查资料。第三编为绵阳崖墓初步研究，编者以类型学分析为基础，对崖墓进行分组、分段、分期和断代，同时对随葬器物、墓葬形制演变规律进行了初步分析。在此基础上编者对陶俑、画像石刻等问题进行了初步研究。

最后，需要加以说明的是，本报告的这一编写体例参考了众多优秀报告，将资料客观报告和主观研究部分尽量予以分开。其目的是既希望能详细报告有关考古发现的全面信息情况，减少笔者的主观判断；同时又希望能在此基础上对墓葬进行初步的研究，将编者在墓葬发掘、整理研究中的一些思考和认识加以表达，从而使读者对于绵阳崖墓能有更深入的了解。当然，本报告第三部分的研究意见属编者的个人观点，仅供读者参考。由于本报告是逐墓加以编写的，读者完全可以根据我们所提供的客观资料重新加以检验和研究，这也是我们采用这一编撰体例的另一意旨所在。

第二编

崖墓发掘报告

第一章 涪城区崖墓

第一节 双碑白虎嘴崖墓群

　　双碑村白虎嘴崖墓群位于绵阳涪城区西部坡地，属于绵阳涪江西岸汉至六朝崖墓的重要分布区域。崖墓集中分布在山坡长约 130、高约 15 米的范围，分上、中、下三层布局，排列有序且密集。很多崖墓彼此相距仅 1 米左右，部分崖墓之间还存在打破关系（图四）。该墓群共发现崖墓 65 座，经过发掘的有 36 座，而墓葬资料基本完整的只有 26 座。

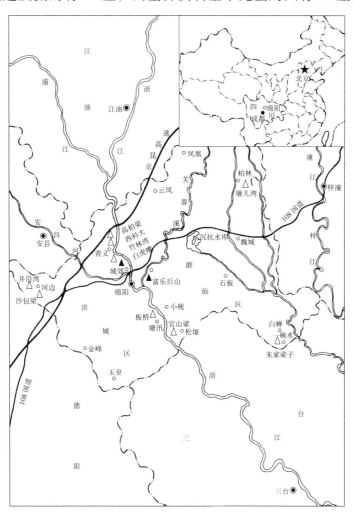

图四　涪城区双碑白虎嘴崖墓群地理位置图

一　双碑白虎嘴一号崖墓（1998MFBM1）

（一）墓葬形制

双室墓，由甬道和前后室组成，墓道和前室甬道已不存。墓葬残长9.4米，方向345°。（图五）

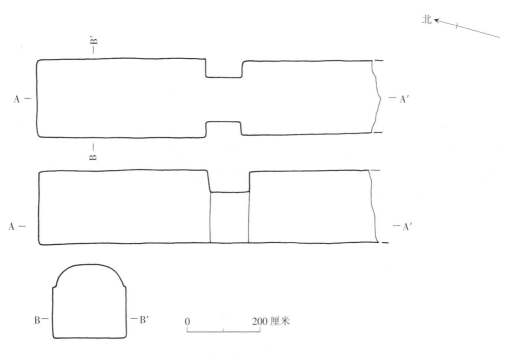

图五　白虎嘴 M1 平面、剖视图

前室前部不存，残存部分平面呈长方形，残长3.8、宽1.9～1.95、高1.9米。

后室甬道，平面呈长方形，长1、宽1.2、高1.35米。

后室平面呈长方形，长4.6、宽2.05～2.1、高1.95米。圆弧顶，直边直壁，两壁上部略向内转折。

该墓系用宽扁形工具凿成，凿痕宽3～6厘米。

（二）出土器物

墓葬扰乱严重，无出土物。

二　双碑白虎嘴三号崖墓（1998MFBM3）

（一）墓葬形制

单室墓，由墓道、甬道、墓室和壁龛组成，墓道仅存后部一角，墓顶仅存后部少许，墓葬残长4.24米，方向216°。该墓被1998MFBM31打破墓室前部。（图六）

墓道仅残存西侧一角，残长0.48米。从残存部分观察，墓道内宽外窄。

甬道平面略呈长方形，长0.86、宽1.24～1.28、高1.2米。底较平，东侧凿有排水沟。甬道内发现一些砖块，可能用于封门。有楔形砖、子母口砖、长方形砖等，纹饰以几何纹为主（图七）。

甬道后接墓室，墓室高于甬道0.14米。墓室平面略呈梯形，内窄外宽，近甬道处转角内收，长2.9、宽1.84～2.12、北壁高1.64米。墓顶微弧。北壁和东西两壁斜直上收。

排水沟自甬道末端一直延伸至墓道，前段填有小卵石。残长0.86～0.88、宽0.27～0.28米，后浅前深，深度为0.08～0.2米。

壁龛位于墓室西壁中部，紧靠墓底，距北壁1.25米。平面呈前窄后宽的不规则梯形，宽0.44～0.5、深0.1～0.14、高0.46～0.54米。

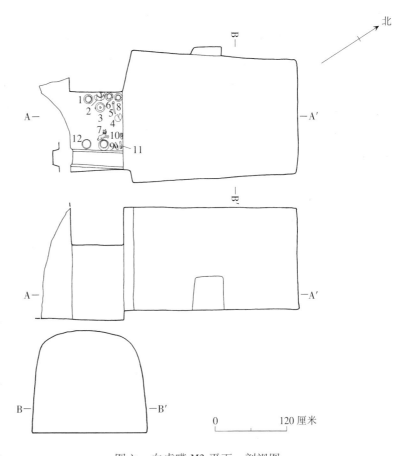

图六 白虎嘴 M3 平面、剖视图

1. 陶釜 2、6、8. 陶罐 3. 陶壶 9. 陶瓮 4. 陶壶盖 5. 铁环首刀 7. 陶狗
10. 陶鸡 12. 铁釜 11. 布币

墓葬扰乱严重，共出土随葬品10件，钱币111枚。多出于甬道，以陶器和钱币为多，另有少量铁器。

图七 白虎嘴 M3 几何纹墓砖拓片

（二）出土器物

1. 陶器

釜 1件。M3:1，夹细砂灰陶。敞口，圆唇，束颈，扁腹，圜底。内沿饰凹弦纹一周，腹部至底部饰交错绳纹。口径28.5、腹径31.5、高25.5厘米（图八，1）。

瓮 1件。M3:9，泥质灰陶。敛口，尖唇，弧肩，上腹部略鼓，平底。肩腹部相交处饰菱形纹，器表腹部有拉坯而成的旋痕。下腹近底处有一圆孔。口径26.4、腹径38.4、底径22.8、高28厘米（图八，2；图版二，1）[①]。

罐　3件。均为泥质灰陶，器形略有差异。M3∶6，侈口，圆唇，束颈，弧肩，圆鼓腹斜收，底略内凹。肩部饰凸弦纹一周。口径11.4、腹径22.8、底径13.6、高17.4厘米（图八，3）。M3∶2，侈口，圆唇，束颈，弧肩，圆鼓腹斜收，平底。肩部饰凹弦纹二周，器表有拉坯而成的旋痕。口径11.4、腹径22.8、底径13.4、高18.2厘米（图八，4）。M3∶8，侈口，尖唇，束颈，弧肩，圆鼓腹斜收，底略内凹。口径13.2、腹径21.8、底径12.4、高19厘米（图八，5）。

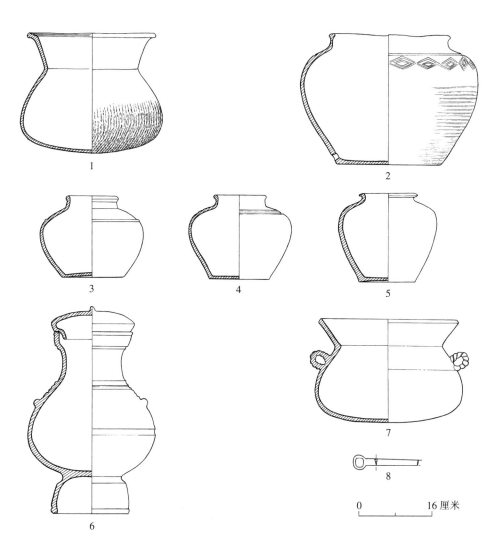

图八　白虎嘴M3出土器物

1. 陶釜（M3∶1）　　2. 陶瓮（M3∶9）　　3～5. 陶罐（M3∶6、2、8）　　6. 陶壶（M3∶3）　　7. 铁釜（M3∶12）　　8. 铁环首刀（M3∶5）

---

① 此类瓮应为沥酒器。画像墓中常有发现，密县打虎亭汉墓的画像砖、石上，曾家包汉墓出土的画像砖上等都发现有这类器物。据画像场景来看，该类器物中盛酒。托克托汉墓的壁画可为证，左室壁画前面摆着五个大型"罐"，榜题为"酒瓮"。此类瓮的特殊之处在于底部有圆孔，发现较多，烧沟汉墓M46、M47、M125中各发现1件，成都金堂李家梁子汉墓、中江塔梁子崖墓（《中江塔梁子崖墓》，北京：文物出版社，2008年，第80页）等都有发现。烧沟汉墓M46∶1的圆孔系掏而复塞，说明圆孔的封闭打开是根据需要而定。孙机先生据内蒙古托克托汉闵氏墓壁画和嘉峪关1号墓的画像砖上的图像考证此种器物为沥酒器，就是《玉篇》所说的"以孔下酒也"。观点可从。

壶　1件。带盖，泥质灰陶。M3∶3，器盖子口，圆唇，顶微弧，上饰乳丁形钮。壶身盘口，方唇，长束颈，溜肩，圆鼓腹，高圈足，上部略折。口部饰凹弦纹二周，颈腹交接处饰凸弦纹三周，腹部饰兽头铺首一对，其下饰凸弦纹二周。口径17.4、腹径28.2、底径17.8、高48.2厘米（图八，6；图版二，2）。

2. 陶模型

鸡　1件。M3∶10，泥质灰陶。尾残缺，左右合范而成。小首，圆眼，尖喙，细长颈，敛翼，站立。高21.7、长17.2厘米（图九，1）。

狗　1件。M3∶7，泥质灰陶。伏卧状，显得肥硕健壮。头偏向身右侧，圆目视前方，大鼻，阔嘴紧闭，双耳竖立。爪子清晰可见，尾卷曲于地。高18.5、长36.9厘米（图九，2）。

图九　白虎嘴 M3 出土陶器
1. 鸡（M3∶10）　2. 狗（M3∶7）

3. 铁器

釜　1件。M3∶12，敞口，方唇，扁腹，圜底，上腹施对称绳纹双耳，口径31、腹径32.4、高22.4厘米（图八，7）。

环首刀　1件。M3∶5，刀残，椭圆形环首，直背，单直面刃，断面呈三角形，残长

14.1 厘米，厚 0.2 ~ 0.5 厘米（图八，8）。

4. 钱币①

共 111 枚。有大布黄千、货泉、大泉五十、五铢等。

一般五铢

Ⅱ式　1 枚。直径 2.6、穿径 0.95、厚 0.11 厘米（图一〇，18）。

货泉

AⅠ式　8 枚。直径 2.1 ~ 2.3、穿径 0.5 ~ 0.9、厚 0.1 ~ 0.2 厘米（图一〇，1 ~ 6、8、9）。

AⅡ式　1 枚。钱文传形。直径 2.1、穿径 0.5、厚 0.12 厘米（图一〇，7）。

BⅠ式　36 枚。正面无内郭。直径 2.1 ~ 2.3、穿径 0.7 ~ 0.9、厚 0.08 ~ 0.1 厘米（图一一，1 ~ 28；图一二，1 ~ 8）。

BⅡ式　11 枚。内外均有郭。直径 2 ~ 2.3、穿径 0.6 ~ 0.8、厚 0.1 ~ 0.2 厘米（图一〇，16；图一二，9 ~ 18）。

BⅢ式　15 枚。"货"字近穿侧带星点记号，面无内郭。直径 2.1 ~ 2.3、穿径 0.5 ~ 0.6、厚 0.08 ~ 0.2 厘米（图一二，19 ~ 28；图一三，1 ~ 5）。

BⅣ式　4 枚。正面重内郭。直径 2.2、穿径 0.5、厚 0.1 厘米（图一三，6 ~ 9）。

BⅤ式　6 枚。花穿。直径 2.1 ~ 2.2、穿径 0.7 ~ 0.9、厚 0.1 ~ 0.12 厘米（图一三，10 ~ 15）。

大泉五十

AⅡ式　4 枚。直径 2.6 ~ 2.7、穿径 1、厚 0.15 ~ 0.2 厘米（图一〇，11 ~ 14）。

BⅠ式　7 枚。较厚重，质量较好。直径 2.8、穿径 0.9、厚 0.2 ~ 0.3 厘米（图一〇，10；图一三，16 ~ 21）。其中 1 枚残。

BⅡ式　12 枚。直径 2.7、穿径 0.9 ~ 1.1、厚 0.15 ~ 0.25 厘米（图一四，1 ~ 12）。

BⅢ式　1 枚。钱体变小。直径 2.5、穿径 0.9、厚 0.2 厘米（图一〇，17）。

BⅣ式　1 枚。钱体明显变小、薄。直径 2.4、穿径 1、厚 0.1 厘米（图一〇，15）。

大泉十五

共 2 枚。完整，青铜质，钱文篆书，直读，面背内外郭皆具。直径 2.7、穿径 0.9、厚 0.15 厘米（图一四，13、14）。

大布黄千

2 枚。可分为两式。

Ⅰ式　1 枚。完整，青铜质，文字为悬针篆，平首平肩平足，腰身略收。首部穿一孔，用以系绳。正背两面皆铸为通穿（圆穿于首端间有中线者）。钱文右读，布局在中线左右两侧。通高 5.3、首宽 1.5、肩宽 1.9、足宽 2.4 厘米（图一四，15）。

Ⅱ式　1 枚。完整，青铜质，文字为悬针篆，平首平肩平足，腰身略收。首部穿一孔，用以系绳。正背两面皆铸为通穿（圆穿于首端间有中线者）。钱文右读，布局在中线左右两侧。通高 5.6、首宽 1.5、肩宽 2.2、足宽 2.4 厘米。较Ⅰ式略小（图一四，16）。

---

① 本书的第三编第一章第二节中有详细的划分依据，此处仅根据钱币特征将其分类叙述。

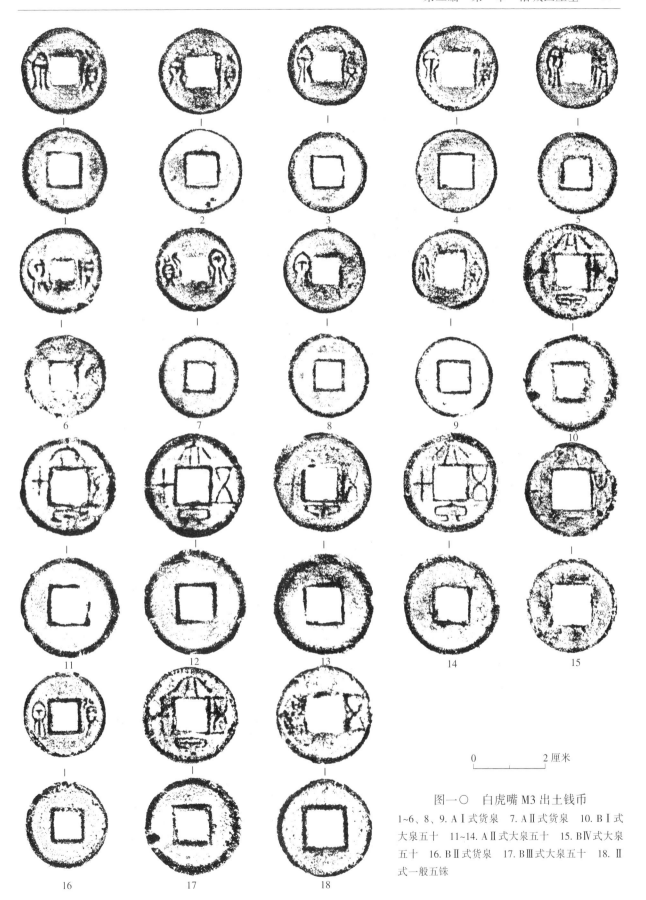

图一〇 白虎嘴 M3 出土钱币

1~6、8、9. A Ⅰ式货泉 7. A Ⅱ式货泉 10. B Ⅰ式
大泉五十 11~14. A Ⅱ式大泉五十 15. B Ⅳ式大泉
五十 16. B Ⅱ式货泉 17. B Ⅲ式大泉五十 18. Ⅱ
式一般五铢

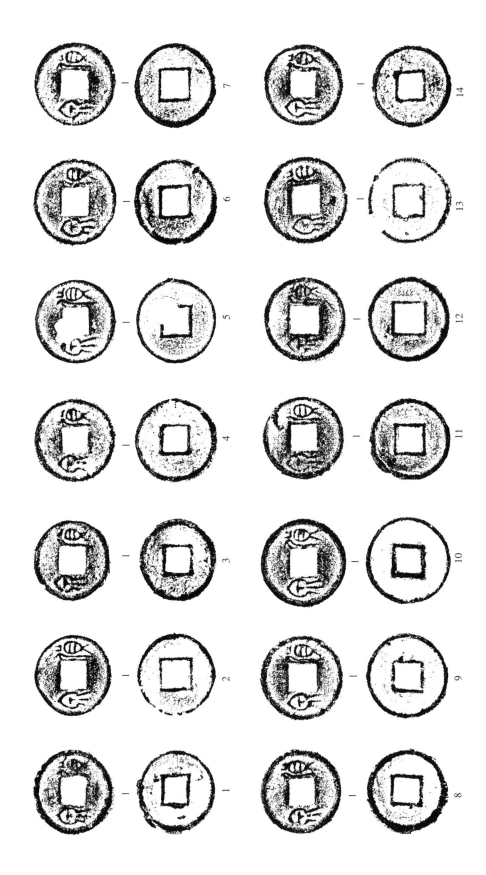

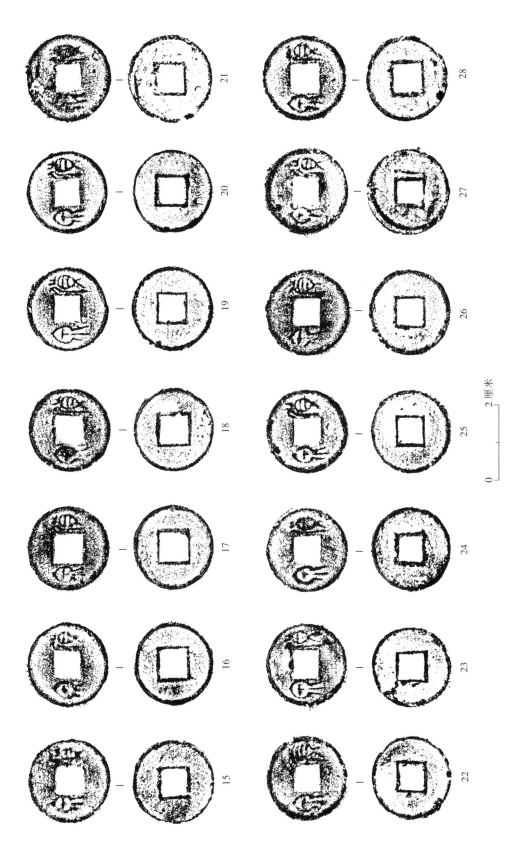

图一一 白虎嘴 M3 出土 B I 式货泉

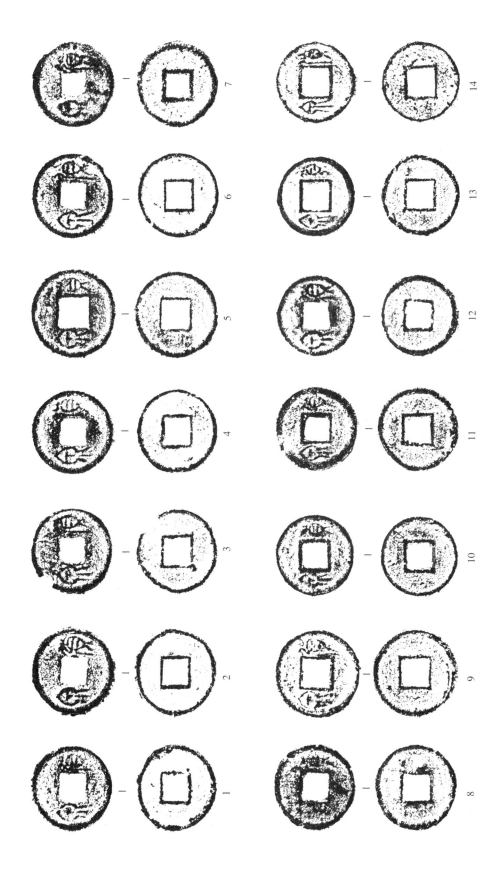

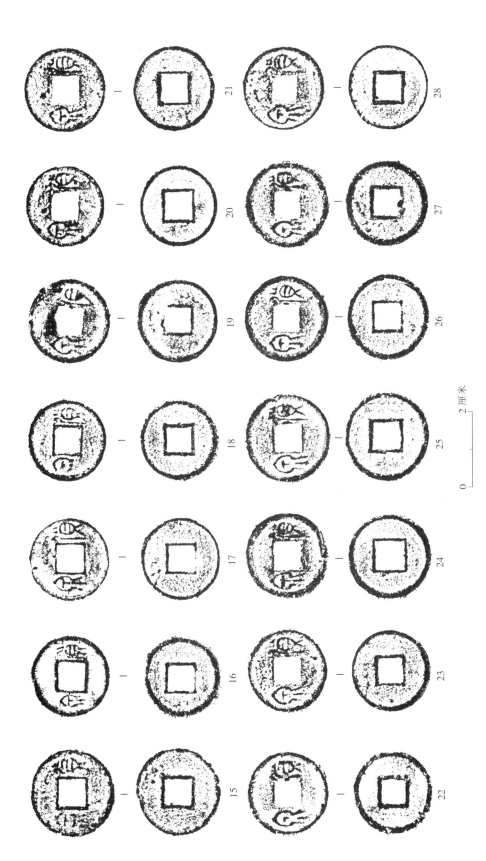

图一二　白虎嘴 M3 出土货泉
1~8. BⅠ式　9~18. BⅡ式　19~28. BⅢ式

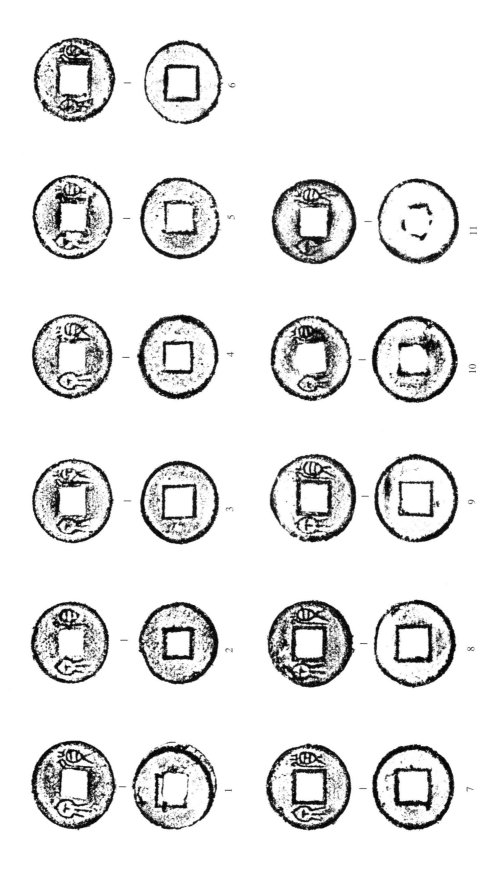

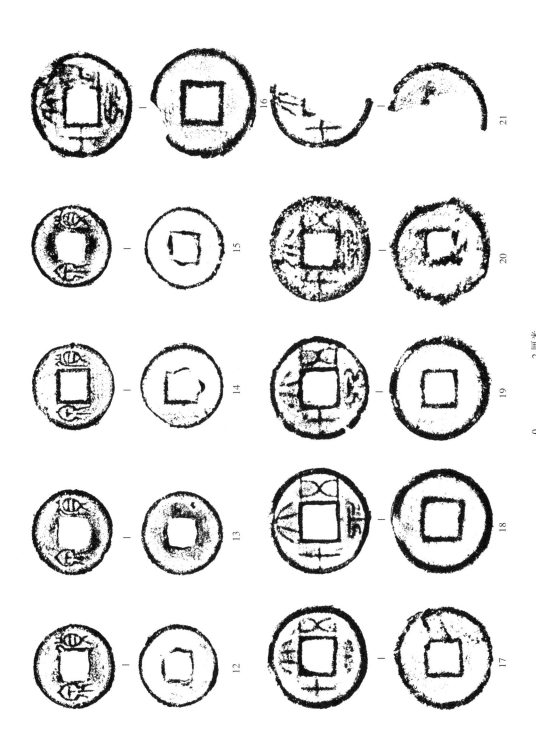

图一三 白虎嘴 M3 出土钱币
1~5. BⅢ式货泉 6~9. BⅣ式货泉 10~15. BⅤ式货泉 16~21. BⅠ式大泉五十

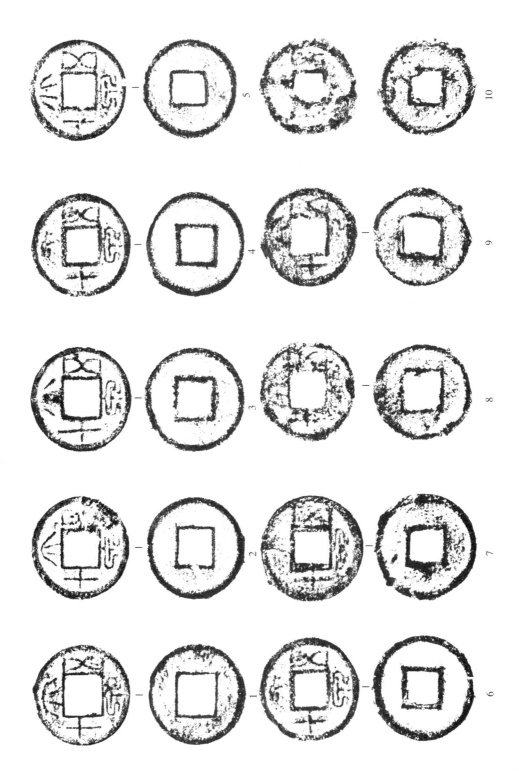

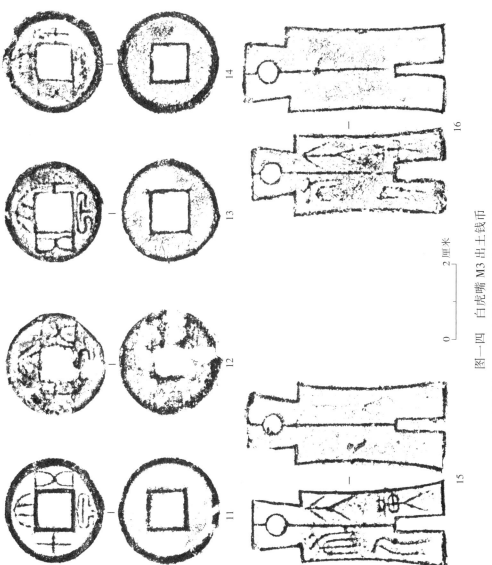

图一四 白虎嘴 M3 出土钱币

1~12. BⅡ式大泉五十 13、14 大泉十五 15. Ⅰ式大布黄千 16. Ⅱ式大布黄千

三 双碑白虎嘴五号崖墓 （1998MFBM5）

（一）墓葬形制

前后双室墓。墓道及甬道已不存，前室仅存部分，墓室顶部坍塌较多。墓葬残长8米（图一五）。

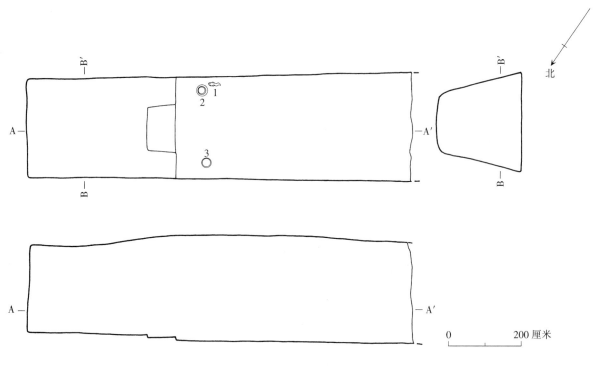

图一五 白虎嘴 M5 平面、剖视图
1. 陶泥鳅 2. 陶罐 3. 瓷碗

前室前部甚残，残存部分平面呈梯形，内窄外宽，残长4.9、宽2～2.2、高2～2.1米。后部中间有两级分别高0.06和0.04米的台阶，可上至后室，台阶长0.6、宽0.86～0.96米。墓顶微弧。墓壁在1.44米高度呈弧状，向上内收至墓顶。墓底不甚平整。

后室平面呈长方形，长3.1、宽2、高1.74～1.92米。墓顶微弧。北壁和东西两壁向上斜收。墓底由内向外倾斜。

墓壁主要是圆尖錾痕。

墓葬盗扰严重，随葬品均出于扰土之中。出土器物以陶器为主，另有钱币10枚、瓷碗1件。陶器可辨器形有罐，陶模型器有泥鳅、马、鸡、狗等。

（二）出土器物

1. 陶器

罐 1件。M5:2，泥质灰陶，敞口，尖唇，束颈，折肩，斜腹内收，底略内凹，肩部饰凹弦纹两周。口径12.2、腹径20.4、底径11.4、高19.8厘米（图一六，2）。

2. 陶模型

泥鳅 1件。M5:1，泥质灰陶，身体弯曲。长8.1、宽0.4~2.4、高1.4厘米（图一六，3）。

3. 瓷器

碗 1件。M5:3，灰胎，青釉，器内施满釉，外底未施釉，多脱落。口微敛，尖唇，弧腹，饼足，底略内凹。唇下饰凹弦纹一周，器表有拉坯时形成的旋痕，内底留有9个支钉的痕迹，外底留有12个支钉的痕迹。口径16、底径9.2、通高6.2厘米（图一六，1；图版二，3）。

4. 钱币

10枚。均为五铢钱，有一般五铢和剪轮五铢两类。

一般五铢

Ⅲ式 6枚。1枚残。直径2.55、穿径1、厚0.09~0.11厘米（图一七，1~3）。

Ⅴ式 1枚。直径2.6、穿径0.95、厚0.11厘米（图一七，4）。

剪轮五铢

1枚。字迹较为模糊。直径2.2、穿径1厘米（图一七，5）。

另有残五铢2枚。

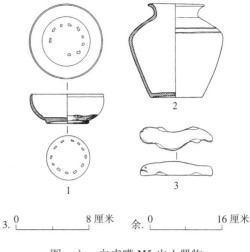

3. └─────────8厘米 余.└─────────16厘米

图一六 白虎嘴M5出土器物

1. 瓷碗（M5:3） 2. 陶罐（M5:2） 3. 陶泥湫（M5:1）

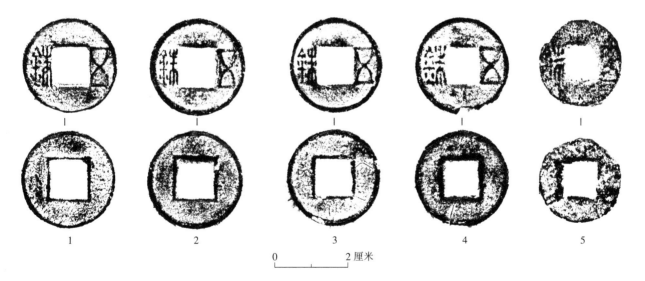

0└────┘2厘米

图一七 白虎嘴M5出土钱币

1~3. Ⅲ式一般五铢 4. Ⅴ式一般五铢 5. 剪轮五铢

四 双碑白虎嘴七号崖墓（1998MFBM7）

（一）墓葬形制

墓葬结构几乎被破坏殆尽，墓葬形制不详。

（二）出土器物

1. 陶模型

带刀女侍俑　2 件。均为泥质红陶，首与身分别制成后再黏接而成，单范接缝处有刮削痕。M7：1，长方脸。高鼻，抿嘴，长耳。直立，手笼袖中置于腹部。头梳高髻，额上系帻头。身着右衽长袍，宽袖。袖有褶纹，腰束带，仅身后可见。前摆露双足，胸前佩环首刀。高 28.6 厘米（图一八，1）。M7：2 与 M7：1 形态基本一样，只是前摆双足清晰显露，可能同模制作。高 29 厘米（图一八，2）。

图一八　白虎嘴 M7 出土陶俑
1、2. 带刀女侍俑（M7：1、2）

2. 钱币

4 枚。仅有 1 枚一般五铢稍完整，其他均为残片。

一般五铢

Ⅳ式 1 枚。残，直径 2.5、穿径 0.95、厚 0.1 厘米（图一九）。

0   2 厘米

图一九 白虎嘴 M7 出土Ⅳ式一般五铢

五 双碑白虎嘴八号崖墓（1998MFBM8）

（一）墓葬形制

墓葬结构几乎被破坏殆尽，墓葬形制不详。

（二）出土器物

随葬品均为夹细砂灰陶，器类有瓮、甑两种。

瓮 2 件。M8:1，侈口，圆唇，折肩，圆腹内收，底略内凹，近底处有一直径为 1.6 厘米的圆孔，肩部饰凹弦纹一周。口径 25.2、腹径 38、底径 20、高 27.5 厘米（图二〇，1）。M8:2，侈口，圆唇，束颈，弧肩，圆鼓腹内收，底略内凹。颈下饰凹弦纹一周，肩部以下至腹底均匀饰有凹弦纹六周，其间饰交错绳纹。口径 33、腹径 43.6、底径 20、高 32.5 厘米（图二〇，2）。

甑 1 件。M8:3，敞口，圆唇，宽沿，弧腹，平底。底部有八圆孔，直径约 1.8 厘米，腹部饰细绳纹。口径 40.6、底径 19.4、高 26 厘米（图二〇，3）。

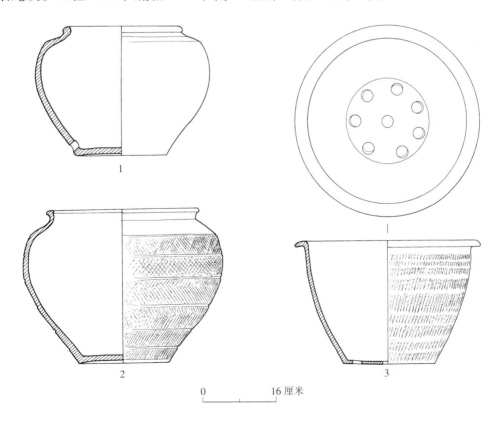

0   16 厘米

图二〇 白虎嘴 M8 出土陶器

1、2. 瓮（M8:1、2） 3. 甑（M8:3）

六　双碑白虎嘴十号崖墓（1998MFBM10）

（一）墓葬形制

仅存部分甬道和墓室，墓室塌方严重，仅清理一小部分。

甬道残存少许封门砖，有梯形砖和长方形砖两种。墓室东侧发现有残砖棺，出土有曲尺形砖。砖侧饰菱形纹、人字纹、叶脉纹和几何钱纹等（图二一；图二二）。

随葬品均置于墓室内，共出土陶模型4件，铁器2件，钱币3枚。此外，还出土有陶罐及陶鸡、陶房碎片。

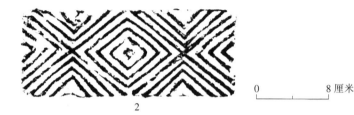

图二一　白虎嘴M10墓砖拓片
1. 几何纹　2. 菱形纹

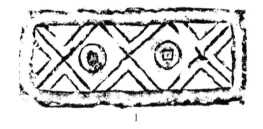
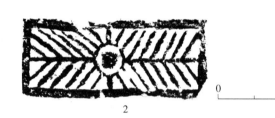

图二二　白虎嘴M10墓砖拓片
1. 几何钱纹　2. 叶脉纹

（二）出土器物

1. 陶模型

井　1件。M10:4，泥质灰陶。宽斜折沿，圆鼓腹，平底。口沿有对称双孔，直径1厘米。口径21、腹径19.7、底径17.2、高17.6厘米（图二三，1）。井内有一汲水小罐（M10:5），泥质红陶。侈口，尖圆唇，束颈，圆肩，弧腹，平底。肩部饰凹弦纹一周，器身有拉坯形成的旋痕。口径5、腹径7.8、底径4.6、高7.8厘米（图二三，2）。

狗　1件。M10:6，泥质灰陶，左右合范而制，单范接缝处有刮削痕。站姿，目视前方，张嘴露齿作吠状。短耳直立，额毛中分边飘，体较宽扁，四肢较粗壮，粗尾上卷。颈、腹系带穿于背部环中，腹中空。高26.3、长26.4厘米（图二四；图版三，2）。

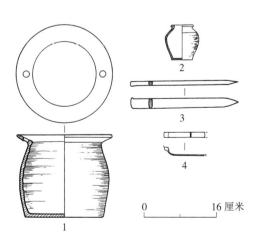

图二三　白虎嘴M10出土器物
1. 陶井（M10:4）　2. 陶汲水小罐（M10:5）　3. 铁凿（M10:7）　4. 铁附件（M10:3）

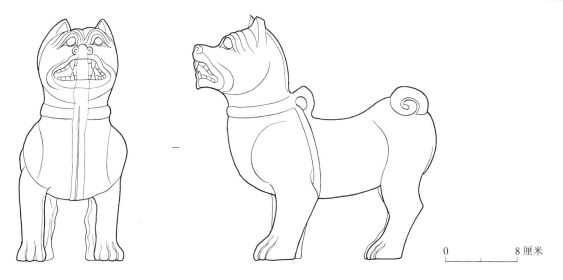

0　　　　　8 厘米

图二四　白虎嘴 M10 出土陶狗（M10∶6）

拱手立俑　2 件。首与身分别制成后再黏接而成，单范接缝处有刮削痕。M10∶2，泥质红陶，直立。头上似有帽状物。面部略模糊，仅可见鼻、嘴、眉线、耳。身着两层衣，外为右衽长袍，宽袖。双手笼袖中置于腹部，袖有褶纹。前下摆露双足，后下摆有褶纹。高 17 厘米（图二五，1）。M10∶1，泥质灰陶，直立。脸方圆，面略左侧。细眉、高鼻、小嘴、双下巴。头戴平上帻，头后巾二角相交。有两鬏。身着两层衣，外为右衽长袍，宽袖。手笼袖中置于腹部，袖有褶纹。袍下摆露出双足。高 25 厘米（图二五，2；图版三，1）。

2. 铁器

凿　1 件。M10∶7，刃、首皆残，尖刃，直背，断面呈长方形。长 23.6、厚0.8 厘米（图二三，3）。

附件　1 件。M10∶3，残，弯钩形，顶部呈长方形，其下呈长条形弯折，断面呈细长方形。残长 9.2、厚 0.15 ~0.9 厘米（图二三，4）。

3. 钱币

均为一般五铢 IV 式。

3 枚。较为完整。直径 2.5、穿径 1厘米（图二六，1 ~ 3）。

1

2

0　　　　　8 厘米

图二五　白虎嘴 M10 出土陶拱手立俑
1. M10∶2　2. M10∶1

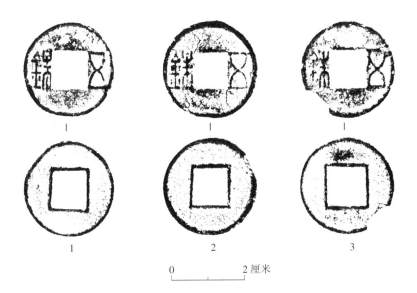

0　　　　　2厘米

图二六　白虎嘴 M10 出土Ⅳ式一般五铢

七　双碑白虎嘴十一号崖墓（1998MFBM11）

（一）墓葬形制

单室墓，墓道已不存，甬道仅北侧残存少许。墓葬残长 4.2 米。方向 217°（图二七）。

甬道残长 0.34 米。甬道内残存有凌乱的几何纹封门砖。

墓室平面形状不规则，长 3.86、宽 1.6～2、最高处 2.14 米。墓室前部凿有二级分别高 0.22 米和 0.56 米的台阶，将墓室分为三部分。墓顶微弧。北壁和东西两壁向上弧收。墓室后部留有棺台，其上凿有 2 个并列的崖棺。

崖棺位于墓室后部。纵向平行排列，呈长方形凹槽状，延伸至墓室北壁里面呈两个浅洞。东侧延伸部分平面近长方形，西侧延伸部分平面略呈椭圆形。东侧崖棺长 2.48、宽 0.45～0.6、深 0.04 米。西侧崖棺长 2.38、宽 0.45～0.66、深 0.04 米。崖棺内发现有人骨残

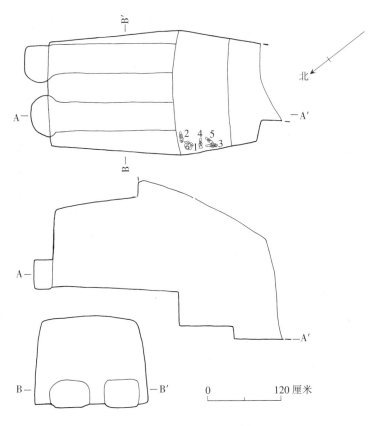

图二七　白虎嘴 M11 平面、剖视图
1. 陶抚琴俑　2. 陶击鼓俑　3. 陶执箕帚俑　4. 陶拱手立俑　5. 陶躬身俑

渣，葬式不明。

　　墓葬扰乱严重，出土器物可辨器形有陶罐、陶人物俑、陶鸡、陶狗和陶房等。可修复者仅有墓室前部出土的陶人物俑5件，其中1件红陶俑置于残碎的陶房内。

　　（二）出土器物

　　陶俑均为泥质陶，全部合范而制，首与身是分别制成再黏接而成，单范接缝处有刮削痕。

　　抚琴俑　1件。M11:1，泥质红陶。高鼻，小嘴，长耳；坐姿，后露双脚。膝上置琴，双手置于琴上作弹奏状，十指纤长。头戴介帻，帻圈前窄后宽，前罩额处为双层缘，后圈正中上开下合，下沿合处似加一长方形小块布缝其上，脑后似束发凸起。身着双层右衽衣，宽袖，衣身有褶纹，腰束带，仅后面可见，身后有衣背缝。高30.4、最宽24.6厘米（图二八，1）。

　　拱手立俑　1件。M11:4，泥质红陶。面庞圆润，因风化而面目略模糊，可见鼻和细眉，闭口。站立。头似戴介帻，脑后似束发凸起。身着右衽长袍，手笼袖中置于腹部，袖有褶纹，腰束带，仅前面可见。袍下双足露前端。高16.5厘米（图二八，2）。

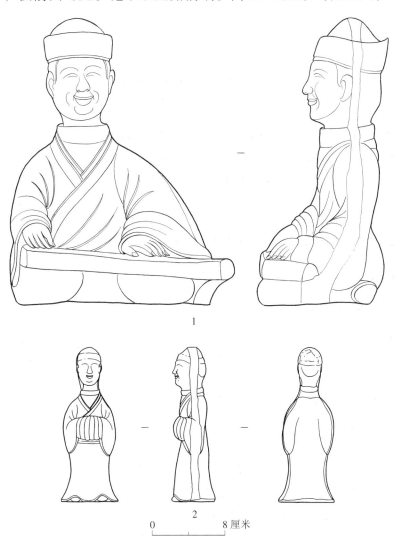

1

2

0　　　　　　8厘米

图二八　白虎嘴 M11 出土陶俑
1. 抚琴俑（M11:1）　2. 拱手立俑（M11:4）

躬身俑 1件。M11:5，泥质红陶，躬身而立，作背负状。头束巾，面部模糊不清，身着右衽短褐。腰束带，仅身前可见，双手置于腹部。高14.8厘米（图二九，1；图版四，1）。

执箕帚俑 1件。M11:3，泥质灰陶。面部略模糊，五官仅见轮廓。右手执箕，左手执帚，站立状。束偏髻。身着右衽短褐，衣领不显，腰束带。高14.85厘米（图二九，2）。

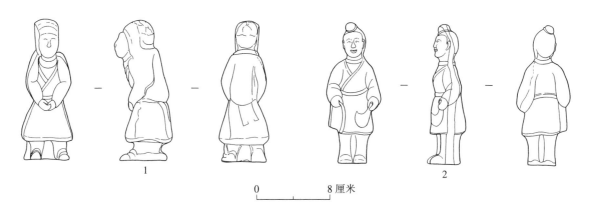

图二九 白虎嘴 M11 出土陶俑
1. 躬身俑（M11:5） 2. 执箕帚俑（M11:3）

击鼓俑 1件。M11:2，泥质红陶，发、冠不详，面部模糊，身着右衽短褐，方领一层，腰束带，仅身后可见。下着裤及膝，腹前置一鼓，左手置于腹前，右手置于鼓面作敲击状。高16.1厘米（图三〇）。

八 双碑白虎嘴十二号崖墓（1998MFBM12）

（一）墓葬形制

墓顶坍塌，墓葬形制不详，仅采集到若干器物。

（二）出土器物

1. 陶器

器座 1件。M12:2，敞口，圆唇，底略内凹，底部有拉坯形成的旋痕。口径22.8、底径21、高4.8厘米（图三一，1）。

2. 陶模型

狗 1件。M12:1，左右合范，单范接缝处显刮削痕。站姿，目视前方，张嘴露齿，作吠状。双耳竖立，体格健壮，四肢粗短，狗爪清晰可见。尾曲卷贴于臀部。颈套圈，颈腹部系带，穿于背部环中。高26、长29.2厘米（图三一，3）。

男俑头 1件。M12:3，前后合范，单范接缝处显刮削痕。头戴笠，面带微笑，高鼻，阔嘴，长耳。颈以下残。残高17厘米（图三一，2）。

图三〇 白虎嘴 M11 出土陶击
鼓俑（M11:2）

图三一　白虎嘴 M12 出土陶器座、陶模型

1. 器座（M12：2）　2. 男俑头（M12：3）　3. 狗（M12：1）

九　双碑白虎嘴十三号崖墓（1998MFBM13）

（一）墓葬形制

墓葬塌方损毁严重，因安全问题而放弃清理，仅采集到若干器物。

墓葬用砖封门，砖多残，且堆放无序。铺地砖为长方形几何纹砖。葬具为砖棺，墓内尚残存有条形的砖棺壁砖和弧形的棺盖砖。

随葬品以陶模型为主，出土有陶井、汲水罐和各种陶人物俑等。此外，还出土有壶、釜等陶器。随葬品多出土于墓室扰土内，甬道内仅出土有陶俑和陶壶各 1 件。

（二）出土器物

1. 陶器

釜　1 件。M13：8，泥质红陶。敞口，圆唇，束颈，肩部略折，腹较圆鼓，圜底。肩以下饰粗绳纹。口径 18.8、腹径 19.2、高 15.6 厘米（图三二，1）。

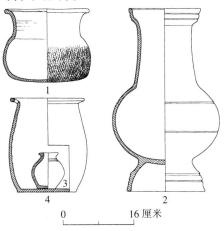

图三二　白虎嘴 M13 出土陶器

1. 釜（M13：8）　2. 壶（M13：9）

3. 汲水小罐（M13：6）　4. 井（M13：5）

　　壶　1件。M13:9，泥质红陶。盘口，高束颈，球形腹，高圈足略折。口部饰凹弦纹两周，肩、腹部各饰凹弦纹一周，足部饰凹弦纹两周。口径15.8、腹径23.7、底径17.2、高39厘米（图三二，2）。

　　2. 陶模型

　　出土井1件、俑5件。俑均为泥质红陶，合范而制，首与身分别制成后再黏接而成，单范接缝处有刮削痕。

　　井　1件。M13:5，泥质灰陶。宽斜折沿，方唇，圆鼓腹，平底。口沿对称施直径为1.2厘米的圆孔，器内壁及器表均有拉坯时形成的旋痕。口径16.4、腹径17.2、底径13.2、高20厘米（图三二，4）。内有陶汲水小罐（M13:6），与井配套使用。侈口，尖唇，束颈，溜肩，圆鼓腹斜收，平底。肩部饰凹弦纹两周。口径4、腹径7.6、底径4、高7.8厘米（图三二，3）。

　　拱手立俑　3件。全部呈站立状，手笼袖中置于腹部。M13:2，长脸，细眉，小眼。束高髻，额上有帻头，从头后向前横裹，额上相交。着右衽长袍，宽袖。袖有褶纹。腰束带，仅身后可见。下摆前后均有褶纹，袍下双足露前端。高28.4厘米（图三三，1；图版四，2）。M13:4，瘦长脸，细眉，小眼。

1

2

图三三　白虎嘴M13出土陶拱手立俑
1. M13:2　2. M13:4

眼。束高髻，额上有帻头，从头后向前横裹，在额上相交。身着右衽长袍，宽袖。腰束带，仅身后可见。下摆前后均有褶纹，袍下双足露前端。高28.8厘米（图三三，2）。M13:7，头部残。身着右衽长袍，大袖，袖有褶纹。腰束带，仅身后可见。袍下双足露前端。残高13.4厘米（图三四，2）。

　　行走俑　1件。M13:1，长方脸，浓眉，小眼，蒜鼻，厚唇。头上装饰较为少见，形似近世瓜皮帽，两边鬓发露出巾外。身着右衽长袍。腰束带，袖有褶纹。右手下垂提袍，左臂弯曲置于腹前露左手，右脚前伸作行走状，前后下摆均有褶纹，前下摆露右脚。高30厘米（图三四，1）。

　　立俑　1件。M13:3，呈直立状。面部略模糊。束发于脑后，以巾裹髻。身着裋褐，腰束带。左臂挽袖于肘部，置于身侧；右臂弯曲置于身侧，右手似执物。右脚略向前伸。高15.4厘米（图三四，3）。

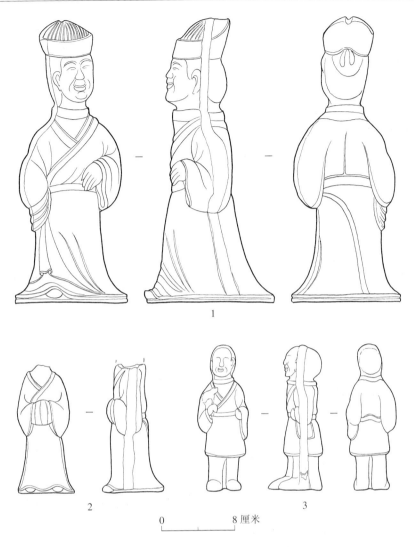

图三四　白虎嘴 M13 出土陶俑
1. 行走俑（M13∶1）　2. 拱手立俑（M13∶7）　3. 立俑（M13∶3）

十　双碑白虎嘴十四号崖墓（1998MFBM14）

（一）墓葬形制

单室墓，由墓道、甬道和墓室三部分组成。墓道仅存部分，甬道顶部完全垮塌。前低后高。墓葬残长 5.96 米。方向 200°（图三五）。

墓道残存部分平面呈长方形，残长 1.02、宽 1.34～1.44 米。底由内向外倾斜约 0.19 米。

甬道平面呈长方形，长 1.44、宽约 1.06～1.1 米。原顶部不存，底部由内向外略有倾斜。甬道口尚存八层封门砖，均为长方形小砖错缝平砌。

甬道后接墓室，墓室底部高出 0.14 米。墓室平面略呈长方形，长 3.5、宽 1.86～1.92、高 2.08～2.22 米。圆弧顶。墓室北壁几近直线，东西两壁向上弧收。墓底由内向外倾斜。

墓室后部并排放置 4 具人骨，保存较差，仅残留部分肢骨和腿骨。

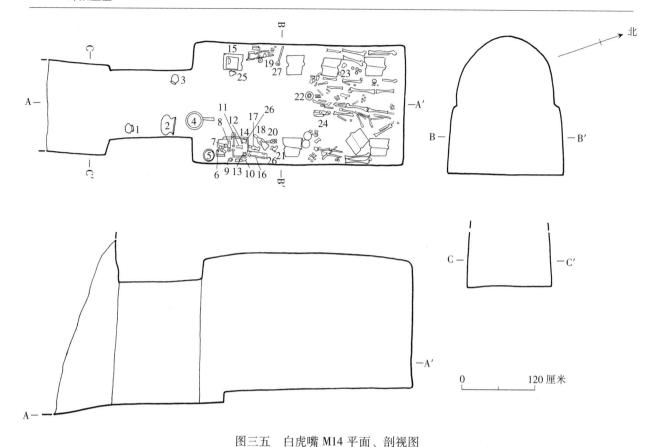

图三五 白虎嘴 M14 平面、剖视图

1、3. 陶罐 8、9、14. 陶瓮 2、5. 陶釜 4. 铜鐎斗 6. 陶躬身执棒俑 7. 陶扛、提罐俑 10. 陶执箕帚俑 11. 陶鱼 12、25. 陶蛙 13. 陶龟 15. 陶田螺 16、26. 陶房 17、18. 陶拱手立俑 19. 铜镜 20. 陶鸡 21. 陶鸭 22. 陶壶 23. 银手镯 24. 陶执飐扇俑 27. 铁环首刀

随葬品多置于墓室前部紧靠东西两壁处。另有少量置于甬道内。出土器物以陶器、陶模型为主，此外出土有大量钱币及少量铜铁银器。陶器可辨器形有罐、釜、壶、瓮。陶模型有人物俑、鸡、鸭、鱼、蛙、田螺、房屋等。铜器有镜、鐎斗。铁器有环首刀等。另外还出土有陶甑、水田模型、陶猪和铁鍪等残片。

（二）出土器物

1. 陶器

釜 2 件。均为泥质灰陶，器形大致相同，敞口，圆唇，扁腹，近底处转折。圜底。沿面、肩部各饰凹弦纹一周。M14∶2，口径 25、腹径 26、高 12.8 厘米（图三六，2）。M14∶5，口径 24.2、腹径 26.4、高 12.8 厘米（图三六，1；图版五，1）。

罐 2 件。有细微的差异。M14∶1，泥质灰陶。侈口，尖唇，束颈，肩略折，腹斜收，底略内凹。肩部饰凹弦纹一周。口径 10.6、腹径 17.7、底径 10、高 15.4 厘米（图三六，3）。M14∶3，泥质灰陶。侈口，圆唇，束颈，肩略折，腹斜收，底略内凹。肩部饰凹弦纹一周。口径 10、腹径 17、底径 9、高 14.4 厘米（图三六，4）。

瓮 3 件。M14∶8，泥质灰陶。侈口，圆唇，折肩，弧腹斜收，底略内凹，近底处有直径为 2 厘米的圆孔一个。肩部饰凹弦纹一周，腹部饰凹弦纹三周，器内、器表均有拉坯形成的旋痕。口径 27.2、腹径 38.4、底径 19、高 25.4 厘米（图三六，6）。M14∶14，泥质灰

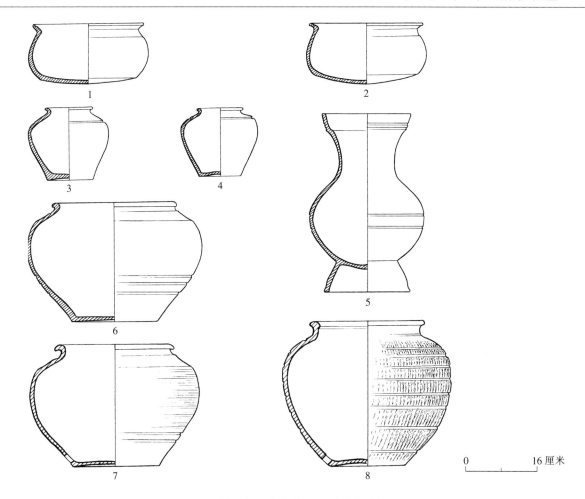

图三六　白虎嘴 M14 出土陶器

1、2. 釜（M14∶5、2）　　3、4. 罐（M14∶1、3）　　5. 壶（M14∶22）　　6~8. 瓮（M14∶8、14、9）

陶。侈口，圆唇，束颈，折肩，弧腹斜收，底略内凹，近底处有直径为 2 厘米的圆孔一个，器表有拉坯形成的旋痕。口径 25.6、腹径 37.7、底径 19.2、高 25.9 厘米（图三六，7）。M14∶9，夹细砂红陶。侈口，尖唇，束颈，弧肩，圆鼓腹斜收，底略内凹，近底处有一直径为 2 厘米的圆孔。肩腹部凹弦纹九周，其间饰交错绳纹。口径 25.2、腹径 37.2、底径 16.2、高 30.8 厘米（图三六，8；图版五，2）。

壶　1 件。M14∶22，泥质红陶。盘口，方唇，高束颈，溜肩，球腹略扁，喇叭状高圈足。口部、腹部各饰凹弦纹两周。口径 19.6、腹径 25.2、底径 19.2、高 37.8 厘米（图三六，5；图版五，3）。

2. 陶模型

房　2 件。均为泥质灰陶。M14∶16，践碓陶房。平顶，有柱架而无墙。四方形边柱，上为栌斗，再上为额枋，再上为"普柏枋"，最上为椽子。漏顶，前后无墙，内有践碓工具。右壁中部有一长方形穿孔，践碓工具一端置于其内。长 35.2、宽 9.2、高 15.6 厘米（图三七，1；图版七，1）。M14∶26，长方形，平顶，宽檐额，山墙前立长方形角柱，柱顶长方形栌斗托檐，中部为门，双扇门板，上有门额，左右为立颊，下有地栿。顶长 33.6、底长 32.4、宽 9.2、高 26 厘米（图三七，2）。

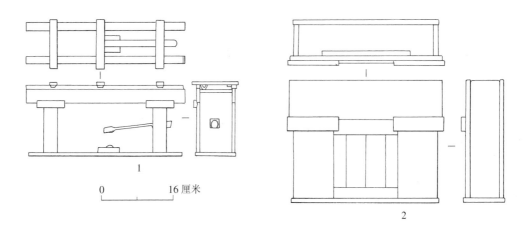

图三七　白虎嘴 M14 出土陶房
1. M14 : 16　2. M14 : 26

公鸡　1 件。M14 : 20，泥质红陶，左右合范，中空。昂首，高冠，尖喙，椭圆眼，大颚下垂。长颈，敛翼，大尾上翘，站立状。颈羽、翼羽与尾羽清晰可见。高 24.8、长 27.2 厘米（图三八，1；图版七，2）。

图三八　白虎嘴 M14 出土陶动物
1. 公鸡（M14 : 20）　2. 鸭（M14 : 21）　3. 蛙（M14 : 12）　4. 龟（M14 : 13）　5. 鱼（M14 : 11）

鸭　1件。M14：21，泥质红陶。合范而成，单范接缝处显刮削痕。小首，扁长喙，半圆眼，短颈，敛翼，短尾，伏卧状。高6.5、长9.6厘米（图三八，2）。

蛙　2件。泥质红陶，形态基本一样。头呈三角形，双眼鼓凸，四肢伏地。M14：12，高3.4、长8厘米（图三八，3）。

龟　1件。M14：13，泥质灰陶。小首上扬，四肢较短，背壳微隆。作昂首爬行状。长7.6、高2.4厘米（图三八，4）。

鱼　1件。M14：11，泥质红陶。圆润嘴，圆眼，背鳍和腹鳍凸出，翘尾，长10.9、高3.8、宽3.3厘米（图三八，5）。

田螺　1件。M14：15，泥质红陶。田塘模型，未能修复，塘中有田螺，卷曲状。高2.8厘米。

陶人物俑共出土有6件。均为泥质红陶，首与身分别合范而成后黏接，单范接缝处显刮削痕。

拱手立俑　2件。M14：18，呈站立状，身子略左倾。面带微笑，高鼻小嘴，双眼模糊，耳小巧。头束高髻，戴幞头。身着双层右衽长袍，宽袖，手笼于袖中置于腹部，袖有褶纹，袍下双足露前端。腰束带，仅身后可见。下摆有褶纹，身后可见衣背缝痕迹。高28.6厘米（图三九，1）。

图三九　白虎嘴M14出土陶拱手立俑
1. M14：18　2. M14：17

M14：17，呈站立状。面部模糊不清。身着右衽长袍，宽袖，双手笼于袖中置于腹部，袍下双足露前端。腰束带，仅身后可见。高 16.4 厘米（图三九，2）。

执箕帚俑　1 件。M14：10，面部略模糊，细眉，小眼，大鼻，敞胸露乳。站立，右手执箕，左手执短帚。束偏髻。身着右衽裋褐，腰束带，身后有衣背缝。高 16 厘米（图四〇，1）。

躬身执棒俑　1 件。M14：6，面部略模糊。躬身而立，右手执棒状物，左手执不明之物。束高髻。身着右衽裋褐，袖挽至肘部。腰束绳。高 16.6 厘米（图四〇，2）。

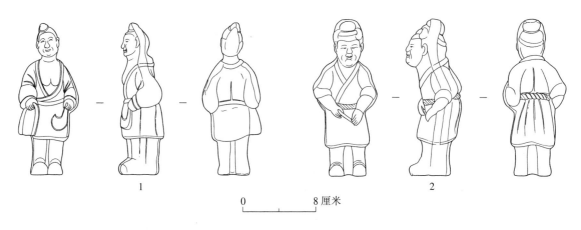

图四〇　白虎嘴 M14 出土陶俑
1. 执箕帚俑（M14：10）　2. 躬身执棒俑（M14：6）

扛、提罐俑　1 件。M14：7，面部模糊。站立，左手提罐，右肩负罐，右手上举扶罐，头向左偏。头梳髻于脑后。上身袒露，吊乳凸肚；赤脚，脚趾清晰。肚下着及膝短裤。高 15.5 厘米（图四一，1；图版六，1）。

执飐扇俑[①]　1 件。M14：24，面部模糊，略见鼻嘴。站立，双手执一立状物于身右侧作开合状。头梳椎状单髻，倾于脑袋左侧。上身袒露，着及膝短裤。高 17 厘米（图四一，2；图版六，2）。

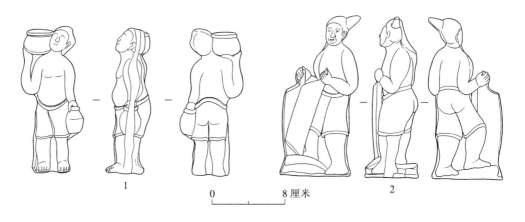

图四一　白虎嘴 M14 出土陶俑
1. 扛、提罐俑（M14：7）　2. 执飐扇俑（M14：24）

---

①　以往多认为是铡刀俑。

3. 铜器

镜　1枚。M14：19，青羊神兽镜。圆形，圆形钮座，半球形钮。座外龙虎头相对峙。其侧有龙蛇、玄武、神鹿、羽人和仙草等。之外为铭文一周，顺时针读作"青盖作竟自有纪，辟去不羊（祥）宜古市，长保二亲利孙子，为吏高官寿命久"。再外为凸弦纹一周及短直线纹一周。缘内一周双线波折纹，向内为一周凸弦纹和锯齿纹。面径12、背径12、钮径2.45、钮高1.1、缘厚0.4、肉厚0.2厘米，重290克（图四二）。

0　　　　　2厘米

图四二　白虎嘴 M14 出土铜青羊神兽镜（M14：19）

鐎斗　1件。M14：4，敞口，方唇，斜折沿，弧腹，平底。六棱形柄中空，与柄对称的一侧有一圆形耳。上腹饰凸弦纹六周，柄所在壁面从口沿至底有宽0.8～1.6厘米的扉棱。口径29、腹径25.6、底径19、高11.4、柄长25.8厘米（图四三，1）。

4. 铁器

环首刀　1件。M14：27，椭圆形环首，刃残，直背，直刃，单面刃，断面呈三角形，残长31.6、厚0.4～0.6厘米（图四三，3；图版五，4）。

5. 银器

手镯　1件。M14：23，环状。外径6、内径5.6厘米（图四三，2）。

6. 钱币

277 枚。有五铢钱、半两、大泉五十等 3 类，五铢钱较为残碎，无法拓片。

榆荚半两

1 枚。青铜，浅红色，较轻薄，铸造水平较低，无内外郭，钱文不清，根据形制可推断为榆荚半两。直径 1.6、穿径 0.9、厚 0.08 厘米（图四四，1）。

五铢

1 枚。钱面似有镏金。穿角均有一铜丝相套，推断可作为摇钱树挂币。残长 3、穿径 1、厚 0.08 厘米（图四四，2）。

大泉五十

BⅡ式　3 枚。直径 2.7、穿径 0.9～1.1、厚 0.15～0.25 厘米（图四四，3～5）。

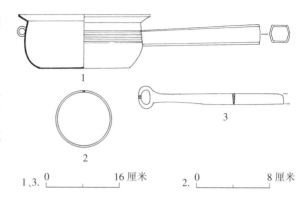

图四三　白虎嘴 M14 出土金属器
1. 铜镳斗（M14：4）　2. 银手镯（M14：23）　3. 铁环首刀
（M14：27）

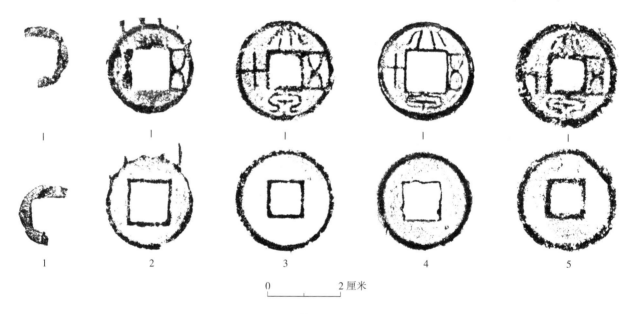

图四四　白虎嘴 M14 出土钱币
1. 榆荚半两　2. 摇钱树挂币　3、4、5.BⅡ式大泉五十

十一　双碑白虎嘴十五号崖墓（1998MFBM15）

（一）墓葬形制

单室墓，由墓道、甬道和墓室三部分组成，墓道仅存部分，前低后高。墓葬残长 10.12 米（图四五）。方向 216°。

墓道残存部分平面呈长方形，残长 1.56～1.62、宽 1.78 米。底部较平。

甬道平面呈长方形，长 1.2～1.26、宽 1.18、高 1.77 米。底部较平，与墓室前部几乎在同一平面。

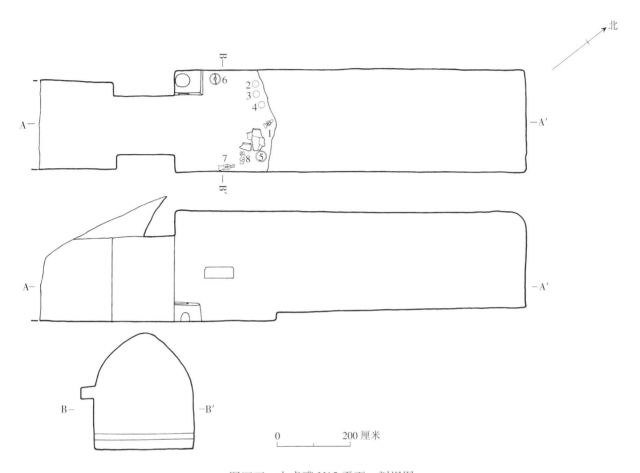

图四五 白虎嘴 M15 平面、剖视图

1、7. 陶拱手立俑 2、3、4. 陶盏 5. 陶碗 6. 铜提梁釜 8. 陶扛、提罐俑

墓室平面呈长方形，全长 7.3、宽 2.05～2.08、高 1.76～2.29 米。墓室前部留有高约 0.18 米的台阶，将墓室分为前后两个部分。墓顶呈抛物线形。墓室北壁直线上收，上部弧状连接墓顶；东西两壁向上斜收。墓底由内向外倾斜 0.12 米。墓室西壁前端凿有一原岩石灶，石灶后部上方凿有一壁龛。

石灶由火门和灶面组成，残存部分灶面形状不规则。单火眼，平面大致呈椭圆形，长径约 0.28、短径约 0.22 米。灶台后上方凿有一壁龛，距墓底 1 米，距北壁 6.08 米。壁龛平面大致呈平行四边形，长 0.58～0.6、高 0.22、深 0.28 米。

墓葬破坏严重，曾被宋人二次利用。出土有宋代器物和汉代随葬品共计 8 件，钱币 20 枚。汉代随葬品多为陶器和陶模型，可辨器形有罐、甑、陶房、陶人物俑等，另外，还出土有铜提梁釜 1 件以及五铢钱数枚。宋代器物有釉陶碗、釉陶盏、"崇宁通宝" 铜钱和铁钱等，钱币发现于淤土中。

（二）出土器物

1. 陶模型

共出土泥质红陶人俑 3 件，均为前后合范而成，单范接缝处显刮削痕。

拱手立俑 2件。M15:7，直立。细眉，高鼻，小嘴。头戴巾帻，前低后高。身着双层右衽长袍，腰束带，仅身后可见。宽袖，双手笼于袖中置于腹部，袖有褶纹。高29.8厘米（图四六，1）。M15:1，直立。面部略见眉眼鼻嘴轮廓，双耳小巧。头束巾帕，上身外着右衽长袍。腰束带，仅身后可见。宽袖，双手笼于袖中置于腹部，袖有褶纹。袍下摆微露双脚。高15.6厘米（图四六，2）。

1

2   3

0   8厘米

图四六　白虎嘴 M15 出土陶俑
1、2. 拱手立俑（M15:7、1）　3. 扛、提罐俑（M15:8）

扛、提罐俑 1件。M15:8，面部模糊不清。直立，左手提罐，右手扶罐于右肩，头略向左偏。梳髻于脑后，上身袒露，肚微凸，下着及膝短裤。赤脚，脚趾清晰。高13厘米（图四六，3）。

2. 釉陶器

碗 1件。M15:5，灰胎，青釉，器内、器表皆施满釉。侈口，圆唇，斜腹，圈足。腹较浅，唇下饰凹弦纹一周。口径16.4、底径6.1、高5.2厘米（图四七，4）。

盏 3 件。均为灰胎，青釉，器内、器表皆施满釉。M15∶4，敛口，圆唇，弧腹斜收，圈足。内沿饰凹弦纹一周。口径 11.6、底径 4.4、高 3.6 厘米（图四七，1）。M15∶3，敞口，圆唇，弧腹斜收，平底。口径 11.6、底径 4.3、高 3.5 厘米（图四七，2）。M15∶2，敞口，尖唇，弧腹斜收，平底。口部有一三角形器鋬。口径 9.5、底径 4.2、高 2.9 厘米（图四七，3）。

3. 铜器

提梁釜 1 件。M15∶6，直口，圆唇，斜折沿，弧腹，圜底，口部附绳索状提梁，提梁中部呈圆圈形。口径 23.2、腹径 20、通高 24 厘米（图四七，5；图版八，1）。

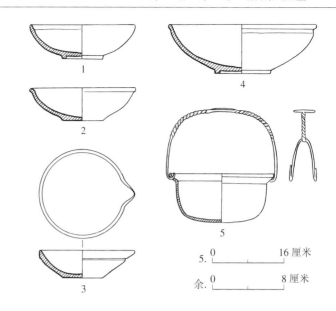

图四七　白虎嘴 M15 出土器物

1~3. 釉陶盏（M15∶4、3、2）　4. 釉陶碗（M15∶5）　5. 铜提梁釜（M15∶6）

4. 钱币

20 枚。11 枚为一般五铢，3 枚为崇宁通宝，1 枚为政和通宝，1 枚为皇宋通宝，4 枚为铁钱。

一般五铢

Ⅳ式 1 枚。腐蚀严重。直径 2.5、穿径 1、厚 0.09 厘米（图四八，1）。

Ⅴ式 1 枚。直径 2.55、穿径 1、厚 0.09 厘米（图四八，2）。

保存较好者仅此 2 枚，其他较为残，无法辨别。

崇宁通宝

3 枚。为折十钱，青铜质，钱文旋读，面背内外郭皆具。直径 3.45、穿径 0.8、厚 0.25 厘米（图四八，5、9、10）。

政和通宝

1 枚。为折二钱，青铜质，文字直读，面背内外郭皆具。直径 3.1、穿径 0.65、厚 0.1 厘米（图四八，4）。

皇宋通宝

1 枚。小平钱，文字直读，面背内外郭皆具。直径 2.4、穿径 0.7、厚 0.1 厘米（图四八，3）。

宋铁钱

4 枚。1 枚残。铁质，锈蚀严重，文字不清。均有内外郭。1 枚为南宋大宋元宝，文字旋读，直径 2.9、穿径 0.8、厚 0.15 厘米（图四八，8）；2 枚文字模糊，正面模糊可见"元宝"等字，直径 2.8~3、穿径 0.8、厚 0.2 厘米（图四八，6、7）。

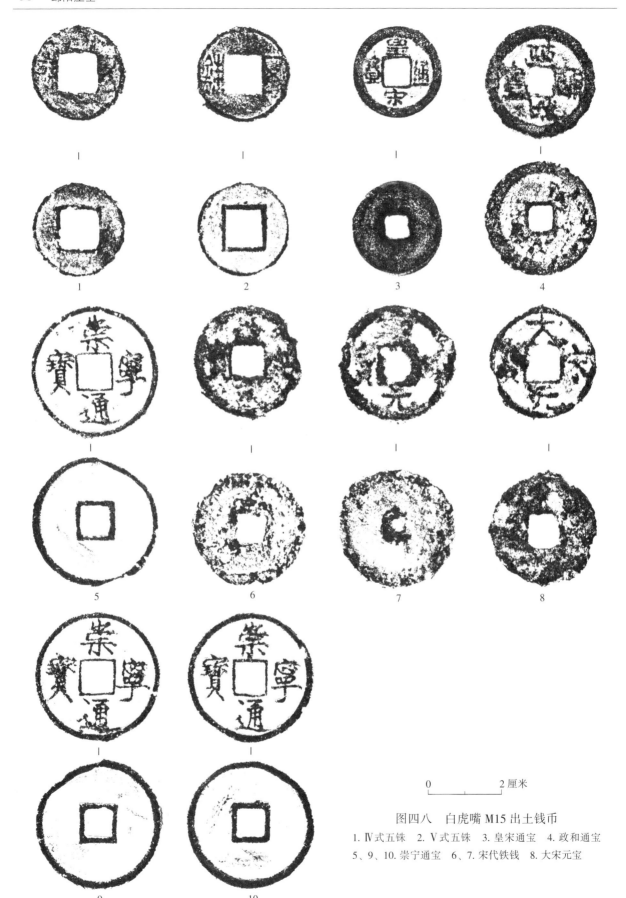

图四八　白虎嘴 M15 出土钱币
1. Ⅳ式五铢　2. Ⅴ式五铢　3. 皇宋通宝　4. 政和通宝
5、9、10. 崇宁通宝　6、7. 宋代铁钱　8. 大宋元宝

十二　双碑白虎嘴十六号崖墓（1998MFBM16）

（一）墓葬形制

单室墓，由墓道、甬道和墓室三部分组成，墓道仅存部分。墓葬残长 7.8 米。方向210°（图四九）。

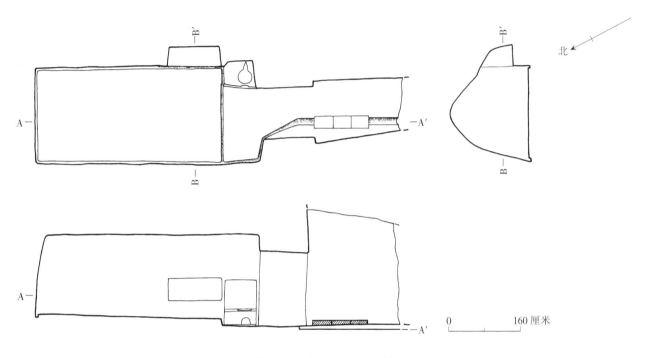

图四九　白虎嘴 M16 平面、剖视图

墓道残存部分平面近梯形，内宽外窄，残长 1.74 ~ 1.92、宽 1.08 ~ 1.28 米。底部较平。西侧凿有排水沟。

甬道平面接近长方形，长 1.1 ~ 1.2、宽 1 ~ 1.04、高 1.48 米。底部和顶部都较平。西侧凿有排水沟。

墓室平面呈不规则长方形，全长 4.68 ~ 4.84、宽 1.96 ~ 2.02、高 1.66 ~ 1.84 米。墓室前部有一高 0.14 米的台阶，将墓室分为前后两部分。抛物线形墓顶。墓室北壁向内斜收至顶，东西两壁向上弧收。底部由内向外倾斜 0.2 米。墓室后部四周有一道环形排水沟，墓室前部西侧也有一排水沟。墓室东壁前端凿有一原岩石灶，灶北侧有一壁龛。墓室北壁凿有一灯台。

排水沟始于墓室北壁，环绕一周后，在南部与墓室西侧前部的排水沟汇合后，经甬道和墓道排出积水。墓室排水沟宽 0.04 ~ 0.05、深 0.04 米；甬道排水沟内窄外宽，宽约 0.04 ~ 0.16 米；墓道排水沟宽 0.16、深 0.12 米，上部覆盖素面长方形砖，长 38、宽 24、厚 10 厘米。

石灶由火门和灶面组成，单火眼。灶面近长方形，宽约 0.5 ~ 0.66、深约 0.35 ~ 0.54

米。火眼大致呈圆形，最大径 0.3、深 0.26 米。烟道呈尖状，长 0.18 米。灶台高约 0.28 米，灶门呈半圆形，朝向西壁，高 0.12 米。灶台上方凿有原岩案凳，平面呈长方形，宽 0.66、高 0.62 米。

壁凳距墓底 0.34、距北壁 3 米。平面近梯形，内窄外宽，内壁斜直内收，宽 1.06～1.14、深 0.43、高 0.46～0.68 米。

墓葬盗扰严重，随葬品原放置位置不详。出土器物以陶器和陶模型为主，另有少量铁器和钱币。陶器可辨器形有瓮、罐、甑、盘等。陶模型有房、水田、猪、狗、人物俑等。铁器有刀、削和鍪等。钱币共计出土 16 枚。

（二）出土器物

1. 陶器

瓮　2 件。均为泥质灰陶。M16∶9，侈口，圆唇，折肩，腹部略折，平底，近底处有直径 2 厘米的圆孔一个。肩部饰凹弦纹两周。口径 25、腹径 34、底径 17.8、高 24 厘米（图五〇，3）。

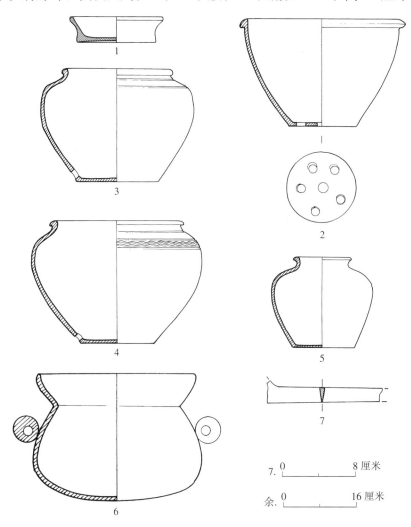

7.　　0　　　　　　8 厘米

余.　　0　　　　　16 厘米

图五〇　白虎嘴 M16 出土器物

1. 陶盘（M16∶2）　2. 陶甑（M16∶5）　3~4. 陶瓮（M16∶9、8）　5. 陶罐（M16∶10）　6. 铁鍪（M16∶1）　7. 铁刀（M16∶4）

M16：8 与 M16：9 形制相近，只是肩部饰凹弦纹一周，肩腹相交处还饰有水波纹三周。口径 30、腹径37.7、底径16.6、高26.2 厘米（图五〇，4）。

　　罐　1 件。M16：10，侈口，圆唇，弧肩，弧腹，平底。口径 13、腹径 22.3、底径 13.3、高 19.3 厘米（图五〇，5）。

　　盘　1 件。M16：2，泥质红陶。敞口，方唇，底内凹。口径20.6、底径17.4、高5.4 厘米（图五〇，1）。

　　甑　1 件。M16：5，泥质灰陶。敞口，圆唇，弧腹，平底。底部有六个直径为 2 厘米的圆孔。口径 36.3、底径 14.4、高 22.8 厘米（图五〇，2）。

　　2. 陶模型

　　拱手立俑　2 件。均为泥质红陶，首身分制后黏接而成，前后合范制成，单范接缝处有刮削痕。直立。面部均较模糊，仅可见眉眼鼻嘴轮廓，双手笼袖中置于腹部。M16：3，头戴介帻。身着双层右衽长袍。宽袖，袖有褶纹。腰束带，仅身后可见。下摆微露右足。高 24 厘米（图五一，1）。M16：6，束发于脑后，以巾裹头。身着右衽长袍。宽袖，腰束

0　　　　　8厘米

图五一　白虎嘴 M16 出土陶拱手立俑
1. M16：3　2. M16：6　3. M16：7

带，仅身后可见。下摆微露双足。高 18.4 厘米（图五一，2）。M16：7，束发于脑后，以巾裹头，身着右衽长袍。宽袖，腰束带，仅身后可见。下摆微露双足。高 16.4 厘米（图五一，3）。

3. 铁器

鍪 1 件。M16：1，敛口，方唇，斜折沿略内凹，斜肩，扁腹，圜底，上腹有对称双耳，耳断面略呈梯形，口径 35.6、腹径 37.6、高 26 厘米（图五〇，6）。

刀 1 件。M16：4，首、刃皆残。直背，单面刃，刃部断面呈三角形。残长 12.6、厚 0.1~0.4 厘米（图五〇，7）。

4. 钱币

16 枚。均为一般五铢。

一般五铢

Ⅲ式 3 枚。直径 2.5~2.55、穿径 0.9~1.1、厚 0.09~0.11 厘米（图五二，1、2）。

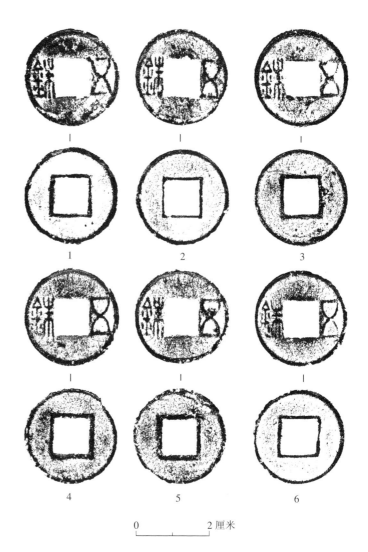

图五二 白虎嘴 M16 出土钱币
1~2. Ⅲ式五铢 3~4. Ⅳ式五铢 5~6. Ⅴ式五铢

Ⅳ式 3 枚。直径 2.55、穿径 0.9~1.1、厚 0.09~0.1 厘米（图五二，3、4）。

Ⅴ式 2 枚。直径 2.5~2.55、穿径 0.9~1.1、厚 0.09~0.1 厘米（图五二，5、6）。

其他多残碎，无法拓片。

十三 双碑白虎嘴十七号崖墓（1998MFBM17）

（一）墓葬形制

墓葬破坏严重，未进行清理。

因扰乱严重，出土器物较少，以陶模型为主，另有少量罐、壶等陶器，以及铁环首刀、釜等。此外，还出土有 109 枚钱币。

（二）出土器物

1. 陶器

罐 2件。均为泥质灰陶。M17：4，侈口，尖唇，束颈，溜肩，弧腹斜收，平底。肩部饰凹弦纹一周。口径10.7、腹径16.2、底径8.2、高15.4厘米（图五三，1）。M17：3与M17：4形制基本相同，底略内凹。口径10.4、腹径16.8、底径8.4、高16.8厘米（图五三，2）。

壶 1件。M17：2，泥质灰陶。盘口，方唇，束颈，溜肩，圆腹略扁，喇叭口圈足。口部饰凹弦纹一周，肩部饰凹弦纹两周，足部饰凹弦纹一周，肩部对称饰铺首衔环。口径14.4、腹径25.6、底径15.8、高35.2厘米（图五三，3；图版八，2）。

2. 铁器

釜 1件。M17：6，敞口，方唇，斜折沿，溜肩，扁圆腹，圜底，上腹对称施绳纹双耳，下腹饰凸弦纹两周。口径37、腹径37、高24厘米（图五三，4）。

环首刀 1件。M17：1，刃部残。椭圆形环首，直背，单面刃，刃断面略呈三角形。残长14、厚0.1~0.3厘米（图五三，5）。

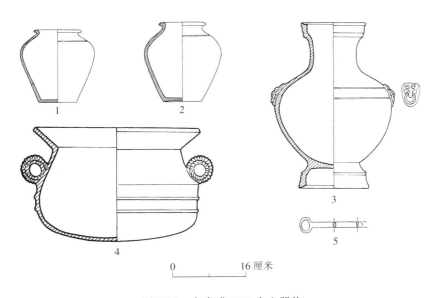

0　　　　　16厘米

图五三　白虎嘴M17出土器物

1、2. 陶罐（M17：4、3）　3. 陶壶（M17：2）　4. 铁釜（M17：6）　5. 铁环首刀（M17：1）

3. 钱币

109枚。包括有一般五铢、剪轮五铢、货泉、开元通宝等。

一般五铢

Ⅱ式　1枚。直径2.55、穿径0.95、厚0.09厘米（图五四，1）。

Ⅲ式　15枚。直径2.5~2.55、穿径0.9~1、厚0.05~0.1厘米。其中记号钱3枚（图五四，2~9）。

Ⅳ式　16枚。直径2.5~2.6、穿径0.95~1、厚0.09~0.1厘米。其中记号钱6枚（图五四，10~18，图五五，1）。

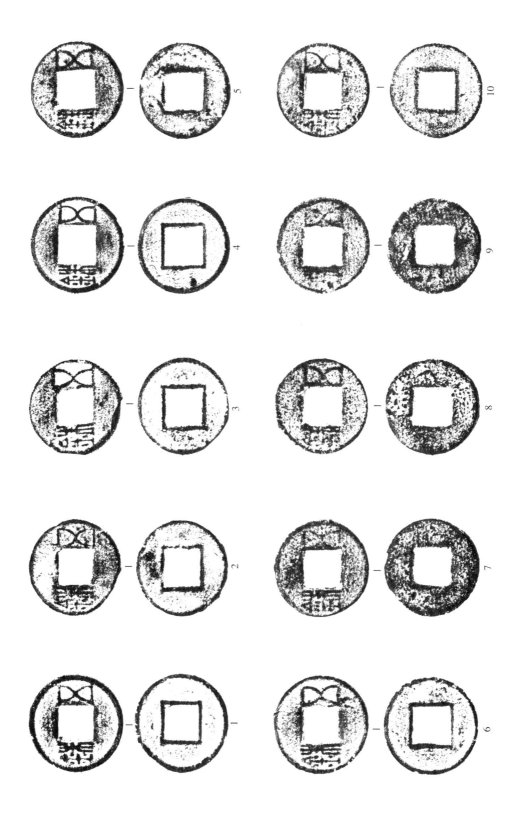

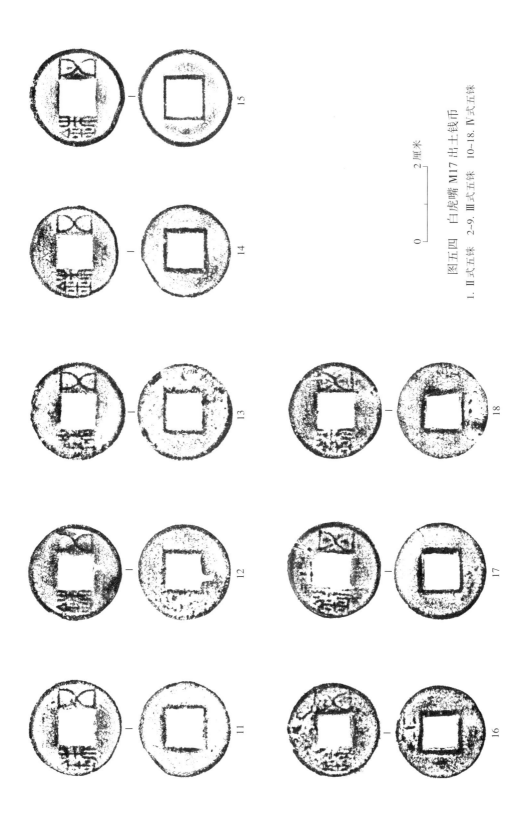

图五四　白虎嘴 M17 出土钱币

1. Ⅱ 式五铢　2~9. Ⅲ 式五铢　10~18. Ⅳ 式五铢

Ⅴ式　3枚。直径2.5~2.6、穿径0.9~1.1、厚0.1~0.11厘米。其中记号钱1枚（图五五，2~4）。

剪轮五铢

71枚。无郭，大多呈锅底状，正面文字为"五铢"二字。直径2.2~2.5、穿径1厘米（图五五，8；图五六，1~18；图五七，1~18）。其中记号28枚。

货泉

ＢⅠ式　1枚。制作较规整，正面篆书"货泉"二字，背面无文，有穿、郭。直径2.2、穿径0.8厘米（图五五，5）。

开元通宝

Ⅰ式　1枚。略残。廓整，钱文清晰，铜质纯净。钱径2.4、穿径0.7厘米。正面书写"开元通宝"四字（图五五，6）。

Ⅱ式　1枚。面、背肉好，廓整，钱文清晰，铸造精良。钱径2.2、穿径0.7厘米。正面书写"开元通宝"，背面似有指甲纹（图五五，7）。

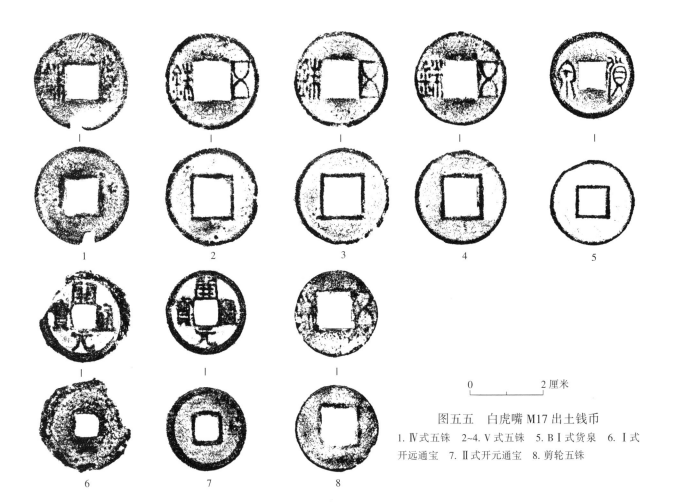

0 _____ 2厘米

图五五　白虎嘴 M17 出土钱币
1. Ⅳ式五铢　2~4. Ⅴ式五铢　5. ＢⅠ式货泉　6. Ⅰ式开远通宝　7. Ⅱ式开元通宝　8. 剪轮五铢

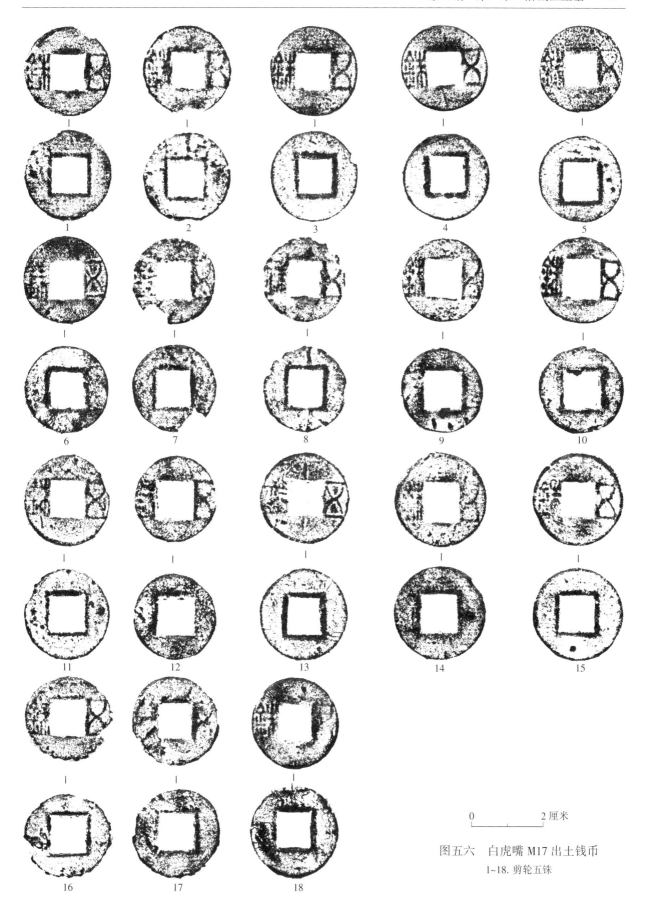

0 ├───────┤ 2厘米

图五六　白虎嘴 M17 出土钱币

1~18. 剪轮五铢

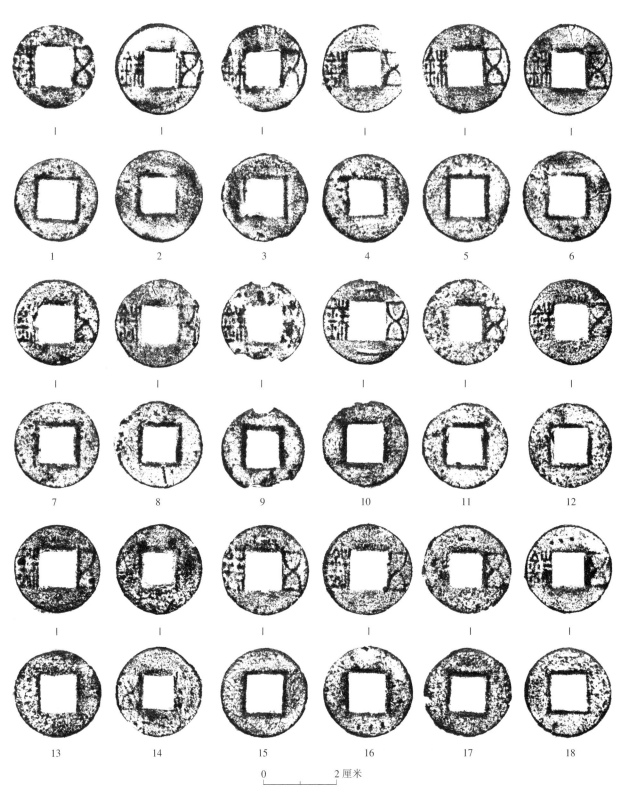

图五七　白虎嘴 M17 出土钱币

1～18. 剪轮五铢

十四 双碑白虎嘴十八号崖墓（1998MFBM18）

（一）墓葬形制

单室墓，由墓道、甬道和墓室三部分组成，墓道仅存部分。墓葬前低后高。墓葬残长6.34米。方向201°（图五八）。

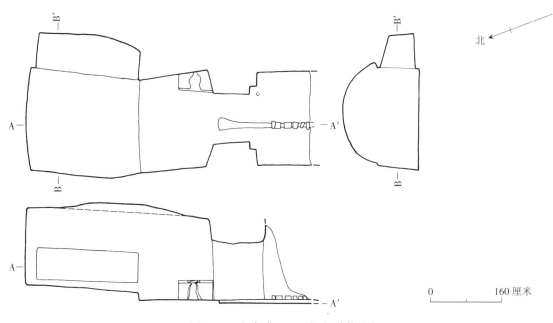

图五八 白虎嘴M18平面、剖视图

墓道平面约呈长方形，残长1.2、宽2.02～2.04米。底部较平。中间略靠西侧凿有排水沟。

墓门顶部残，宽1～1.38、深0.16米。用长方形砖封堵。封门砖均为长方形砖，长30～34、宽约22、厚10～12厘米。砖侧多模印纹饰，有回字纹（图五九，1）、人字形纹（图五九，3）、菱形三角形纹（图五九，2；图六〇）、五铢钱纹（图六一，1）和五铢半璧纹（图六一，2）。五铢钱纹有五铢钱两排10枚。一排单数有右读的"五铢"二字，偶数无字；另一排单数无字，偶数有左读的"五铢"二字。"铢"字均只有"金"而无"朱"。五铢半璧纹中间是右读的"五金"二字钱纹，周围则是4个半边璧状纹。

图五九 白虎嘴M18墓砖拓片

1. 回字三角形纹　2. 菱形纹　3. 人字形纹

图六〇 白虎嘴 M18 菱形纹墓砖拓片

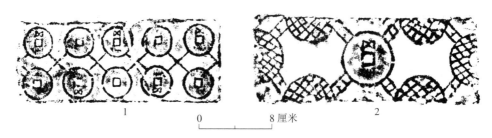

图六一 白虎嘴 M18 墓砖拓片
1. 五铢钱纹 2. 五铢半璧纹

甬道平面呈梯形，内宽外窄，长 0.82、宽 1～1.1、最高处 1.18 米。顶部前部垮塌，底部较平。中间靠西凿有排水沟。

墓室平面形状很不规则，长 4.16、宽 2.02～3.12、高 1.7～1.78 米。墓室中部有一高 0.16 米的台阶，将墓室分为前后两部分。墓顶大部分垮塌，残存后部墓顶呈圆弧形。北壁较直，东西两壁向上斜收，上部弧收至顶。墓底前部较平，后部由内向外倾斜约 0.18 米。墓室东壁前端凿有一原岩石灶，东壁后部凿有一龛状崖棺。

排水沟始于甬道后部，贯通甬道和墓道。断面几呈倒三角形，残长 2.06、宽 0.12～0.28、深 0.12～0.15 米。墓道部分排水沟以残断的长方形砖覆盖。

石灶由火门灶眼和灶面组成。灶面略呈长方形，宽 0.66～0.78、深约 0.28～0.44 米。单火眼，甚残，平面呈椭圆形，最大径 0.28 米。烟道很短。灶台高 0.42 米，灶门被毁，高度不清，宽 0.06～0.18 米。

崖棺平面略呈长方形，里边略外弧，距墓底 0.12～0.2、距墓北壁 0.25 米，长 2.26、深 0.62～0.88 米，外高 0.73、内高 0.5 米。

墓葬扰乱严重，随葬品多置于墓室踏道前后。以陶模型和陶器为主，此外，还出土有铁刀 1 件，钱币 10 枚。陶模型可辨器形有井、汲水罐、鸡、房、人物俑等，陶器有罐、瓮、釜等。

（三）出土器物

1. 陶器

釜 1 件。M18:1，泥质灰陶。敞口，圆唇，高束颈，溜肩，扁腹，圜底。腹部饰粗绳纹，底部饰篮纹。口径 26.4、腹径 27.8、高 21.6 厘米（图六二，1；图版八，3）。

瓮 1 件。M18:3，泥质灰陶。侈口，圆唇，折肩，弧腹斜收，底略内凹，口以下饰宽带纹一周。口径 26.6、腹径 34.4、底径 14.8、高 24.6 厘米（图六二，2）。

罐 1 件。M18:4，侈口，尖唇，束颈，溜肩，弧腹下收，底略内凹，肩部饰凹弦纹一周。口径 11、腹径 16.4、底径 9、高 14.8 厘米（图六二，3）。

2. 陶模型

井 1 件。M18:5，泥质灰陶。敛口，宽折沿，圆唇，腹微弧，底略内凹。口沿两

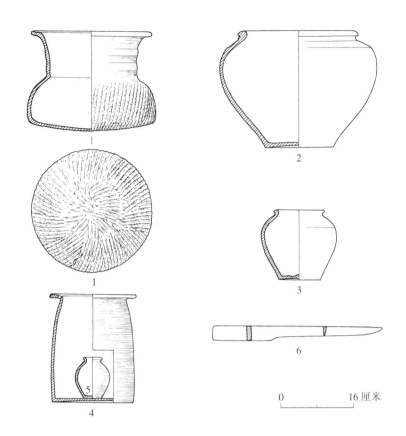

图六二 白虎嘴 M18 出土器物

1. 陶釜（M18：1） 2. 陶瓮（M18：3） 3. 陶罐（M18：4） 4. 陶井（M18：5） 5. 陶汲水小罐（M18：6） 6. 铁刀（M18：2）

侧对称施直径为 1 厘米的圆孔，器表有拉坯时形成的旋痕。口径 18.6、底径 17.6、高 22.8 厘米（图六二，4；图版八，4）。内有汲水小罐。M18：6，泥质红陶。侈口，圆唇，束颈，溜肩，圆鼓腹斜收，平底。肩部饰凹弦纹两周。口径 4、腹径 7.2、底径 4、高 8.6 厘米（图六二，5；图版八，5）。

3. 铁器

刀 1 件。M18：2，长条形，首断面呈长方形。直背，单面刃，刃部断面呈三角形。残长 37.4、厚 0.6 厘米（图六二，6）。

4. 钱币

10 枚。均为五铢，有一般五铢和剪轮五铢两类。

一般五铢

Ⅲ式 6 枚，直径 2.5～2.6、穿径 0.9～1.1、厚 0.09～0.11 厘米（图六三，1～6）。其中记号钱 1 枚。

Ⅳ式 1 枚，直径 2.5、穿径 0.9、厚 0.1 厘米（图六三，7）。

Ⅴ式 2 枚，直径 2.55～2.6、穿径 1～1.1、厚 0.09～0.1 厘米（图六三，8、9）。

剪轮五铢

1 枚。外郭被剪凿，正面"五铢"两字不全，钱币整体不太规整。直径 1.9、穿径 1 厘米（图六三，10）。

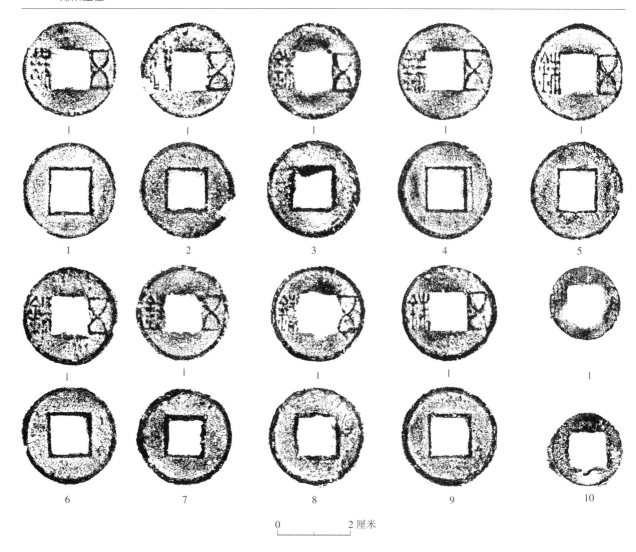

图六三　白虎嘴 M18 出土钱币

1~6. Ⅲ式五铢　7. Ⅳ式五铢　8、9. Ⅴ式五铢　10. 剪轮五铢

十五　双碑白虎嘴十九号崖墓（1998MFBM19）

（一）墓葬形制

单室墓，墓道和甬道已不存，墓室前端被毁。墓室前低后高。墓葬残长 3.76 米。方向 203°（图六四）。

墓室形状不甚规则，残长 3.76、宽 1.68~2.4、高 1.72~1.88 米。墓室靠前部有一高 0.12 米的台阶，将墓室分为前后两部分。墓顶微弧。北壁和东、西两壁较直。墓底由内向外倾斜。墓室前部西壁凿有一原岩石灶，后部放置有 2 具砖棺。

石灶从西壁向里凿进，由火门、灶眼、烟道和灶面组成。灶面形状不规则，长 0.94、宽 0.3~0.74 米。灶眼大致呈椭圆形，最大径 0.36 米。烟道呈尖状，长 0.2、宽 0.04~0.1 米。灶台高 0.22~0.28 米。灶门近长方形，宽约 0.22、高约 0.14~0.16 米。

墓室后部偏西平行放置有砖棺 2 具。东侧砖棺上部已残，长 2.06、宽 0.68、残高 0.52 米；西侧砖棺较完整，长 2.1、宽 0.66、高 0.66 米。两棺底部相连，均用长方形菱形花纹

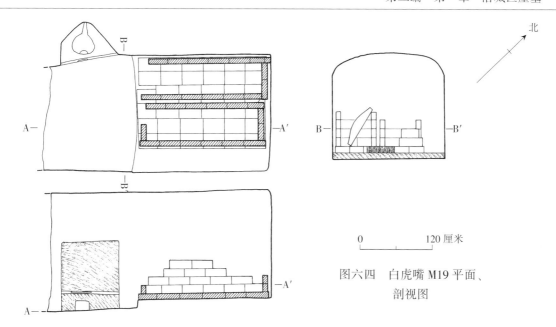

0   120 厘米

图六四 白虎嘴 M19 平面、
        剖视图

砖铺砌，砖长约 34、宽约 22、厚约 10 厘米；棺壁则用长约 34、宽约 14、厚约 8 厘米长方形小砖砌成；棺盖用长条圆弧形砖盖顶，砖长 68、高 5～14、厚 7 厘米。

墓室扰乱严重，随葬品基本上都出于扰土中。出土器物以陶模型和陶器为主，另有少量铜、铁器和钱币。陶器可辨器形有罐、瓮等，陶模型有房、狗、猪和人物俑等。铜器有摇钱树佛像 1 尊、镜 1 枚，铁器有刀具 2 件。钱币共计出土 17 枚。

（二）出土器物

1. 陶模型

共出土 4 件可修复陶人物俑，均为泥质红陶，前后合范而成，首与身分别合范后黏接，单范接缝处显刮削痕。

女俑 1 件。M19∶5，身残。面部略模糊，似微笑状。细眉小眼，高鼻小嘴。头梳双髻。颈上圆领一层，身着右衽衣。高 16.5 厘米（图六五，1）。

执飐扇俑 1 件。M19∶4，双腿与飐扇下部残。面部模糊，略见鼻嘴耳之轮廓。直立，双手执飐扇于身右侧。头梳锥髻于脑袋左侧。上身袒露，着及膝短裤。高 13.6 厘米（图六五，2）。

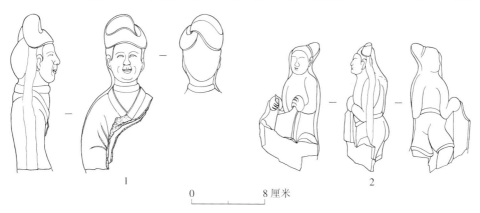

1   2

0   8 厘米

图六五 白虎嘴 M19 出土陶俑
1. 女俑（M19∶5） 2. 执飐扇俑（M19∶4）

躬身执棒俑 1件。M19：8，面部模糊，略见五官轮廓。躬身而立，双手握一棒形物之两端。头梳圆形高髻。衣领不显，身着右衽裋褐，腰束带，袖挽至肘部。高15.1厘米（图六六，1）。

扛、提罐俑 1件。M19：3，面部较模糊，略见口鼻轮廓。直立，左手提罐，右肩负罐，右手上举扶罐，头略左偏。梳髻于脑后，上身袒露，下着及膝短裤，垮于腹下。高15.1厘米（图六六，2）。

2. 铜器

五乳五鸟镜 1枚。M19：10，镜面锈蚀严重，缘边略残。圆形钮座，半球形钮。座外为均匀分布的五组三条一组的短直线纹，之外为凸弦纹一周，再外为五圆形小乳丁与五禽鸟相间分布，再外为凸弦纹一周与短直线纹一周。缘内侧饰锯齿纹一周，之外为凸弦纹一周和双线波折纹一周。面径9.1、背径9.25、钮径1.9、钮高1、缘宽1.25、缘厚0.4、肉厚0.2厘米，重205克（图六七）。

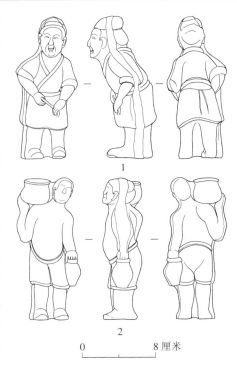

图六六 白虎嘴M19出土陶俑
1. 躬身执棒俑（M19：8） 2. 扛、提罐俑（M19：3）

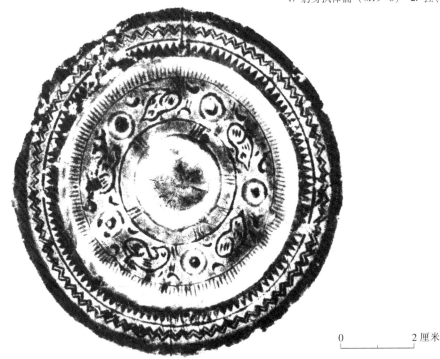

0   2厘米

图六七 白虎嘴M19出土铜五乳五鸟镜（M19：10）

摇钱树主杆 1段。M19：1，主杆残存下部一截，两侧尚存少许残断的枝叶。内夹结成硬块的细黄色砂石，应为铸造时所存。断面呈椭圆形，上端短径0.9、长径1.6厘米，下端短径0.6、长径1.3厘米。主杆残长16.7厘米。主杆上铜佛像1尊。佛像面目略模糊。顶有肉髻，额部略凸，眉骨突起，高鼻，肉下巴。穿通肩袈裟，左手似竖掌，掌心向外，施无畏印。右手执衣下摆似握拳，衣角下垂呈 U 形，绕于右手腕，再垂至足前。结跏趺坐。佛像高4.4、宽2.6厘米（图六八，1）。

3. 铁器

环首刀　1件。M19：7，刃部残，锈蚀严重。椭圆形环首，直背单面刃，断面略呈三角形。残长37.6、厚0.4～0.8厘米（图六八，2）。

镰　1件。M19：9，锈蚀严重，首断面呈梯形，弧背，弧刃，刃断面呈三角形。长49.6、厚1.2厘米（图六八，3）。

4. 钱币

17 枚。分一般五铢和剪轮五铢两类。

一般五铢　6 枚。

Ⅰ式　1 枚。直径2.55、穿径1、厚0.12厘米。穿下半星（图六九，1）。

Ⅲ式　5 枚。直径2.5～2.55、穿径0.9～1.1、厚0.09～0.11厘米（图六九，2～4）。

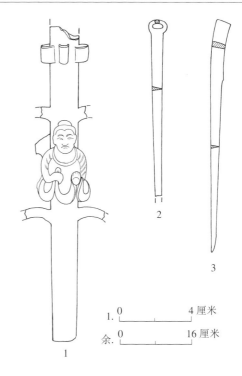

1. 0 ——— 4 厘米
余. 0 ——— 16 厘米

图六八　白虎嘴 M19 出土金属器
1. 铜摇钱树主杆（M19：1）　2. 铁环首刀（M19：7）
3. 铁镰（M19：9）

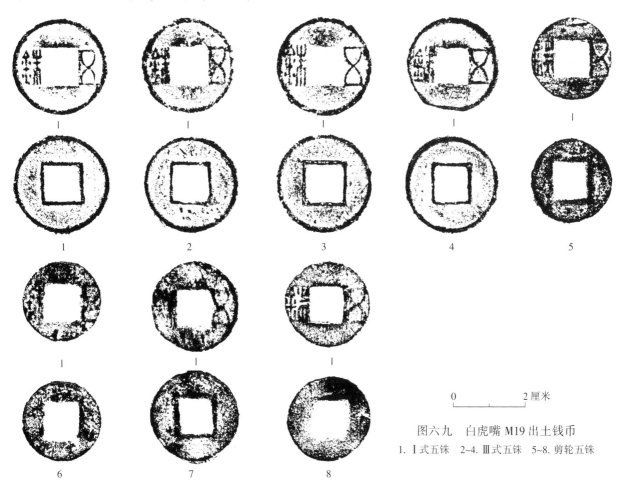

0 ——— 2 厘米

图六九　白虎嘴 M19 出土钱币
1. Ⅰ式五铢　2~4. Ⅲ式五铢　5~8. 剪轮五铢

剪轮五铢

11 枚。磨郭，钱币较小，正面有"五铢"二字，两字较为完整，钱币制作较为规整。其中记号钱 1 枚。直径 2.1~2.3、穿径 0.9~1 厘米（图六九，5~8）。

十六　双碑白虎嘴二十号崖墓（1998MFBM20）

（一）墓葬形制

单室墓，墓道不存，仅存部分甬道及墓室。墓葬残长 4.6 米。方向 209°（图七〇）。

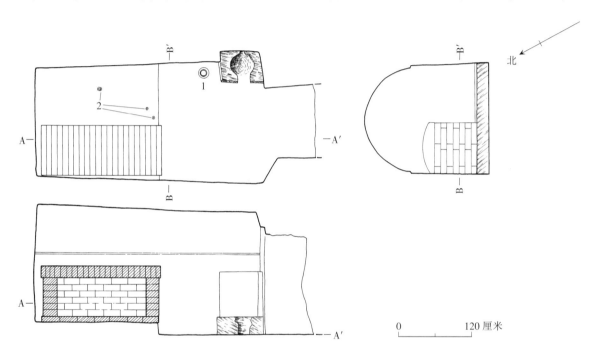

图七〇　白虎嘴 M20 平面、剖视图
1. 陶罐　2. 钱币

甬道残存部分内窄外宽，残长 0.62~0.84、宽 1.12~1.16 米。顶部完全垮塌。

墓室平面形状略呈梯形，内窄外宽，长 3.76~3.98、宽 1.7~2.2、高 1.8~2 米。中部有一高 0.18 米的台阶，将墓室分为前后两部分。墓顶为圆弧状。东、西两壁斜直，上部略转折上收，北壁中间略外凸。墓底略由内向外倾斜。墓室东壁前端凿一原岩石灶，后部西侧置有一砖棺。

石灶由火门、火眼和灶面组成。灶面形近平行四边形，长 0.64~0.72、宽约 0.48~0.5 米。火眼呈圆形，径 0.42 米。烟道较短。灶台高 0.28 米。灶门残，推测其形状呈长方形，宽 0.2 米，朝向西壁。灶台上方留有一长 0.7、高 0.72 米的长方形壁龛的凿痕。

砖棺平面呈长方形，长 1.98、宽 0.8、高 0.9 米。棺后壁紧靠墓北壁，之间仅间隔 9 厘米，西壁紧贴墓室边壁。棺底用长方形砖铺砌，下层朝向墓门的一侧有菱形花纹；棺壁用 6 层长方形菱形花纹砖错缝砌成，高 0.59 厘米；棺盖呈弧形。砖棺用砖分长方形砖和弧形砖两种，长方形砖主要用于棺底和棺壁，长 34、宽 24、厚 9 厘米。棺弧形砖共计 22 块，用于砌筑棺盖，宽 80、厚 8、高 8~19 厘米。

墓葬盗扰严重，墓室前部西侧发现有陶罐、甑和铁釜的碎片，仅有一件陶罐可修复。

此外还出土有钱币 12 枚。

（二）出土器物

1. 陶器

罐 1 件。M20：1，泥质灰陶。侈口，圆唇，束颈，溜肩，弧腹斜收，平底，肩部饰凹弦纹一周。口径 10、腹径 17.8、底径 10、高 16 厘米（图七一）。

2. 钱币

12 枚。其中 4 枚为一般五铢。

一般五铢

Ⅰ 式 3 枚。直径 2.55 ~ 2.6、穿径 0.9 ~ 1.1、厚 0.1 ~ 0.15 厘米。其中穿下半星 1 枚（图七二，1 ~ 3）。

Ⅲ 式 1 枚。直径 2.6、穿径 1、厚 0.1 厘米（图七二，4）。

其他为残片，难以辨认。

图七一 白虎嘴 M20 出土
陶罐（M20：1）

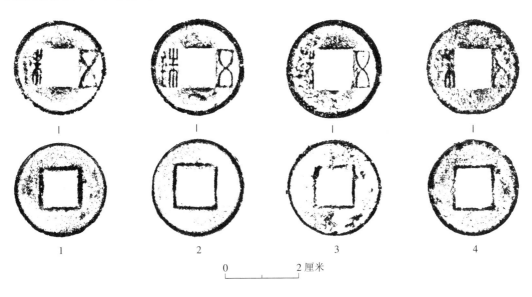

图七二 白虎嘴 M20 出土钱币
1 ~ 3. Ⅰ式五铢 4. Ⅲ式五铢

十七 双碑白虎嘴二十一号崖墓（1998MFBM21）

（一）墓葬形制

单室墓，由墓道、甬道和墓室三部分组成，墓道仅存部分。墓葬残长 8.92 米。方向 216°（图七三）。

墓道残存部分平面呈梯形，内宽外窄，残长 1.54、宽 1.56 ~ 1.66 米。底由内向外倾斜 0.08 米。东侧凿有排水沟。

甬道平面形近梯形，内宽外窄，长 1.2 ~ 1.26、宽 1.16 ~ 1.24、高 1.76 米。甬道底部较平，由内向外倾斜约 0.04 米。东侧凿有排水沟。

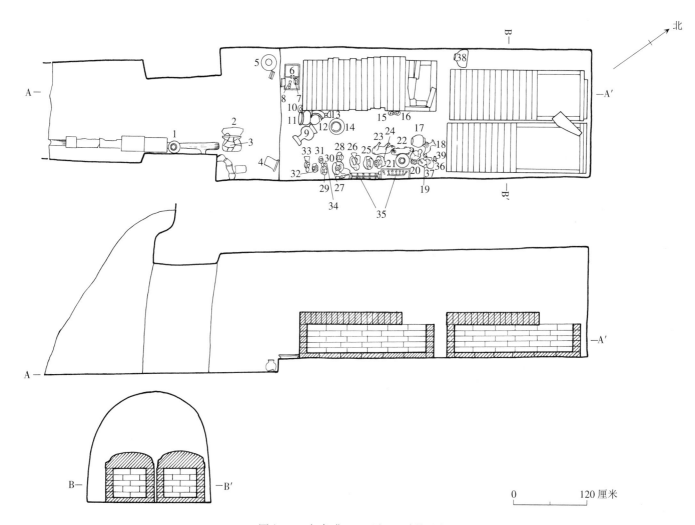

图七三　白虎嘴 M21 平面、剖视图

1、12、21.陶瓮　2、18.陶鸡　3.陶甑　4.陶井　5、11、19、36.陶釜　6.水田　7、8、13、15、16、28~34.陶俑　9、25.陶壶
10.击鼓俑　14.陶盘　17、38.陶罐　20.扛、提罐俑　22.陶狗　23.陶猪　24.抚琴佣　26.抚耳俑　27.执笙俑　35.陶房　37.铁
钉形器　39.铁锸

　　排水沟，始于甬道后端，贯穿甬道和墓道，残长 2.82、宽 0.08～0.12、深 0.03～0.5
米。上用长方形砖覆盖，仅存两块，长 0.38、宽 0.24、厚 0.09 米。

　　墓室平面呈长方形，前端略宽，长 6.12～6.18、宽 2.02～2.12、最高处 1.98 米。前部
一高 0.24 米的台阶将墓室分为前后两个部分。弧形顶，两壁弧收，底由内向外倾斜约 0.3
米。墓室放置有砖棺 3 具。

　　墓室后部前半部分西侧砌有砖棺一具（1 号棺），长 2.22、宽 0.8、高 0.75 米。后半部
分并排砌有砖棺两具，西侧棺（2 号棺）长 2.2、宽 0.8、高 0.74 米；东侧棺（3 号棺）长
2.26、宽 0.8、高 0.74 米。棺底用长方形砖铺砌，长 36、宽 25、厚 9 厘米。棺壁用长约 34、
宽约 24、厚约 8 厘米的长方形小砖砌成，砖侧饰有钱币纹和连璧纹的组合图案（图七四）。棺
盖由长条弧形素面砖平砌而成，长 80、高 8～27、厚 8 厘米。

　　1 号棺残存头骨，在棺的东南端，即墓门的方向。葬式不明。

　　随葬品主要集中在墓室中部东侧以及 1 号棺前部和前部东侧，墓室前部也有少量随葬

0   8厘米

图七四 白虎嘴 M21 五铢连璧纹墓砖拓片

器物。出土器物以陶器和陶模型为主，另出土有大量钱币和少量铁器。陶器可辨器形有罐、瓮、壶、瓿、釜、盘等，陶模型有房、井、水塘、鸡、猪、狗、人物俑等。钱币共计出土235 枚，主要出于 3 个砖棺，其中 1 号棺 141 枚、2 号棺 38 枚、3 号棺 56 枚。1 号棺钱币用绳子束成串，有的因挤压造成钱币的错位；2、3 号棺出土的钱币保存状况较差。铁器仅出土有钉形器 1 件、锸 3 件，其中 2 件锈蚀严重。

（二）出土器物

1. 陶器

瓮 3 件。均为泥质灰陶。M21：1，尖唇外凸，束颈，折肩，鼓腹斜收，平底。肩部饰凹弦纹两周。口径 10、腹径 21.8、底径 12.4、高 19.6 厘米（图七五，1）。M21：21 与 M21：1 形制相近，肩部饰凹弦纹 3 周。口径 8、腹径 22.4、底径 11.2、高 20 厘米（图七五，2）。M21：12，侈口，圆唇，折肩，弧腹斜收，平底，肩部饰凹弦纹两周，上腹饰凹弦纹一周。口径 20.4、腹径 29.6、底径 15、高 19.4 厘米（图七五，4）。

罐 2 件。均为泥质灰陶。M21：17，敛口，带领，圆唇，折肩，弧腹斜收，平底。肩部饰凹弦纹一周。口径 12.4、腹径 22、底径 11.6、高 19.8 厘米（图七五，3）。M21：38，侈口，尖唇，

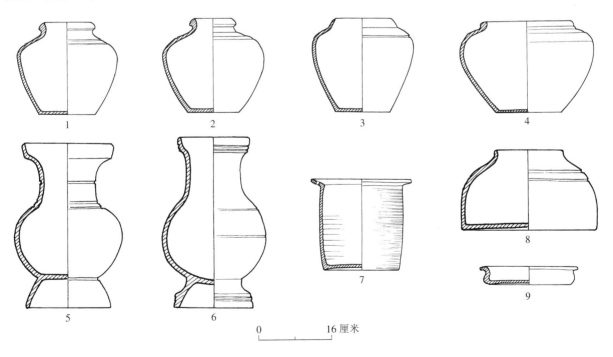

0   16厘米

图七五 白虎嘴 M21 出土陶器、陶模型

1、2、4. 瓮（M21：1、21、12） 3、8. 罐（M21：17、38） 5、6. 壶（M21：9、25） 7. 井（M21：4） 9. 盘（M21：14）

弧肩，腹微弧，大底，底略内凹。肩、腹相交处饰宽带纹一周。口径 14.8、腹径 30、底径 29.8、高 16.8 厘米（图七五，8；图版九，1）。

壶　2 件。泥质灰陶。M21：9，盘口，方唇，束颈，弧肩，球形腹略扁，喇叭形圈足，颈部饰凹弦纹一周，颈肩交接处饰凹弦纹两周。口径 20.4、腹径 23.8、底径 18.8、高 34.8 厘米（图七五，5）。M21：25，盘口，方唇，束颈，溜肩，球形腹，高圈足，有折棱，口、腹、足部均饰凹弦纹两周。口径 15.6、腹径 22.5、底径 17.2、高 36.2 厘米（图七五，6）。

釜　4 件。以泥质灰陶为主，器形大致相同。M21：19，斜折沿，圆唇，圜底。沿面、肩各饰凹弦纹一道，器底饰粗绳纹。口径 21、腹径 22.6、高 11.6 厘米（图七六，1）。M21：5，斜折沿，方唇，扁腹，圜底。沿面饰凸弦纹一周，腹部饰凹弦纹两周，底部饰篮纹。口径 23.8、腹径 25、高 13.6 厘米（图七六，2）。M21：36，泥质红陶。斜折沿，方唇，束颈，溜肩，腹较圆鼓，圜底。腹以下饰粗绳纹。口径 18.5、腹径 20.4、高 16 厘米（图七六，3）。M21：11，斜折沿，尖唇，圜底。沿面饰凸弦纹一道，唇下、颈部各饰凹弦纹一周，腹部饰凹弦纹三周，下腹及底部饰篮纹。内壁有拉坯时形成的旋痕。口径 33.6、腹径 34.4、

0　　　　　16 厘米

图七六　白虎嘴 M21 出土陶器

1~4. 釜（M21：19、5、36、11）　5. 甑（M21：3）

高 21.2 厘米（图七六，4）。

甑　1 件。M21：3，泥质灰陶。敞口，折沿，方唇，弧腹斜收，底略内凹。底部有六个直径为 2 厘米的圆孔，器表有拉坯时形成的旋痕。口径 32.8、底径 15.4、高 21.8 厘米（图七六，5）。

盘　1 件。M21：14，泥质灰陶。平折沿，方唇，底内凹。口径 21.6、腹径 20、底径 17.6、高 3.8 厘米（图七五，9；图版九，2）。

2. 陶模型

井　1 件。M21：4，泥质灰陶。敞口，斜折沿，方唇，腹微弧，底内凹。口沿两侧对称施直径为 0.8 厘米的圆孔，器内壁与器表有拉坯时形成的旋痕。口径 22、底径 16.6、高 19.4 厘米（图七五，7）。

房　2 件。泥质红陶，各部分是分别制成后再黏接而成，平面呈长方形。M21：35－1，长方形，悬山顶，施 5 道瓦垄，正脊两端起翘，宽檐额，左右山墙中部对称施圆孔。山墙前立长方形角柱，柱顶长方形栌斗托檐，中部为门，双扇门板，上有门额，左右为立颊，下有地栿。顶长 35.6、底长 33.6、宽 12、高 26.5 厘米（图七七，1；图版九，3）。M21：35－2，践碓房。长方形，房两侧立山墙，前后无墙。山墙前立长方形角柱，柱顶栌斗承檐额，檐额顶部左右各置一椽子。漏顶，房内有践碓工具。右壁中部有一半椭圆形穿孔，践碓工具的一端置于其内。长 34.4、宽 10、高 14.8 厘米（图七七，2）。

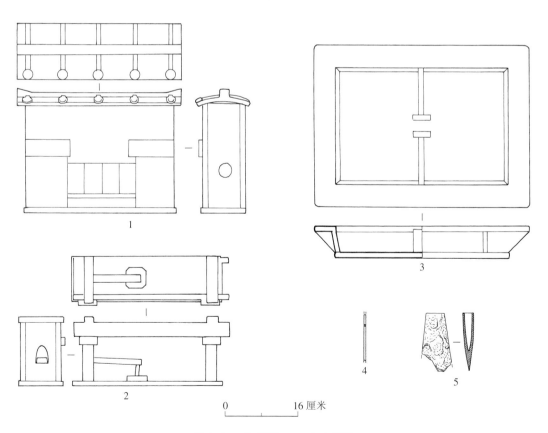

0　　　　　16 厘米

图七七　白虎嘴 M21 出土器物

1. 陶房（M21：35-1）　2. 陶践碓房 (M21：35-2)　3. 陶水田（M21：6）　4. 铁钉形器（M21：37）　5. 铁锸（M21：39）

　　水田　1件。M21：6，泥质红陶。敞口，宽平沿，斜直壁，平底。内底中部有一高4.8厘米的隔梁，将水田一分为二，隔梁中间设有沟槽。长47.6厘、宽34.4、高6.8厘米（图七七，3）。

　　陶动物俑可修复者共计4件。均为泥质红陶。左右合范而制，单范接缝处有刮削痕。

　　鸡　2件。M21：2，公鸡。站立，高冠，尖喙，圆眼，颚大而下垂，粗颈，敛翼翘尾而立。翼、尾可见羽毛的层次，腹中空。长28.6、高28.8厘米（图七八，1）。M21：18，母鸡，喙残。站立，小首，低冠，颈较细，敛翼翘尾而立。翼可见羽毛的层次。腹中空。长25.2、高25厘米（图七八，2）。

1

2

0　　　　　　8厘米

图七八　白虎嘴M21出土陶鸡
1. M21：2　2. M21：18

　　狗　1件。M21：22，站立，目视前方，张嘴作吠叫状。圆眼，短耳直立，体较宽扁，四肢较粗壮，粗尾上卷。颈、腹系带穿于背部环中。腹中空。长27.6、高24.6厘米（图七九，1；图版一〇，1）。

猪　1件。M21：23，站立，膘肥体壮，长吻前伸，三角眼，小耳前翻。颈部鬃毛直立，臀部隆起。四肢较粗壮，长尾卷曲贴于臀部。腹中空。长33.6、高19.2厘米（图七九，2；图版一〇，2）。

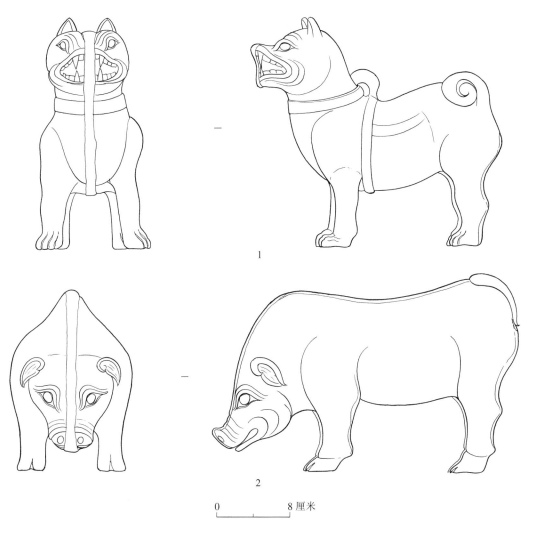

1

2

0　　　　　　8厘米

图七九　白虎嘴 M21 出土陶动物
1. 陶狗（M21：22）　　2. 陶猪（M21：23）

陶人物俑共计出土有17件。均为前后合范制成，首与身是分别制成后再黏接而成，单范接缝处有刮削痕。

拱手立俑　9件。均为泥质红陶。面部较模糊。直立，手笼袖中置于腹部。M21：29，近长形脸，面部可见五官轮廓。头戴介帻。颈上圆领一层，身着右衽长袍，宽袖。手笼袖中，袖有褶纹。腰束带，仅后面可见。通体饰黑彩，大部分已剥落。高28厘米（图八〇，1；图版一一，1）。M21：32，近圆形脸，面部五官轮廓较清晰。衣饰同于M21：29，没有佩刀，无施彩痕迹。高29厘米（图八〇，2）。M21：31，小嘴，双耳小巧。头束双发髻。身着右衽长袍，宽袖。手笼袖中，袖有褶纹。腰束带，仅后面可见。衣下摆花边装饰，微露右足。高26.2厘米（图八一，1）。M21：28，略见面部五官轮廓，大嘴。头梳双高髻，以巾裹髻，前面较低，后面较高。颈上圆领一层，身着双层右衽长袍，宽袖。

0　　　　　8厘米

图八〇　白虎嘴 M21 出土陶拱手立俑
1. M21：29　2. M21：32

手笼袖中，袖有褶纹。腰束带，仅身后可见。腹前衣有褶纹，下摆花边装饰，微露右足。高28.6 厘米（图八一，2；图版一一，2）。另有五件形态大小基本一致，可能出自同一模具。均似光头，五官轮廓较模糊。身着右衽长袍，手笼袖中，袖有褶纹。腰束带，仅身后可见。前下摆微露双足，后下摆有褶纹。M21：13（图八二，1）、M21：34（图八二，2），均高18.6 厘米；M21：15（图八三，1）、M21：16（图八三，2）、M21：30（图八三，3），均高18.8 厘米。

扛、提罐俑　1 件。M21：20，泥质红陶。面部较模糊，微现五官轮廓。直立，左手提罐于身侧，右肩负罐，右手上举扶罐。束发于脑后，以巾裹头。袒身凸肚，下着及膝短裤。高12.1 厘米（图八四）。

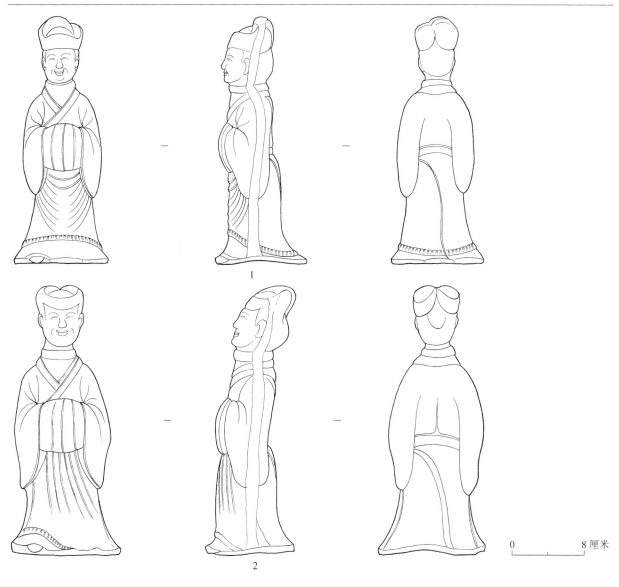

图八一 白虎嘴 M21 出土陶拱手立俑
1. M21：31 2. M21：28

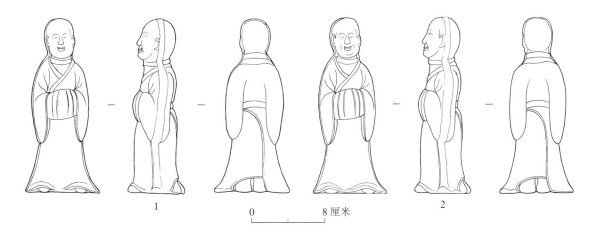

图八二 白虎嘴 M21 出土陶拱手立俑
1. M21：13 2. M21：34

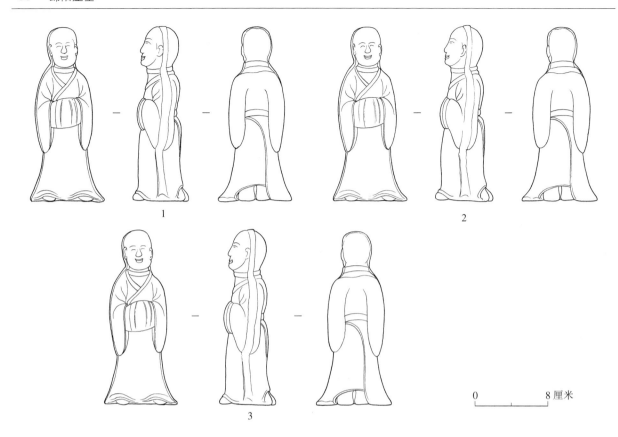

图八三　白虎嘴 M21 出土陶拱手立俑
1. M21：15　2. M21：16　3. M21：30

　　童俑　2 件。均为泥质陶。形态大小基本
一致，可能出自同一模具。面部模糊，微现
五官轮廓。直立，似光头，脖子下围一物。
身着长袍，手笼袖外，两手相勾，左手搭巾。
腰束带，仅身后可见。M21：7，高 14.3 厘米
（图八五，1）。M21：33，上半部分为泥质红
陶，下半部分为泥质灰陶。高 14.2 厘米（图
八五，2）。

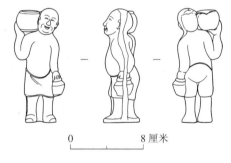

图八四　白虎嘴 M21 出土陶扛、提罐俑（M21：20）

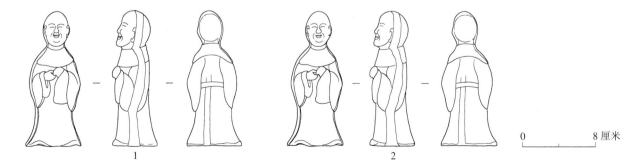

图八五　白虎嘴 M21 出土陶童俑
1. M21：7　M21：33

执笙俑　1件。M21：27，泥质红陶。丰腴圆脸，细眉，高鼻，小嘴，长耳。坐姿，后露双脚，双手捧笙置于左肩。头戴介帻，脑后似束发凸起。颈上圆领一层，身着右衽袍，腰束带。高36.6厘米（图八六，1）。

1

2

0　　　　8厘米

图八六　白虎嘴 M21 出土陶俑
1. 执笙俑（M21：27）　　2. 抚琴俑（M21：24）

抚琴俑 1件。M21：24，泥质红陶。丰腴大脸，高鼻，小嘴，长耳。坐姿，后露双脚。膝上置琴，双手置于琴上作弹奏状，十指纤长清晰。头戴介帻，脑后似束发凸起。身着右衽长袍，衣身有褶纹。腰束带，仅身后可见。衣侧摆有花边装饰，身后有衣的背缝。高36.2厘米（图八六，2；图版一一，3）。

抚耳俑 1件。M21：26，上半身为泥质红陶，下半身为泥质灰陶。脸长圆，仰面，高鼻，口微张，耳小巧。坐姿，左手上举抚耳作聆听状，右手置于右腿上。头梳高髻，余垂脑后作装饰，发型较为复杂。身着右衽长袍，绣襦式半袖。腰束带。高35.2厘米（图八七，1）。

0　　　　8厘米

图八七　白虎嘴 M21 出土陶抚耳俑（M21：26）

击鼓俑 1 件。M21：10，泥质灰陶。面部轮廓模糊，直立。头右偏，束发于脑后。身着及膝袒褐，下着过膝短裤。腰束带，仅后面可见。腹前置一鼓，双手执棍状物作击打状。高 15.3 厘米（图八八，1）。

躬身执物俑 1 件。M21：8，泥质灰陶。眉眼清晰，高鼻。直立，右手弯曲，左手执物，均置于腹前。头戴尖顶帽，脑后似束发凸起。身着右衽袒褐，挽袖至肘部，衣袖有褶纹。腰束带，仅身后可见。后下摆有褶纹，并有衣的背缝和裳幅相交的痕迹。高 14.1 厘米（图八八，2）。

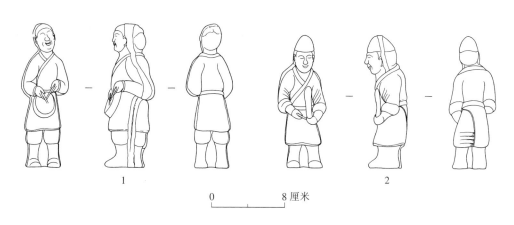

0   8厘米

图八八 白虎嘴 M21 出土陶俑
1. 击鼓俑（M21：10） 2. 躬身执物俑（M21：8）

3. 铁器

钉形器 1 件。21：37，残，长条形，断面呈长方形，残长 9.8、宽 0.4 厘米（图七七，4）。

锸 1 件。M21：39，刃部残，器身略成梯形，双面刃，銎口呈长方形，残长 12.4、宽 4~6.3 厘米（图七七，5；图版九，4）。

4. 钱币

保存略好钱币 78 枚。均为五铢钱，有一般五铢、剪轮五铢两类。

一般五铢

Ⅲ式 1 枚。直径 2.7、穿径 1.1、厚 0.09 厘米。带记号（图八九，1）。

Ⅳ式 1 枚。直径 2.6、穿径 0.95、厚 0.1 厘米。带记号（图八九，2）。

剪轮五铢

76 枚。"五铢"二字较清晰，钱面大多已变形呈锅底状，其中记号钱 21 枚。直径 2.1~2.4、穿径 1 厘米。（图八九，3~18，图九〇，1~17）。

其他均为残片，难以辨认。

十八 双碑白虎嘴二十二号崖墓 （1998MFBM22）

墓道全部被毁。残存甬道清理结束后，暴露的是垮塌的碎石，因安全考虑，未作进一步发掘。

无出土物。

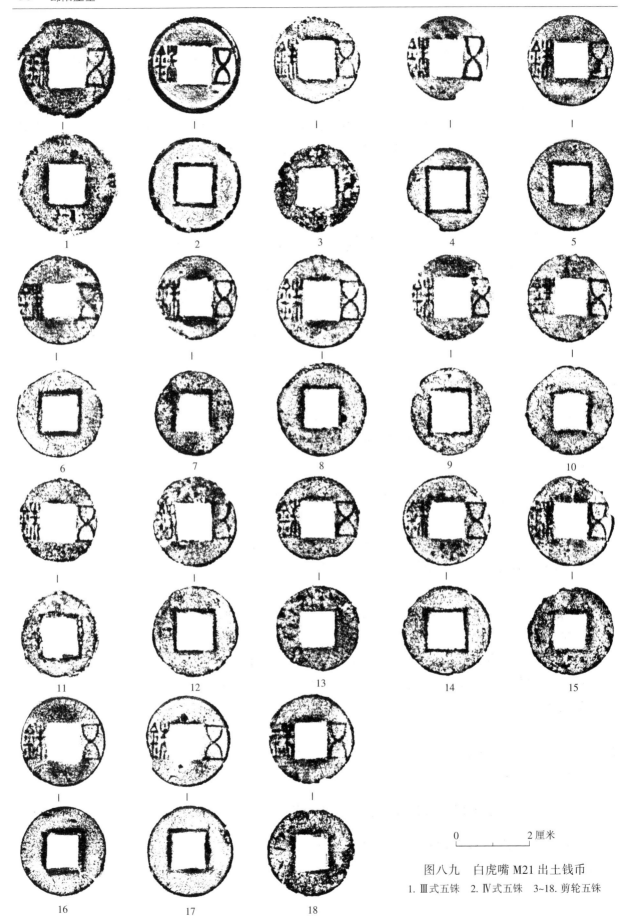

0   2厘米

图八九　白虎嘴 M21 出土钱币

1. Ⅲ式五铢　2. Ⅳ式五铢　3~18. 剪轮五铢

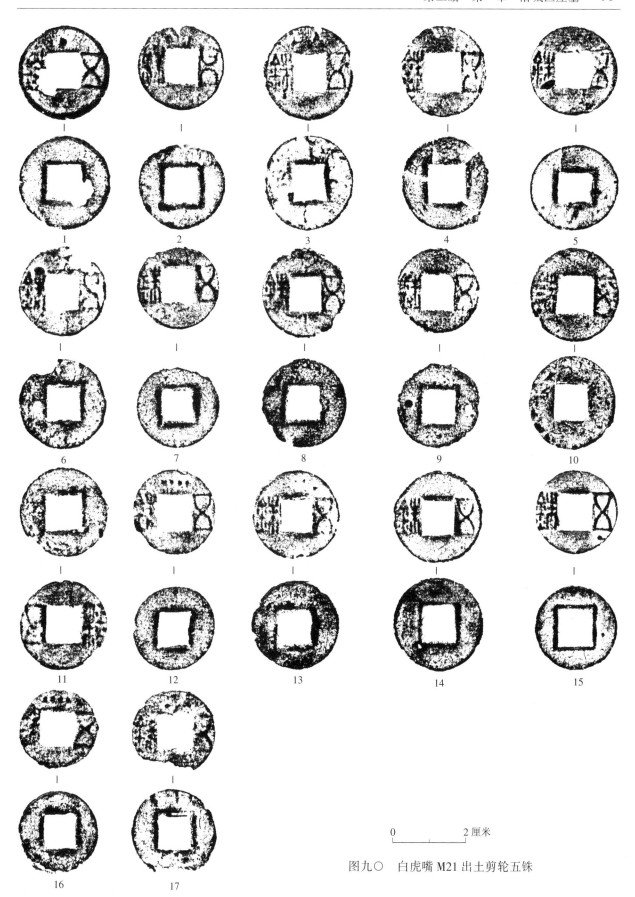

0　　2厘米

图九〇　白虎嘴 M21 出土剪轮五铢

十九　双碑白虎嘴二十三号崖墓（1998MFBM23）

（一）墓葬形制

未开凿完且未使用。墓道已不存，甬道残存部分，墓室仅完成很小一部分。甬道宽于墓室，底部基本都在一个水平线上。墓葬残长2.46米。方向220°（图九一）。

甬道残长0.64~0.8、宽1.6、高1.56~1.62米。其后为单层拱形门框结构，宽1.18、最高1.44、深0.18米。

墓室平面近梯形，长1.48、宽0.96~1.18、高1.68~1.86米。

（二）出土器物

未见随葬器物。

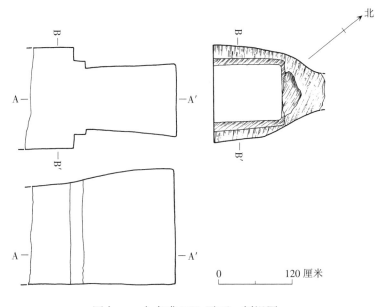

图九一　白虎嘴M23平面、剖视图

二十　双碑白虎嘴二十五号崖墓（1998MFBM25）

（一）墓葬形制

双室墓，由墓道、甬道和墓室三部分组成，墓道前端部分被毁。墓葬全长9.82米。方向206°（图九二）。

墓道平面呈梯形，内宽外窄，长2.7~2.82、宽1.24~1.74米。底部不平。中部凿有排水沟，贯穿墓道，排水沟横截面略成梯形，残长2.77、上宽0.1、下宽0.06、深0.1米。排水沟由7块长方形砖覆盖，砖长30~34、宽约22、厚10~12厘米。

甬道平面约为平行四边形，长1.24~1.3、宽1.08、高1.18米。顶前部垮塌。甬道用长方形菱纹砖错缝平砌十五层封堵，砖长28~39、宽24、厚10厘米。

墓室后部西侧被毁，顶部塌方严重，岩石裂缝较多，推测其平面呈梯形，长5.76~5.82、宽1.98~2.06米，高度不清。中部用一台阶状将墓室分成前后两室，东西两壁向上斜直内收，上部略向内转折弧状内收，北壁下部陡直。底由内向外倾斜。墓室前部东壁凿有一原岩石灶，中部和后部各放置有砖棺1具。

石灶由火门、火眼、烟道和灶面组成。灶面形近平行四边形，长0.7~0.76、宽0.44~0.5、高0.38~0.44米。灶面上的火眼略呈椭圆形，长径0.36、短径0.3米。烟道较短。灶门立面形近拱形，宽0.16~0.2、高0.36米。

墓室中部西侧砖棺毁损严重，仅存铺底砖和部分第一层壁砖，长2.04、宽0.58、残高0.24米。墓室后部东侧砖棺保存相对较完整，长2.2、宽0.72、高0.66米。砖棺底部及四壁用长方砖铺砌，砖长35、宽24、厚11厘米，砖侧饰连壁纹和五铢纹

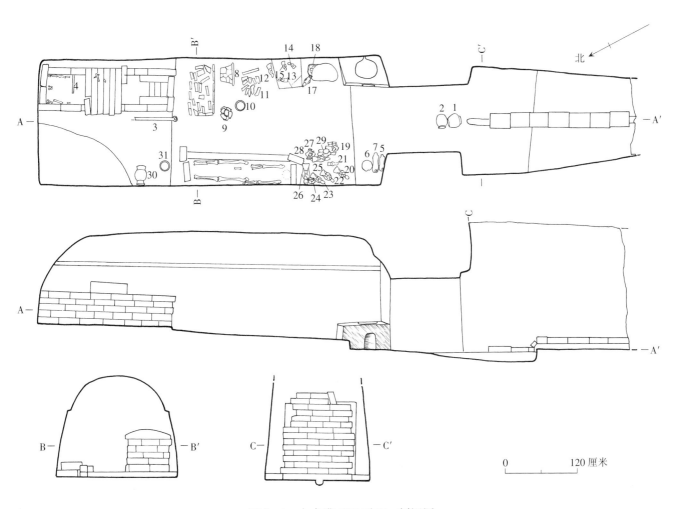

图九二　白虎嘴 M25 平面、剖视图

1、2、11. 陶罐　3. 铁环首刀　4. 铁直柄刀　5. 陶狗　6. 陶盏　7、15. 陶执棒俑　8. 陶甑　9. 陶盘　10. 陶釜　12. 陶井　13、14. 陶击
鼓俑　16. 陶猪　17. 陶母鸡　18. 陶公鸡　19～26. 陶俑　27. 陶执笙俑　28. 陶庖厨俑　29. 陶抚耳俑　30. 陶壶

（图九三，图九四）。棺盖用长条
圆弧形砖构成，于棺中部残存 7
块，长 76、高 6～16、厚 8～10
厘米。

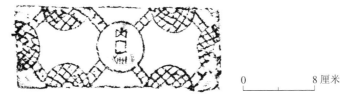

图九三　白虎嘴 M25 五铢连璧纹墓砖拓片

　　墓葬扰乱严重，但仍出土有一
定数量的随葬品，主要集中在墓室
两侧和砖棺内，甬道内仅出土陶罐
2 件。随葬品以陶器和陶模型为主，
另出土钱币 40 枚、铁刀 2 件。陶器
可辨器形有罐、壶、甑、釜、盘
等，陶模型有井、水塘、房、鸡、
猪、狗和人物俑等。

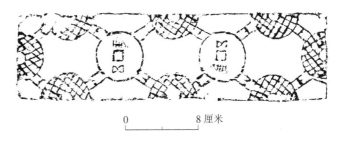

图九四　白虎嘴 M25 五铢连璧纹墓砖拓片

（二）出土器物

1. 陶器

罐　2件。均为泥质灰陶。M25:2，侈口，圆唇，束颈，折肩，斜腹内收，平底。口径11.8、腹径21.8、底径10.4、高21.8厘米（图九五，5）。M25:1，带领，敛口，方唇，折肩，弧腹斜收，底略内凹。口径11.2、腹径23.4、底径13.3、高22.8厘米（图九五，6；图版一二，1）。

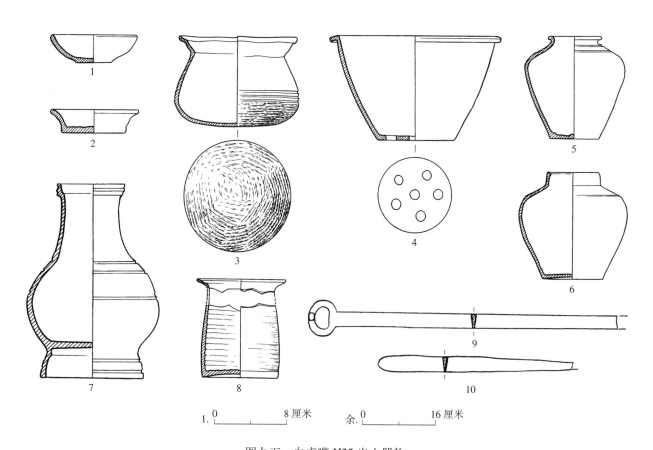

图九五　白虎嘴 M25 出土器物

1. 釉陶盏（M25:6）　2. 陶盘（M25:9）　3. 陶釜（M25:10）　4. 陶甑（M25:8）　5、6. 陶罐（M25:2、1）　7. 陶壶（M25:30）　8. 陶井（M25:12）　9. 铁环首刀（M25:3）　10. 铁直柄刀（M25:4）

釜　1件。M25:10，泥质灰陶。敞口，斜折沿，尖圆唇，扁腹，圜底。内沿饰凸弦纹一周，腹部饰凹弦纹三周，近底处及底部饰粗绳纹。上腹有拉坯时形成的旋痕。口径26.2、腹径27.6、高19.3厘米（图九五，3）。

甑　1件。M25:8，泥质灰陶。敞口，折沿，方唇，腹微弧，平底。底部有六个直径为2厘米的圆孔，器表有拉坯时形成的旋痕。口径37.4、底径16.8、腹径27.6、高22.6厘米（图九五，4）。

盘　1件。M25:9，泥质灰陶。敞口，圆唇，束腰，平底。内底有拉坯时形成的旋痕。口径19.4、底径14.4、高5厘米（图九五，2）。

壶 1件。M25：30，泥质红陶。盘口，高束颈，溜肩，弧腹外鼓，高圈足，有折棱。口部、肩部、足部各饰凹弦纹两周，腹部饰凹弦纹一周。口径15、腹径27.8、底径22、高41.4厘米（图九五，7；图版一二，2）。

2. 陶模型

井 1件。M25：12，敞口，斜折沿，方唇，弧腹较直，底略内凹。沿面饰有凹弦纹一周，内壁可见拉坯形成的旋痕。口径19.8、底径16.8厘米（图九五，8）。

出土动物俑可修复者4件，均为泥质灰陶，左右合范而制，单范接缝处有刮削痕。

鸡 2件。M25：17，母鸡。小首，低冠，尖喙，长颈，敛翼翘尾而立。翼、尾可见羽毛的层次，腹中空。长22.4、高25.6厘米（图九六，1）。M25：18，公鸡，头略左偏。高冠，尖喙，颚大而下垂，粗颈，敛翼翘尾而立。翼、尾可见羽毛层次，腹中空。长26、高27.4厘米（图九六，2）。

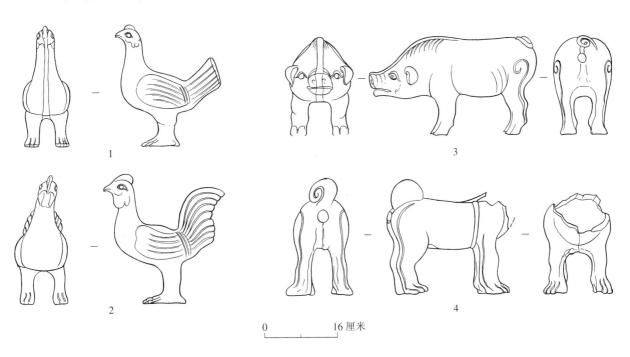

图九六　白虎嘴 M25 出土陶动物
1、2. 鸡（M25：17、18）　 3. 猪（M25：16）　 4. 狗（M25：5）

猪 1件。M25：16，站立，膘肥体壮。长吻前伸，三角眼，小耳直立，颈部鬃毛直立，臀部隆起。四肢较粗壮，长尾卷曲贴于臀部。腹中空。长36.8、高20.8厘米（图九六，3）。

狗 1件。M25：5，背部及头颈均残。站立姿，四肢较粗壮，粗尾上卷。残长26.8、高24.4厘米（图九六，4）。

出土陶人物俑可修复者15件。俑身前后合范制成，首与身分别制成后再黏接而成，单范接缝处有刮削痕。

佩刀男俑 2件，形态和衣饰基本一样，可能同模制作。均为泥质灰陶。面部略模糊，仍可见五官轮廓。直立。头戴介帻，脑后似束发凸起。身着双层衣，外为右衽长袍，手笼袖中，袖有褶纹。腰束带。胸前左侧佩戴环首刀，腹前系一物，疑为袋囊。M25：22，高33.6厘米（图九七，1）。M25：26，高33.6厘米（图九七，2）。

图九七　白虎嘴 M25 出土陶拱手立俑
1. M25：22　2. M25：26

　　拱手立俑　3 件。均身着双层衣，外为右衽长袍，手笼袖中置于腹部，袖有褶纹。M25：23，头戴介帻，脑后似束发凸起。面部模糊，仅可见鼻、嘴。腰束带，仅身后可见。腹前有围腰，前下摆露双足，后下摆露双足跟。高 27.6 厘米（图九八）。M25：25，泥质灰陶，头梳高髻，前低、后高，脑后似束发凸起。面部模糊，仅可见鼻、嘴。腰束带，仅身后可见。前下摆右侧略残，微露双足。高 29.6 厘米（图九九，1）。M25：21，泥质灰陶，束发于脑后，以巾裹头。面部模糊，仅可见鼻、嘴。腰束带，仅后面可见。下摆微露双足。高 17.2 厘米（图九九，2）。

图九八 白虎嘴 M25 出土陶拱手立俑（M25：23）

1

2

图九九 白虎嘴 M25 出土陶拱手立俑
1. M25：25 2. M25：21

行走俑 1 件。M25：20，泥质灰陶。面部略模糊，右臂下垂提袍，左臂弯曲置于腹前露左手，右脚前伸作行走状，下摆露右足。头梳高髻，脑后似束发凸起。身着长袍，宽袖。腰束带。高 27 厘米（图一〇〇，1）。

1

2

3

0   8厘米

图一〇〇　白虎嘴 M25 出土陶俑

1. 行走俑（M25：20）　2. 执笙俑（M25：27）　3. 抚耳俑（M25：29）

执笙俑 1件。M25：27，泥质红陶，前面下部残缺。面部略模糊，仅可见五官轮廓。坐姿，后露双脚，双手捧笙置于左肩。头戴介帻，脑后似束发凸起。身着右衽长袍，宽袖。腰束带，仅身后可见。高25.6厘米（图一〇〇，2）。

抚耳俑 1件。M25：29，泥质红陶。脸近长方，高鼻，阔嘴，耳小巧。坐姿，后部残，左手上举抚耳作聆听状，右手置于右腿上。头上梳高髻，再以窄巾一条穿髻而出于髻的左右，曲成环状，相交于髻后，脑后似束发凸起。身着双层衣，外为右衽长袍，宽袖，袖有褶纹。腰束带，仅身后可见。高29厘米（图一〇〇，3）。

击鼓俑 2件。泥质红陶。直立，腹前置一鼓，双手执棍状物作击打状。M25：13，脸部眉骨微凸，高鼻，小嘴，耳小巧。戴巾帻，身着右衽裋褐，挽袖至肘部。腰束带，仅后面可见。身后有衣的背缝和褶纹。高13.7厘米（图一〇一，1；图版一二，3）。M25：14，面部略模糊。束发于脑后，身着及膝裋褐。高13.6厘米（图一〇一，2）。

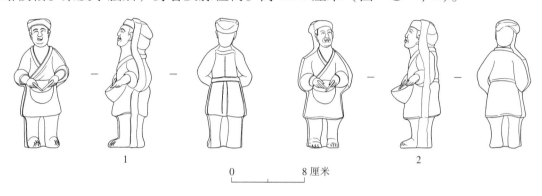

0　　　8厘米

图一〇一　白虎嘴M25出土陶击鼓立俑
1. M25：13　2. M25：14

躬身执棒俑 2件。泥质灰陶，形态一样，可能同模而制。面部略模糊，仅可见五官轮廓。左右手分别执棒置于腹前，躬身而立。束发于头顶，脑后似束发凸起。身着右衽裋褐，挽袖至肘部。腰束带，身后有衣的背缝和褶纹。M25：7，高14.1厘米（图一〇二，1）。M25：15，高14.2厘米（图一〇二，2；图版一二，4）。

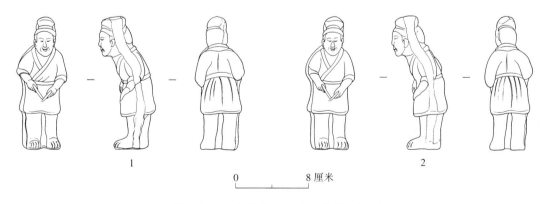

0　　　8厘米

图一〇二　白虎嘴M25出土陶执短棒俑
1. M25：7　2. M25：15

庖厨俑 1件。M25：28，泥质灰陶。面部略模糊，浅见眉眼和鼻嘴轮廓。坐姿，后露双脚。腹前置几案，几案下置一盆，右手执刀，左手按物作宰割状。头戴平上帻，脑后似束发凸起。身着双层衣，外为右衽长袍，宽袖，挽至近肘弯部。腰束带，仅后面可见。高24.2厘米（图一〇三）。

3. 釉陶

盏 1件。灰胎，青釉，器内、器表皆施满釉，大部分已剥落。M25：6，泥质灰陶。敞口，方唇，弧腹，平底。口径9.6、底径3.9、高2.9厘米（图九五，1）。

4. 铁器

环首刀 1件。M25：3，刃部残。椭圆形环首，直背，单面刃，刃断面略呈三角形。残长68、厚0.8厘米（图九五，9）。

图一〇三 白虎嘴M25出土陶庖厨俑（M25：28）

直柄刀 1件。M25：4，直柄，直背，单面刃，刃部呈弧线，断面略呈三角形。长43、厚0.6厘米（图九五，10）。

5. 钱币

40枚。有四铢半两、一般五铢、剪轮五铢三类。

四铢半两

1枚。青铜质，正背面均无内外郭，平背。钱文篆书，右读，直径2.35、穿径0.75、厚0.09厘米（图一〇四，1）。

一般五铢

16枚。有以下几式。

Ⅰ式 1枚。直径2.5、穿径0.9、厚0.12厘米（一〇四，2）。

Ⅱ式 4枚。直径2.5～2.55、穿径0.9～1、厚0.1～0.11厘米（图一〇四，3、4）。

Ⅲ式 3枚。其中1枚残，直径2.5～2.55、穿径1、厚0.09～0.11厘米（图一〇四，5、6）。

Ⅳ式 5枚。直径2.45～2.6、穿径0.9～1、厚0.1～0.11厘米（图一〇四，7～10）。其中记号钱2枚。

Ⅴ式 3枚。直径2.45～2.6、穿径0.9～1、厚0.09～0.1厘米（图一〇四，11～13）。其中记号钱2枚。

剪轮五铢

21枚。相对完整残片20枚，钱币大小不一。直径2.1～2.5、穿径1～1.1厘米（图一〇四，14～18；图一〇五，1～4）。正面钱文五铢二字较清晰，钱面大多呈锅底状，其中记号钱3枚。

货泉

BⅡ 2枚。残。内外均有郭，直径2～2.3、穿径0.6～0.8、厚0.1～0.2厘米①。

---

① 甚残，无法拓片。

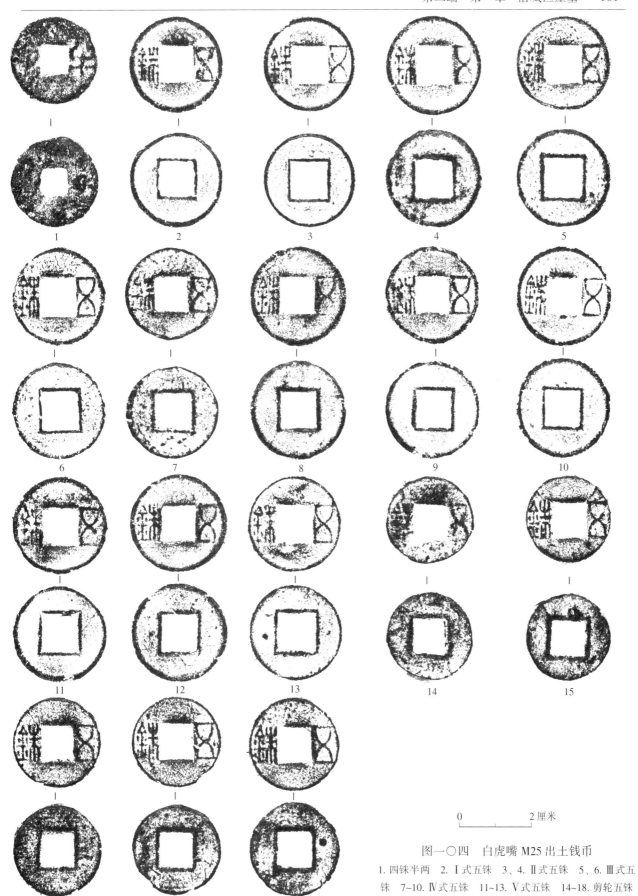

图一〇四　白虎嘴 M25 出土钱币

1.四铢半两　2. Ⅰ式五铢　3、4. Ⅱ式五铢　5、6. Ⅲ式五铢　7~10. Ⅳ式五铢　11~13. Ⅴ式五铢　14~18. 剪轮五铢

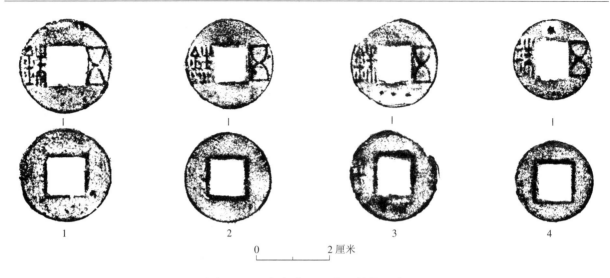

0   2 厘米

图一〇五　白虎嘴 M25 出土剪轮五铢

二十一　双碑白虎嘴二十六号崖墓（1998MFBM26）

（一）墓葬形制

单室墓，由墓道、甬道和墓室三部分组成。墓道、甬道和墓室前部被毁，后部塌陷严重。墓葬残长 5. 14 米。方向 220°（图一〇六）。

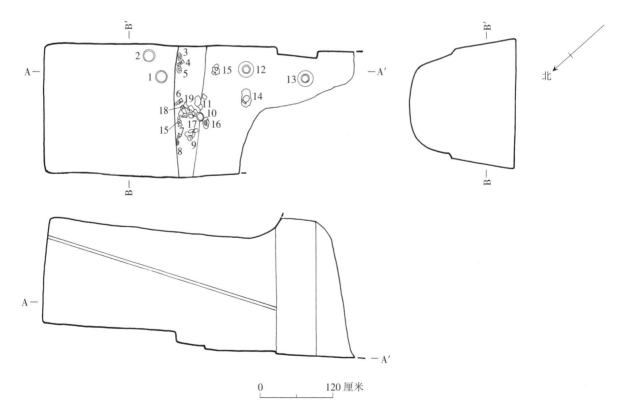

0   120 厘米

图一〇六　白虎嘴 M26 平面、剖视图

1. 陶钵　2. 陶灯　3 ~ 8. 陶侍俑　9. 陶抚耳俑　10. 陶盆　11. 陶舞俑　12. 陶壶　13. 陶瓮　14. 陶执笙俑　15. 陶庖厨俑　16. 陶扛、提罐俑　17. 陶击鼓俑　18. 陶执箕帚俑　19. 陶执物俑

墓道大部分已被炸毁，仅存一角，平面略呈长方形，残存最长 0.62、最宽 0.7 米。

甬道西侧被炸毁，平面略呈梯形，残长 0.66、残宽 0.88 米，高度不清。底由内向外倾斜。其后有一踏道可至墓室。

墓室西南角被炸毁，平面略呈长方形，长 3.86、宽 2.04～2.12、高 1.58～1.96 米。中部有两级高度分别为 0.06 和 0.18 米的台阶。半圆弧顶。北壁弧状内收，两壁斜直上收，上部略向内转折。墓底由内向外倾斜。

从墓室后部残存人骨推测，至少有 3 具人骨埋葬于墓内。

随葬品主要集中在墓室中间，甬道、墓室前部也有一些分布。以陶器和陶人物俑为主，此外还出土有钱币 129 枚。陶器可辨器形有瓮、壶、盆、钵和灯等。

（二）出土器物

1. 陶器

可修复者仅 4 件，均为泥质陶。

瓮 1 件。M26：13，灰陶。敛口，圆唇，折肩，弧腹斜收，底略内凹。肩部饰凹弦纹两周，近底处有一直径为 0.7 厘米的圆孔。口径 21.8、腹径 26.4、底径 14.2、高 16.4 厘米（图一○七，3）。

壶 1 件。M26：12，红陶。盘口，方唇，高束颈，扁球形腹，高假圈足，平底。肩部饰宽带纹一周，腹部对称饰二兽头衔环铺首。口径 15、腹径 22、底径 18.6、高 32.8 厘米（图一○七，4）。

钵 1 件。M26：1，灰陶。器身略变形。敞口，圆唇，折腹，饼足低矮，平底。口沿下有凹弦纹一周。口径 19.2、底径 8、高 8.2 厘米（图一○七，1）。

盆 1 件。M26：10，灰陶。敞口，方唇外凸，弧腹，平底。口径 27.7、底径 19.2、高 13.8 厘米（图一○七，2）。

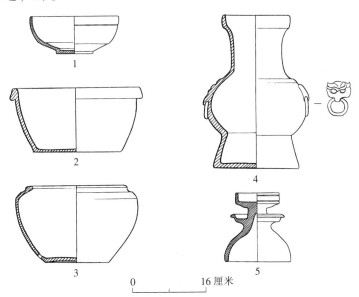

0   16 厘米

图一○七 白虎嘴 M26 出土陶器、陶模型

1. 钵（M26：1） 2. 盆（M26：10） 3. 瓮（M26：13） 4. 壶（M26：12） 5. 灯（M26：2）

2. 陶模型

灯 1件。M26:2，灰陶。灯盘直口，圆唇，圆柱形柄，中有一层圆盘。灯座为圈足，中空。灯盘上饰有凹弦纹二周。灯盘口径9.6、底径14.4、高14.7厘米（图一〇七，5）。

陶人物俑可修复者14件。均为前后合范制成，首与身分别合范后黏接，单范接缝处显刮削痕。

拱手立俑 6件。M26:4和M26:6均为泥质红陶，面目、衣饰和大小基本相同，可能同模而制。直立，手笼袖中置于腹部，面部略模糊，可见高鼻。头戴介帻，脑后似束发凸起。身着右衽长袍。腰束带，腹前系一物，疑为袋囊。宽袖，袖有褶纹。袍下微露双足。M26:4，双耳较显，高25.8厘米（图一〇八，1）。M26:6，高鼻较清晰，高25.4厘米（图一〇八，2）。M26:3，面带微笑，高鼻小嘴。头梳高髻，前低后高。

1

2

0   8厘米

图一〇八　白虎嘴M26出土陶拱手立俑
1. M26:4　2. M26:6

以巾裹髻，脑后似束发凸起。身着右衽长袍，宽袖。手笼袖中，袖有褶纹。腰束带。下摆有花边饰，袍缘有褶纹，微露右足。高 25.8 厘米（图一〇九，1）。M26：5，面目、衣饰和大小与 M26：3 基本相同，可能同模而制。高 25.8 厘米（图一〇九，2）。M26：7，面部略模糊，浅见眉眼和鼻嘴轮廓。头梳髻，髻高而薄，脑后似束发凸起。身着右衽长袍，宽袖。腰束带，手笼袖中，袖有褶纹。腹前可见褶纹层次，下摆有花边饰，袍缘有褶纹，微露右足。高 26 厘米（图一一〇，1；图版一三，1）。M26：8，面部模糊。束发于脑后，额上系幓头。身着右衽长袍，宽袖。手笼袖中，腰束带，微露双足。高 16.2 厘米（图一一〇，2）。

　　抚耳俑　1 件。M26：9，泥质红陶。面部模糊，浅见眉眼和鼻嘴轮廓。面带微笑，脸型长圆，双眼不显，高鼻小嘴，右耳饰圆形耳珰。坐姿，身体略向左倾，左手扶耳做倾听状，右手置于右膝上。头梳高髻，再以窄巾一条，穿髻而出于髻左右，曲成环状，相交于

1

2

0　　　　　　8 厘米

图一〇九　白虎嘴 M26 出土陶拱手立俑

1. M26：3　2. M26：5

0——————8厘米

图一一〇 白虎嘴 M26 出土陶拱手立俑
1. M26∶7 2. M26∶8

髻后，脑后似束发凸起。身着双层衣，外为右衽长袍，绣襦式半袖，袖有褶纹。腰束带，身后衣有背缝。高 30.5 厘米（图一一一，1；图版一三，2）。

舞俑 1 件。M26∶11，泥质红陶。面带微笑，双眼不显，高鼻小嘴，双耳小巧，饰耳珰。站立，左手上举，右手提裙微露右足，身体略向左倾。头梳髻，髻高而薄，脑后似束发凸起。身着双层衣，外为右衽袍，绣襦式半袖。下摆一周花边饰。腰束带，宽袖，袖有褶纹。高 42 厘米（图一一一，2）。

执笙俑 1 件。M26∶14，泥质红陶。面带微笑，眉骨微凸，高鼻厚唇，双眼模糊，双耳小巧。坐姿，后露双足，双手执笙置于左胸前。头戴介帻，脑后似束发凸起。身着双层衣服，外为右衽长袍，宽袖，腰束带。高 35.8 厘米（图一一二，1；图版一四，1）。

庖厨俑 1 件。M26∶15，泥质灰陶。面带微笑，眉骨微凸，高鼻厚唇，双眼模糊，仅现轮廓，双耳小巧。坐姿，后露双足，身前置几案，双手置于案上，案下置一盆。头戴介帻。身着双层衣，外为右衽长袍，宽袖。腰束带，仅后面可见。身后衣有背缝。高 31 厘米（图一一二，2；图版一四，2）。

击鼓俑 1 件。M26∶17，泥质红陶。面部模糊，直立。腹前置一近圆形鼓，双手未见执物，作击鼓状。头梳髻，前低后高。身着右衽短褐，腹部外似系裹肚。高 14.65 厘米（图一一三，1；图版一四，3）。

1

2

0　　　　　8厘米

图一一一　白虎嘴 M26 出土陶俑
1. 抚耳俑（M26：9）　2. 舞俑（M26：11）

图一一二　白虎嘴 M26 出土陶俑
1. 执笙俑（M26：14）　　2. 庖厨俑（M26：15）

　　执物俑　1 件。M26：19，泥质红陶，头残缺。略躬身而立，双手作执物状。身着右衽
裋褐，腹部似系裹肚。残高 11.25 厘米（图一一三，2）。

　　执箕帚俑　1 件。M26：18，泥质红陶。面部模糊。站立。右手执箕，左手执短帚。
戴平上帻。身着右衽裋褐，腹部似系裹肚，左右分开，两衽上角相交与腹前作成圆形结。
高 15.9 厘米（图一一四，1）。

扛、提罐俑 1 件。M26：16，泥质红陶。面部模糊，左手提罐，右肩负罐，右手扶肩上罐。头梳偏髻，身着两层衣，内着右衽短褐，腰束带。外穿对襟衣。高 14.9 厘米（图一一四，2）。

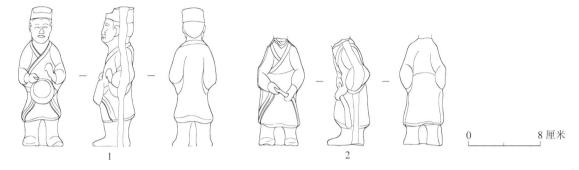

图一一三 白虎嘴 M26 出土陶俑
1. 击鼓俑（M26：17） 2. 执物俑（M26：19）

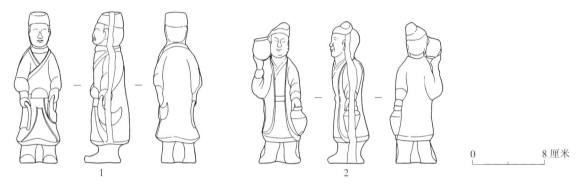

图一一四 白虎嘴 M26 出土陶俑
1. 执箕帚俑（M26：18） 2. 扛、提罐俑（M26：16）

3. 钱币

129 枚。均为五铢。有一般五铢、特殊五铢、货泉三类。

一般五铢

124 枚。有以下几式。

Ⅰ式 12 枚。直径 2.5～2.55、穿径 1～1.15、厚 0.1～0.15 厘米（图一一五，1～6）。其中穿上横杠 7 枚，穿下半星 1 枚。

Ⅱ式 27 枚。直径 2.5～2.55、穿径 1～1.1、厚 0.09～0.12 厘米（图一一五，7～14）。

Ⅲ式 44 枚。直径 2.55～2.6、穿径 1～1.1、厚 0.08～0.12 厘米（图一一五，15～18，图一一六，1～8）。其中记号钱 6 枚。

Ⅳ式 35 枚。直径 2.55～2.7、穿径 0.95～1、厚 0.08～0.1 厘米（图一一六，9～16）。其中记号钱 2 枚。

Ⅴ式 6 枚，直径 2.5～2.55、穿径 0.95～1、厚 0.08～0.1 厘米（图一一六，17、18，图一一七，1、2）。其中记号钱 2 枚。

特殊五铢

4 枚。背四决，直径 2.5、穿径 1～1.1 厘米（图一一七，3～6）。

货泉

Ｂ Ⅰ 式 1 枚。正面无内郭，直径 2.3、穿径 0.7～0.9、厚 0.08～0.1 厘米（图一一七，7）。

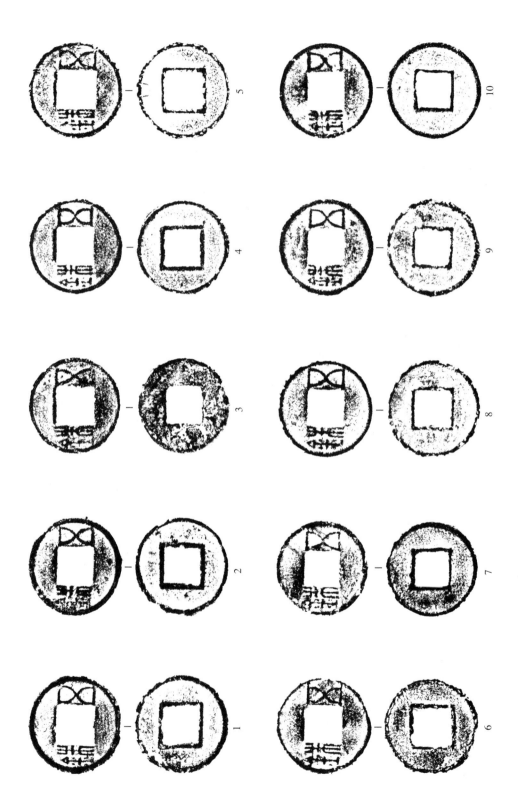

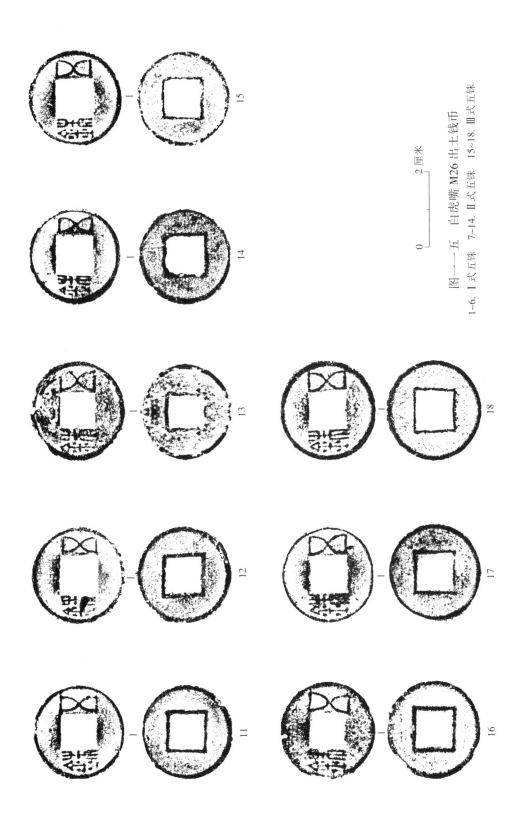

图一一五　白虎嘴 M26 出土钱币
1~6. I式五铢　7~14. II式五铢　15~18. III式五铢

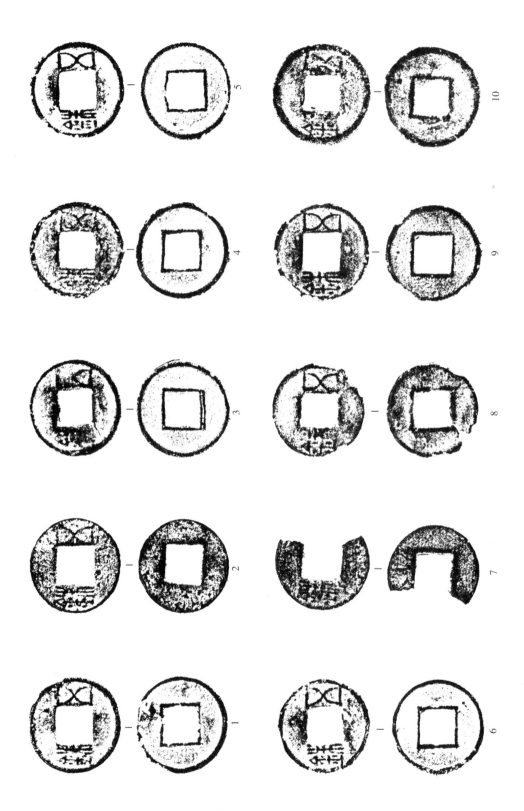

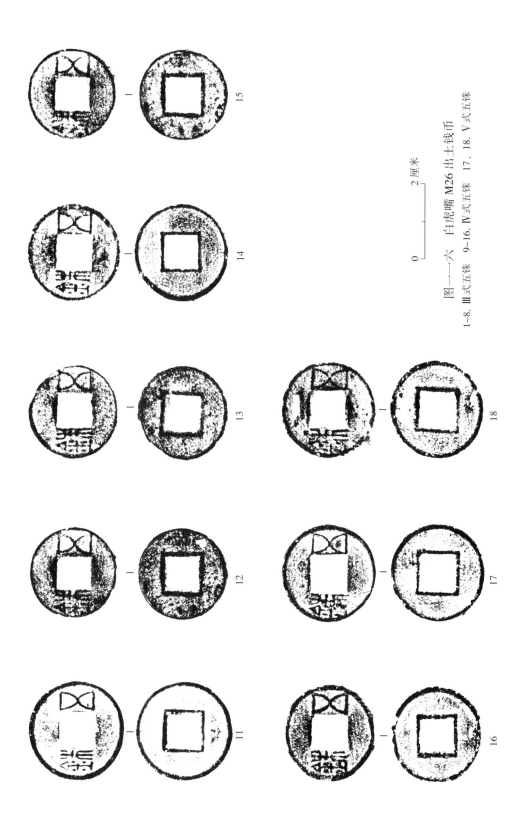

图一一六 白虎嘴 M26 出土钱币
1~8. Ⅲ式五铢 9~16. Ⅳ式五铢 17、18. Ⅴ式五铢

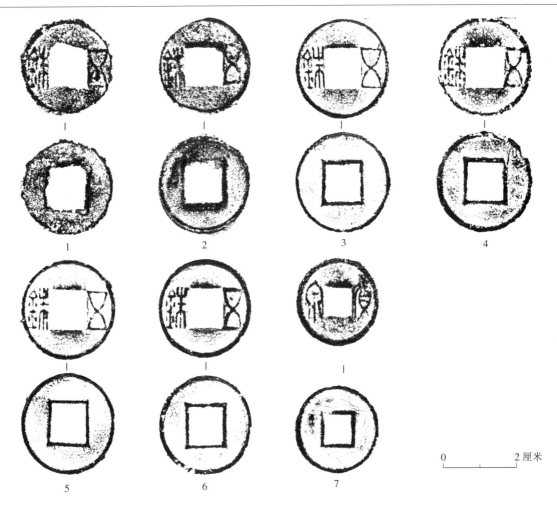

图一一七　白虎嘴 M26 出土钱币
1、2. V式五铢　3~6. 特殊五铢　7. B I 式货泉

二十二　双碑白虎嘴二十九号崖墓（1998MFBM29）

（一）墓葬形制

前后双室墓，由墓道、甬道和墓室三部分组成。墓道前端被毁，顶部和两壁塌方比较严重。墓葬残长 10 米。方向 237°（图一一八）。

墓道平面略呈平行四边形，残长 2.4~2.62、宽 1.78~1.96 米。两壁向上弧收，底部凹凸不平。中部凿有排水沟。

甬道分前后两段。甬道前段平面呈平行四边形，长 0.46、宽 1.18~1.2、高 1.62 米，顶微弧，两壁较直；甬道后段平面近梯形，内宽外窄，长 1.3~1.46、宽 0.96~1.04、高 1.62 米，顶微弧，两壁斜直，底部均较墓道后段低。甬道近中部凿有排水沟。

墓室平面形状不甚规则，分成前后室。前室略宽，呈内宽外窄的梯形，后室大致呈长方形。总长 5.66~5.8、最宽 2.9、高 1.86~2.02 米。后室带后龛，平面呈长方形，与后室等宽，顶与墓顶齐，距墓底 0.42，深 0.42~0.5、高 1.54 米。墓室墓顶较平。东西两壁向上微斜收，后斜直向上略后倾。墓底凹凸不平。前后室各放置一具砖棺，后室北壁凿有一原岩崖棺。前室前端凿一原岩石灶。

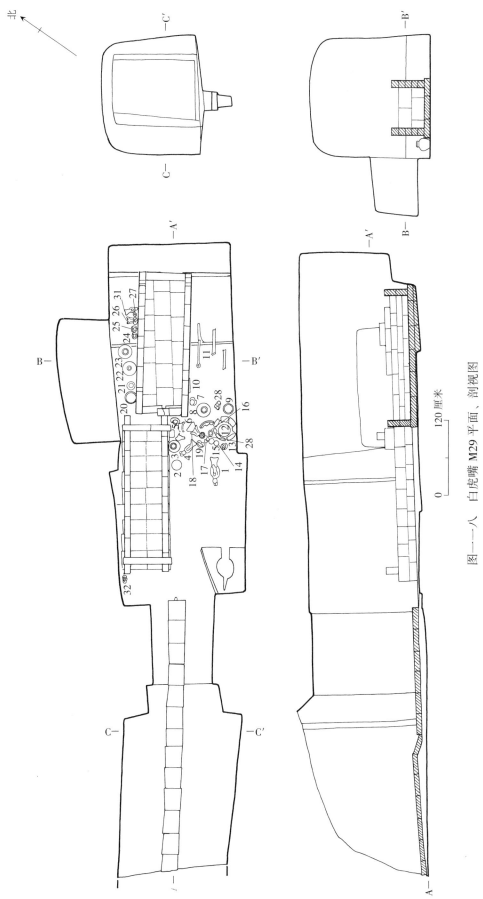

图一一八 白虎嘴 M29 平面、剖视图

1、4、6、10、13、14、15、17、18、19、24、25、27、30、31. 陶俑 2、3、8、11、20～23、28. 陶罐 5. 陶罐 7. 陶执箕俑俑 9. 陶井 12. 陶盆 16. 陶釜 26、29. 铁环首刀

排水沟始于甬道后端，贯通甬道和墓道，通长 4.34 米。沟的横剖面呈倒"凸"字形，上宽 0.3、下宽 0.14、深 0.44~0.48 米。沟中覆盖长方形素面砖，砖长 34、宽 26、厚 8 厘米。排水沟没有实在意义，首先墓道高于墓室，甬道低于墓道排水沟和墓室，水只能结集在甬道沟内，且甬道内没有岩缝，水也无法渗透出去。

砖棺已无棺盖，棺壁被挤压变形，内部砖块凌乱，破坏严重。前棺长 2.36、宽 0.76、残高约 0.4 米，后棺长 2.36、宽 0.9、残高约 0.72 米。棺底均用长 38、宽 34、厚 10 厘米的长方形大砖铺砌，棺身则用长 34、宽 12、厚 10 厘米的长方形小砖平砌错缝而成，棺盖用长 70、高 6~16、厚 8 厘米的长条圆弧形砖砌筑（图一一八）。

崖棺位于墓室北壁中部，平面呈长方形，距墓底 0.2 米，长 1.94~2、高 0.7~0.78、深 0.9~0.92 米。

石灶由火门、火眼、烟道和灶面组成。灶面形呈内宽外窄的梯形，长 0.74、宽 0.46~0.72 米。火眼平面近圆形，径 0.3、深 0.24 米。烟道呈尖状，长 0.2 米。灶台高 0.31 米。灶门朝向西壁，已垮塌，高度不清，宽 0.12 米。

墓葬扰乱严重，后棺外侧发现人骨残块，葬式不明。

随葬器物主要集中分布在前后室交接处。出土随葬品不是很多，以陶器和陶模型为主，另有少量钱币和铁器。陶器可辨器形有罐、瓮、釜、盆等，陶模型以人物俑为主，另有井 1 件。铁器出土有刀等。钱币共计出土 92 枚。

（二）出土器物

1. 陶器

陶器可修复者共计 14 件，器类有罐、瓮、釜、盆。

罐　9 件。均为泥质灰陶，器形大致相近或相同。侈口，束颈，底略内凹或平底。肩部饰凹弦纹一周。M29：20，尖唇，束颈，溜肩，下腹斜收，底略内凹。肩部饰凹弦纹一周。口径 12、腹径 21.6、底径 11.6、高 19.2 厘米（图一一九，1）。M29：11，形制与 M29：20 相近。只是肩部无纹，唯近底处饰凹弦纹一周。口径 12、腹径 21.3、底径 11.4、高 19 厘米（图一一九，2）。M29：23，尖唇，束颈，溜肩，

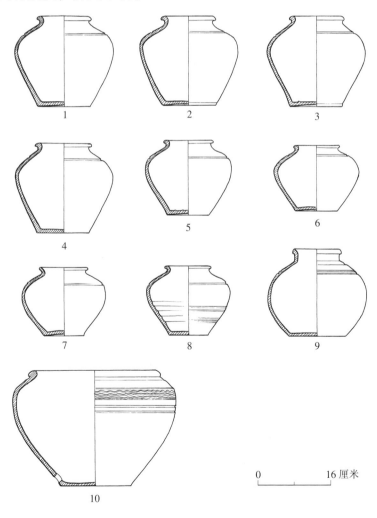

图一一九　白虎嘴 M29 出土陶器

1~9. 罐（M29：20、11、23、21、2、3、28、8、22）　10. 瓮（M29：5）

底略内凹。肩部饰凹弦纹一周。口径
12、腹径21.6、底径11.4、高19.2
厘米（图一一九，3）。M29：21，尖
唇，束颈，斜肩，弧腹，底略内凹。
肩部饰凹弦纹一周。口径12.2、腹径
21.2、底径11.4、高19.2厘米（图
一一九，4）。M29：2，尖唇，束颈，
圆弧肩，弧腹斜收，底略内凹。口径
10.6、腹径18.8、底径9.2、高16厘
米（图一一九，5）。M29：3，尖唇，
弧肩，束颈，弧腹斜收，底略内凹。
口径10、腹径18.4、底径9.4、高
14厘米（图一一九，6）。M29：28，
尖唇，弧肩，束颈，弧腹斜收，底
略内凹。口径11、腹径18.5、底径
9、高14.5厘米（图一一九，7）。
M29：8，尖唇，弧肩，束颈，弧腹斜
收，平底。下腹有拉坯时形成的旋
痕。口径10.2、腹径17.8、底径

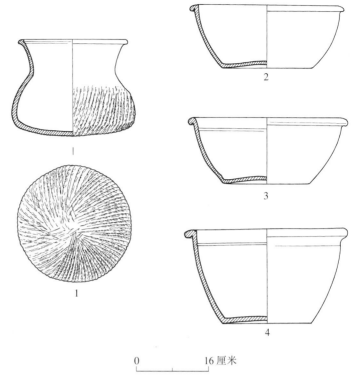

图一二〇 白虎嘴M29出土器物
1. 陶釜（M29：16） 2～4. 陶盆（M29：12-2、12-3、12-1）

8.4、高14.8厘米（图一一九，8）。M29：22，方唇，弧肩，束颈，圆鼓腹，平底。肩部
饰凹弦纹一周，凸弦纹两周，凸弦纹上饰短斜线纹。口径10.4、腹径21.6、底径12.4、
高18.6厘米（图一一九，9）。

瓮 1件。M29：5，侈口，圆唇，折肩，弧腹内收，平底。腹部饰水波纹六周，近底处施
一直径为2厘米的圆孔。口径29、腹径35.6、底径15.7、高24.6厘米（图一一九，10）。

釜 1件。M29：16，夹细砂红陶。侈口，尖唇，束颈，斜肩，扁腹，圜底。肩以下饰
粗绳纹。口径24、腹径26.8、高20.6厘米（图一二〇，1）。

盆 3件。均为泥质灰陶。形制基本相同，均为敞口，斜折沿，圆唇，弧腹内收，底略
内凹。M29：12-2，口径34、底径20.4、高13.4厘米（图一二〇，2）。M29：12-3，口径
35.2、底径19.4、高14厘米（图一二〇，3）。M29：12-1，口
径36、底径19.6、高20厘米（图一二〇，4）。

2. 陶模型

井 1件。M29：9，泥质灰陶。敛口，尖唇，宽平沿，腹中部
略鼓，底略内凹。肩部饰凹弦纹两周，短直线纹一周。口径19.6、
腹径20.4、底径11.5、高24.8厘米（图一二一；图版一五，1）。

陶人物俑可修复者共计16件。均为前后合范制成，首与
身是分别制成再黏接而成，单范接缝处有刮削痕。

拱手立俑（佩刀） 5件。4件红陶，1件泥质灰陶（M29：6）。
均直立，衣饰基本相同。头戴介帻，脑后似束发凸起。身着双层

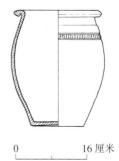

图一二一 白虎嘴M29出土
陶井（M29：9）

衣,外为右衽长袍。宽袖,有褶纹。手笼袖中。腰束带,仅身后可见。腹前系一物,疑为袋囊。下摆前后均有褶纹,前下摆露双足。胸前左侧垂直佩戴环首刀。M29:6 与 M29:17(图一二二,1)为同模制作,陶质不同,大小、面目和衣饰相同。脸长圆,眉目清晰,

1

2

0　　　　　8厘米

图一二二　白虎嘴 M29 出土陶拱手立俑
1. M29:17　2. M29:176

高鼻，阔嘴，长耳，袍缘有花边饰。均高 34.6 厘米（图一二二，2；图版一五，2）。
M29∶13，面部略模糊，仅见五官轮廓。身后有衣的背缝。前露双足尖，后下摆露双足跟。
高 28.8 厘米（图一二三，1）。M29∶18（图一二三，2）与 M29∶13 形制相同，高 29 厘米。
M29∶27，面部略模糊，脸近圆，细眉，小眼，高鼻，小嘴略残，耳小巧。下摆有花边饰。
高 29.8 厘米（图一二四，1）。

图一二三　白虎嘴 M29 出土陶拱手立俑
1. M29∶13　2. M29∶18

拱手立俑　6 件。面部略模糊。直立，手笼袖中置于腹部。M29∶31，泥质红陶。头梳
高髻，额上系幧头。身着右衽长袍，宽袖。手笼袖中，袖有褶纹。腰束带，仅身后可见。

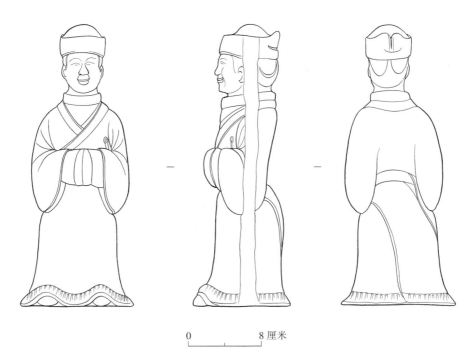

0　　　　　　8厘米

图一二四　白虎嘴 M29 出土陶拱手立俑（M29：27）

下摆前后均有褶纹，前下摆露双足尖。高 28.5 厘米（图一二五，1）。M29：4，泥质红陶。头梳双高髻，前面较低，后面较高。以巾裹髻，前罩额上，结于后部，脑后似束发凸起。身着双层右衽长袍。宽袖。手笼袖中，袖有褶纹。腰束带，仅身后可见。下摆微露双足，身后有衣背缝。高 29.6 厘米（图一二五，2）。M29：14 与 M29：4 形制相同，高 29.5 厘米（图一二五，3）。M29：24，束发于脑后，额上系幓头。身着右衽长袍，宽袖。手笼袖中，袖有褶纹。腰束带，仅身后可见，下摆微露双足。上半身为泥质红陶，下半身为泥质灰陶。高 18.7 厘米（图一二六，1）。M29：25 为泥质红陶，形制与 M29：24 相同。高 18.7 厘米（图一二六，2）。M29：30，泥质红陶，面部和前下摆残。束发于脑后，以巾裹头，再用一条窄巾从头后向前横裹，在额上相交。身着右衽长袍，宽袖。手笼袖中，袖有褶纹。腰束带，仅身后可见。后下摆有褶纹，身后有衣的褶纹。高 18.2 厘米（图一二六，3）。

　　残立俑　1 件。M29：10，泥质红陶，残，仅余下半部分。身着长袍。残高 14.95 厘米（图一二六，4）。

　　行走俑　3 件。形态相近，均右臂下垂提袍，左臂弯曲置于腹前露左手，右脚前伸作行走状。M29：15，泥质灰陶。长圆脸，细眉，高鼻，小嘴，耳小巧。头梳双高髻，左角略显折叠状，向前达额际，前面较低，后面较高，脑后似束发凸起。身着右衽双层长袍，宽袖，袂有褶纹。袖有褶纹。腰束带。下摆前后均有褶纹，前摆露右足，后摆下缘有花边饰。高 28.6 厘米（图一二七，1）。M29：19 形制大小与 M29：15 相同（图一二七，2）。M29：1，泥质红陶，脑袋后部略残。高鼻，小嘴，耳小巧。头上发式不详，似今瓜皮帽。身着右衽长袍，颈上圆领一层，宽袖，袖有褶纹，腰束带。下摆前后均有褶纹，前摆微露双足。高 33.8 厘米（图一二八，1；图版一五，3）。

1

2

3

0   8厘米

图一二五　白虎嘴 M29 出土陶拱手立俑

1. M29：31　2. M29：4　3. M29：14

0   8厘米

图一二六　白虎嘴 M29 出土陶俑

1. 拱手立俑（M29：24）　2. 拱手立俑（M29：25）　3. 拱手立俑（M29：30）　4. 残立俑（M29：10）

　　执箕锸俑　1件。M29：7，泥质红陶，首残。身着右衽裋褐，宽袖，腰束带，仅后部可见。腰右侧佩戴环首刀。右手执箕立于身侧，左手执锸置于腹前。赤脚。残高27.4厘米（图一二八，2）。

　　3. 铁器

　　环首刀　1件。椭圆形环首，直背单面刃，断面呈三角形。有锈蚀。M29：29，长112厘米（图一二九，2）。

　　刀　1件。M29：26，椭圆形首，直背单面刃，刃部残，锈蚀严重，断面呈三角形。残长29.4、厚1厘米（图一二九，1）。

　　4. 钱币

　　92 枚。均为五铢钱。有一般五铢和剪轮五铢两类。

　　一般五铢

　　16 枚。有以下几式。

图一二七　白虎嘴 M29 出土陶行走俑

1. M29 : 15　2. M29 : 19

Ⅲ式　8枚。其中1枚残。直径2.4~2.55、穿径0.9~1.1、厚0.09~0.11厘米（图一三〇，1~3）。

Ⅳ式　7枚。其中4枚残。直径2.5~2.55、穿径0.9~1.1、厚0.09~0.11厘米（图一三〇，4、5）。

Ⅴ式　1枚。直径2.55、穿径1、厚0.11厘米（图一三〇，6）。

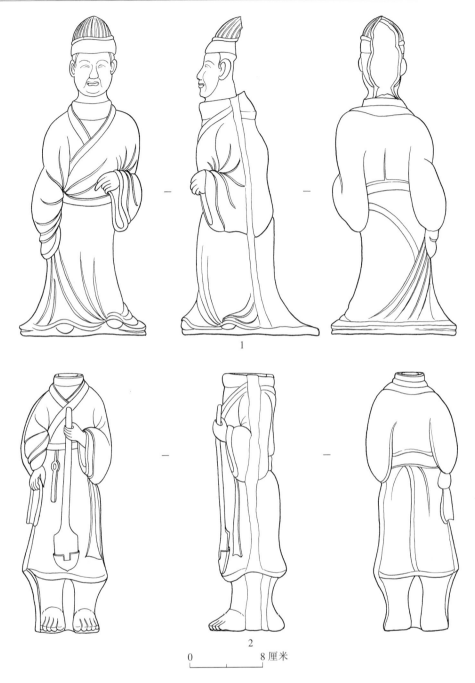

0   8 厘米

图一二八　白虎嘴 M29 出土陶俑

1. 行走俑（M29：1）　　2. 执箕锸俑（M29：7）

1

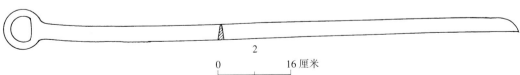

2

0   16 厘米

图一二九　白虎嘴 M29 出土铁器

1. 环首刀（M29：29）　　2. 刀（M29：26）

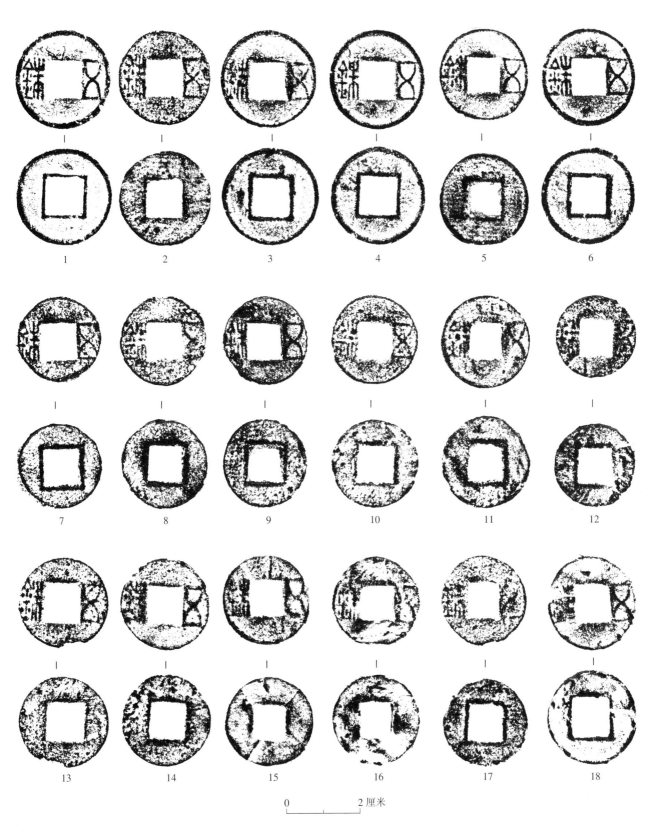

图一三〇　白虎嘴 M29 出土钱币

1~3. Ⅲ式五铢　4、5. Ⅳ式五铢　6. Ⅴ式五铢　7~18. 剪轮五铢

剪轮五铢

76 枚。其中 33 枚残。无郭，钱币大小不一，钱文字体也有差异。五铢二字多较完整。直径 2.2～2.5、穿径 0.9～1 厘米（图一三〇，7～18；图一三一，1～3）。其中记号钱 11 枚。

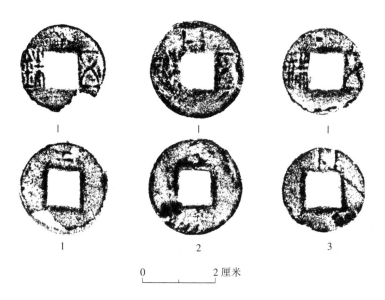

图一三一　白虎嘴 M29 出土剪轮五铢

二十三　双碑白虎嘴三十号崖墓（1998MFBM30）

（一）墓葬形制

仅存墓室后部，墓道和甬道完全被毁掉。墓葬残长 3.1 米。方向 204°（图一三二）。

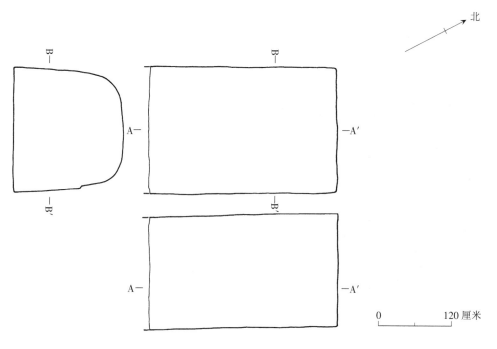

图一三二　白虎嘴 M30 平面、剖视图

墓室残存部分呈长方形，残长 3.1、宽 2、高 1.8 米。半圆弧形墓顶。北壁陡直，东西两壁斜直上收，东壁上部有内收痕。

从墓壁上的工具痕迹观察，有扁而平的，宽度一般为 1～3 厘米；还有圆形尖锐的利器痕。

墓内出土大量散乱砖，推测葬具可能为砖棺。砖为长方形钱纹砖，长约 34、宽约 21、厚约 10～12 厘米（图一三三）。

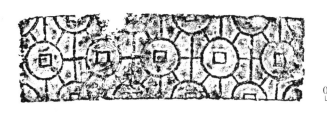

图一三三　白虎嘴 M30 钱纹墓砖拓片

墓葬被完全扰乱，器物均存在移位现象。出土随葬品极少，以陶模型为主，另有零星铁削残件。

（二）出土器物

1. 陶模型

鸡　1 件。M30：1，泥质红陶。左右合范而成，单范接缝处显刮削痕。双足残。站姿，小首，枣眼，低冠，敛翼，尾上翘。翼、尾可见羽毛层次。长 23、残高 21.8 厘米（图一三四，1）。

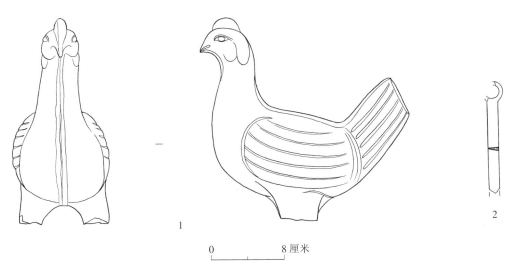

图一三四　白虎嘴 M30 出土器物
1. 陶鸡（M30：1）　2. 铁环首刀（M30：2）

庖厨俑　1 件。M30：4，泥质红陶。首与身分别制成后再黏接在一起，单范接缝处显刮削痕。头略左偏，面带微笑，脸型圆润，高鼻阔嘴，双眼模糊，双耳小巧。坐姿，身前置几案，双手置于案上，案下置一盛器。头戴介帻，脑后似束发凸起。身着右衽长袍，袖挽至近肘部。高 31.8 厘米（图一三五，1；图版一六，1）。

躬身执棒俑　1 件。M30：3，泥质灰陶。合范而成，单范接缝处显刮削痕。面部模糊，

图一三五　白虎嘴 M30 出土陶俑

1. 庖厨俑（M30∶4）　　2. 执短棒俑（M30∶3）

双脚残。双手执短棒置于腹部。头梳高髻，前低后高，以巾裹髻，脑后似束发凸起。身着右衽短褐，束腰。高 13.8 厘米（图一三五，2）。

2. 铁器

环首刀　1 件。M30∶2，锈蚀严重，环和刃部残。直背单面刃，断面略呈三角形。残长12、厚 0.35 厘米（图一三四，2）。

二十四　双碑白虎嘴三十一号崖墓（1998MFBM31）

（一）墓葬形制

墓室前部被毁，打破 M3。残存部分呈长条形，不甚规则，残长 2.9、高 0.5～0.8 米。方向 216°（图一三六）。

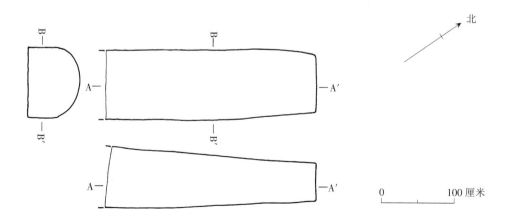

图一三六　白虎嘴 M31 平面、剖视图

墓室顶部微弧。东壁边略外凸，北壁和东西两壁直线上收。底由内向外倾斜，高差为0.1米。

墓内有凌乱的长方形砖，砖长约30～34、宽约21、厚约10～12厘米。砖侧一般饰几何纹（图一三七，2；图一三八，3；图一三九，2）几何乳凸纹（图一三七，1；图一三八，1；图一三九，1）叶脉纹（图一三八，2）。

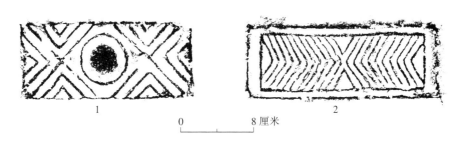

图一三七 白虎嘴 M31 墓砖拓片
1. 几何乳突纹 2. 几何纹

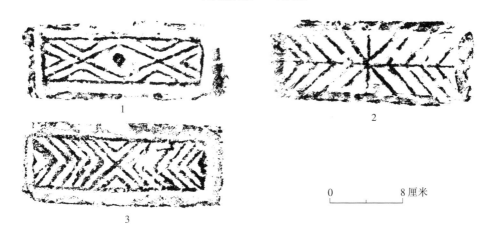

图一三八 白虎嘴 M31 墓砖拓片
1. 几何乳突纹 2. 叶脉纹 3. 几何纹

图一三九 白虎嘴 M31 墓砖拓片
1. 几何乳突纹 2. 几何纹

墓葬扰乱严重，仅在扰土中出土陶器4件，其中罐1、钵3。

（二）出土器物

罐 1件。M31：4，泥质灰陶。敛口，尖唇外撇，短领，折肩，腹微鼓，底略内凹。肩部有对称的直径约0.8厘米的圆孔，肩下饰凹弦纹二周。口径11.7、腹径21.6、底径17.3、高19.2厘米（图一四〇，4）。

　　钵　3件。均为泥质灰陶。轮制，器表及底部可见拉坯的旋痕。口沿下有凹弦纹一周。M31：1，口微敛，圆唇，弧腹斜收，平底。口径21、底径10.8、高8.6厘米（图一四〇，1）。M31：2，侈口，圆唇，弧腹斜收，底略内凹。口径21.4、底径9.6、高8.8厘米（图一四〇，2）。M31：3，侈口，圆唇，弧腹内收，底略内凹。口径15.2、底径9.2、高6.8厘米（图一四〇，3）。

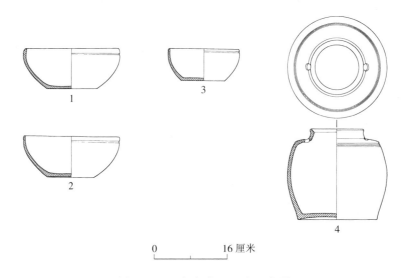

0　　　　　　16厘米

图一四〇　白虎嘴M31出土陶器
1、2、3. 钵（M31：1、2、3）　4. 罐（M31：4）

二十五　双碑白虎嘴三十二号崖墓（1998MFBM32）

（一）墓葬形制

　　单室墓，仅存墓室和甬道两部分，甬道仅存部分。墓底由内向外倾斜，高差为0.08米。墓葬残长6.42米。方向184°（图一四一）。

　　甬道残存部分平面近梯形，内宽外窄，残长1.38～1.42、宽0.86～0.96、高1.5～1.56米。底部由内向外倾斜，高差0.04米。甬道用长方形菱纹砖封门，仅存一半，且堆砌较乱，砖长34、宽24、厚8厘米（图一四二，1）。

　　墓室平面略呈梯形，内窄外宽，长5、宽2.18～2.26、高1.76～1.94米。墓室前部有一高0.12米的台阶，把墓室分为前后两部分。弧形顶。北壁陡直，两壁斜直上收。墓底由外向内倾斜，高差0.12米。墓室东壁前端有一原岩石灶，后部并排放置1具砖棺、1个砖台。

　　石灶火门已不存，灶面尚存印迹。灶面形近曲尺状，从印痕观察，灶台高约0.32～0.34米。灶面上的火眼略呈椭圆形，长径为0.34、短径0.3米。无烟道。

　　砖棺后半部分均残缺。棺位于墓室东侧后部，残长1.45、宽1.05、高0.8米，棺盖为长条圆弧形砖组成，现于棺中部残存有5条，砖长106、高7～20、厚8厘米。棺西侧为一

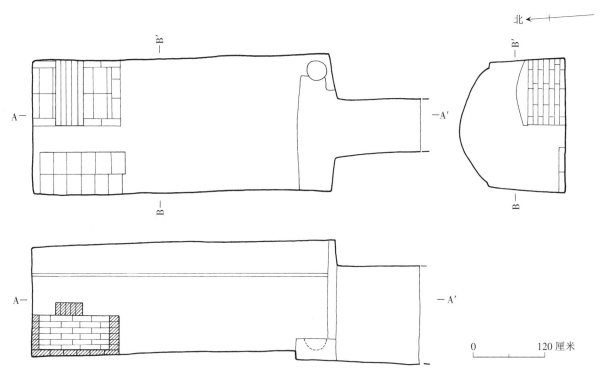

图一四一　白虎嘴 M32 平面、剖视图

由砖铺筑的台子，似为放置器物所用。砖长 34、宽 23、厚 8 厘米。部分长方砖一侧饰有几何纹（一四二，2）。

墓葬扰乱严重，器物大多发现于扰土内。出土随葬品以陶器和陶模型为主，另出土有钱币 448 枚、铁器 8 件。陶器主要为罐、瓮、带盖瓯、甑等。陶模型以人物俑为主，另出土有陶猪 1 件。铁器可辨器形有釜、臼、矛、刀等。

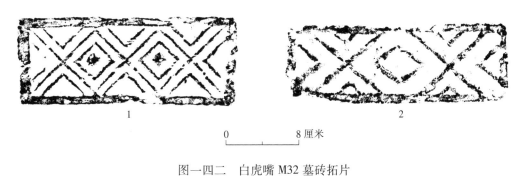

图一四二　白虎嘴 M32 墓砖拓片
1. 几何纹　2. 菱形纹

（二）出土器物

1. 陶器

出土陶器可修复者 5 件，器类为带盖瓯、瓮、甑等，均为泥质灰陶。

瓮 1件。M32:13，泥质灰陶。敛口，圆唇外翻，折肩，圆鼓腹斜收，底略内凹。近底处施一直径为2.4厘米的圆孔，肩、腹各饰凹弦纹一周，肩腹相交处饰水波纹四周。口径33.4、底径21、高28厘米（图一四三，2）。

带盖瓯[①] 3件。形制基本相同，均为泥质灰陶。器盖、身为子母接口。盖为弧形顶，顶附桃形纽。罐敛口，圆唇，圆折肩，扁鼓腹，圈足。上、下腹各饰凹弦纹一周。M32:1，盖口径10、高6.9厘米，器身口径13.2、腹径18.8、底径14、通高15厘米（图一四三，3）。M32:7，盖口径10、高6.6厘米；器身口径10.4、腹径18.4、底径12.8、通高14.8厘米（图一四三，4）。M32:8，盖口径11.2、高7.2厘米；器身口径13.4、腹径19、底径15.2、通高15.6厘米（图一四三，5）。

甑 1件。M32:22，泥质灰陶。敞口，平沿，圆唇，弧腹，平底。底部有6个直径为2.2厘米的圆孔，外壁有拉坯时形成的旋痕。口径40、底径17.4、高27.2厘米（图一四三，1）。

2. 陶模型

出土陶人物俑可修复者10件。除提罐俑为泥质灰陶外，余皆为泥质红陶。均为前后合范制成，首与身分别制成后再黏接在一起，单范接缝处有刮削痕。

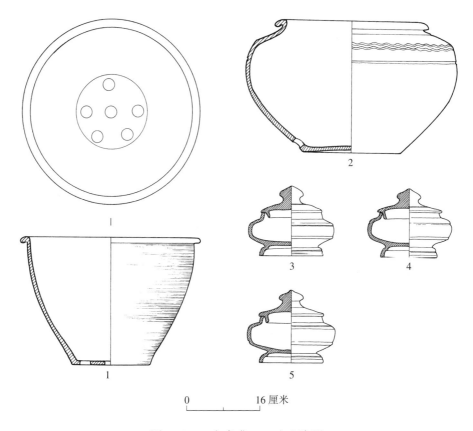

0   16厘米

图一四三　白虎嘴 M32 出土陶器

1. 甑（M32:22）　2. 瓮（M32:13）　3～5. 带盖瓯（M32:1、7、8）

---

① 孙机：《汉代物质资料图说》，北京：文物出版社，1990年7月，326页。孙机先生引用颜注《急就篇》形容瓯"其形大口而庳"，认为瓯的容积大抵和椀相似，只是器形要更扁一些。

拱手立俑　3 件。M32：20，面部略模糊，仅见五官轮廓。头戴帻，但顶有方形，似为发髻上戴冠。身着右衽长袍。宽袖，手笼袖中，袖有褶纹。腰束带，腹前系一物，疑为袋囊。下摆有褶纹，露双脚。高 30 厘米（图一四四，1）。M32：16，面部略模糊。头梳高髻，脑后似束发凸起。身着右衽长袍。腹前褶皱分明，臀部微凸，露双足尖。高 23 厘米（图一四四，3）。M32：3，面部模糊不清。头梳高髻，脑后似束发凸起。身着右衽长袍。宽袖，手笼袖中，袖有褶纹，腰束带。高 22.4 厘米（图一四四，2）。M32：14，面部模糊不清，仅可见鼻。束发于脑后，以巾裹头。身着双层衣，外为右衽长袍，宽袖。手笼袖外，下摆露双足前部。高 16.3 厘米（图一四四，4）。

0　　　　　8 厘米

图一四四　白虎嘴 M32 出土陶拱手立俑
1. M32：20　2. M32：3　3. M32：16

　　残俑　3 件。M32：17，头部残。身着双层衣，外为右衽长袍，宽袖。手笼袖中，袖有褶纹。腰束带，仅身后可见。腹系一物。下摆有花边饰，露右足前部。身后可见衣的背缝。高 21.2 厘米（图一四五，2）。M32：15，上半身残。身着长袍，宽袖。手笼

1

2

0 ————— 8 厘米

3

图一四五　白虎嘴 M32 出土陶残俑
1. M32：17　2. M32：15　3. M32：6

袖中，袖有褶纹。腰束带，腹系一物，疑为袋囊。前后下摆亦有褶纹，前下摆露双足尖。高 22.6 厘米（图一四五，2）。M32：6，头部残，有似黑彩痕迹。身着右衽长袍，宽袖。手笼袖中，袖有褶纹。腰束带，仅身后可见。下摆露双足前部，后露脚后跟。高 21.4 厘米（图一四五，3）。

击鼓俑 1 件。M32：4，面部模糊不清，仅见鼻嘴轮廓。站立，腹前置一圆鼓，双手执棍作击打状。似戴平上帻，较平，像是被刀削过。身着右衽短褐。高 13.2 厘米（图一四六，1）。

图一四六 白虎嘴 M32 出土陶俑
1. 击鼓俑（M32：4） 2. 执箕帚俑（M32：11） 3. 扛、提罐俑（M32：5）

执箕帚俑 1 件。M32：11，面部模糊不清，仅可见鼻。站立，左手执箕、右手执帚，均置于身侧。束发于头顶，结髻，前高后低。身着未及膝短袍，外再加一件对襟。脚趾清晰。高 16.1 厘米（图一四六，2）。

扛、提罐俑 1 件。M32：5，泥质灰陶，面部模糊不清，头梳髻。站立，右手提罐，左肩负罐，左手上举扶罐，头向右偏。似着褌褐。高 15.7 厘米（图一四六，3）。

猪 1 件。M32：2，泥质红陶。左右合范而制，单范接缝处有刮削痕。站立，膘肥体壮。长吻前伸，三角眼，小耳前翻，颈部鬃毛直立，臀部隆起，四肢较粗壮，长尾卷曲贴于臀部。腹中空。长 36、高 20.4 厘米（图一四七）。

3. 铁器

釜 1 件。M32：19，直口，方唇，高领，弧肩，上腹圆鼓，下腹斜收，小平底。肩和上腹部各饰有凸弦纹一周。口径 30.8、腹径 47.6、底径 14、高 37.8 厘米（图一四八，1）。

臼 1 件。M32：12，方形，直口，方唇，腹微弧，假圈足，平底。口长 14.4、宽 15.2 厘米，底长 14、宽 14.8 厘米，高 15 厘米（图一四八，2）。

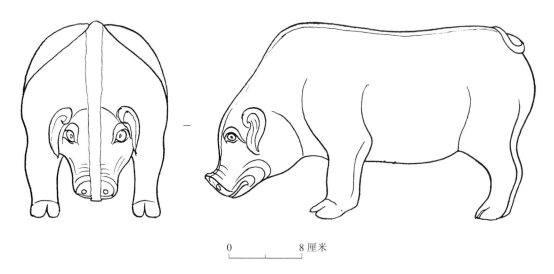

0   8 厘米

图一四七　白虎嘴 M32 出土陶猪（M32:2）

刀　2 件。刃、首皆残，直背，单面刃，刃断面略呈三角形。M32:23，残长 19.5、厚 0.3 厘米（图一四八，3）。M32:9，残长 19、厚 0.4 厘米（图一四八，4）。

环首刀（削）　2 件。锈蚀严重，刃部残。椭圆形环首，直背，单面刃，刃断面略呈三角形。M32:21，削，刃部残。残长 13.5、厚 0.5 厘米（图一四八，5）。M32:10，长 113、厚 1.4 厘米（图一四八，6）。

矛　2 件。M32:18 与 M32:24 形制相同，均为长柄，断面为圆形；矛头断面为菱形，狭长叶。M32:18，长 143.6 厘米（图一四九，1）。M32:24，长 141.8 厘米（图一四九，2）。

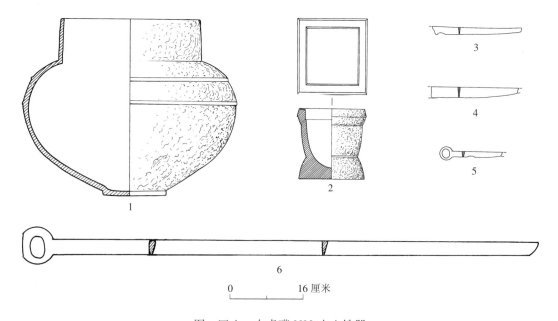

0   16 厘米

图一四八　白虎嘴 M32 出土铁器

1. 釜（M32:19）　2. 臼（32:12）　3、4. 刀（M32:23、9）　5. 削（M32:21）　6. 环首刀（M32:10）

4. 钱币

较完整者 448 枚。有一般五铢、剪轮五铢、特殊五铢、大泉五十等。另有部分残片。

一般五铢

271 枚。有以下几式。

Ⅰ式 7 枚。直径 2.45 ~ 2.65、穿径 0.9 ~ 1.1、厚 0.1 ~ 0.12 厘米，其中穿上横杠 1 枚，穿下半星 1 枚（图一五〇，1 ~ 4）。

Ⅱ式 29 枚。直径 2.5 ~ 2.6、穿径 0.95 ~ 1.1、厚 0.09 ~ 0.11 厘米（图一五〇，5 ~ 11；图一五二，18）。

Ⅲ式 94 枚。直径 2.5 ~ 2.6、穿径 0.9 ~ 1.1、厚 0.08 ~ 0.11 厘米。其中记号 5 枚（图一五〇，12 ~ 18；图一五一，1 ~ 17）。

Ⅳ式 114 枚。直径 2.5 ~ 2.55、穿径 0.9 ~ 1.1、厚 0.09 ~ 0.11 厘米。其中记号 13 枚（图一五二，1 ~ 17；图一五三，1 ~ 13）。

Ⅴ式 27 枚。直径 2.5 ~ 2.55、穿径 0.9 ~ 1.1、厚 0.09 ~ 0.11 厘米（图一五三，14 ~ 18；图一五四，1 ~ 8）。

剪轮五铢

163 枚。无郭，钱面大多已变形呈锅底状，"五铢"二字多较为完整，字体有差异，钱径大小不一。直径 2.2 ~ 2.4、穿径 0.9 ~ 1 厘米。其中记号钱 33 枚（图一五四，9 ~ 18；图一五五，1 ~ 18；图一五六，1 ~ 18；图一五七，1、2）。

特殊五铢

9 枚。其中背四决 5 枚，直径 2.4 ~ 2.5、穿径 1 厘米（图一五七，3 ~ 7）；铁五铢 1 枚，直径 2.5、穿径 0.9 厘米（图一五七，11）；传型五铢 3 枚，直径 2.4、穿径 1 厘米（图一五七，8 ~ 10）。

其他多为残片。

大泉五十

BⅡ式 1 枚。直径 2.7、穿径 0.9 ~ 1.1、厚 0.15 ~ 0.25 厘米。钱文不如Ⅰ式清晰（图一五七，12）。

BⅤ式 1 枚。直径 2.2、穿径 0.9、厚 0.1 厘米（图一五七，13）。

货泉

BⅡ式 1 枚。直径 2.28、穿径 0.8 厘米（图一五七，14）。

开元通宝

Ⅰ式 2 枚，面文为隶书直读，直径 2.4、穿径 0.7、厚 0.1 厘米，外郭宽 0.15 厘米（图一五七，15、16）。

图一四九 白虎嘴 M32 出土铁矛
1. M32：18 2. M32：24

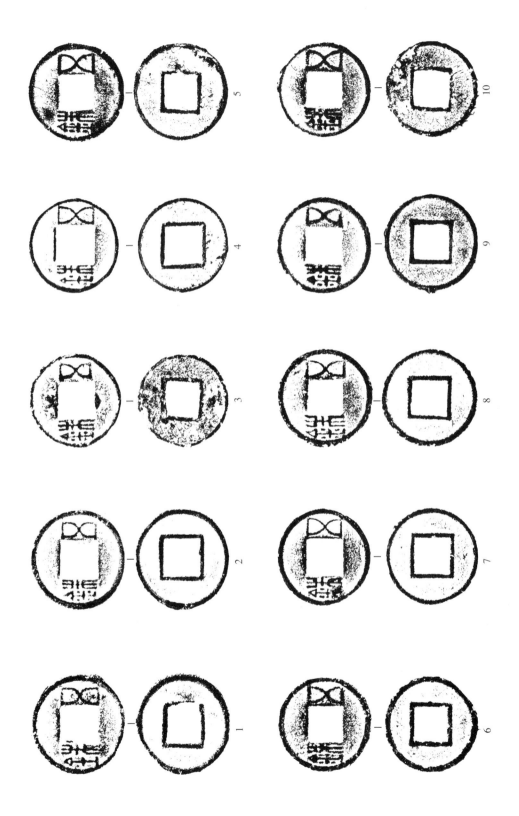

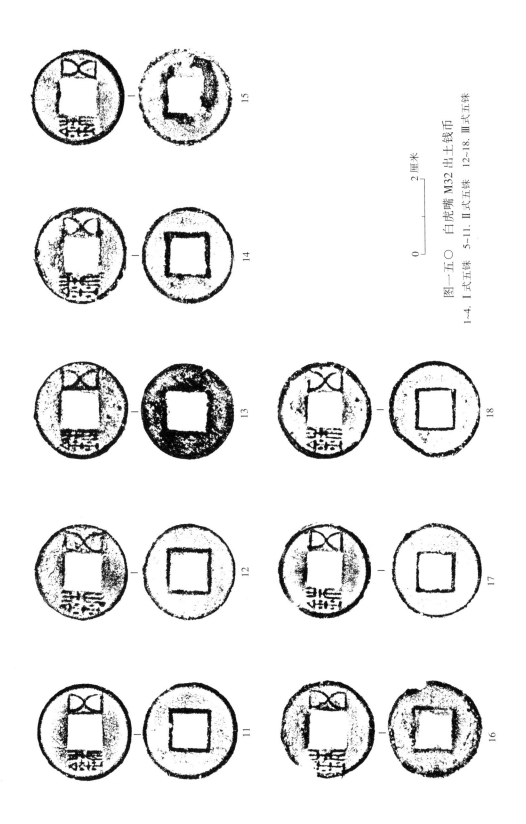

图一五○ 白虎嘴 M32 出土钱币
1~4. I 式五铢 5~11. II 式五铢 12~18. III 式五铢

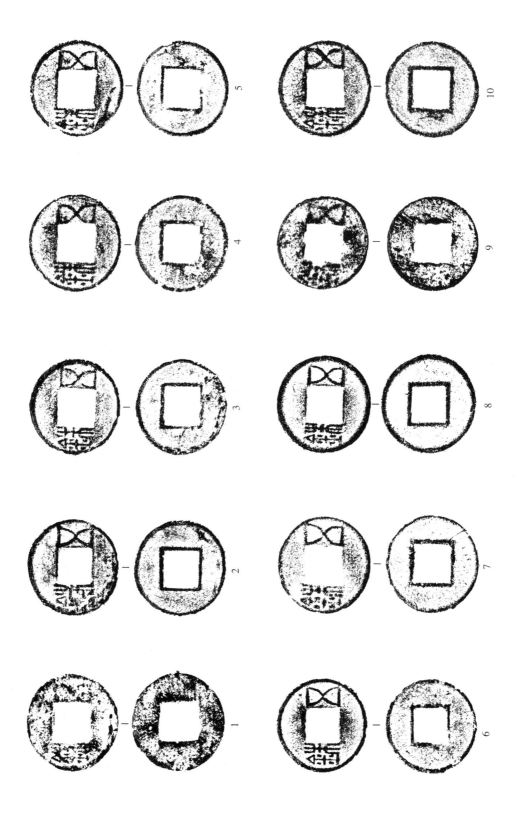

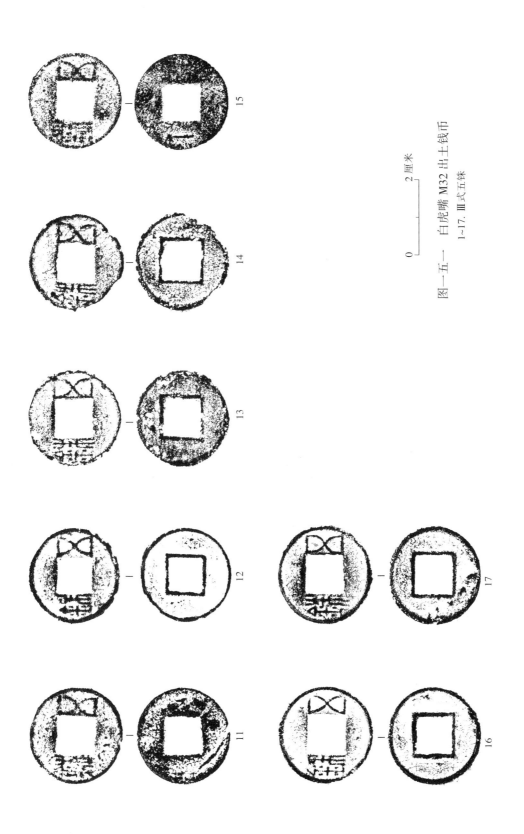

图一五一　白虎嘴 M32 出土钱币
1~17. Ⅲ式五铢

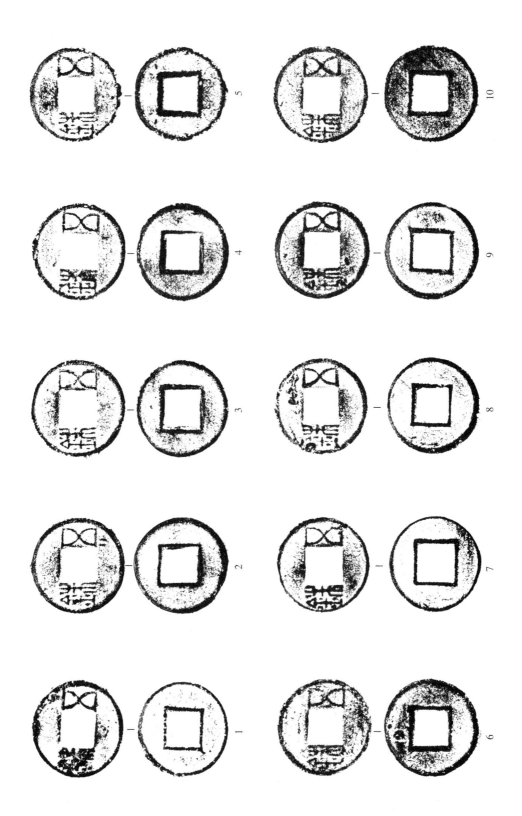

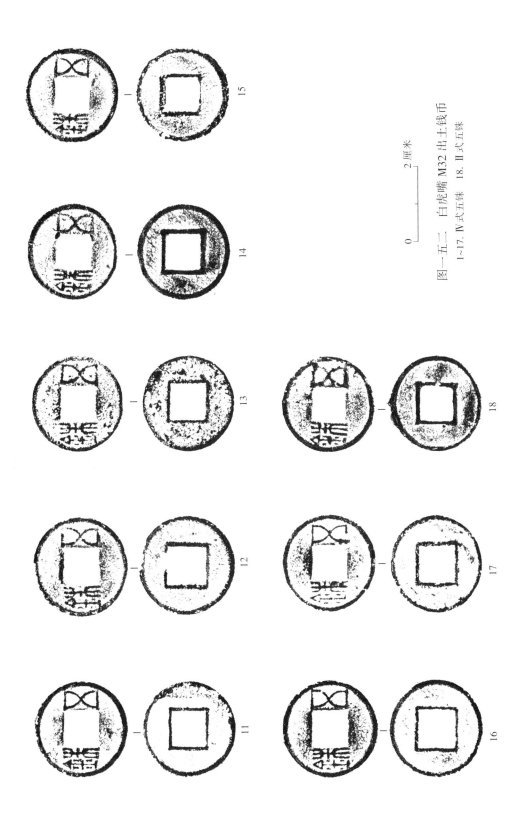

图一五二 白虎嘴 M32 出土钱币
1~17. Ⅳ式五铢 18. Ⅱ式五铢

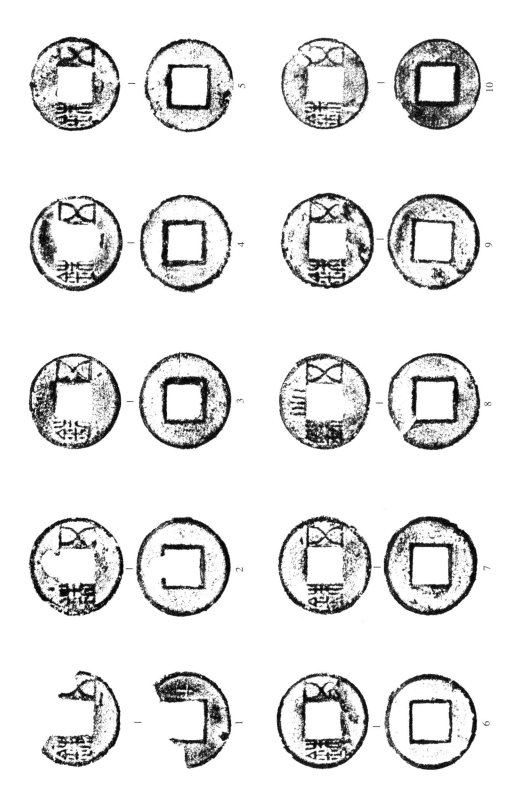

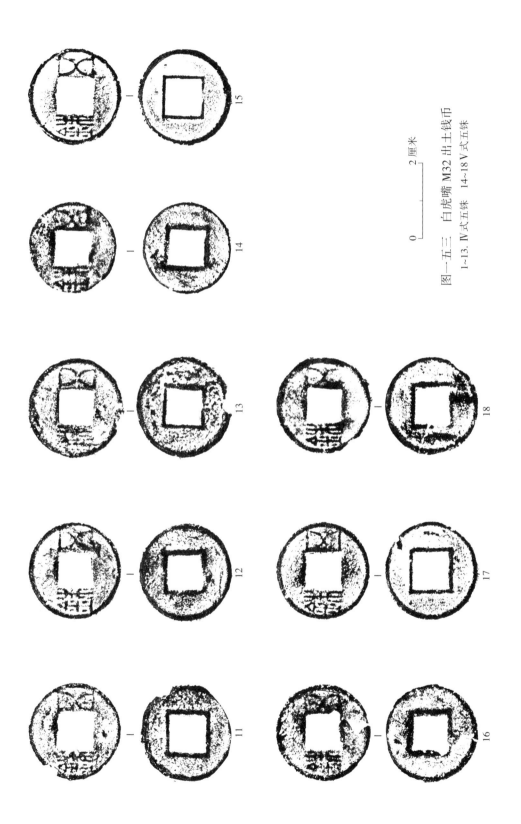

图一五三　白虎嘴 M32 出土钱币
1~13. Ⅳ式五铢　14~18 Ⅴ式五铢

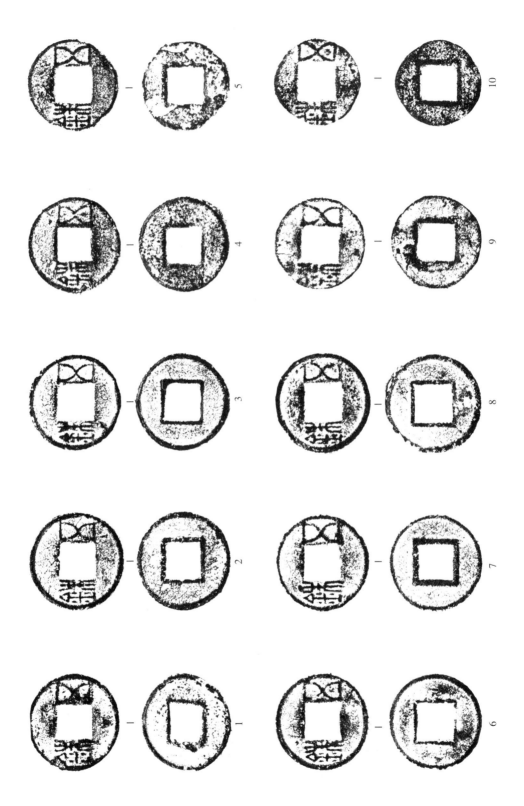

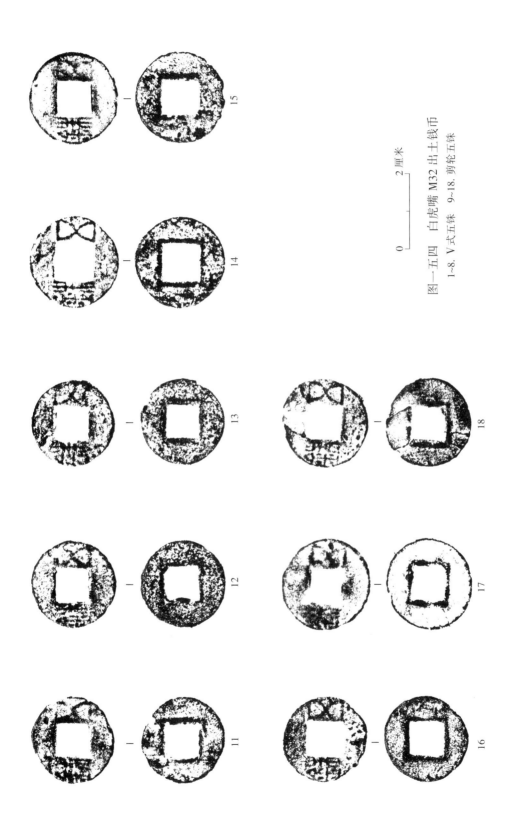

图一五四　白虎嘴 M32 出土钱币
1~8. V 式五铢　9~18. 剪轮五铢

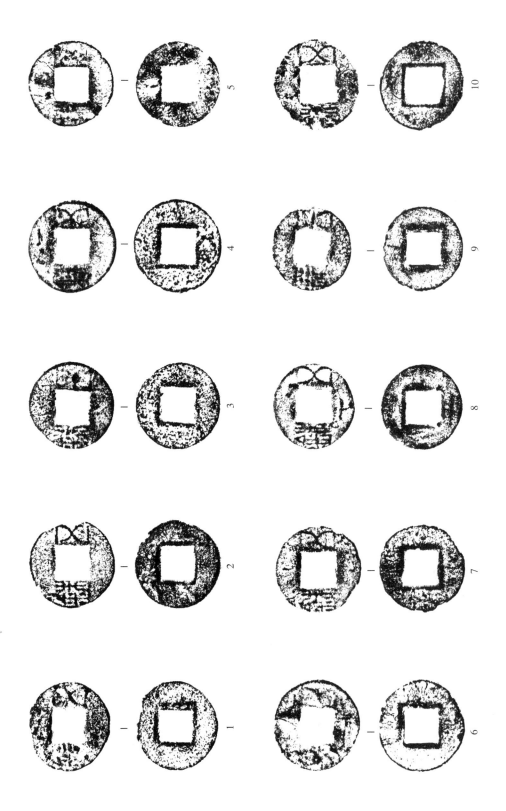

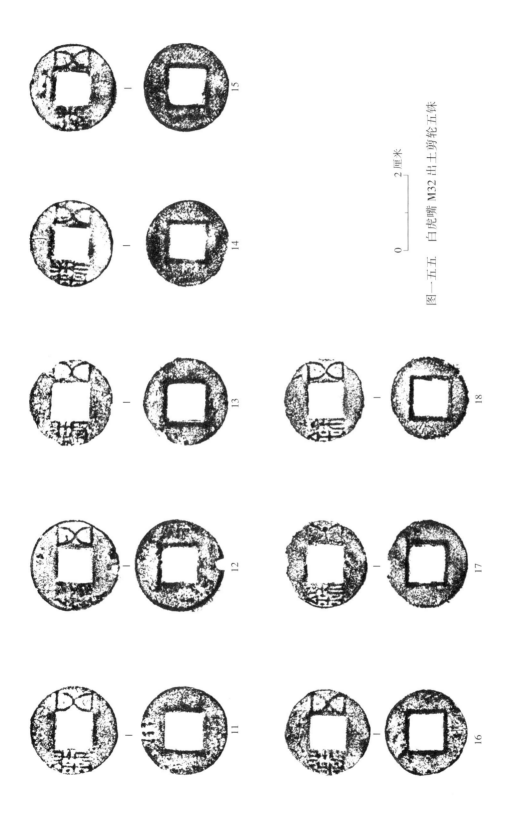

图一五五 白虎嘴 M32 出土剪轮五铢

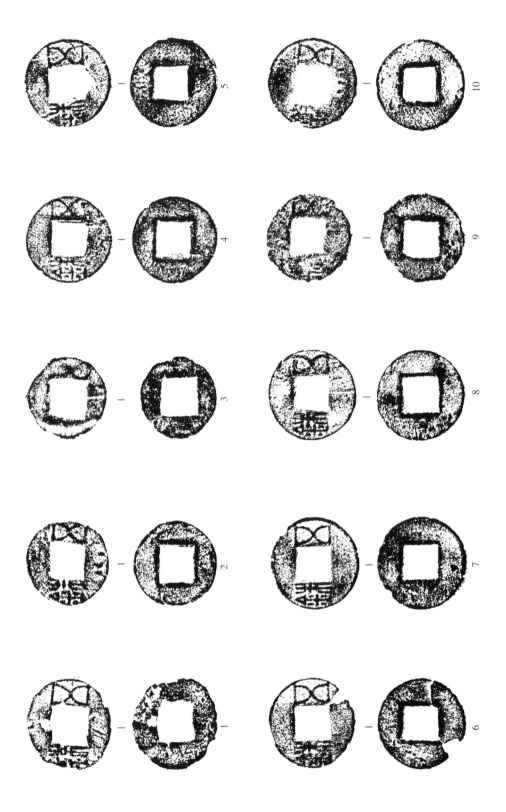

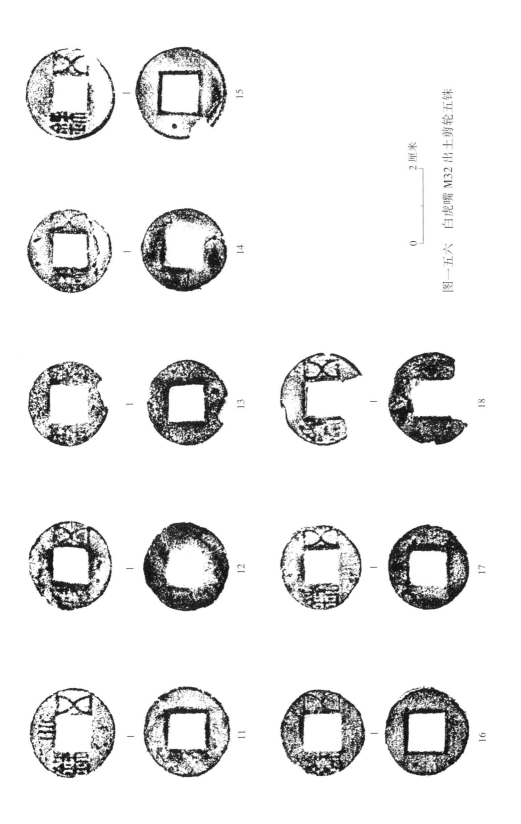

图一五六 白虎嘴 M32 出土剪轮五铢

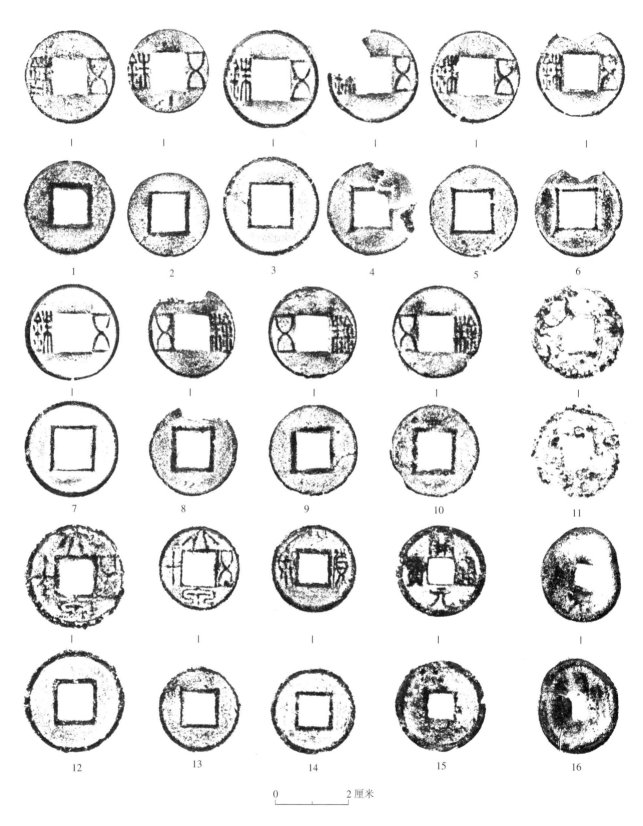

图一五七　白虎嘴 M32 出土钱币

1、2. 剪轮五铢　3~7. 背四决五铢　8~10. 传型五铢　11. 铁五铢　12. BⅡ式大泉五十　13. BⅤ式大泉五十　14. BⅡ式货泉　15、16. Ⅰ式开元通宝

二十六　双碑白虎嘴三十四号崖墓（1998MFBM34）

（一）墓葬形制

单室墓，现存甬道和墓室两部分，甬道仅存部分。墓葬残长5.5米。方向184°（图一五八）。

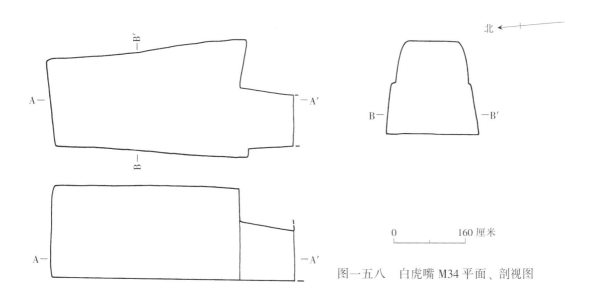

图一五八　白虎嘴 M34 平面、剖视图

甬道残存部分平面近梯形，残长 1～1.2、宽 1.04～1.26、高 1.04～ 1.25 米。底部与墓室在同一平面，由内向外倾斜。

墓室平面略呈梯形，外宽内窄，长 4.3、宽 1.82～2.52、高 1.96～2 米。平顶。两壁斜直上收，中部转折

图一五九　白虎嘴 M34 菱形纹墓砖拓片

后略带弧度。墓室内凌乱地分布着一些长方形砖、子母口砖等，多残断。一般在砖的一侧饰有菱形纹（图一五九）、几何钱纹（图一六〇，1）、人字方格纹（图一六〇，2）等纹饰。

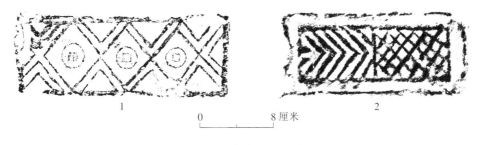

图一六〇　白虎嘴 M34 墓砖拓片
1. 几何钱纹　2. 人字方格纹

墓葬盗扰严重，出土随葬品较少。以陶模型为主，器类有陶房、陶水田、摇钱树座、陶狗、陶人物俑。此外，墓内还出土有釉陶罐、青瓷钵等唐宋时期的器物残片及钱币294枚。

（二）出土器物

1. 陶模型

可修复者6件，均前后合范而成，单范接缝处有刮削痕。

拱手立俑 1件。M34：6，俑身前部下半部分残。面部较模糊，仅鼻轮廓较清晰。站立，手笼袖中置于腹部。头梳双高髻，前低后高，于髻后穿花以饰，脑后似束发凸出。身着双层衣，外为右衽长袍，宽袖，手笼袖中，袖有褶纹。腰束带，后面有裳幅相交的痕迹。高26.1厘米（图一六一，1）。

躬身俑 2件。M34：2，头部残缺。右手置于腹前，左手提袍，下微露双足。身着右衽长袍，宽袖，下摆有褶纹和花边饰。腰束带，身后可见衣的背缝。残高13.8厘米（图一六一，2）。M34：5，面部模糊不清，头梳髻，身着裋褐，双手似执物置于腹前。身体略前倾，露双足前部。高15.1厘米（图一六二）。

击鼓俑 1件。M34：1，面部模糊不清。站立，腹前置一扁圆形小鼓，双手挽袖作击打状，手中无物。左右束发向上，戴巾帻。身着右衽裋褐，束腰。高15.4厘米（图一六一，3）。

男俑头 1件。M34：3，面带微笑，露齿，眉骨微凸，细长眼，宽鼻阔嘴，招风耳，双下巴。头戴介帻，脑后似束发。残高13厘米（图一六三，1）。

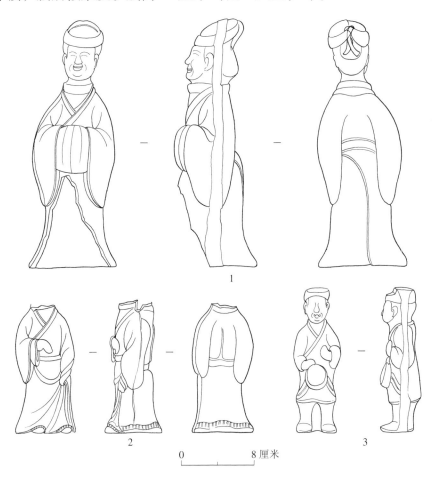

图一六一 白虎嘴M34出土陶俑

1. 拱手立俑（M34：6） 2. 立俑（M34：2） 3. 击鼓俑（M34：1）

吹笛俑　1件。M34：4，头部残缺。坐姿，身后露足，双手挽袖执棒于胸前，手指较清晰。身着双层衣服，右衽长袍，窄袖上挽。腰束带，身后可见衣的背缝痕迹。笛子残缺。高20.5厘米（图一六三，2）。

2. 钱币

共294枚。有一般五铢、剪轮五铢、特殊五铢、大泉五十。

一般五铢

188枚。有以下几式。

Ⅰ式　8枚。直径2.55、穿径1.1、厚0.11厘米（图一六四，1～3）。其中面穿下半星记号2枚。

Ⅱ式　14枚。直径2.52、穿径0.95、厚0.09～0.11厘米（图一六四，4、5）。

Ⅲ式　64枚。直径2.52、穿径0.95～1.1、厚0.09～0.1厘米（图一六四，6～18；图一六五，1～6）。其中带记号钱10枚。

Ⅳ式　54枚，直径2.52～2.55、穿径0.95～1.1、厚0.09～0.1厘米（图一六五，7～18；图一六六，1～5）。其中带记号钱7枚。

Ⅴ式　48枚。直径2.5～2.6、穿径0.95～1.05、厚0.08～0.1厘米（图一六六，6～18）。

剪轮五铢

共98枚。其中记号钱33枚。无郭，钱面大多已变形呈锅底状，"五铢"二字多完整，钱径大小不一，字体也有差异。直径2.2～2.5、穿径1～1.1厘米（图一六七，1～18；图一六八，1～18；图一六九，1、2）。

特殊五铢

5枚。其中背四决五铢3枚，直径2.5～2.6、穿径1～1.1厘米（图一六九，3～5）。合背五铢1枚，直径2.5、穿径1.1厘米，（图一六九，6）。传形五铢1枚，直径2.4、穿径1.1厘米（图一六九，7）。

大泉五十

ＢⅠ式　1枚。直径2.8、穿径0.9、厚0.2～0.3厘米。较厚重，质量较好（图一六九，8）。

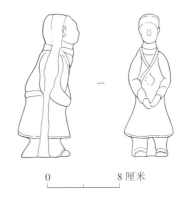

图一六二　白虎嘴M34出土陶躬身俑（M34：5）

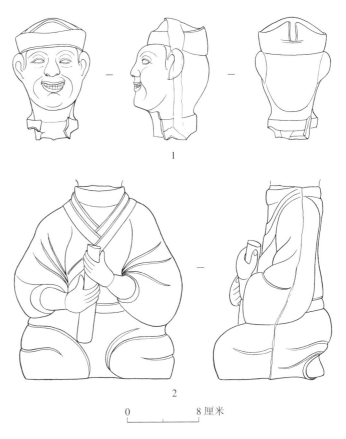

图一六三　白虎嘴M34出土陶俑
1. 男子俑头（M34：3）　2. 吹笛俑（M34：4）

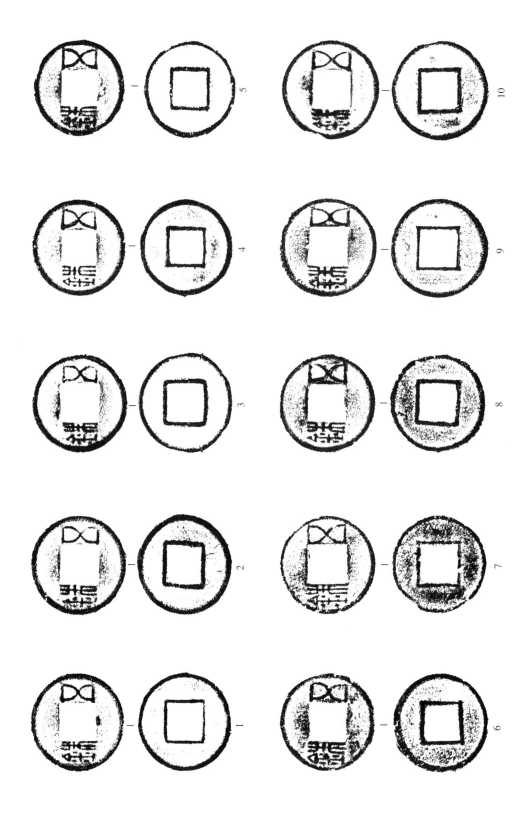

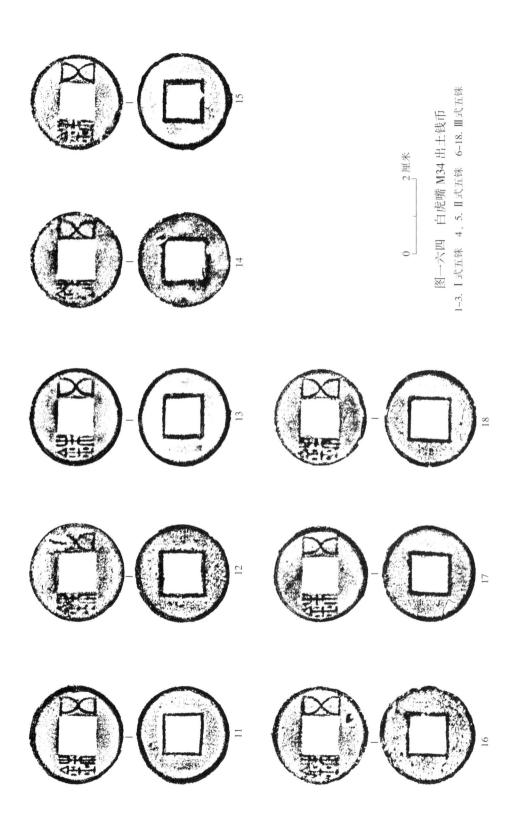

图一六四　白虎嘴 M34 出土钱币
1~3. I 式五铢　4、5. II 式五铢　6~18. III 式五铢

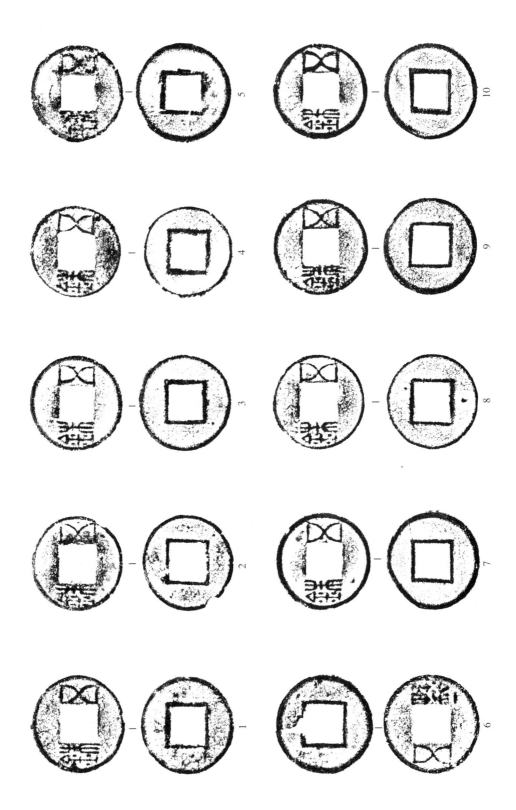

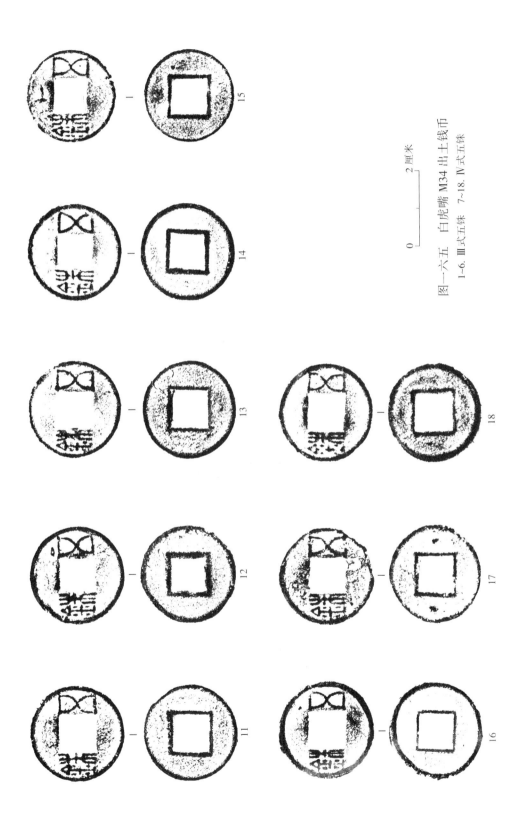

图一六五 白虎嘴 M34 出土钱币
1-6. Ⅲ式五铢 7~18. Ⅳ式五铢

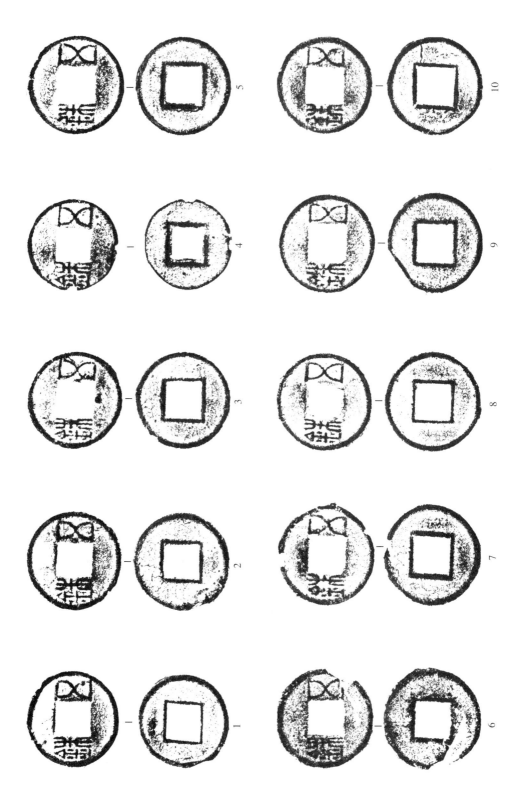

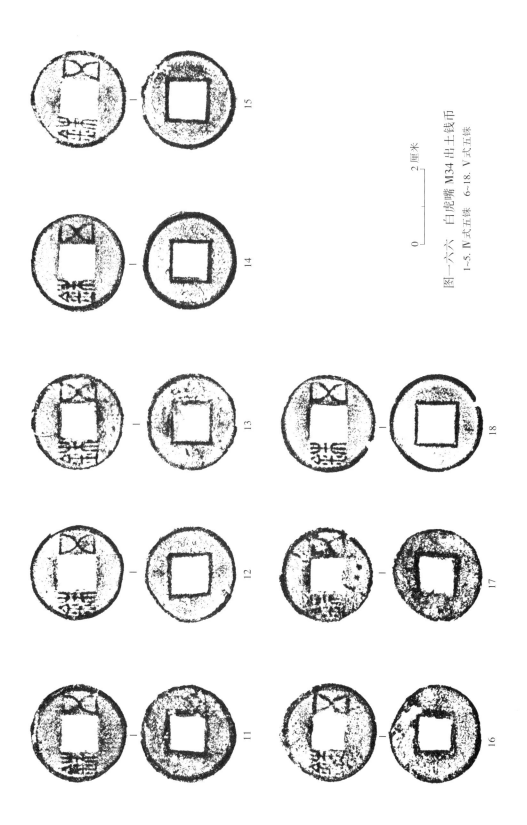

图一六六 白虎嘴 M34 出土钱币
1~5. Ⅳ式五铢 6~18. Ⅴ式五铢

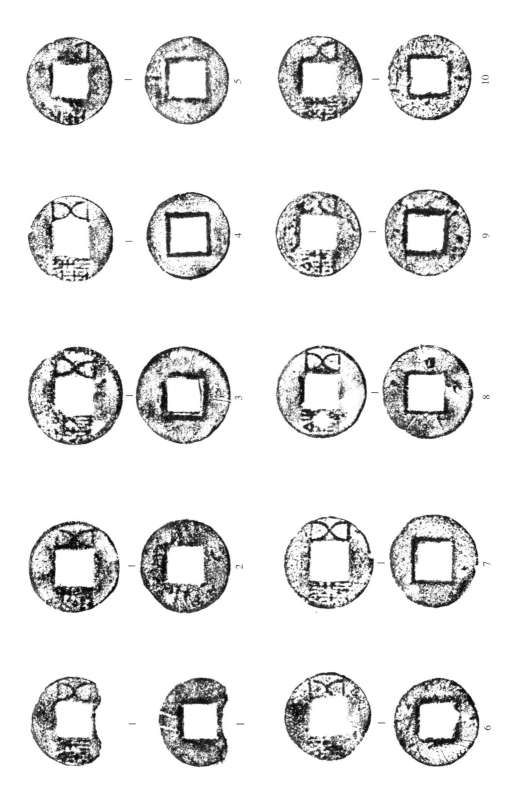

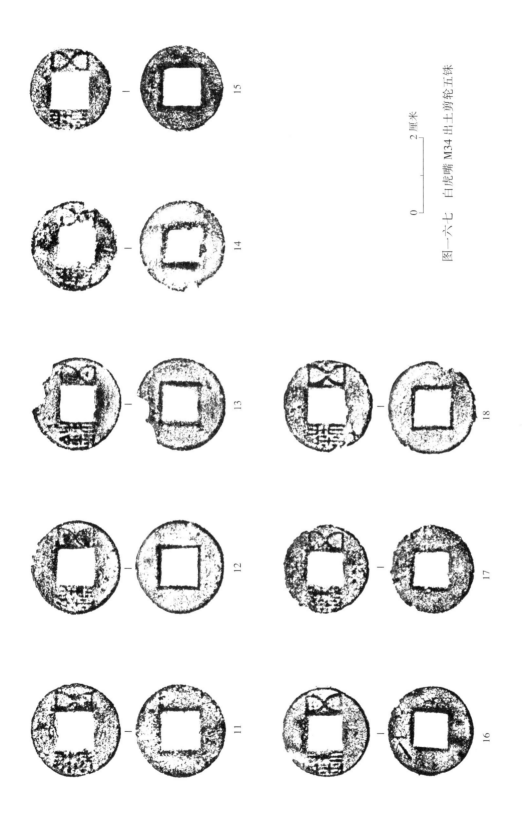

图一六七　白虎嘴 M34 出土剪轮五铢

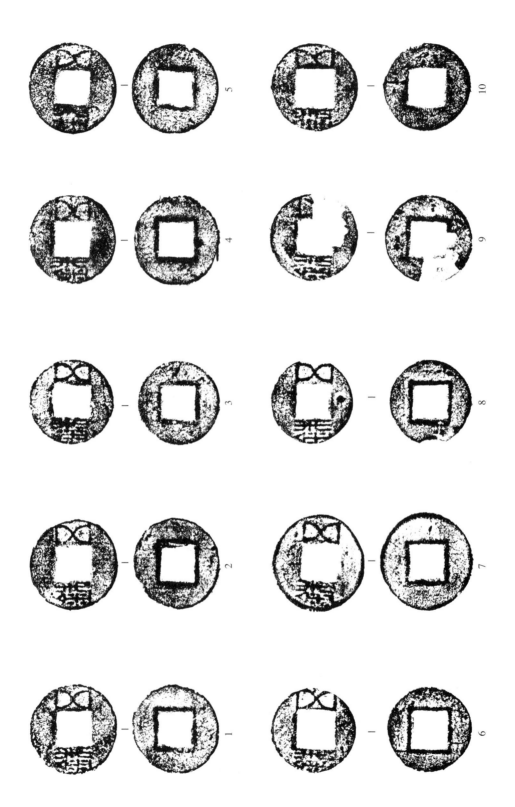

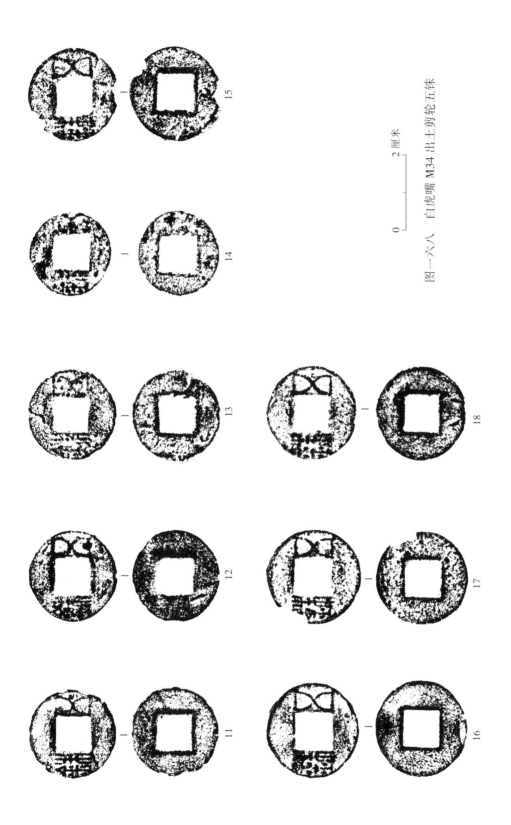

图一六八　白虎嘴 M34 出土剪轮五铢

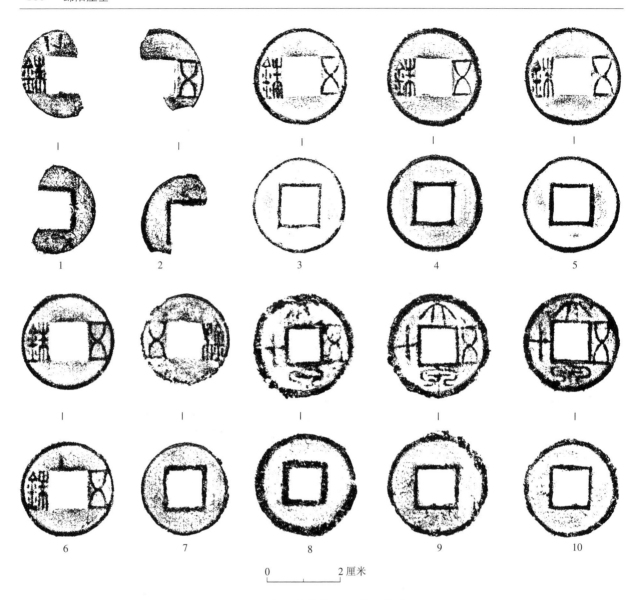

图一六九　白虎嘴 M34 出土钱币

1、2. 剪轮五铢　3~5. 背四决五铢　6. 合背五铢　7. 传形五铢　8. BⅠ式大泉五十　9. BⅡ式大泉五十　10. BⅢ式大泉五十

BⅡ式　1 枚。直径 2.7、穿径 0.9~1.1、厚 0.15~0.25 厘米（图一六九，9）。

BⅢ式　1 枚。直径 2.5、穿径 0.9、厚 0.2 厘米（图一六九，10）。

二十七　双碑白虎嘴三十八号崖墓（1998MFBM38）

（一）墓葬形制

毁坏极为严重，墓葬形制不详。

出土器物极少，陶器仅出陶甑和陶釜各 1 件。另外还出土有钱币 33 枚。

（二）出土器物

1. 陶器

釜、甑　1 套。泥质灰陶。釜，M38：1。口部变形，敞口，方唇，斜折沿，沿面内凹。

斜肩，圆鼓腹，底略内凹。口径 16、腹径 16、底径 8.4、高 11.4 厘米（图一七〇，1）。甑，M38：2，敞口，方唇，腹部微弧内收，平底。底部有 4 圆孔，直径约为 1.2 厘米。口径 13.8、底径 8.4、高 9.5 厘米（图一七〇，2）。

2. 钱币

33 枚。有剪轮五铢、类剪轮五铢、太平百钱、刘焉五铢、沈郎五铢、四铢钱、孝建钱、两铢钱、六朝五铢等。

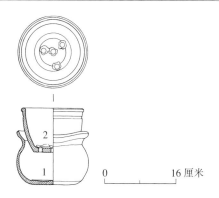

图一七〇　白虎嘴 M38 出土陶器
1. 釜（M38：1）　2. 甑（M38：2）

剪轮五铢

3 枚。钱径较小，钱文不清晰。无郭。直径 1.4 ~ 1.9、穿径 0.8 ~ 1 厘米（图一七一，1 ~ 13）。

类剪轮五铢

6 枚。文字不清，隐约可见"五铢"二字，实为铸造形成。直径 1.65 ~ 1.85、穿径 0.9 ~ 1.1、厚 0.05 ~ 0.1 厘米（图一七一，14 ~ 16、18）。

太平百钱

1 枚。完整，青铜质。面背均有内外郭。直径 2.4、穿径 1、厚 0.1 厘米（图一七一，17）。文字为直读"太平百钱"四字。

刘焉五铢

1 枚。完整，青铜质。面有外郭，背内外郭皆具。直径 2.3、穿径 1、厚 0.08 厘米（图一七二，1）。篆书，文字为"五铢"二字，右读，文字风格类"直百五铢"。

沈郎五铢

1 枚。完整，青铜质。无内外郭，钱体轻薄。直径 1.6、穿径 0.9、厚 0.08 厘米（图一七二，2）。文字篆书，面文为"五朱"，右读。

四铢

4 枚。两枚残，篆书右读。

Ⅱ式　1 枚。残，青铜质。面有外郭，背内外郭皆具。直径 2.2、穿径 1、厚 0.1 厘米。残径 2.1、穿径 1、厚 0.08 厘米（图一七二，3）。钱文不如Ⅰ式规整，钱文为篆书"四铢"，右读。

Ⅲ式　1 枚。青铜质。面有外郭，背内外郭皆具，铸造粗糙，留有毛边。直径 1.9、穿径 0.9、厚 0.06 ~ 0.1 厘米（图一七二，4）。钱体更小，钱文为篆书"四铢"，右读。

孝建四铢

4 枚。3 枚残，青铜质，文物为柳叶篆，右读，一面书"孝建"二字，一面书"四铢"二字。钱体轻薄，面无内外郭，背仅有内郭。直径 1.75、穿径 0.8、厚 0.05 厘米（图一七二，6 ~ 8）。

孝建钱

2 枚。基本完整，青铜质。钱体轻薄，铸造不甚规整，留有毛边，面无内外郭，背仅有内郭。直径 1.8、穿径 0.9、厚 0.05 厘米（图一七二，5、9）。文字为柳叶篆，右读。

两铢

1 枚。完整，钱体微翘，青铜质。面背均有内外郭。直径 1.7、穿径 0.7、厚 0.1 厘米（图一七二，10）。文字为篆书"两铢"，右读。

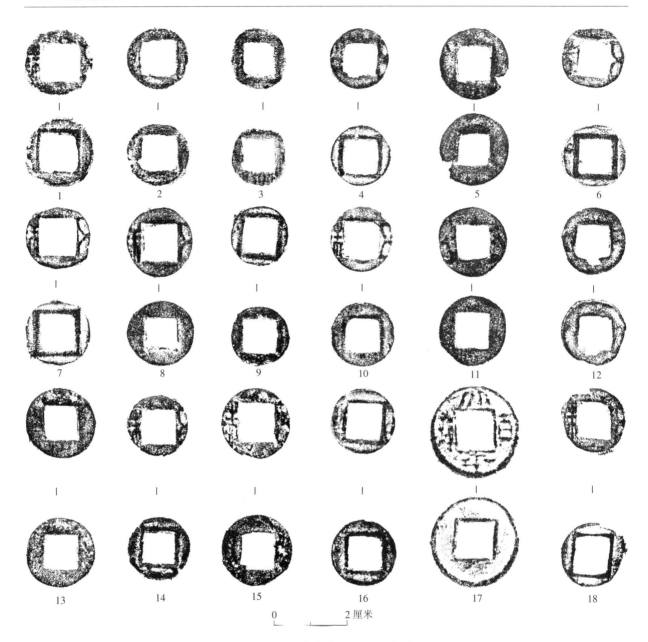

图一七一 白虎嘴 M38 出土钱币

1~13. 剪轮五铢 14~16、18. 类剪轮五铢 17. 太平百钱

无文钱

3 枚。完整，青铜质，钱体轻薄，无文，无内外郭，可分为两式。

Ⅰ式 2 枚。直径 1.7、穿径 0.9、厚 0.05 厘米（图一七二，11、12）。

Ⅱ式 1 枚。钱体变小，铸造不甚规整，留有毛边。直径 1.5、穿径 0.9、厚 0.03 厘米（图一七二，13）。

六朝五铢

6 枚。1 枚。残，青铜质。铸造不精，薄小，仅一枚面有外郭无内郭，背面类似于半两的平背，直径 1.4~1.85、穿径 0.6~1、厚 0.05~0.06 厘米（图一七二，14~19）。钱文篆书，右读，五铢两字铸造笔画不完整。

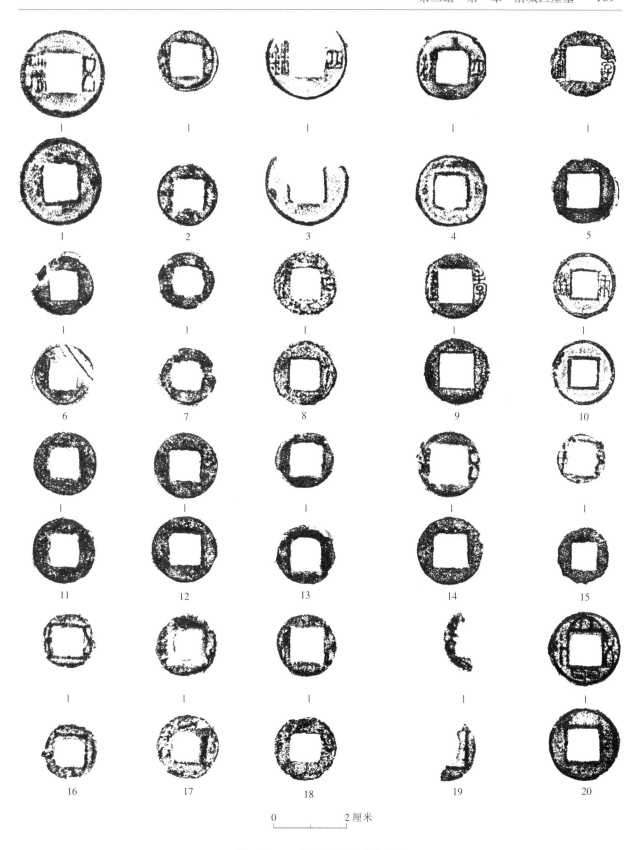

图一七二　白虎嘴 M38 出土钱币

1. 刘焉五铢　2. 沈郎五铢　3. Ⅱ式四铢　4. Ⅲ式四铢　5、9. 孝建　6~8. 孝建四铢　10. 两铢　11、12. Ⅰ式无文钱　13. Ⅱ式无文钱
14~19. 六朝五铢　20. BⅥ式大泉五十

大泉五十

BVI式　1枚。制作较为规整，大钱径较小，正面篆书"大泉五十"四字，字体狭小，直径2、穿径1厘米（图一七二，20）。

二十八　双碑白虎嘴三十九号崖墓（1998MFBM39）

（一）墓葬形制

单室墓，墓道完全被毁，甬道仅存西侧小部分，墓室南前角已不存，墓顶前部不存。墓葬残长6.49米。方向205°（图一七三）。

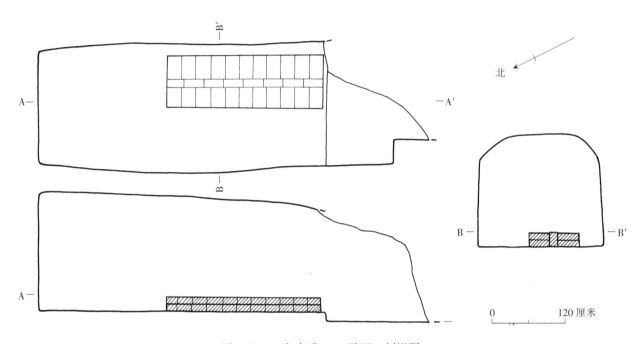

图一七三　白虎嘴M39平面、剖视图

甬道呈长方形，残长0.57米。

墓室平面形状不甚规则，略呈长方形，东西两边中部略外凸，长5.92、最宽2.1、高1.78～1.9米。墓室前部有一高0.14米的台阶。弧形顶。北壁陡直，东西两壁较直。墓室东侧前部置有砖棺1具。

砖棺长2.66、宽0.84、残高0.24米。仅残留长方形铺地砖，一种长34、宽24、厚9厘米，另一种长34、宽12、厚9厘米。

墓室虽被严重盗扰，但依然出土陶器、骨器和铁器等随葬品16件，钱币63枚。大多数随葬品被移动。陶器有陶钵、器座，陶模型器包括有人物俑和陶鸡、陶猪等，共11件。铁器有鍪和刀2件。骨器较残，仅出土1件。

（二）出土器物

1. 陶器

钵　1件。M39:14，泥质灰陶。敛口，尖唇，折腹，饼足低矮，底略内凹。口沿下饰凹弦纹一周。口径19.6、底径10、高9厘米（图一七四，2）。

器座 1件。M39：9，泥质红陶，敞口，圆唇，平底。底部有拉坯而成的旋痕。口径21.8、底径19.6、高4.2厘米（图一七四，1）。

2. 陶模型

均为泥质红陶质地。模制，单范接缝处显刮削痕。其中动物模型2件，左右合范制成。人物俑9件，前后合范制成，首与身分别合范后粘接。

公鸡 1件。M39：3，站姿，尖喙，圆眼，高冠，颚下垂，长颈，敛翼，大尾上翘。翼尾可见羽毛的层次。腹中空。高26.4、长24.6厘米（图一七五，1）。

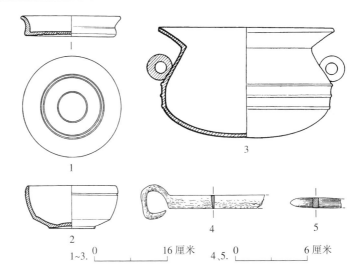

图一七四 白虎嘴 M39 出土器物
1. 陶器座（M39：9） 2. 陶钵（M39：14） 3. 铁鍪（M39：16）
4. 铁环首刀（M39：5） 5. 骨器（M39：1）

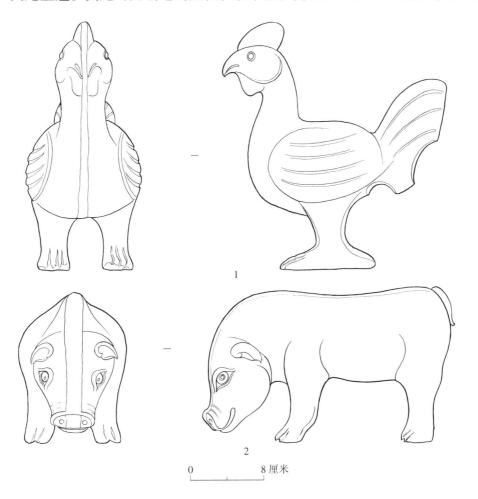

图一七五 白虎嘴 M39 出土陶动物
1. 鸡（M39：3） 2. 猪（M39：2）

猪 1件。M39：2，站姿，膘肥体壮。低首，长吻前伸，三角眼，小耳前翻，四肢较长。颈部鬃毛耸立，臀部隆起，细尾卷曲贴于臀部。腹内中空。长27.8、高15.8厘米（图一七五，2；图版一七，3）。

拱手立俑 5件。均作站立状，手扰袖中置于腹部。M39：11，长方脸，面带微笑，眉骨凸出，高鼻厚唇，双眼模糊。头戴介帻，脑后似束发凸起。身着双层衣，外为右衽长袍，宽袖，袖有褶纹。腰束带。后面有衣的背缝，下摆有花边饰和褶纹。下摆前露双足尖，后露脚跟。通体绘黑彩，大部分剥落。高32.6厘米（图一七六，1）。M39：10，面

1

2

0　　　　　　8厘米

图一七六　白虎嘴M39出土陶拱手立俑
1. M39：11　2. M39：6

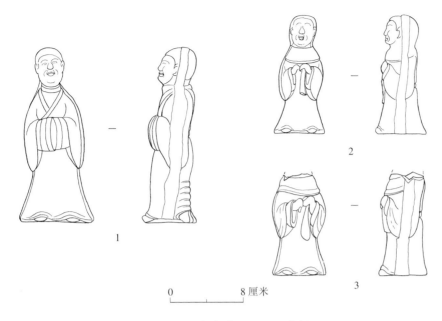

0　　　　8厘米

图一七七　白虎嘴 M39 出土陶俑
1. 拱手立俑（M39：10）　2、3. 童俑（M39：4、15）

部略模糊不清，略见鼻嘴轮廓，身体右倾。似光头，身着右衽长袍，宽袖。袖有褶纹。腰束带，身后下摆有褶纹。下微露双足，后露脚跟。高 18.6 厘米（图一七七，1）。M39：6，面部略模糊，略见鼻嘴。头梳高髻，前低后高，脑后似束发凸出。身着双层衣，外为右衽长袍，宽袖。腰束带，袖有褶纹。下摆有花边饰，下微露右足尖。高 31.4 厘米（图一七六，2）。M39：8，面部略模糊，似微笑状。头梳髻，髻薄而高。身着右衽长袍。腰束带，宽袖，袖有褶纹。下略露右足前部。头饰黑色彩绘，高 25.8 厘米（图一七八，1）。M39：12 与 M39：8 形态和衣饰基本一样，似为同模制作。高 25.8 厘米（图一七八，2）。

童俑　2 件。均为泥质红陶。M39：4，面部模糊不清，仅可见鼻嘴轮廓。身着长袍，肩上系一物。宽袖，腰束带。手笼袖外，左手握巾，巾下垂。下微露双足。高 12.4 厘米（图一七七，2）。M39：15 与 M39：4 形制基本相同，头残，残高 10.6 厘米（图一七七，3）。

抚耳俑　2 件。M39：7，泥质红陶。面带微笑，脸型圆润，高鼻小嘴，右耳饰圆形耳珰。坐姿，身后左足外露，身体略向左倾，左手扶耳做倾听状，右手置于右膝上。头梳高髻，头发从左右分别向后结在脑后髻下，曲成环状。身着右衽长袍，绣裾式半袖，袖有褶纹。腰束带，身后衣有背缝。下摆有花边饰。高 33.8 厘米（图一七九，2；图版一七，1）。M39：13 为泥质灰陶，形态与 M39：7 基本一样。高 33.7 厘米（图一七九，1；图版一七，2）。

3. 铁器

釜　1 件。M39：16，敞口，方唇，斜折沿，束颈，溜肩略折，折腹，圜底，肩上饰两对称环形耳，腹部饰凸弦纹三周。口径 38.9、腹径 38、高 23.2 厘米（图一七四，3）。

环首刀　1 件。M39：5，刀部残，锈蚀严重。椭圆形环首，直背单面刃，断面略呈三角形。残长 11.3、厚 0.3 厘米（图一七四，4）。

1

2

0 ―――― 8厘米

图一七八　白虎嘴 M39 出土陶拱手立俑
1. M39：8　2. M39：12

4. 骨器

1 件。M39：1，长条形，断面呈长方形。残长 4.6 厘米（图一七四，5）。

5. 钱币

63 枚。有一般五铢和剪轮五铢两类。

一般五铢

55 枚。有以下几式。

Ⅰ式　共 9 枚。直径 2.5 ~ 2.6、穿径 0.9 ~ 1.1、厚 0.1 ~ 0.15 厘米（图一八〇，1 ~ 6）。其中穿上横杠 2 枚。

Ⅱ式　共 10 枚。直径 2.5 ~ 2.6、穿径 0.9 ~ 1、厚 0.09 ~ 0.11 厘米（图一八〇，7 ~ 12）。其中穿上横杠 1 枚。

Ⅲ式　共 22 枚。直径 2.5 ~ 2.6、穿径 0.9 ~ 1.1、厚 0.09 ~ 0.12 厘米（图一八〇，13 ~ 18）。

Ⅳ式　共 12 枚。直径 2.5 ~ 2.55、穿径 1 ~ 1.1、厚 0.09 ~ 0.1 厘米（图一八一，1 ~ 9）。

1

2

0　　　　　8厘米

图一七九　白虎嘴 M39 出土陶抚耳俑
1. M39：13　2. M39：7

其中记号5枚。

　　V式　共2枚。直径2.5、穿径0.9～1、厚0.1～0.12厘米（图一八一，10、11）。

　　剪轮五铢

　　共8枚。无郭，钱面大多已呈锅底状。直径2.1～2.4、穿径1厘米（图一八一，12～17）。"五铢"二字较完整，其中记号钱3枚。

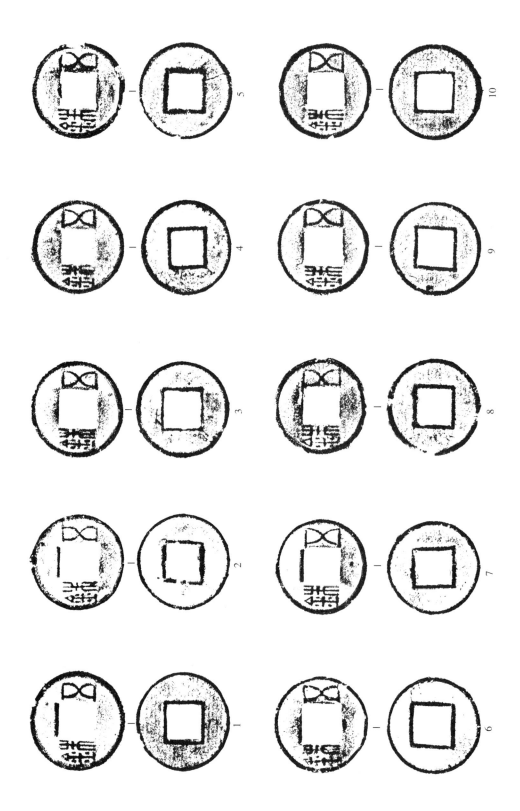

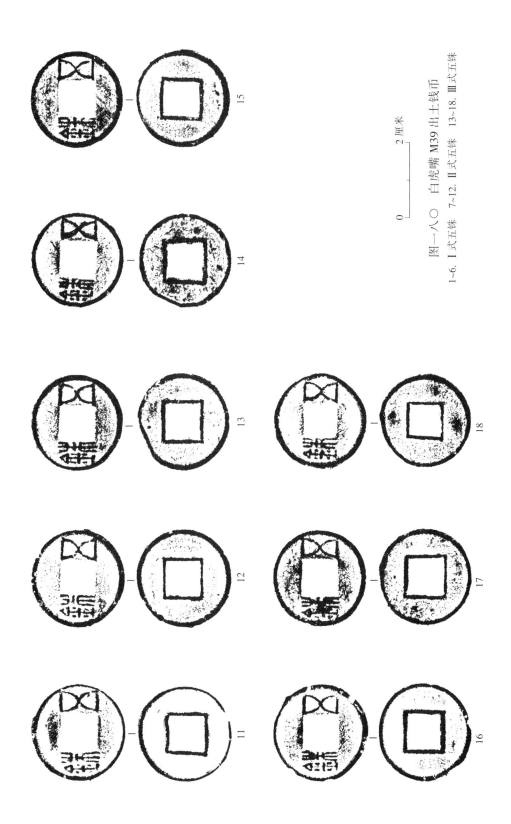

图一八〇　白虎嘴 M39 出土钱币

1~6. I 式五铢　7~12. II 式五铢　13~18. III 式五铢

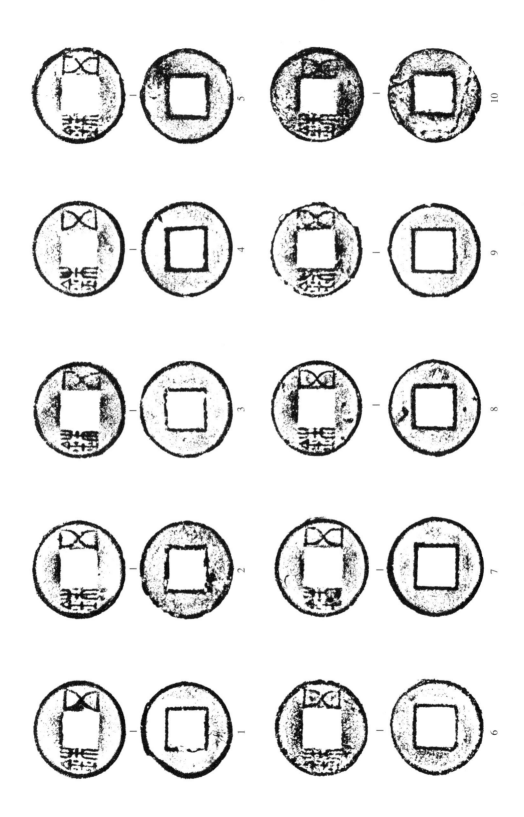

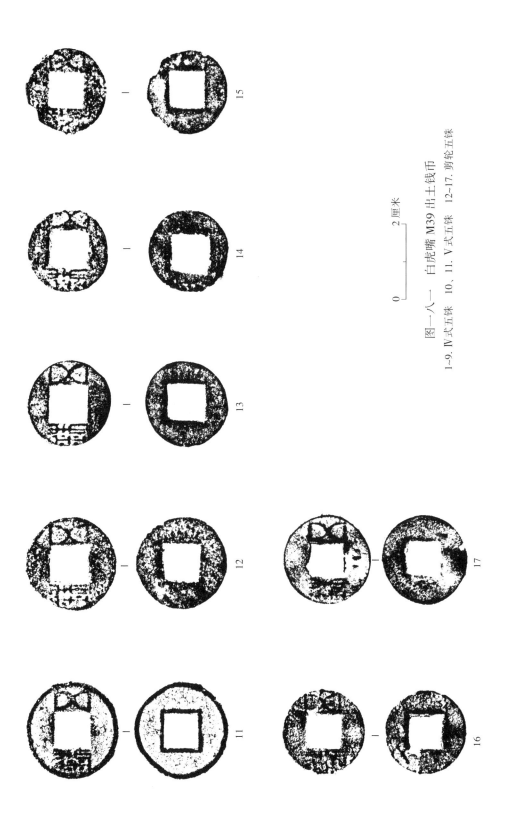

图一八一　白虎嘴 M39 出土钱币

1~9. Ⅳ式五铢　10、11. Ⅴ式五铢　12~17. 剪轮五铢

二十九　双碑白虎嘴四十号崖墓（1998MFBM40）

（一）墓葬形制

损毁严重，残存墓室后半部分。方向198°（图一八二）。

墓室残存部分平面呈梯形，残长1.76～2.1、宽1.84、高1.6米。梯形顶。北壁和东西壁较直，东西两壁中部转折后略带弧度。墓底较平。墓室内放置有砖棺和瓦棺各一具。

葬具毁损严重，尤其是位于墓室西侧的瓦棺，仅存棺身。瓦棺平面呈狭长方形，残长1.76、宽0.44、残高0.4、棺底厚0.04、壁厚0.03米。砖棺位于墓室东侧，平面长方形，残长1.66、宽0.82、残高0.57米。用长方形砖砌成，砖长35、宽24、厚10厘米。壁砖多饰连壁纹（图一八三），纹饰面向棺内。盖砖已不存。

墓室盗扰严重，出土随葬品极少，且都被移动过，银器和铜器均出于砖棺内。出土物以钱币为大宗，共计98枚。陶器可辨器形有罐、瓮等，陶模型仅出土有猪残片，铜器出土有镜、镶斗各1件，铁器出土有环首刀1件，银器出土有手镯1件和戒指2枚。

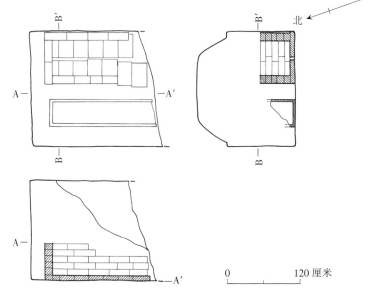

图一八二　白虎嘴 M40 平面、剖视图

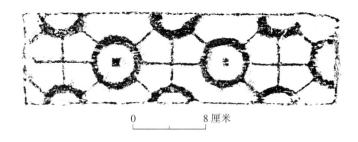

图一八三　白虎嘴 M40 连壁纹墓砖拓片

（二）出土器物

1. 陶器

瓮　1件。泥质灰陶。M40:5，侈口，尖唇，束颈，折肩，腹圆鼓斜收，平底。肩部饰凹弦纹一周，肩下饰短直线纹三周。口径17.5、腹径26.4、底径13.4、高18.6厘米（图一八四，1）。

罐　1件。泥质灰陶。M40:6，敛口，方唇，短领，折肩，弧腹，底略内凹。肩下饰短直线纹一周，器内壁可见拉坯而成的旋纹。口径11.6、腹径21、底径17.2、高17厘米（图一八四，2）。

2. 铜器

镜　1枚。M40:1，三段式神兽铭文镜。圆形，圆形钮座，半球形钮有穿。两条夹钮的平行线条将镜背分为上中下三段，呈重列三层浮雕人物神兽图像。上层中央有一华盖，盖柱右侧中间端坐一尊人形神像，其左右各一侧身神，右跪左坐；盖柱左侧三手执物神，前二神侧身向柱站立，后神似坐姿。中层，即钮左右两侧为青龙白虎两粗背向。下层中央立一缠绕的神树，上部枝叶向两侧延伸，树右侧一神曲身向左侧，树左二神在枝蔓下呈坐姿，似游戏状。之外为铭文带，修复部位铭文已磨灭。铭文以钱纹开头，篆书："□作明镜，（左龙右虎），□□□□，□□□□，服者富昌，□□高迁，位至卿尚，寿如金石，福禄自（保），（孙子）□道，长宜侯王兮"。之外为短直线纹，最外为9组变形凤鸟纹和卷云纹。面径17.5、背径18、钮径1.9、钮高1.2、缘宽1、缘厚0.5、肉厚0.2厘米，重575克（图一八五）。

鐎斗 1件。M40:7，残甚。

3. 铁器

环首刀 1件。M40:2，刃部残，锈蚀严重。椭圆形环首，直背，单面刃，断面略呈三角形。残长55.3、厚1.1厘米（图一八四，6）。

4. 银器

手镯 1件。M40:3，略残。圆形，略变形。直径5.8厘米（图一八四，3；图版一八，1）。

戒指 2枚。均为圆圈形。M40:4-1，一侧较宽。直径2.2厘米（图一八四，4）。M40:4-2，直径2厘米（图一八四，5；图版一八，2）。

5. 钱币

98枚。均为五铢钱，有一般五铢、剪轮五铢、无文钱三类。

一般五铢

59枚。有以下几式。

Ⅰ式 7枚，直径2.5～2.6、穿径0.9～1.1、厚0.09～0.12厘米（图一八六，1～4）。

Ⅱ式 6枚，直径2.5～2.55、穿径1、厚0.09～0.11厘米（图一八六，5～8）。

Ⅲ式 25枚，直径2.5～2.55、穿径0.9～1.1、厚0.09～0.11厘米。穿上星1枚（图一八六，9～18）。

Ⅳ式 19枚，直径2.5～2.55、穿径0.9～1、厚0.1～0.11厘米（图一八七，1～6）。

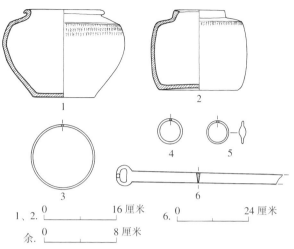

图一八四　白虎嘴M40出土器物
1. 陶瓮（M40:5）　2. 陶罐（M40:6）　3. 银手镯（M40:3）
4、5. 银戒指（M40:4-1、4-2）　6. 铁环首刀（M40:2）

图一八五　白虎嘴M40出土铜三段式神兽铭文镜（M40:1）

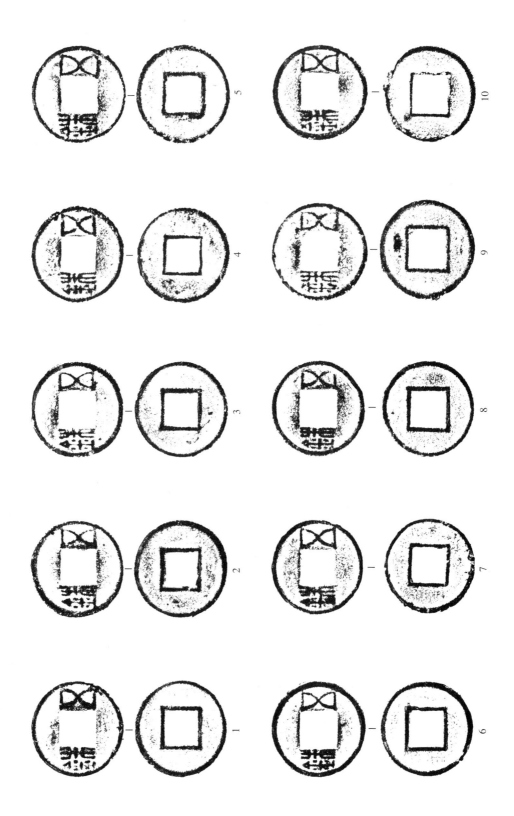

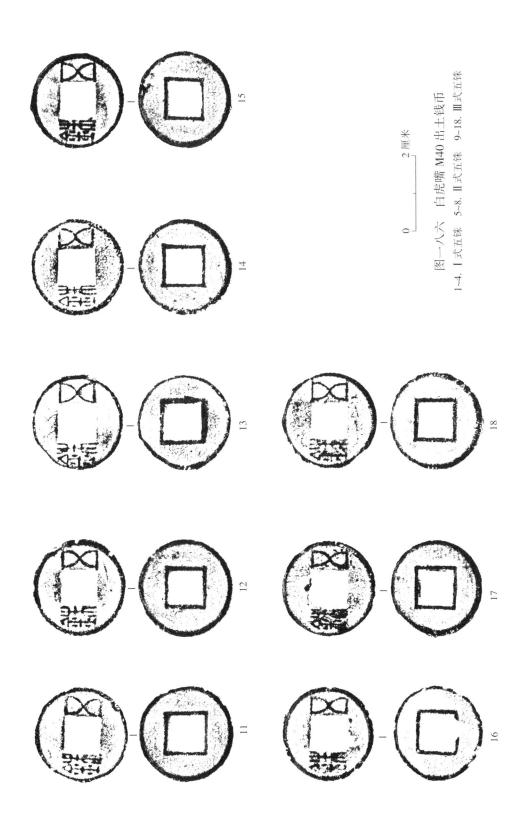

图一八六 白虎嘴 M40 出土钱币

1~4. I 式五铢 5~8. II 式五铢 9~18. III 式五铢

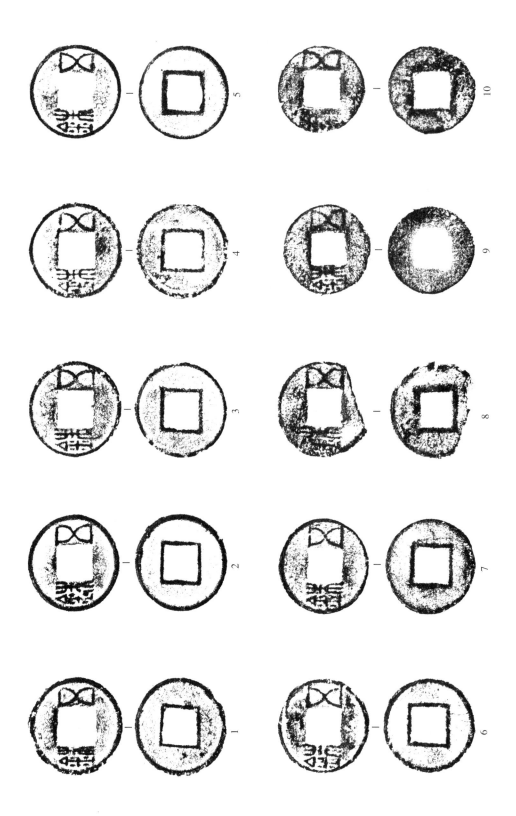

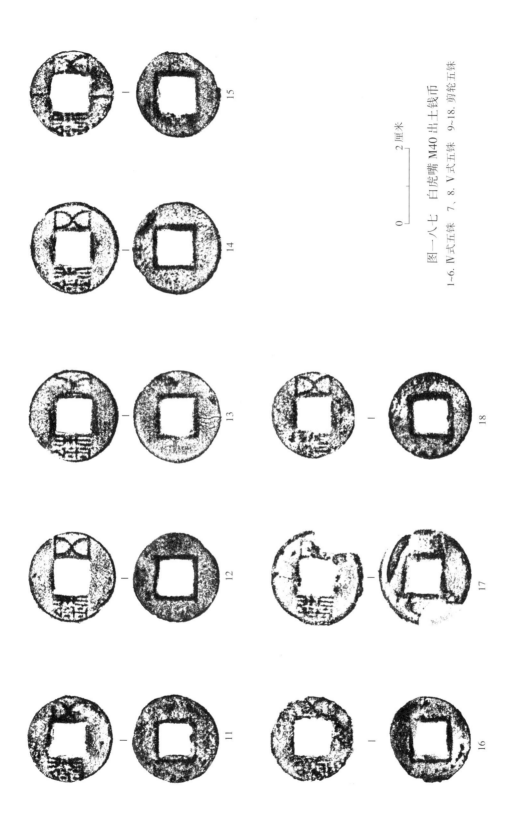

图一八七　白虎嘴 M40 出土钱币

1~6. Ⅳ式五铢　7、8. Ⅴ式五铢　9~18. 剪轮五铢

Ⅴ式　2枚。直径2.5~2.6、穿径0.9、厚0.09~0.11厘米（图一八七，7、8）。

剪轮五铢

38枚。12枚残。钱面大多已呈锅底状，无郭，钱币大小不一，"五铢"二字多完整。其中记号钱10枚。直径2.2~2.5、穿径1~1.2厘米（图一八七，9~18；图一八八，1~6）。

无文钱

Ⅰ式　1枚。钱径较小，钱面无字。直径1.7、穿径0.9厘米（图一八八，7）。

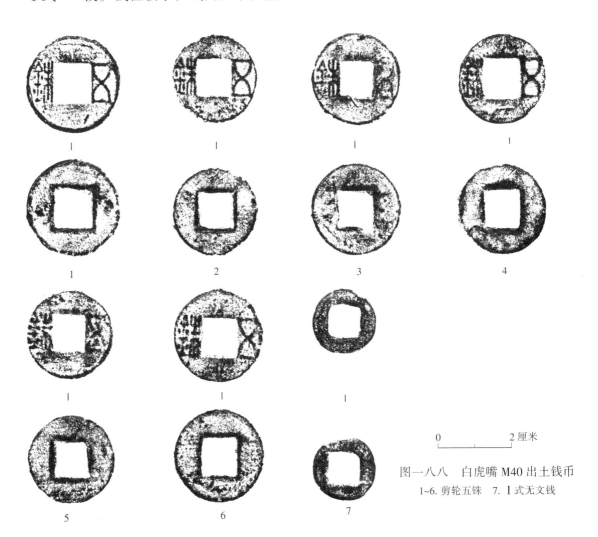

0 _____ 2厘米

图一八八　白虎嘴M40出土钱币
1~6.剪轮五铢　7.Ⅰ式无文钱

三十　双碑白虎嘴四十一号崖墓（1998MFBM41）

（一）墓葬形制

墓葬受损严重，几乎不存。

墓内出土器物较少，仅出土陶鸡2件、陶人物俑5件。

（二）出土器物

墓内仅出有7件陶俑。均为泥质红陶，模制，单范接缝处显刮削痕。陶鸡2件，左右合范制成。人物俑5件，前后合范制成。

鸡 2件。M41：3，母鸡。站立姿，小首，尖喙，低冠，长圆眼，短颈，敛翼，尾上翘。翼、尾可见羽毛层次。高20.7、长22厘米（图一八九，1）。M41：7，子母鸡，伏卧状。低冠，尖喙，大头短颈，敛翼，尾上翘，翼羽清晰可见，背负一雏鸡，胸下露三雏鸡。高13.6、长20厘米（图一八九，2）。

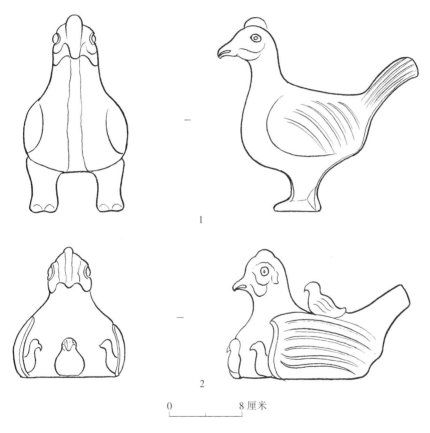

1

2

0   8厘米

图一八九 白虎嘴M41出土陶鸡
1. 母鸡（M41：3） 2. 子母鸡（M41：7）

拱手立俑 3件。M41：4，俑身下部略残。站立。面带微笑，眉眼微凸，高鼻阔嘴。头戴平上帻，前罩额处双层缘，脑后束发凸起。身着双层衣，外为右衽长袍，宽袖。手笼袖中置于腹部，袖有褶纹。左胸直挂一带巾环首刀。腰束带，腹前系一物，疑为袋囊，上有褶纹。前露双足尖，后下摆有花边饰，身后衣有背缝。高27.2厘米（图一九〇，1）。M41：2，站立。面带微笑，眉眼微凸，高鼻阔嘴。头左偏，头戴平上帻，脑后束发凸起。身着两层衣，外为右衽长袍，宽袖，手笼袖中置于腹部，袖有褶纹。腰束带，身后衣有背缝。袍下缘有褶纹和花边饰，露右足前部，似作行走状。高27厘米（图一九〇，2）。M41：1，俑身下部略残。面带微笑，宽鼻阔嘴，耳小巧。头梳高髻，以缯束发，以巾裹头，前罩额上，并加上一勒子，脑后似束发凸起向上。身着两层衣，外为右衽长袍，

0   8 厘米

图一九〇　白虎嘴 M41 出土陶俑

1~3. 拱手立俑（M41：4、2、1）　4. 执箕帚俑（M41：5）

宽袖。手笼袖中，袖有褶纹。腰束带，身后衣有背缝。袍下缘有花边饰，露双足前部。高 27.8 厘米（图一九〇，3）。

　　执箕帚俑　1 件。M41:5，头部残缺。右手执短帚，左手执箕。衣领不显，身着右衽裋褐，胸部双乳凸显，腰束带。残高 24.4 厘米（图一九〇，4）。

　　舞俑　1 件。41:6，上半身残缺。身着长袍，绣襦式半袖，右手提袍，袍边有花边饰，露右脚。残高 21.8 厘米（图一九一）。

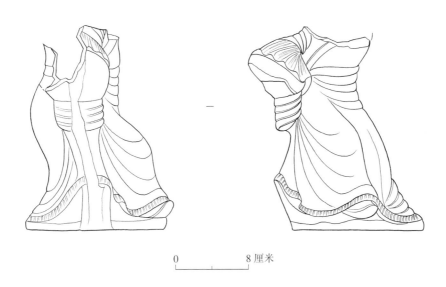

0　　　　　　8 厘米

图一九一　白虎嘴 M41 出土陶舞俑（M41:6）

三十一　双碑白虎嘴四十二号崖墓（1998MFBM42）

（一）墓葬形制

单室墓，由墓道、甬道和墓室三部分组成，墓道甚残。墓葬残长 5.04 米，方向 225°（图一九二）。

墓道大部分已被破坏，形制不明，残长 0.3 米。墓门宽 1.14 米，有多层门框，东边三层，西边两层，上部被破坏。

甬道平面形近呈长方形，长约 0.9 ~ 1.1、宽约 1 ~ 1.06 米。顶部基本被损毁，形制不详。

墓室平面略呈长方形，长 3.56、前宽 1.04、后宽 1.84、高 1.96 米。半圆弧顶。北壁较直，东西两壁斜直上收呈弧状。墓室底部前部较甬道及墓室后部低 0.18 米。墓室东壁前端凿有一原岩石灶。墓室后部靠东放置有砖棺一具，右壁中部凿有原岩崖棺一具。

石灶由灶面、火眼和火门组成，火门被毁。灶面略呈方形，长宽均为 0.35 米。火眼大致呈圆形，最大径为 0.22 米。灶台高 0.6 ~ 0.28 米。

砖棺保存较完整，长 2.38、宽 1.22、高 0.86 米。棺壁用长方形砖错缝平铺，砖长 37、宽 24、厚 8 厘米。棺盖石质，由三段等长的石条榫口嵌合而成，棺盖长 2.28、宽 1.16、高 0.05 ~ 0.2 米。砖棺内棺骨腐蚀严重，无法确定人体遗骸头向，葬式不明。

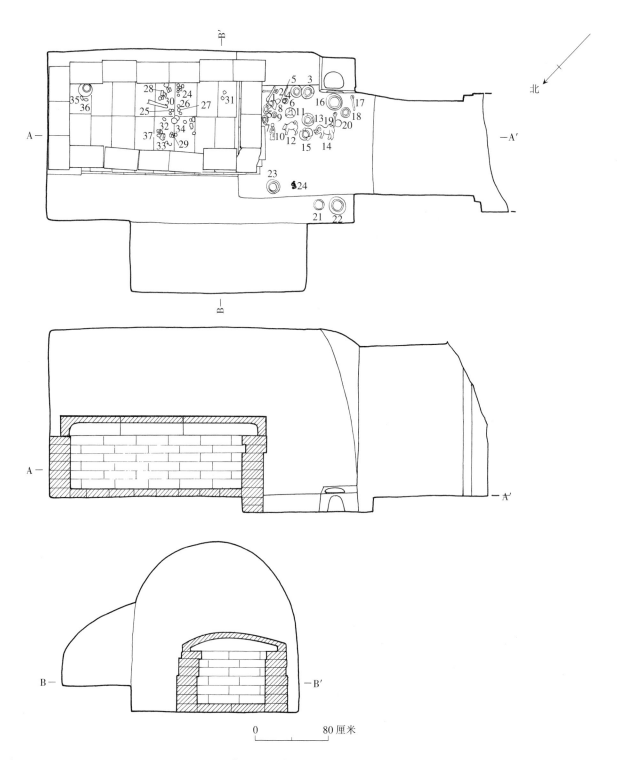

图一九二　白虎嘴 M42 平面、剖视图

1、2、17、19. 铁环首刀　3、4、6、23. 陶罐　5. 铁钩镶　7. 陶拱手立俑　8. 铜鐎斗　9. 陶执飐扇俑　10. 陶执刀俑　11、20、37. 陶钵　12. 陶狗　13、15. 陶瓮　14. 陶猪　16. 铁釜　18. 陶井　21. 陶盘口壶　22. 铜釜　24. 陶田螺　25. 钱币　26、27、28. 银手镯　29、32. 银戒指　30. 银顶针　31、36. 料珠　33. 铜带钩　34、35. 铜镜

崖棺位于墓室西壁中，距墓底 0.28 米。平面长方形，长 1.96、深 0.76、最高 0.86 米。内壁和龛顶呈弧线形。

墓葬基本未被盗扰，出土器物较丰富。随葬品以陶器和陶模型为主，主要出土于墓室前部。陶器可辨器形有罐、瓮、钵、盘口壶等；陶模型有井、猪、狗、人物俑等。此外，墓内还出土有一定数量的金银铜铁器和钱币，大多出土于棺内。铜器共计出土 5 件，器类有釜、鐎斗、镜和带钩。铁器共计出土 6 件，器类有釜、环首刀、钩镶。银器共计出土 10 件，器类有手镯、戒指、顶针。另有料珠 2 颗，钱币 82 枚。

（二）出土器物

1. 陶器

共计出土 10 件，均为泥质灰陶。器类有罐、瓮、盘口壶、钵。

罐 4 件。M42:6，口微敛，圆唇，短领，弧肩，腹圆鼓，底略内凹。肩部饰短直线纹一周，器表有拉坯而成的旋纹。口径 14.8、腹径 29.6、底径 15.8、高 25.7 厘米（图一九三，4；图版一八，3）。M42:3，敞口，方唇，束颈，弧肩，腹圆鼓，底略内凹。颈至腹大部饰交错绳纹，肩部饰凹弦纹数周，腹部饰短直线纹。口径 13.8、颈径 9.4、腹径 28.4、底径 14、高 28.5 厘米（图一九三，5）。M42:4，敛口，圆唇，束颈，折肩，弧腹斜收，底略内凹。口径 13.4、腹径 23、底径 16、高 19 厘米（图一九三，8）。M42:23，侈口，圆唇，束颈，弧肩，弧腹，底略内凹。肩下饰短直线纹一周，腹部略见细绳纹。器表有拉坯而成的旋纹。口径 13.4、腹径 24、底径 17.8、高 22.2 厘米（图一九三，9）。

瓮 2 件。M42:13，侈口，圆唇，折沿，束颈，折肩、圆鼓腹斜收，平底。腹部饰细绳纹和四周凹弦纹，近底处有一圆孔，直径 1.8 厘米。口径 25、腹径 35.6、底径 16.8、高 26.2 厘米（图一九三，6）。M42:15，敛口，圆唇，折肩，圆鼓腹斜收，平底。肩部饰凹弦纹一周，肩下饰水波纹八周，之下饰凹弦纹一周。腹近底处有一圆孔，直径约为 2 厘米，口径 27.6、腹径 36.6、底径 16.8、高 26.1 厘米（图一九三，7）。

盘口壶 1 件。M42:21，喇叭状盘口，双唇外斜，唇中凹陷。长颈、广肩、斜腹、平底。颈部、肩折处和口内转颈处各一圈索状凸棱，前者并附一对小穿孔耳。盘口内一周 19 个直径约 2 厘米的凹痕。盘口和广肩中间及腹部各有一周 10 个直径约 0.3~0.5 厘米的穿孔。内底一周 6 个、中间 1 个直径约 1.6 厘米的凹痕；外底中间一个，周围 4 个直径约 0.3~0.5 厘米的穿孔。通高 20.8、口径 12、底径 15，折腹径 20.6 厘米（图一九三，10）。

钵 3 件。M42:20，敛口，圆唇，腹下部略内折。腹部较浅，饼足低矮，平底。口径 18.6、底径 9、高 6.1 厘米（图一九三，1；图版一八，4）。M42:37，敛口，圆唇，腹下部略内折。饼足低矮，平底。口沿下饰凹弦纹一周。口径 19.8、底径 10、高 8 厘米（图一九三，2）。M42:11，敞口，尖圆唇外凸，折腹，平底。器表有拉坯而成的旋纹。口径 18.7、底径 7.4、高 8.2 厘米（图一九三，3；图版一八，5）。

2. 陶模型

均为泥质红陶。井 1 件。动物俑 2 件，除田螺为捏制外，狗、猪均为左右合范制成，单范

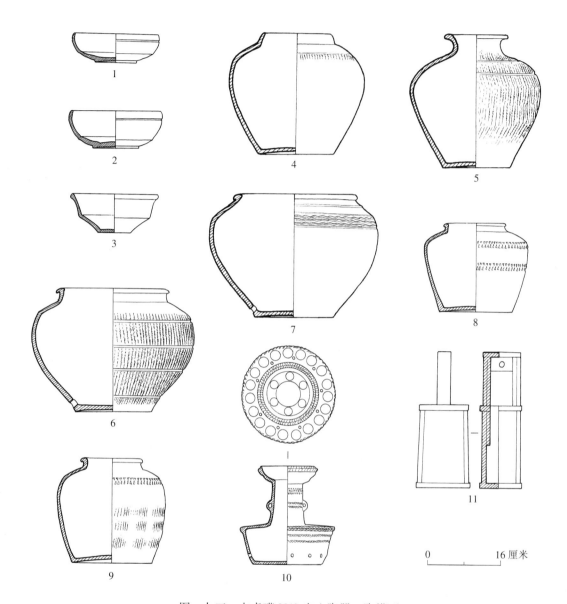

图一九三　白虎嘴 M42 出土陶器、陶模型

1~3. 钵（M42:20、37、11）　4、5、8、9. 罐（M42:6、3、4、23）　6、7. 瓮（M42:13、M42:15）　10. 盘口壶（M42:21）
11. 井（M42:18）

接缝处有刮削痕。人物俑 3 件，均为前后合范制成，首与身分别合范后粘接，单范接缝处显刮削痕。

　　井　1 件。M42:18，井身为长方形，其上为长方形井架。长 10.8、宽 9.1、高 28.8 厘米（图一九三，11；图版一九，1）。

　　狗　1 件。M42:12，头部残缺。体型健壮，四肢显强健有力。前腰套圈，粗尾向上卷曲贴于臀部，狗爪清晰可见。残高 23.4、长 28 厘米（图一九四，1）。

　　猪　1 件。M42:14，站立姿，膘肥体壮。长吻前伸，三角眼，小耳前翻，颈部鬃毛清晰可见，臀部隆起，四肢较细长，细尾卷曲贴于臀部。腹内中空。长 34.4、高 19.8 厘米（图一九四，2）。

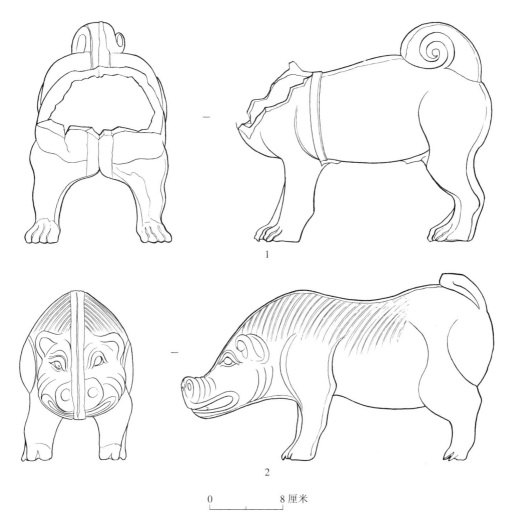

图一九四 白虎嘴 M42 出土陶动物
1. 狗（M42∶12） 2. 猪（M42∶14）

拱手立俑 1 件。M42∶7，面部略模糊，仅见嘴鼻轮廓。站立，手笼袖中置于腹部。头梳高髻，前低后高。身着双层衣，外为右衽长袍，宽袖，袖有褶纹。腰束带，下摆饰花边，露右足。通体施黑彩，多剥落。高 27.8 厘米（图一九五，1）。

执飐扇俑 1 件。M42∶9，面部模糊不清。站立，双手执一飐扇于身右侧。头梳单高髻，偏向左侧。着褌褐。高 12.5 厘米（图一九五，2）。

残俑 1 件。M42∶10，较残。俑身分制对接而成。面部较模糊。身着及膝褌褐，外系裹肚，腰束带。残高 30.8 厘米（图一九六）。

3. 铜器

铜器共计出土 5 件，器类有釜、鐎斗、镜和带钩。

釜 1 件。M42∶22，敞口，方唇，斜折沿，束颈，斜肩，圆鼓腹，圜底，肩部饰两对称环耳。口径 21.2、腹径 22、高 15.2 厘米（图一九七，1；图版一九，2）。

鐎斗 1 件。M42∶8，柄残。敞口，方唇，斜折沿，弧腹，圜底。柄残长 3.9 厘米。口径 16.2、腹径 13.4、高 6.2 厘米（图一九七，2）。

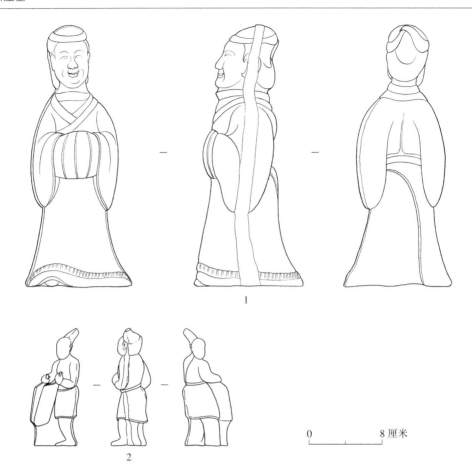

1

2

0 ————————— 8 厘米

图一九五   白虎嘴 M42 出土陶俑
1. 拱手立俑（M42：7）   2. 执飐扇俑（M42：9）

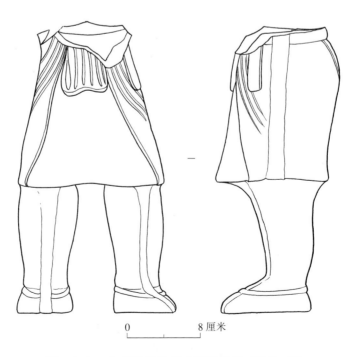

0 ————————— 8 厘米

图一九六   白虎嘴 M42 出土陶残男俑（M42：10）

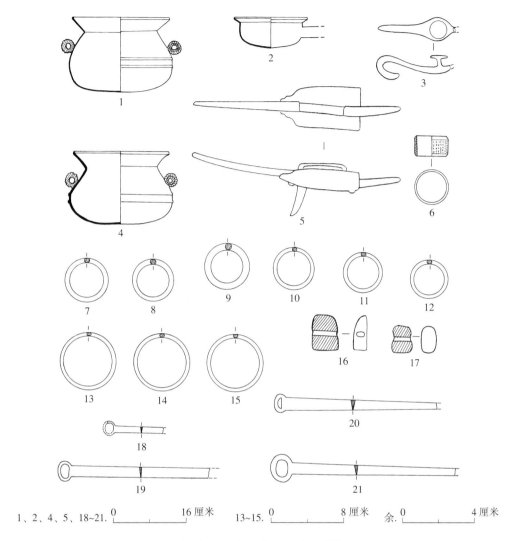

图一九七　白虎嘴 M42 出土器物

1. 铜釜（M42：22）　2. 铜鐎斗（M42：8）　3. 铜带钩（M42：33）　4. 铁釜（M42：16）　5. 铁钩镶（M42：5）　6. 银顶针（M42：30）
7～12. 银戒指（M42：32－1、－2，M42：29、29－1、－2，M42：32－3、－4）　13～15. 银手镯（M42：26、27、28）　16、17. 料珠
（M42：36、31）　18～21. 铁环首刀（M42：1、17、19、2）

　　镜　2 件。M42：34，甚残、锈蚀严重。形制和纹饰均不清楚。M42：35，神兽镜，一半残缺。缘断面呈长方形，四叶纹钮座，半球形钮。四叶之间分布有"宜子孙"铭文。长之外为宽带纹一周，之外为短斜线纹一周，再外为残存的两乳丁纹，之间为各种神兽。再外为短斜线纹。素缘。面径 12.5、背径 12.8、钮径 1.7、钮高 0.8、缘宽 1.6、缘厚 0.3、肉厚 0.2 厘米，重 190 克（图一九八）。

　　带钩　1 件。M42：33，长 4 厘米（图一九七，3）。

　　4. 铁器

　　铁器共计出土 6 件，器类有釜、环首刀、钩镶。

　　釜　1 件。M42：16，敞口，方唇，束颈，溜肩，弧圆腹，圜底，肩上饰两对称绳纹环形耳。口径 21.3、腹径 22.6、高 15.5 厘米（图一九七，4）。

　　环首刀　4 件。刃部均残，锈蚀严重。形制基本相同。椭圆形环首，直背，单面刃，断面略呈三角形。M42：1，残长 12.4、厚 0.4 厘米（图一九七，18）。M42：17，刀身略弯曲。残长 32.6、厚 0.4 厘米（图一九七，19）。M42：19，残长 35.7、厚 0.9 厘米（图一九七，20）。M42：2，残长 40.7、厚 0.7 厘米（图一九七，21）。

钩镶　1 件。M42：5，面呈盾牌状，凹面有把手，上、下和凸面各有一个长短不一的尖刺。是刺钩和盾结合的一种复合兵器，刺上的弯钩已经锈蚀残失。残长 45.5 厘米（图一九七，5；图版一九，3）。

5. 银器

银器共计出土 10 件，器类有手镯、戒指、顶针。

手镯　3 个。形制、大小基本一样。圆圈形，表面有棱纹。M42：26、27、28 直径均为 6 厘米（图一九七，13 ~ 15）。

戒指　6 枚。M42：32，4 枚。均为圆圈形，大小有差异。M42：32 - 1，较粗，断面 0.2 厘米。直径 2.3 厘米（图一九七，7）。M42：32 - 2，较细，断面 0.25 厘米。直径 2.2 厘米（图一九七，8）。M42：32 - 3，较细，断面 0.2 厘米。直径 2.05 厘米（图一九七，11）。M42：32 - 4，较细，断面 0.2 厘米。直径 2 厘米。M42：29，2 枚。形制均为圆圈形，大小有差异（图一九七，12）。M42：29 - 1，断面 0.35、直径 2.4 厘米（图一九七，9）。M42：29 - 2，断面 0.2、直径 2.25 厘米（图一九七，10）。

顶针　1 件。M42：30，圆圈形，表面有较密集的小圆坑。直径 1.8、高 1.1 厘米（图一九七，6）。

6. 料珠

2 颗。不规则圆形，中有一穿孔。M42：31，长 1.4、宽 1.2、厚 0.8 厘米（图一九七，17）。M42：36，长 1.9、宽 1.4、厚 0.8 厘米（图一九七，16）。

7. 钱币

82 枚。有一般五铢、剪轮五铢和货泉三类。

一般五铢

79 枚。有以下几式。

Ⅰ式　60 枚。直径 2.5、穿径 1、厚 0.15 厘米。其中穿上半星记号 18 枚，穿上下半星 14 枚，穿上横杠 4 枚（图一九九，1 ~ 7）。

Ⅱ式　16 枚。直径 2.5 ~ 2.55、穿径 1 ~ 1.1、厚 0.09 ~ 0.12 厘米。其中穿上横杠 4 枚（图一九九，8、9）。

0　　　　　2 厘米

图一九八　白虎嘴 M42 出土铜神兽镜（M42：35）

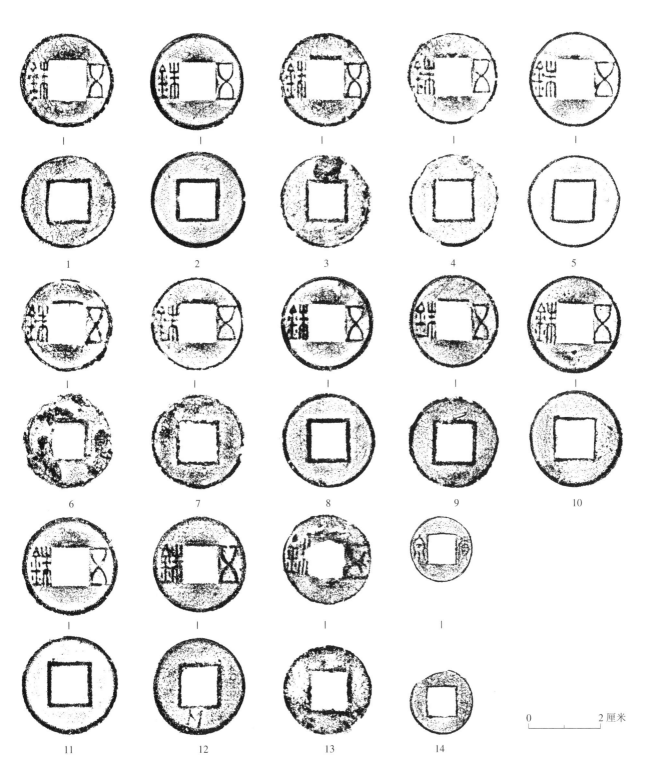

图一九九　白虎嘴 M42 出土钱币

1~7. Ⅰ式五铢　8、9. Ⅱ式五铢　10~12. Ⅲ式五铢　13. 剪轮五铢　14. BⅥ式货泉

Ⅲ式　3枚。直径2.55~2.6、穿径0.9~1、厚0.11厘米。其中2枚带记号（图一九九，10~12）。

剪轮五铢

1 枚。无郭，正面书"五铢"二字，直径 2.4、穿径 0.9、厚 0.09 厘米，带记号（图一九九，13）。

其他为残片。

货泉

BⅥ式　2 枚。直径 1.75、穿径 0.7、厚 0.08 厘米（图一九九，14）。

三十二　双碑白虎嘴四十三号崖墓（1998MFBM43）

（一）墓葬形制

单室墓，墓道已不存，仅存少许甬道及墓室，墓室后顶完全垮塌。墓葬残长 4.76 米。方向 234°（图二〇〇）。

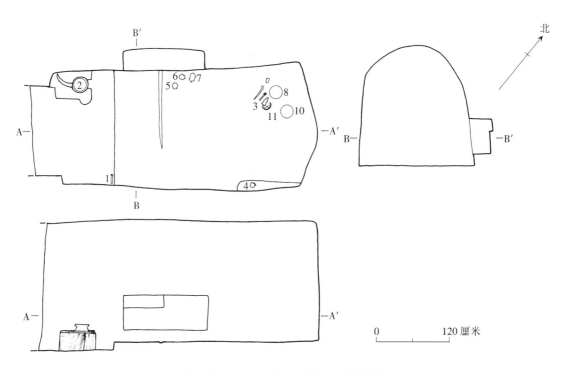

图二〇〇　白虎嘴 M43 平面、剖视图

1、3. 铁环首刀　2. 铁釜　4～6. 陶罐　7. 陶瓮　8、10、11. 陶钵　9. 陶拱手立俑

甬道残存部分东边较长，西边稍短。残长 0.28～0.4、宽 1.38～1.4 米。顶部坍塌，底部凹凸不平。

墓室平面略呈不规则长方形，西边较长，东边略短，北边弧凸，长 4.38 米、宽 1.82～2、高 1.92～2.06 米。墓室前部凿有一级高 0.14 米的台阶，将墓室分为前后两部分。圆弧顶。北壁陡直，西壁斜直上收。底部由内向外倾斜约 0.02 米。西壁前端凿有一原岩石灶，西壁中部凿有一原岩崖棺。墓室内有纪年"永元七年八月"。

石灶位于墓室西壁前端，由灶面、火眼、烟道和火门组成。灶面略呈长方形，长 0.56、宽 0.42 米。火眼平面略呈圆形，径约 0.26 米，上置铁釜与陶甑。烟道呈牛角状向西弧转，长 0.66 米。灶台高约 0.3 米，灶门已被毁。

崖棺距墓底 0.2 米，平面呈长方形，长 1.42、高 0.56、深 0.28 米。在其南上角又凿一长 0.68、高 0.19、深 0.06 米的长方形小壁龛。

墓葬曾经盗扰，出土随葬品仅 11 件，且主要集中在墓室后部和中部西侧。出土物以陶器为主，另出土有少量铁器及陶俑 1 件。陶器有罐、钵、瓮等 7 件以及陶俑 1 件。铁器出土有釜 1 件、环首刀 2 件。铁釜位于石灶上，其内还有陶甑残片。

（二）出土器物

1. 陶器

钵　3 件。泥质灰陶，形制基本一样。均为敛口，圆唇，饼足，平底。M43∶11，饼足较高，弧腹，口径 18.4、底径 8.8、高 6.4 厘米（图二〇一，1）。M43∶8，下腹部内折，饼足低矮，口径 20、底径 10.2、高 8 厘米（图二〇一，2）。M43∶10，下腹部略内折，饼足低矮，口径 19、底径 10、高 7.4 厘米（图二〇一，3）。

罐　3 件。均为泥质灰陶。M43∶4，侈口，尖唇，束颈，弧肩略折，弧腹斜收，底略内凹。肩部饰凹弦纹一周。口径 8.4、腹径 13.6、底径 7.9、高 14 厘米（图二〇一，5；图版一九，4）。M43∶5，侈口，圆唇，束颈，弧肩，圆鼓腹斜收，平底。肩部饰凹弦纹两周。口径 9.9、腹径 17.2、底径 7.2、高 15.2 厘米（图二〇一，4；图版一九，5）。M43∶6 与 M43∶5 形制基本一样。口径 10.6、腹径 17.8、底径 8.4、高 14.6 厘米（图二〇一，6）。

瓮　1 件。泥质灰陶。M43∶7，尖唇外翻，束颈，溜肩，弧腹斜收，底略内凹。肩部饰凹弦纹和短斜线纹各一周。口径 8.4、腹径 25、底径 12.6、高 29.4 厘米（图二〇一，7）。

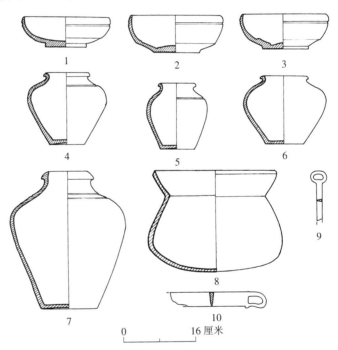

图二〇一　白虎嘴 M43 出土器物

1～3. 陶钵（M43∶11、8、10）　4～6. 陶罐（M43∶5、4、6）　7. 陶瓮（M43∶7）　8. 铁釜（M43∶2）　9、10. 铁环首刀（M43∶3、1）

2. 陶模型

拱手立俑　1 件。M43∶9，泥质红陶。左右合范而成，单范接缝处有刮削痕。面部略模糊，似光头。站立，双手笼于袖中置腹部。身着长袍，宽袖，双手笼于袖中。腰束带。袍下露双足尖，后露脚跟。高 18.7 厘米（图二〇二）。

3. 铁器

釜 1件。M43:2，敞口，尖唇，斜折沿，束颈，溜肩，扁圆腹，圜底。口径27.4、腹径30、高21.5厘米（图二〇一，8）。

环首刀 2件。刃部均残，锈蚀严重。形制基本相同。椭圆形环首，直背，单面刃，断面略呈三角形。M43:3，残长10.5、厚0.5厘米（图二〇一，9）。M43:1，残长21.2、厚0.9厘米（图二〇一，10）。

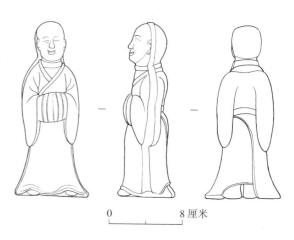

图二〇二　白虎嘴 M43 出土陶拱手立俑（M43:9）

三十三　双碑白虎嘴四十八号崖墓
（1998MFBM48）

（一）墓葬形制

单室墓，由墓道、甬道和墓室三部分组成，墓道前部被毁。墓葬残长4.67米，方向216°（图二〇三）。

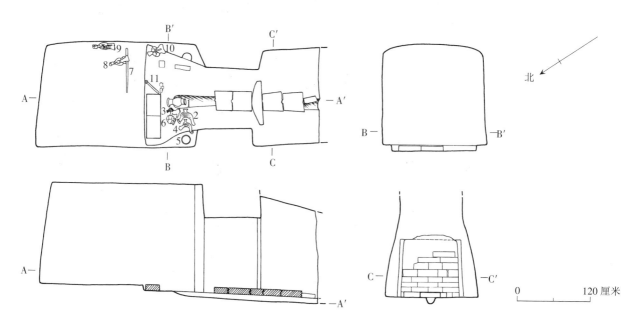

图二〇三　白虎嘴 M48 平面、剖视图

1. 陶盘口壶　2、4. 陶鸡　3. 陶猪　5. 陶器座　6. 陶罐　7. 铁刀　8. 陶提罐女俑　9. 陶拱手立俑　10. 陶吹笛俑　11. 铁环首刀

墓道大部分已被破坏，略呈长方形，残长约0.98～1.1、宽1.5～1.54米。底部由内向外倾斜。墓道中间凿有排水沟。

墓门两边斜直向上，上部弧收，顶近平，下宽0.96、高1米。外层门框呈梯形，上窄下宽，宽1～1.09、高0.92米。封门用石块、钱纹砖和几何纹砖混砌而成，上部早年被破坏。

甬道形近平行四边形，长0.88～0.92、宽0.94～1、高1.18～1.22米。底部由内向外倾斜。中间凿有一排水沟。

墓室平面形状不甚规整，略呈长方形，长2.6～2.64、宽1.62～1.72、高1.62～1.72米。

中部靠前有一高 0.09 米的台阶。墓顶微弧。北壁向内倾斜，东壁向上斜直内收，西壁陡直内收。

排水沟始于墓室前部，贯通甬道和墓道，长 2.38、宽 0.14 ~ 0.2、深 0.12 米。墓道和甬道前段排水沟用楔形子母砖和弧形砖铺盖，墓室和甬道后部未铺砖。

墓室四壁是尖锐的凿痕，甬道壁尖凿痕、平凿痕均有，平凿痕宽 1.5 厘米。

墓葬盗扰严重，随葬品主要分布在墓室前部和后部左侧。以陶器和陶模型为主，另外还出土有零星铁器以及钱币 73 枚。陶器可辨器型有罐、壶、甑、器座、盘口壶等，陶模型有鸡、猪、人物俑等。

（二）出土器物

1. 陶器

出土陶器可修复者仅 3 件，器座、罐、盘口壶各 1 件。

器座（？） 1 件。M48:5，泥质红陶，轮制。敞口，平底。底部有拉坯而成的旋纹。口径 17.6、底径 14.4、高 3.6 厘米（图二〇四，1）。

罐 1 件。M48:6，泥质灰陶。敛口，尖唇，束颈，溜肩，弧腹斜收，底略内凹。肩部饰凹弦纹一周，内底中央有突起。口径 9.6、腹径 15.4、底径 8.6、高 15.6 厘米（图二〇四，2）。

盘口壶 1 件。M48:1，泥质红陶。盘口，方唇，高束颈，溜肩，扁圆腹，高假圈足，平底。颈肩相交处饰凹弦纹两周，腹部饰凹弦纹两周。口径 13.8、颈径 9.6、腹径 20、底径 15.4、高 28.7 厘米（图二〇四，3）。

2. 陶模型

陶模型计有动物俑 3 件、人物俑 3 件。均为泥质红陶。动物俑均左右合范制成，单范接缝处有刮削痕。人物俑均前后合范制成，首与身分别合范后粘接，单范接缝处显刮削痕。

鸡 2 件。均为站立状。M48:2，公鸡。尖喙，长圆眼，高冠，颚大而下垂，长颈，敛翼，大尾上翘。颈羽、翼羽与尾羽清晰可见。腹中空。高 12.6、长 11.2 厘米（图二〇五，2）。M48:4，母鸡。尖喙，圆眼，低冠，粗颈，敛翼，翘尾。翼可见羽毛的层次。腹中空。高 24.8、长 20.8 厘米（图二〇五，3）。

猪 1 件。M48:3，站立姿，膘肥体壮。长吻前伸，三角眼，小耳前翻。颈部鬃毛清晰可见，臀部隆起，四肢细长，细尾卷曲贴于臀部。腹内中空。长 34.8、高 20 厘米（图二〇五，4）。

拱手立俑 1 件。M48:9，面部模糊，仅见眉鼻。头戴平上帻，身着二层衣，外为右衽长袍。手笼袖中，袖有褶纹。宽袂，腰束带。腹前系一物，疑为袋囊，前下摆微露双足，胸前左侧佩戴环首刀。高 27 厘米（图二〇五，1）。

提罐女俑 1 件。M48:8，面带微笑，高鼻小嘴，耳小巧，眼较模糊。站立，双手提小

图二〇四 白虎嘴 M48 出土器物

1. 陶器座（M48:5） 2. 陶罐（M48:6） 3. 陶盘口壶（M48:1） 4. 铁环首刀（M48:11） 5. 铁刀（M48:7）

0 ————— 8厘米

图二〇五　白虎嘴 M48 出土陶俑、陶动物

1. 拱手立俑（M48：9）　2. 公鸡（M48：2）　3. 母鸡（M48：4）　4. 猪（M48：3）

罐。前露双脚。头梳高髻。身着右衽及脚面长袍，绣褛式半袖。束腰，腹下袍突起。高34.6 厘米（图二〇六，1）。

图二〇六　白虎嘴 M48 出土陶俑

1. 提罐女俑（M48∶8）　2. 吹笛俑（M48∶10）

吹笛俑　1 件。M48∶10，面带微笑，额头高耸，高鼻阔嘴，双耳小巧，眼部模糊。坐姿，双手持笛，手指按笛孔作直吹笛状，笛末端有环形穿绳。身后露双脚。头戴平上帻。身着右衽长袍，腰束带。高 30 厘米（图二〇六，2；图版二〇，1）。

3. 铁器

环首刀　1 件。M48∶11，刃部残，锈蚀严重。直背，单面刃，断面略呈三角形，环首近圆形。残长 10.5、厚 0.4 厘米（图二〇四，4）。

刀　1件。M48:7，刃部残，锈蚀严重。直背，单面刃，断面略呈三角形，残长72、厚0.8厘米（图二○四，5）。

4.钱币

73枚。有半两、五铢和大泉五十、无文钱四类。

铁半两

1枚。残，铁质，钱文篆书，不甚清晰，无内外郭，平背，直径2.2、穿径1.1、厚0.2厘米。[①]

一般五铢

17枚。有以下几式：

Ⅲ式　8枚。直径2.5~2.55、穿径0.9~1.1、厚0.09~0.11厘米（图二○七，1、2）。

Ⅳ式　6枚。1枚残，1枚毛边，直径2.4~2.7、穿径0.9~1.1、厚0.09~0.11厘米

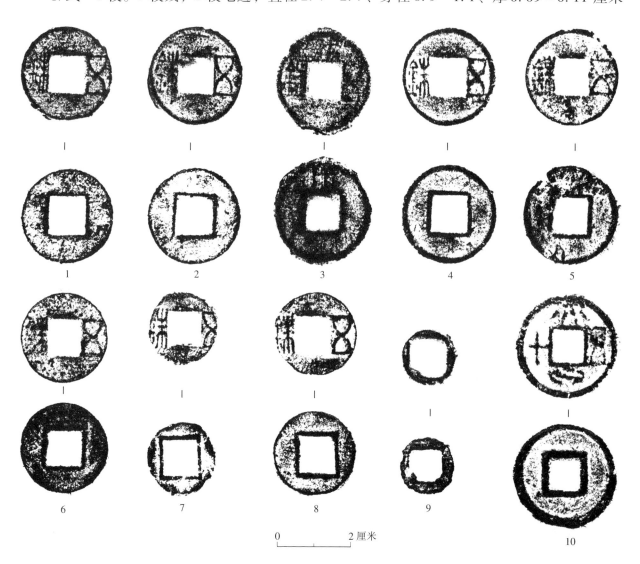

0　　　2厘米

图二○七　白虎嘴M48出土钱币

1、2.Ⅲ式五铢　3、4.Ⅳ式五铢　5、6.Ⅴ式五铢　7、8.剪轮五铢　9.无文钱　10.大泉五十Ⅰ式

---

①　过残，无法拓片。

（图二○七，3、4）。

Ⅴ式 3枚。1枚残，直径2.4～2.55、穿径0.9～1.1、厚0.09～0.11厘米（图二○七，5、6）。

剪轮五铢

共30枚。其中23枚残，无郭，钱径大小不一，"五铢"字体也有差异，直径1.8～2、穿径1～1.1厘米（图二○七，7、8）。

其他还有若干五铢钱残片。

大泉五十

ＡⅠ式 1枚。直径2.9、穿径0.8、厚0.3、外郭宽0.25厘米（图二○七，10）。

无文钱

Ⅱ式 1枚。直径较小，钱面无字，直径1.4、穿径1厘米（图二○七，9）。

三十四 双碑白虎嘴四十九号崖墓（1998MFBM49）

（一）墓葬形制

单室墓，由墓道、甬道和墓室三部分组成。墓道前部已被部分破坏。墓室顶部红砂岩疏松，塌方严重，故采用直接揭顶的方式清理，且只清理了前部。墓葬残长6.7米，方向210°（图二○八）。

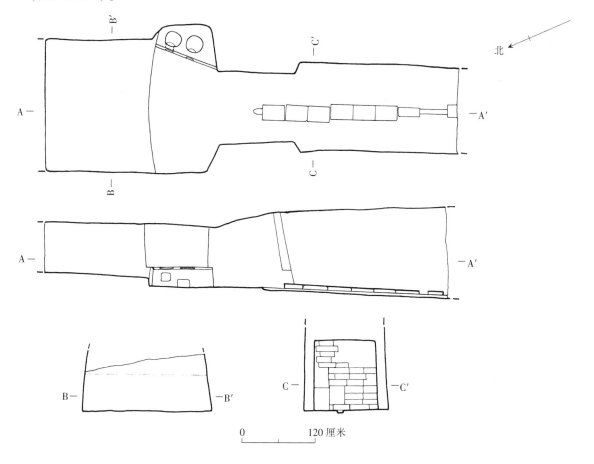

图二○八 白虎嘴M49平面、剖视图

　　墓道残存部分平面呈长方形，残长 2.62、宽 1.36～1.4 米。底由内向外倾斜，高差约 0.12 米。墓道中部凿有一条排水沟，一直延伸至甬道前部，长 3.26、宽 0.08、深 0.08 米。排水沟横截面呈倒三角形，后部用长方形小砖覆盖。砖长 0.36、宽 0.24、厚 0.08～0.1 米。

　　墓门用长方形菱形花纹砖封堵，花纹砖长 34、宽 24、厚 8 厘米。

　　甬道平面呈梯形，内宽外窄，长 1.24～1.3、宽 1.08～1.16、高 0.96～1.22 米。底由内向外倾斜，高差约 0.04 米。排水沟始于甬道中部。

　　墓室清理部分长 2.84～2.9、宽 2.12～2.38、残高 0.8～1 米。墓室前部有一高 0.12 米的台阶。东西两壁向上斜直内收。底部前低后高。墓室东壁前端凿有一个原岩双火眼石灶。

　　石灶由灶面、火眼和火门组成，较残，火门均朝向西壁。灶面形状不甚规则，长 1.1、宽 0.4～0.66、高约 0.3 米。双火眼，其中北火眼平面近圆形，最大径 0.24，火门距墓底 0.1 米，立面呈长方形，高 0.14、宽 0.16 米；南火眼平面近圆形，最大径 0.3，火门紧贴墓底呈长方形，高 0.15、宽 0.2 米。灶台上方凿有一长方形案龛，长约 1～1.06、宽 0.64～0.7 米。

　　墓葬盗扰非常严重，随葬器物破损严重，出土器物以陶模型为主。钱币共计出土 94 枚。陶模型有陶房、陶水田、摇钱树座、陶鸡、陶狗、陶人物俑等。此外，墓道扰土中出土铜摇钱树主杆 3 截，其上分别有 1 尊佛像。

（二）出土器物

1. 陶模型

　　出土陶人物俑可修复者仅 2 件，均为泥质红陶，前后合范而成，首与身分别合范后粘接，单范接缝处显刮削痕。

　　拱手立俑　1 件。M49∶2，首右侧及前摆下部残。面部略模糊，高鼻小嘴轮廓较清晰。站立，手笼袖中置于腹部。头戴介帻，脑后似束发凸起。身着右衽长袍。腰束带，腹前系一物，疑为袋囊。宽袖，手笼袖中，袖有褶纹。微露双足尖。高 25.8 厘米（图二〇九，1）。

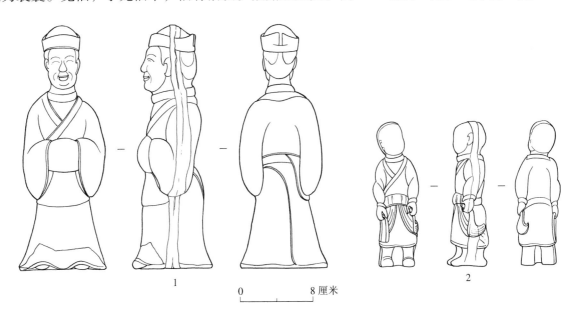

　　　　1　　　　　　　　　　　0　　　　　8 厘米　　　　　　　　2

图二〇九　白虎嘴 M49 出土陶俑

1. 拱手立俑（M49∶2）　2. 执箕帚俑（M49∶1）

执箕帚俑 1件。M49:1，面部模糊不清。站立，右手执箕，左手执短帚。头向左上角偏，束发于脑后，以巾裹头，身着裋褐，外似系裹肚。高15.4厘米（图二〇九，2；图版二〇，2）。

2. 铜器

摇钱树残杆 1件。M49:3、4、5为铜树主杆残存部分，有锈蚀，全长36.8厘米，共残存3节，断面呈椭圆形，每节残杆上端长径1.8、短径1.1厘米，下端长径1.4、短径1厘米。主杆两侧尚存少许残断的枝叶。杆内夹结成硬块的黄色细砂石，应为铸造时所存。主杆上铸有3尊铜佛像，每节各有1尊。3尊佛像形态基本一样，均锈蚀严重。M49:3最为清晰。顶有肉髻，长眉突起，双眼微合，高鼻连上唇须髭，肉下巴。穿通肩袈裟，双手执衣下摆似握拳，衣角下垂呈U形，绕于右手腕，再垂至足前。结跏趺坐。（图二一〇）。

3. 钱币

94枚。均为五铢钱，分为一般五铢和凿边五铢两类：

一般五铢

8枚。

Ⅰ式 1枚。直径2.6、穿径1.1、厚0.11厘米（图二一一，1）。

Ⅲ式 3枚。直径2.5~2.55、穿径0.9~1.1、厚0.09~0.11厘米（图二一一，2、3）。

Ⅳ式 1枚。直径2.55、穿径1、厚0.1厘米（图二一一，4）。

Ⅴ式 3枚。直径2.5~2.8、穿径0.9~1.1、厚0.09~0.11厘米（图二一一，5~7）。2枚带毛边。

剪轮五铢

60枚。其中36枚残，无郭，钱币大小不一。直径2.2~2.4、穿径1~1.1厘米。（图二一一，8~15）。"五铢"二字基本完整。记号钱5枚。

其他为五铢残片。

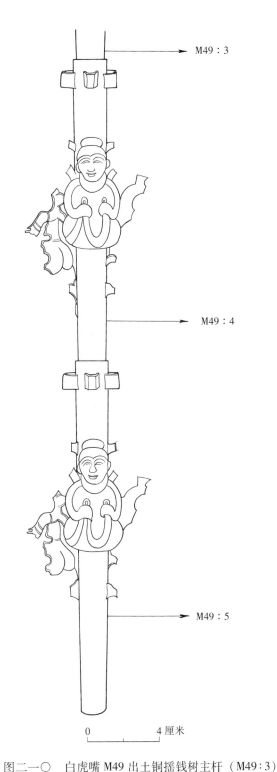

图二一〇 白虎嘴M49出土铜摇钱树主杆（M49:3）

M49:3

M49:4

M49:5

0   4厘米

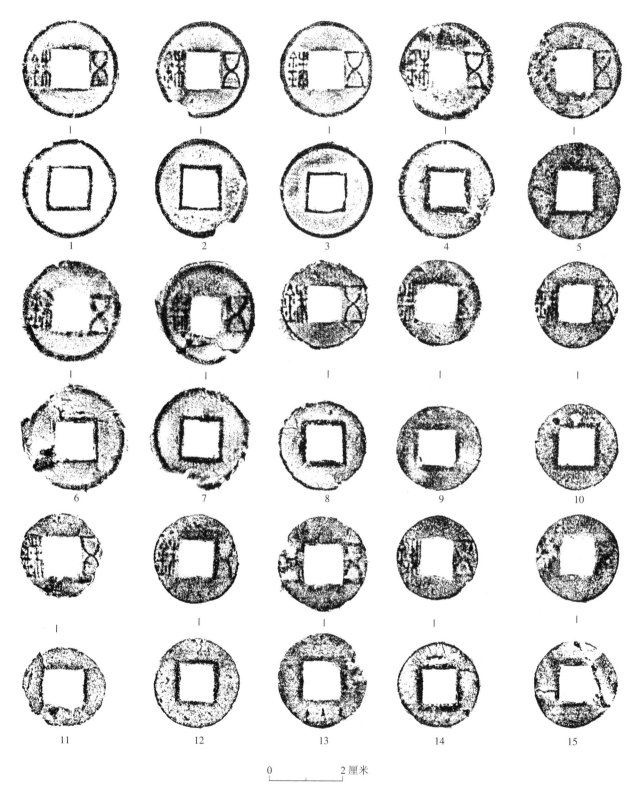

0 　　　　2厘米

图二一一　白虎嘴 M49 出土钱币
1. Ⅰ式五铢　2、3. Ⅲ式五铢　4. Ⅳ式五铢　5~7. Ⅴ式五铢　8~15. 剪轮五铢

第二节 河边九龙山井沿湾崖墓群

河边九龙山井沿湾崖墓群位于绵阳市河边乡项家庙村8组，距绵阳市区约20公里。北临九龙山公墓，东约20米为河边镇上游水库放水渠，九龙山绵延于公墓的南、西、北部。九龙山井沿湾仅发现崖墓2座（图二—二）。

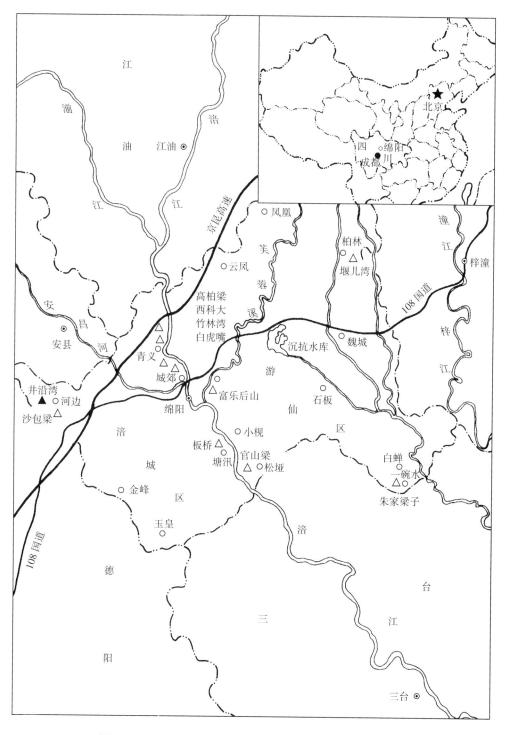

图二—二 涪城区河边镇九龙山井沿湾崖墓群地理位置图

一　河边九龙山井沿湾一号崖墓（2000MFJM1）

（一）墓葬形制

单室墓，由墓道、甬道、墓室三部分组成，墓道前部被破坏。墓葬残长 8.18 米，方向 286°（图二一三）。

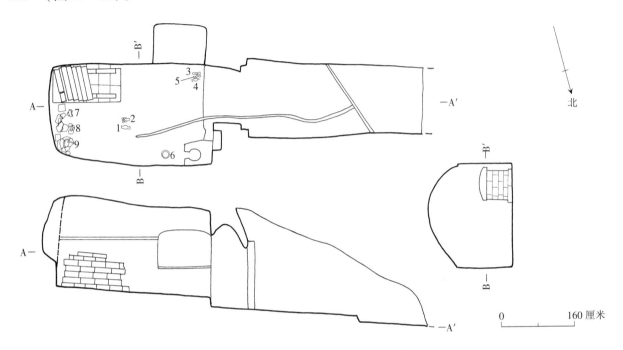

图二一三　井沿湾 M1 平面、剖视图

1、2. 陶俑头　3. 陶躬身执棒俑　4. 陶鸡　5. 陶击鼓俑　6. 陶钵　7~9. 陶器残片

墓道平面略呈长方形，残长 3.82、宽 1.4~1.66 米。距现存墓道入口 1.06~2.04 米处有一高约 0.12 米的台阶。

墓门为单层门框结构，高 1.42、宽 1.34、深 0.14 米。

甬道平面略呈长方形，长 0.6、宽 1.14~1.2、高 1.3~1.46 米。顶部垮塌。

墓室平面略呈长方形，长 3.6、宽 1.78~2.16、高 1.84~1.92 米。墓底距甬道 0.22 米处有一高 0.12 米的台阶。弧顶，墓室两壁较直，后壁大部分垮塌。左壁靠前部凿有一长方形壁龛，宽 1.16、高约 0.82、深约 0.82 米。墓室右壁前端凿有原岩石灶。后部靠左壁置有一砖棺。

石灶由灶面、火眼、灶台和火门组成。灶面略呈圆形，灶面直径 0.24 米；单火眼，深约 0.3 米。长方形灶台，灶台长 0.6、宽 0.5、高 0.35 米。火门宽 0.16 米。

排水沟凿于墓室中部，向外延伸至距墓道口 1.48 米处为止，全长 4.8 米，横截面呈三角形，宽 0.02~0.06、深 0.04 米。

砖棺长 1.46、宽 0.7、高 0.52 米，系用长约 0.38、宽约 0.12、厚约 0.08 米长方形小砖砌成，棺盖由长条圆弧形砖平砌而成，仅残存有 7 块，弧形砖长 0.75、高 0.06~0.15、厚 0.08 米。棺底系用较大长方形砖铺砌，长 0.36、宽 0.24、厚 0.09 米，铺地砖饰有菱形纹饰。

墓葬盗扰严重，仅出土陶钵 1 件、陶模型 5 件，主要出土于墓室右后部及墓室左前侧。

（二）出土器物

1. 陶器

钵　1件。M1:6，夹细砂灰陶，制作粗糙，器口略有变形，敛口，口沿下一圈凹弦纹，尖唇外翻，弧腹近底部内折，饼足。口径18.4、底径11.3、高6.6厘米（图二一四，3）。

2. 陶模型

公鸡　1件。M1:4，夹细砂红陶，左右合范而制，单范接缝处有刮削痕，昂首，尖喙，圆眼，高冠，颚大而下垂，长颈，敛翼，尾残，站立状，腹中空。残长20.5厘米，高24.4厘米（图二一四，4）。

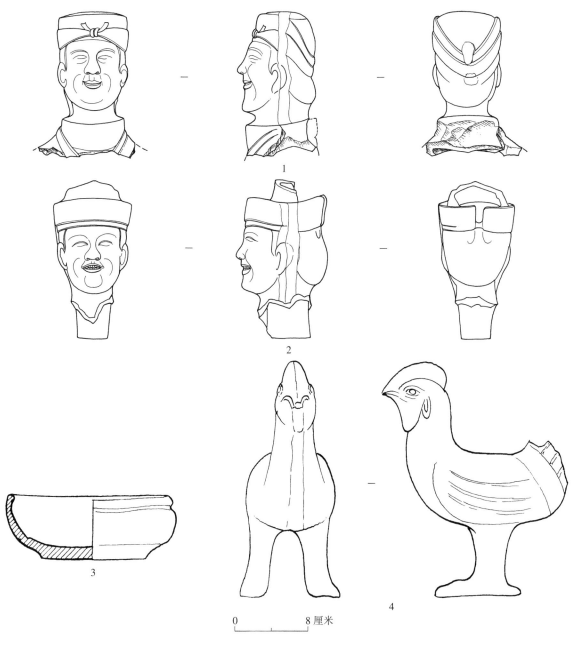

图二一四　井沿湾 M1 出土陶器、陶模型

1、2. 俑头（M1:1、2）　3. 钵（M1:6）　4. 公鸡（M1:4）

陶人物俑共计出土4件，均为泥质红陶，前后合范而制，单范接缝处有刮削痕。

俑头　2件。M1∶1，面带微笑，闭口，脸方圆，高鼻，小嘴，长耳，有双鬟。颈以下残。头戴平上帻，脑后似束发凸起。高14.8厘米（图二一四，1）。M1∶2，面带微笑，露齿，脸长圆，高鼻，小嘴，长耳。头戴巾帻，正中有一凸起，似为冠。脑后似束发凸起。高16.2厘米（图二一四，2）。

躬身执棒俑　1件。M1∶3，首和身是分别制成后再黏接而成，躬身而立，面部模糊不清。头戴平上帻，束发于脑后。身着裋褐。右手执短棒，左手持不明之物。高29.4厘米（图二一五，1）。

击鼓俑　1件。M1∶5，首和身是分别制成后再粘接而成，身体直立，面部模糊不清。束发于脑后。身着右衽裋褐，下着短裤，腹前置一圆鼓，双手执棒作击鼓状。高32.3厘米（图二一五，2）。

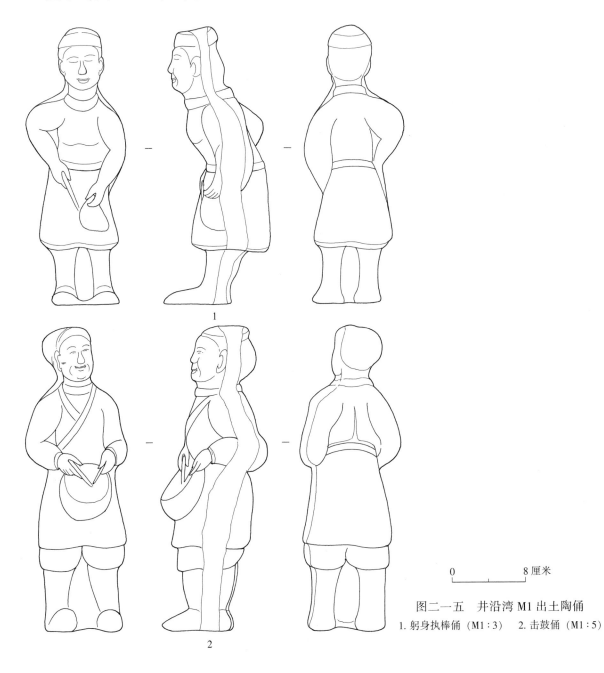

0　　　　　　　8厘米

图二一五　井沿湾 M1 出土陶俑

1.躬身执棒俑（M1∶3）　　2.击鼓俑（M1∶5）

二 河边九龙山井沿湾二号崖墓（2000MFJM2）

（一）墓葬形制

单室墓，由墓道、甬道、墓室三部分组成。墓道仅存部分。墓葬现长9.4米，方向283°（图二一六）。

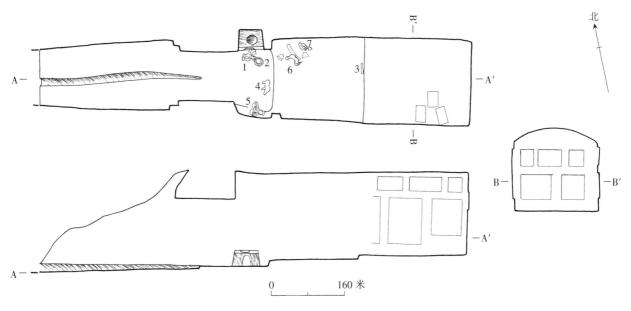

图二一六 井沿湾M2平面、剖视图

1.陶女俑头 2.陶釜 3.铁削 4.陶猪 5.陶抚琴俑 6.陶鸡 7.陶子母鸡

墓道形制不规整，左右不对称，平面略呈梯形，内宽外窄，残长2.82~2.88、宽1.18~1.38米，现存最高处2米。底由内向外倾斜，底部凿有排水沟。墓门宽1.06、高1.05米。双门框，外门框宽0.1、深0.12~0.18米，内门框宽0.14米。

甬道左右亦不对称，平面略呈长方形，长1.2~1.3、宽1.06、高1.44米。底由内向外倾斜。

墓室形制不甚规则，平面近长方形，长5.1~5.2、宽1.06~1.86、高1.76米。墓室前端和中部分别有一级高0.14和0.08米的台阶，将墓室分为前、中、后三部分，后部棺台。墓室后部右壁及后壁凿有仿木结构木板墙、壁柱、壁穿等。墓顶为圆弧顶，前部几乎全部垮塌。墓壁凹凸不平，向上直收，右壁后部亦有部分垮塌。墓底由内向外倾斜。墓室右壁前端凿有原岩石灶。

排水沟始凿于甬道前部，向外延伸到墓道逐渐变宽变深，残长3.48、宽0.04~0.14米。

石灶由火眼、灶塘、灶台和火门组成。火眼呈圆形，灶面直径0.26米。单火塘，深0.32米。长方形灶台，灶台长0.5~0.55、宽0.4~0.45、高0.32米。拱形火门，宽0.2、高0.22米。

墓葬被严重盗扰，陶器仅出土陶釜1件、陶模型5件，主要出土于墓室前部。

（二）出土器物

1. 陶器

釜 1件。M2：2，夹细砂灰陶。敞口，宽折沿，沿面内凹，束颈，腹部较高，圜底，上腹饰凹线纹一周，腹近底处饰粗绳纹，内壁可见拉坯时形成的旋痕。口径 28.5、高 22.3 厘米（图二一七，1）。

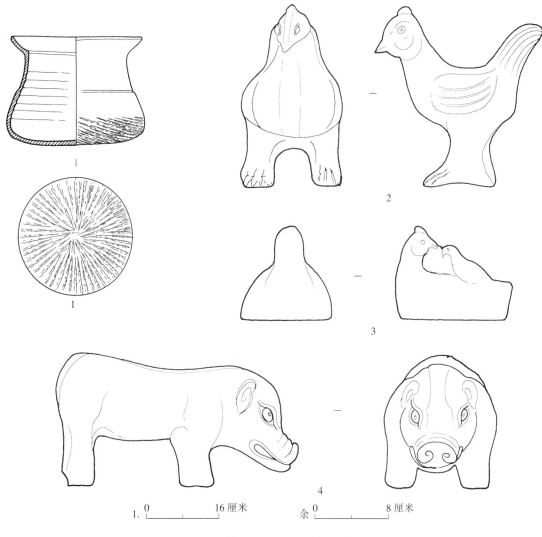

1. 0 ————— 16 厘米　　余 0 ————— 8 厘米

图二一七　井沿湾 M2 出土陶器、陶模型

1. 釜（M2：2）　2. 母鸡（M2：6）　3. 子母鸡（M2：7）　4. 猪（M2：4）

2. 陶模型

出土陶模型均为泥质红陶。陶动物俑 3 件，左右合范而制，单范接缝处有刮削痕。陶人物俑 2 件，首与身是分别制成后再黏接而成，单范接缝处有刮削痕。

母鸡　1 件。M2：6，昂首，低冠，圆眼，尖喙，长颈，敛翼，翘尾，翼、尾可见羽毛的层次，站立状。长 18.4 厘米，高 19.3 厘米（图二一七，2）。

子母鸡　1 件。M2：7，卧伏。小首，尖喙。小鸡立于背上。母鸡回首亲吻小鸡。长 12.4 厘米，高 10 厘米（图二一七，3）。

猪　1 件。M2：4，站立，膘肥体壮。短吻前伸，三角眼，小耳前翻，颈部鬃毛直立，臀部隆起，长尾卷曲贴于臀部，四肢残。腹中空。长 26、高 14 厘米（图二一七，4）。

女俑头　1 件。M2：1，脸近方圆，细眉，高鼻，小嘴，耳小巧，颈以下残。束双高髻，头发分成两束，分别盘于头顶，然后用巾从额至脑后束紧。除面部外饰黑彩。高22厘米（图二一八）。

抚琴俑 1件。M2：5，浓眉，弯眼，高鼻，阔嘴。头残，脑后似束发凸起。身着右衽长袍，宽袖，袖有褶纹，腰束带。坐姿，后露双脚；膝上置琴，双手置于琴上作弹奏状，十指纤长。残高40.8厘米（图二一九）。

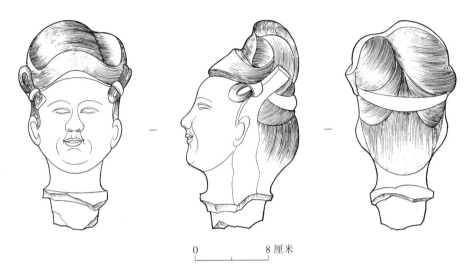

0   8厘米

图二一八 井沿湾 M2 出土陶女俑头（M2：1）

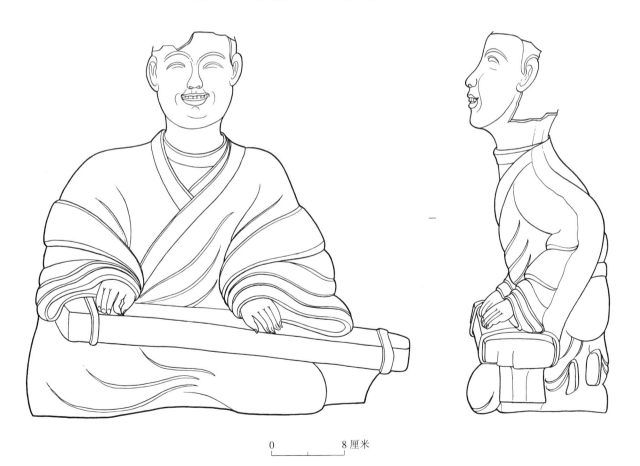

0   8厘米

图二一九 井沿湾 M2 出土陶抚琴俑（M2：5）

第三节 园艺高柏梁崖墓群

高柏梁以张家沟为界，南约 100 米为西南科技大学西山校区，是一处东汉至南北朝时期的崖墓群（图二二〇）。

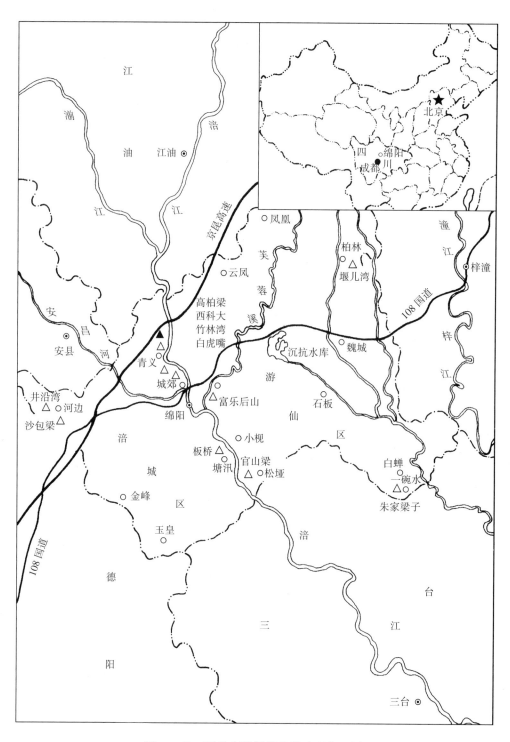

图二二〇 园艺高柏梁崖墓群地理位置图

此次发掘是为配合城郊乡新庙村五社迎宾大道高柏梁段建设工作，在东西相距约125、上下相对高差不到 5 米的斜坡上已经暴露 28 座崖墓，显然是一处规模较大的墓葬区，广义上来说属西山崖墓群范畴。2000 年 9 月 2～21 日，共计清理了 28 座崖墓，其中25 座结构基本完整，出土器物的位置一般在墓门口和墓室右部，封门多用石板，少数利用汉砖封门。

一 园艺高柏梁一号崖墓（2000MFGM1）

（一）墓葬形制

仅存部分墓室，墓顶被完全炸毁。墓葬残长 3.82 米，方向 200°（图二二一）。

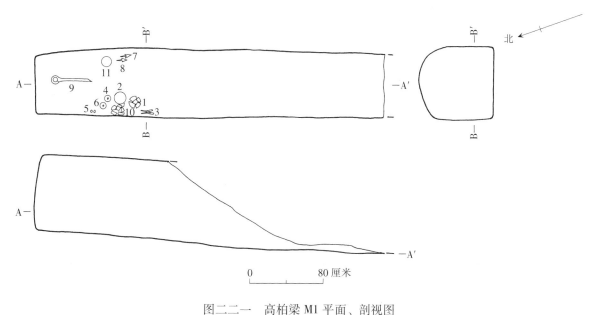

图二二一 高柏梁 M1 平面、剖视图

1、2. 陶钵 3. 铁剪刀 4、6. 陶纺轮 5. 料珠 7、8. 铁镞 9. 铁环首刀 10. 瓷唾壶 11. 铜镜

墓室平面呈长条形，残长 3.82、宽 0.62～0.72、现存最高处 0.82 米。两壁不规整，东壁向外弧凸，西壁向外略有倾斜，墓室北壁两个转角呈弧状，墓底由内向外倾斜，利于排水。

墓葬扰乱严重，出土器物以陶器、铁器为主，集中放置于墓室后部。墓室后部东侧置有五乳五鸟铜镜 1 枚、铁箭镞 2 枚。墓室中部后侧置有铁环首刀 1。其余随葬品均放置在墓室后部西侧，计有陶钵 2、陶纺轮 2、瓷唾壶 1、铁剪刀 1、料珠 2、钱币 1。

（二）出土器物

1. 陶器

钵 2 件。形制基本相同。口微敛，圆唇，弧腹，平底。唇下饰凹弦纹一周。M1∶1，口径 11.6、底径 7.6、高 4.4 厘米（图二二二，1）。M1∶2，口径 12、底径 8.2、高 4.4 厘米（图二二二，2；图版二一，1）。

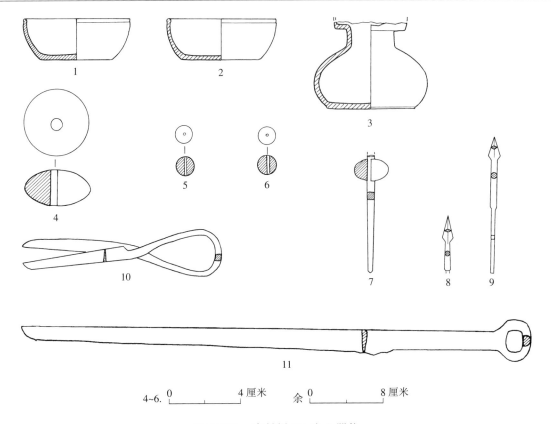

4~6. ├─0─────4厘米┤　　　余 ├─0─────8厘米┤

图二二二　高柏梁 M1 出土器物

1、2. 陶钵（M1：1、2）　3. 瓷唾壶（M1：10）　4. 陶纺轮（M1：4）　5、6. 料珠（M1：5－1、－2）　7. 陶纺轮（M1：6）　8、9. 铁箭镞（M1：8、7）　10. 铁剪刀（M1：3）　11. 铁环首刀（M1：9）

纺轮　2件。形制基本相同，算珠形，中间有穿孔。M1：4，直径3.6、孔径0.6、厚1.9厘米（图二二二，4）。M1：6，中心穿孔中有一铁棒，断面近方形。纺轮直径3.7、孔径0.8、厚2.3厘米。铁棒残长12.1厘米（图二二二，7）。

2. 瓷器

唾壶　1件。M1：10，盘口及颈部较残。灰胎，青釉，器内及器表皆施满釉。盘口，束颈，弧肩，扁腹，矮假圈足。腹径12.2、底径9.6、残高9厘米（图二二二，3）。

3. 铜器

五乳五鸟铜镜　1件。M1：11，镜面十分光亮。圆形，圆形钮。座外一周凸弦纹，之外为五圆形小乳钉和五禽鸟相间分布，再外为一周凸弦纹和一周短线纹，缘内侧饰一周锯齿纹，之外为一周凸线纹和一周双线波折纹。面径9.5、背径9.65、钮径1.65、钮高0.8、缘宽1.6、缘厚0.4、肉厚0.15厘米，重165克（图二二三，1）。

4. 铁器

剪刀　1件。M1：3，柄部略呈抹角三角形，断面略呈带弧度的方形，厚0.6厘米。剪身较细长，尖部略残，断面宽0.1~0.4厘米。长22厘米（图二二二，10；图版二一，2）。

镞　2件。M1：8，下部铤残断。尖刃，刃部断面呈菱形。上部铤较粗，下部铤较细，断面均呈圆形。残长5.9、宽0.1~1.2厘米（图二二二，8）。M1：7，尖刃，刃部断面呈菱形。下铤分两部分，上部铤较粗，断面呈圆形；下部铤较细，断面略呈方形。长14.4、宽0.1~

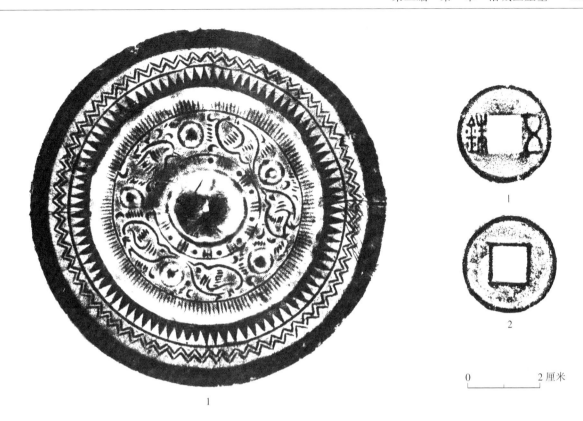

图二二三 高柏梁 M1 出土铜镜、钱币
1. 五乳四鸟纹镜（M1：11）   2. Ⅲ式五铢

1.3 厘米（图二二二，9）。

环首刀 1 件。M1：9，较完整。环首，直背，单面刃，仅在刀末呈弧形刃，刃部断面近呈三角形。长 56、厚 0.2～0.7 厘米（图二二二，11）。

5. 料珠

2 颗。青色，圆珠形，中有圆形穿孔。M1：5－1，直径 1、孔径 0.1 厘米（图二二二，5）。M1：5－2，直径 1、孔径 0.1 厘米（图二二二，6）。

6. 钱币

一般五铢

Ⅲ式 1 枚。直径 2.65、穿径 0.95、厚 0.1 厘米（二二三，2）。

二 园艺高柏梁二号崖墓（2000MFGM2）

（一）墓葬形制

单室墓，由墓道、甬道、墓室三部分组成。墓顶全部垮塌，墓道仅存部分。前低后高。墓葬残长 3.86 米。方向 207°（图二二四）。

墓道平面形状不规则，略呈梯形，内宽外窄，靠近甬道处逐渐内收，长 2.38～2.4、宽 0.68～1.38 米，底由内向外倾斜 0.16 米。

甬道东西亦不对称，平面呈梯形，内宽外窄，长 0.38～0.4、宽 0.7～0.78、残高 0.6～0.8 米，底由内向外倾斜 0.02 米。甬道口有零乱残砖。

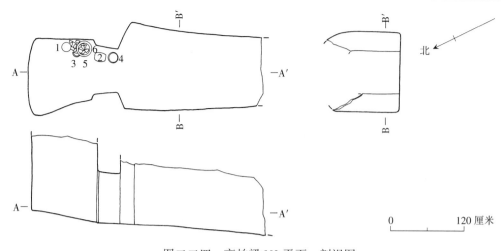

图二二四　高柏梁 M2 平面、剖视图

1、6. 瓷碗　2. 瓷四系罐　3. 陶片　4. 铜釜　5. 瓷盏

墓室东西不对称，平面略呈梯形，内宽外窄，长 1.08、宽 0.88~1.24 米，底由内向外倾斜 0.18 米。

墓葬破坏严重，出土器物较少，随葬品多置于甬道东侧及墓室东南角。以瓷器为主，共计出土 4 件，此外出土有铜釜 1 件。出土瓷器有四系罐、盏、碗等，其中一件瓷碗出土时置于铜釜之上。

（二）出土器物

1. 瓷器

四系罐　1 件。M2：2，灰胎，酱釉，器表施釉未及底。轮制，器内壁可见拉坯而成的凸棱。敛口，圆唇，溜肩，弧腹，平底。肩部贴塑两两对称四横桥形耳。口径 10.8、腹径 14.4、底径 10、高 17.4 厘米（图二二五，4）。

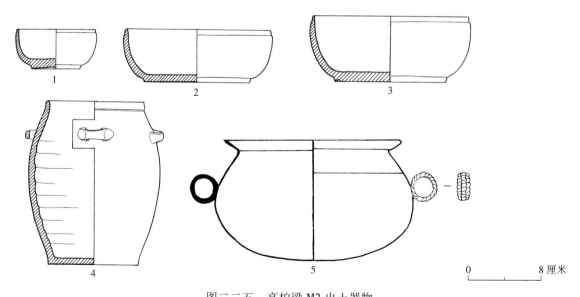

图二二五　高柏梁 M2 出土器物

1. 瓷盏（M2：5）　2、3. 瓷碗（M2：6、1）　4. 瓷四系罐（M2：2）　5. 铜釜（M2：4）

碗 2件。均为灰胎，青釉，器内器表皆施满釉。侈口，弧腹，饼足。唇下饰凹弦纹一周。M2:6，圆唇。口径16、底径11.8、高5.8厘米（图二二五，2）。M2:1，唇近尖，圈足内有一周凹槽。口径16.8、底径12、高7厘米（图二二五，3）。

盏 1件。M2:5，灰白胎，青釉，器内器表皆施满釉。口微敛，圆唇略尖，弧腹，饼足，底中部微凹。唇下饰凹弦纹一周。口径8.6、底径5.2、高4.2厘米（图二二五，1）。

2. 铜器

釜 1件。M2:4，敞口，宽折沿，束颈，溜肩，圆鼓腹，圜底。上腹部对称施绳纹双耳。口径19.6、腹径21.6、高12.8厘米（图二二五，5）。

三 园艺高柏梁三号崖墓（2000MFGM3）

（一）墓葬形制

单室墓，由墓道、墓室两部分组成。破坏严重，墓道仅存部分，墓顶砂石被炸后易垮塌，故采取揭顶方法清理墓室。前低后高。墓葬残长5.48米，方向200°（图二二六）。

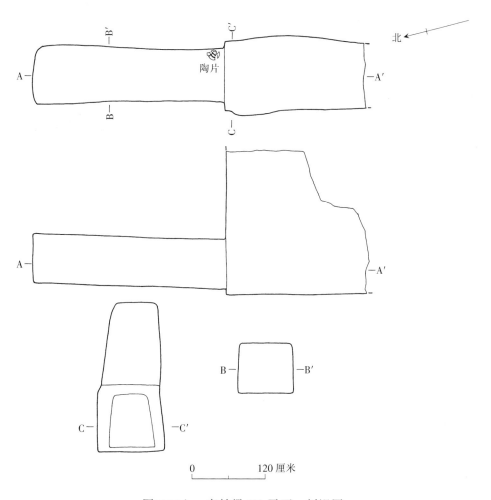

图二二六 高柏梁M3平面、剖视图

墓道宽于墓室，平面呈不规则的长方形，内宽外窄，残长2.32、宽1~1.2、现存高度1.02~1.08米，底部内低外高，高差为0.02米高，不利于排水。其后有一高0.1米的台阶。

墓门立面呈梯形，上窄下宽，宽0.52~0.78、高0.84米。

墓室平面呈长条形，内宽外窄，长3.14、宽0.8~0.93、高0.74~0.78米。平顶，两壁从底部逐渐内收，底由内向外倾斜0.1米。

（二）出土器物

由于早年盗扰严重，仅出土了青瓷器和铜泡钉的部分碎片，没有修复出比较成型的器物。

四 园艺高柏梁四号崖墓（2000MFGM4）

（一）墓葬形制

墓顶被完全炸毁，仅存墓室部分。前低后高。墓葬残存1.86米，方向212°（图二二七，1）。

墓室残存部分平面近长方形，残长1.86、宽0.84~0.96、现存高度0.8~0.96米。两壁从底部向上逐渐外斜，显得上宽下窄，墓底由内向外倾斜。

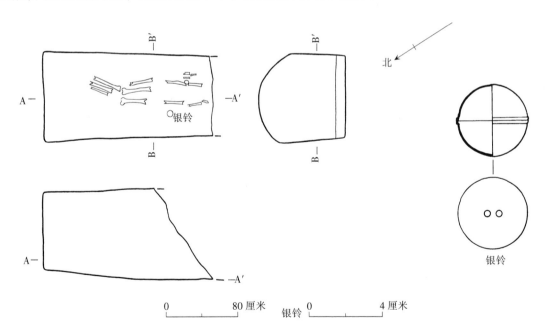

图二二七 高柏梁M4平面、剖视图及出土银铃

墓内尚残存人骨1具，仅残存肢骨部分，可能为仰身直肢葬，头向朝向墓门方向。墓葬盗扰严重，仅在墓主右膝处出土银铃1件。

（二）出土器物

银铃 1件。M4:1，合范而制，接缝处有凸棱两道。小圆球形，中空，顶部有圆形穿孔两个。直径 3.8 厘米（图二二七，2；图版二一，3）。

五 园艺高柏梁五号崖墓（2000MFGM5）

（一）墓葬形制

墓顶被完全炸毁，仅存墓室部分。墓室底部前后斜坡高差为 0.25 米，前低后高。墓葬残长 1.72 米。方向 191°（图二二八）。

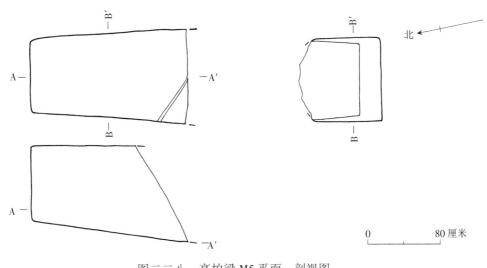

图二二八 高柏梁 M5 平面、剖视图

墓室残存部分平面呈梯形，内窄外宽，残长 1.72、宽 0.74～1 米，现高 0.8～0.94 米。墓室北壁两个转角和墓顶呈弧状，两壁较直。

（二）出土器物

墓葬损毁十分严重，没有出土任何随葬品。

六 园艺高柏梁六号崖墓（2000MFGM6）

（一）墓葬形制

单室墓，由墓道、墓室两部分组成，墓道仅存部分，墓顶被完全炸毁。前低后高。墓葬残长 3 米。方向 189°（图二二九）。

墓道残存部分平面近长方形，残长 1.1、宽 0.84～0.9 米，底由内向外倾斜约 0.04 米。

墓室平面略呈长方形，中部向外弧凸，长 1.9、宽 0.7～0.98 米。墓壁和墓底凿造粗糙，凹凸不平，墓底由内向外倾斜约 0.35 米。

墓葬破坏严重，出土物铜、铁器所占比例偏大。陶器仅出土纺轮 1 件；瓷器有盘口壶、盏，共 2 件，铜器有釜、洗共 3 件；铁器有剪刀、直柄刀、矛；此外还出土有料珠 6 颗。随葬品除铁剪刀置于墓室西侧中部外，余皆置于墓室东侧。

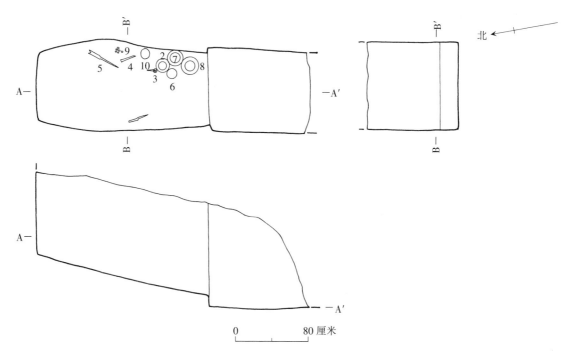

图二二九　高柏梁 M6 平面、剖视图

1. 铁剪刀　2. 瓷盘口壶　3. 陶纺轮　4. 铁直柄刀　5. 铁矛　6. 瓷盏　7. 铜釜　8、10. 铜洗　9. 料珠

（二）出土器物

1. 陶器

纺轮　1 件。M6：3，泥质灰陶，算珠形，中间有一穿孔。上下对称施凹弦纹三周。直径 4、孔径 0.25、厚 2.7 厘米（图二三〇，6）。

2. 瓷器

瓷器仅出土 2 件。均为灰胎，青釉。

盘口壶　1 件。M6：2，器表施青釉未及底。盘口尖圆唇，高束颈，圆肩，鼓腹内收，底中部微凹。颈部饰三周凸棱，颈腹相交处附拱形双系，系中部施凹线纹一道，双系相对一侧附半圆形耳，系间饰凹弦纹一周。盘口径 10.1、腹径 14.6、底径 7.2、高 21.2 厘米（图二三〇，4；图版二二，1）。

盏　1 件。M6：6，器内及器表皆施满青釉，釉面有冰裂纹。侈口，唇近尖，弧腹，底略内凹。口径 8.6、底径 5、高 3.5 厘米（图二三〇，1；图版二二，2）。

3. 铜器

洗　1 件。M6：10，盘状口略敛，唇近尖，外唇近直，其下斜收，腹近直，矮饼足。口径 25.4、底径 16、高 6 厘米（图二三〇，2；图版二二，3）。

釜　2 件。M6：8，立耳釜。口近直，折沿略内凹，外唇下斜收，无颈，直腹，圜底。口部两侧各饰半圆形耳一对，耳有穿孔。铁提梁，圈于铜锅口部双耳，残。口径 20.4、带提梁高 10.8 厘米（图二三〇，3）。M6：7，宽折沿略内凹，唇近尖，束颈呈弧状，圆鼓腹，圜底近平。颈下饰近半圆形环耳一对。耳所在壁面从口到底有合范而成的扉棱，凸出 0.2～0.3 厘米。下腹施凸弦纹两道。口径 13.8、腹径 14.6、高 12.6 厘米（图二三〇，5）。

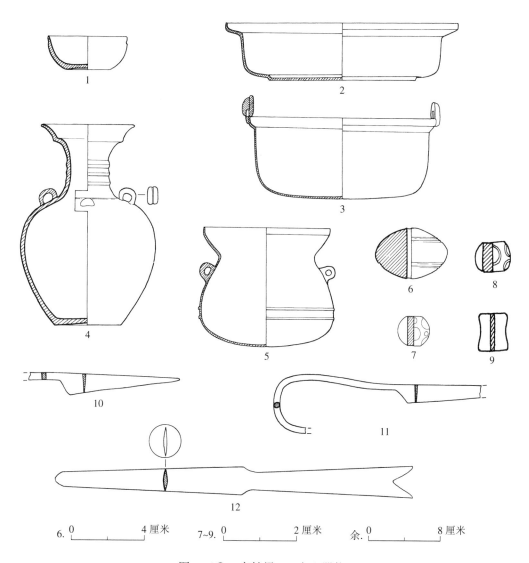

图二三〇 高柏梁 M6 出土器物

1. 瓷盏（M6∶6） 2. 铜洗（M6∶10） 3. 铜釜（M6∶8） 4. 瓷盘口壶（M6∶2） 5. 铜釜（M6∶7） 6. 陶纺轮（M6∶3） 7、8、9. 料珠
（M6∶9 - 2、- 4、- 5） 10. 铁直柄刀（M6∶4） 11. 铁剪刀（M6∶1） 12. 铁矛（M6∶5）

4. 铁器

直柄刀 1 件。M6∶4，柄部残断。细柄，断面呈长方形，宽 0.8、厚 0.4～0.5 厘米。直背，单面刃，断面呈三角形，宽 0.2～2.2、厚 0.1～0.4 厘米。残长 16.5 厘米（图二三〇，10）。

剪刀 1 件。M6∶1，柄部和剪身均残。残柄呈弯钩，断面呈圆形，径 0.6 厘米。剪身厚 0.1～0.3 厘米。残长 22.5 厘米（图二三〇，11）。

矛 1 件。M6∶5，平面呈柳叶形，中脊略为凸起，边锋较窄，双刃较直，断面呈菱形，圆筒形长骹，骹口呈燕尾形。残长 39.2 厘米（图二三〇，12）。

5. 料珠

料珠 6 颗。其中 1 颗甚残，其他料珠都略残（图版二二，4）。M6∶9 - 1、2、3，黑色，断口显得黑亮。状如圆鼓形，上下两侧近平。中间有穿孔。外面有规律密布大小不一的圆坑。M6：9－1，直径 2.3、孔径 0.9、高 2 厘米。M6：9－2、3，大小一样，直径 0.9、孔径 0.5、高 0.8 厘米，M6：9－2（图二三〇，7）。M6：9－4，黑色，断口显得黑亮。状如圆柱形，上下两侧近平，中间有穿孔。外面有规律密布大小不一的圆坑，直径 0.1～0.4、深 0.05～0.15 厘米。直径 1、孔径 0.4、高 0.8 厘米（图二三〇，8）。M6：9－5，深灰色，材质较疏松。状如略缩腰圆柱形，中间有一小穿孔。上下直径 0.8、腰径 0.7、孔径约 0.1、高 1 厘米（图二三〇，9）。

七　园艺高柏梁七号崖墓（2000MFGM7）

（一）墓葬形制

单室墓，由墓道、甬道、墓室三部分组成。由于修路放炮被炸坏，塌方严重，墓顶被毁，墓道仅存部分。前低后高。墓葬残长 2.78 米，方向 220°（图二三一，1）。

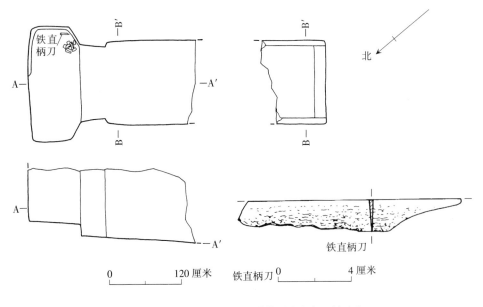

图二三一　高柏梁 M7 平面、剖视图及出土铁直柄刀

墓道残存部分平面略呈长方形，残长 1.3～1.5、宽 1.14～1.34 米，底部由内向外倾斜约 0.11 米。

甬道与墓道在同一平面，比墓室低 0.19 米。平面形近梯形，中部弧收，长 0.44、宽 1.14～1.26 米，底由内向外倾斜约 0.02 米。甬道内斜置一块三角形封门石，高约 1 米。

墓室平面形近横长方形，纵长 0.84、横长 1.86 米，转角均带弧度，底部凹凸不平，由内向外倾斜约 0.05 米。

墓室北壁底部从中间向东沿墓壁凿有排水沟，延伸至甬道处。排水沟断面近似倒三角形，深 0.02～0.03、宽 0.04 米。

墓葬盗扰严重，仅于墓室东南角出土陶罐和铁直柄刀 2 件随葬品，且陶罐残碎无法修复。

（二）出土器物

直柄刀 1 件。M7：1，刃、柄皆残。细柄，直背，单面刃，刃断面呈三角形。残长 12.2、厚 0.05～0.2 厘米（图二三一，2）。

八 园艺高柏梁八号崖墓（2000MFGM8）

（一）墓葬形制

墓葬几乎完全被炸毁，仅存墓室后端，残存部分形近 2000MFGM5。

出土陶器均是碎片，可辨器形有器盖、灰陶敞口带耳罐、黑褐色陶俑等。完整器仅出土有铜釜 1 件。

（二）出土器物

铜釜 1 件。M8：1，左右合范而成，器表有合范而成的扉棱，凸出约 1 厘米。盘口，尖唇，弧腹，圜底。口部两侧各附半圆形环耳一对。提梁铁质，与铜釜环耳连接部分呈叉形，中部呈辫束状。口径 29.7、腹径 26.7、通高 20 厘米（图二三二）。

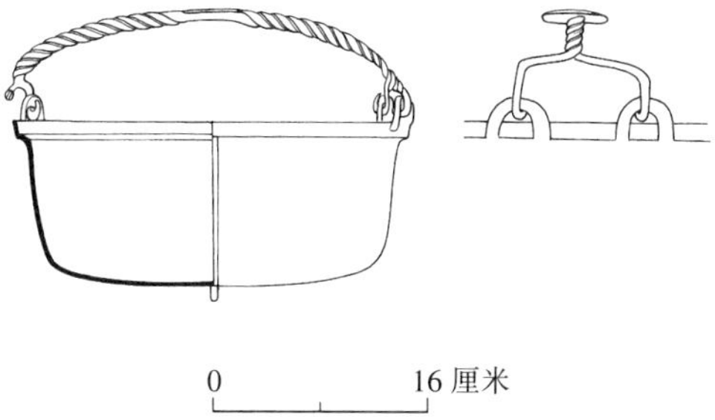

0 ____ 16 厘米

图二三二 高柏梁 M8 出土铜釜（M8：1）

九 园艺高柏梁九号崖墓（2000MFGM9）

（一）墓葬形制

单室墓，由墓道、甬道和墓室三部分组成。墓顶部分垮塌，墓道仅存部分。前低后高。墓葬残长 4.22 米，方向 223°（图二三三）。

墓道残存部分形状不甚规则，东西不对称。平面略呈梯形，内宽外窄，残长 2.6～2.67、宽 1.3～1.84 米。两壁向上弧收，底由内向外倾斜 0.14 米。墓道中部凿有一排水沟，平面呈长"U"字形，断面呈倒梯形，残长 2.3、上宽 0.14、下宽 0.06～0.1、深 0.03 米。

墓门共三层。第一层圆弧顶，两壁弧收，宽 1.45、高 1.6、深 0.03～0.12 米。第二层门框顶部残，立面略呈方形，宽 1.08～1.12、高 1～1.06、深 0.02 米。内层门框形近方形，东西不对称，显得不甚规整，宽 0.86～0.88、高 0.82～0.88、深 0.06 米。

甬道平面呈平行四边形，长 0.54～0.56、宽约 0.9、高 0.86～1.02 米。底部由内向外倾斜 0.02 米。甬道口尚存 5 层封门砖。

甬道后接墓室，低于墓室 0.21 米，墓室形状不甚规则，东西不对称，平面略呈横长方形，墓室纵长 0.7～0.94、横长 1.4～1.98、高 0.6～0.8 米。北壁斜直，东北角急剧转折，西南角近直角，另两角呈抹角。墓底由内向外倾斜约 0.07 米。墓底沿周壁至甬道处开凿有排水沟，深 0.03、宽 0.04 米。

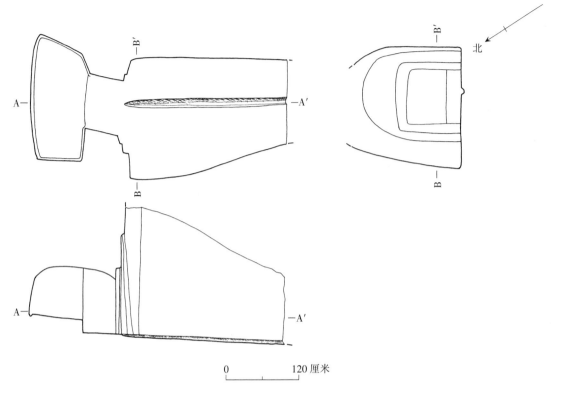

图二三三　高柏梁 M9 平面、剖视图

（二）出土器物

此墓是空墓，没有出土任何随葬品。

十　园艺高柏梁十号崖墓（2000MFGM10）

（一）墓葬形制

单室墓，由墓道、甬道、墓室三部分组成。墓顶前部垮塌，墓道仅存部分。前低后高。墓葬残长 4.2 米，方向 140°（图二三四）。

墓道形制不规则，多处有转折或弧度，残长 2.74～2.84、宽 1.02～1.5 米。两壁向上弧收，底由内向外倾斜幅度较大，前后相差 0.52 米。

墓门为抛物线形顶，两壁较直，宽 0.7～0.76、高 0.96 米。其外凿有单层门框，门框东西不完全对称，仅凿出下半部分，向内倾斜，宽 0.9～1 米，高 0.8～0.86 米，深 0.08～0.1 米。

甬道平面略呈长方形，长 0.38～0.42、宽约 0.76～0.78、高 0.92～0.94 米。圆弧顶，两壁弧收，底由内向外倾斜 0.02 米。

甬道后接墓室，低于墓室底部 0.18 米。墓室平面形状不规则，形近五边形，纵长 0.54～0.92、横长 1.64～2.12、残高 0.64～0.74 米。墓顶前部已垮塌。北壁弧凸，两壁斜收。底由内向外倾斜 0.08 米。

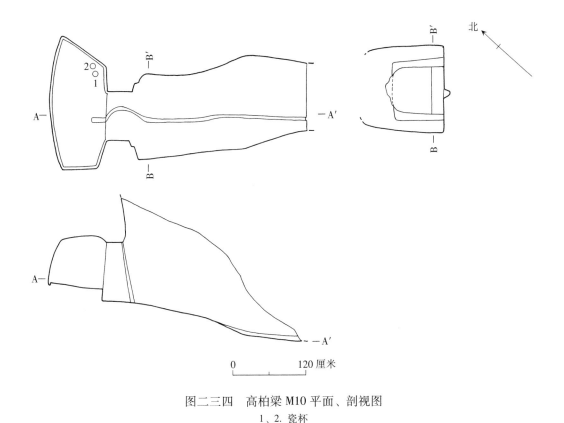

图二三四　高柏梁 M10 平面、剖视图
1、2. 瓷杯

排水沟沿墓室墓底周壁开凿，至于甬道两侧，宽 0.03、深 0.02 米。此外，在墓室前端近中部亦凿有排水沟，贯通甬道和墓道，且在甬道部分弯曲较大。残长 3.52、宽 0.02～0.1、深 0.1 米。

墓葬盗扰严重，仅于墓室东南角出土青瓷圈足杯 2 件。

（二）出土器物

瓷杯　2 件。灰白胎，青釉，器内施满釉，器表施釉未及底，釉面有冰裂纹。器形大致相同，直口，方唇，弧腹内收，假圈足，底略内凹。M10：1，沿下呈弧状。口径 7.3、底径 2.6、高 5.1 厘米（图二三五，2）。M10：2，沿下较直，下腹弧状内收。口径 7.3、底径 3、高 5.5 厘米（图二三五，1；图版二二，5）。

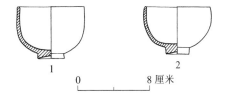

图二三五　高柏梁 M10 出土瓷杯
1. M10：2　2. M10：1

十一　园艺高柏梁十一号崖墓（2000MFGM11）

（一）墓葬形制

单室墓，由墓道、墓室两部分组成。墓顶基本塌毁，墓道仅存部分。前低后高。墓葬残长 5 米，方向 202°（图二三六）。

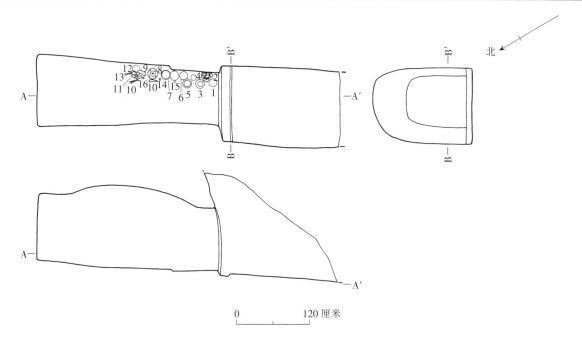

图二三六　高柏梁 M11 平面、剖视图

1、4、6、12、16. 陶钵　2. 陶罐　3. 铜釜和铁片　5、7. 铜釜　8. 瓷罐　9. 陶俑　10. 铁剪刀　11. 铜龙头饰　13. 铁直柄刀　14. 陶纺轮　15. 瓷鸡首壶

　　墓道现存部分平面略呈长方形，近墓门处略斜收，长 2、宽 0.84～1.28 米，最高处 1.62 米。两壁弧收，底由内向外倾斜 0.16 米。后部凿有凹槽，长 1.2、上宽 0.21、下宽 0.16、深 0.04 米。

　　墓门宽 0.6～0.82、高 0.99 米。顶微弧，两壁弧收。

　　墓室平面略呈长条形，东北壁有转折，内宽外窄，长 3、宽 0.82～1.14 米，前部高约 0.98、后部高约 1.08 米。墓顶中部已垮塌，北壁较直，底由内向外倾斜 0.1 米。

　　墓葬虽被盗扰过，但出土器物较多，大多集中在墓室南侧前部，但位置多有移动。主要是陶瓷器、铜器和铁器等，共计 17 件。陶器可辨器形有罐、钵、纺轮等，陶模型仅出土舞俑 1 件；瓷器可辨器形有罐、鸡首壶等；铜器有龙头饰、釜等；铁器有剪刀、刀和铁片，铁片出于铜釜内。

　　（二）出土器物

　　1. 陶器

　　钵　5 件。M11:16，口微敛，圆唇，折腹，假圈足低矮，底略内凹。唇下饰凹弦纹一周。口径 20、底 8.8、高 7.5 厘米（图二三七，2）。其余 4 件均是口微敛，唇下饰凹弦纹一周。M11:6，圆唇。平底。口径 22、底径 12、高 9.2 厘米（图二三七，6）。M11:1，圆唇，弧腹，底略内凹。口径 12、底径 8.2、高 4.4 厘米（图二三七，3）。M11:4 与 M11:1 形制相同，口径 12.4、底径 7.7、高 4.4 厘米（图二三七，5）。M11:12 亦与 M11:1 形制相同，只是器口略有烧制变形，口径 13、底径 8.6、高 4.5 厘米（图二三七，4）。

　　罐　1 件。M11:2，侈口，尖唇，束颈，圆弧肩，鼓腹斜收，底略内凹。口径 17.6、腹

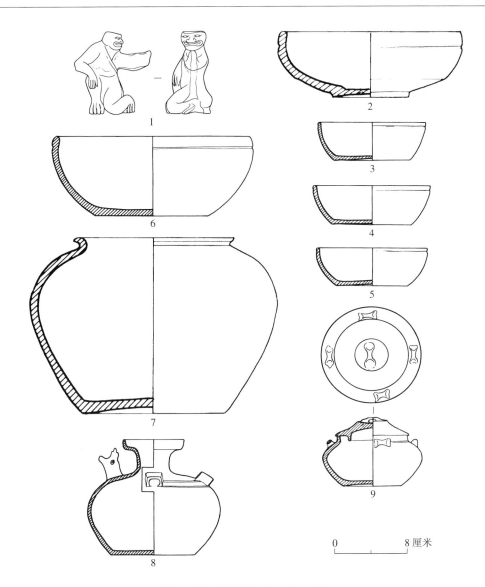

图二三七　高柏梁 M11 出土器物

1. 陶俑（M11∶9）　　2～6. 陶钵（M11∶16、1、12、4、6）　　7. 陶罐（M11∶2）　　8. 瓷鸡首壶（M11∶15）　　9. 瓷罐（M11∶8）

径 27.2、底径 16、高 20.2 厘米（图二三七，7）。

纺轮　1件。M11∶14，算珠形，中部穿孔。孔中有一铁棒，横截面为圆形。纺轮直径 3.4、孔径 0.6、厚 2.4 厘米。铁棒直径 0.6、残长 18 厘米（图二三八，7）。

2. 陶模型

俑　1件。M11∶9，手制，制作粗糙。面部较模糊，枣眼，阔嘴。头略向左侧，身着长服，右臂下垂放于膝上，左手上举作舞蹈状。高 9.7 厘米（图二三七，1；图版二三，1）。

3. 瓷器

鸡首壶　1件。M11∶15，灰胎，青釉，器内及器表皆施满釉。小盘口，唇近尖，束颈，圆肩，圆鼓腹内收，平底。肩部附鸡首和对称桥形双系，鸡首与柄相对，柄残。鸡冠高耸，鸡首与双系间有凹弦纹两周。盘口径 6.6、深 0.9 厘米，腹径 14.6、底径 9.2、高 13.3 厘米（图二三七，8；图版二三，2）。

罐　1件。M11：8，灰胎，酱釉，盖面施满釉，器身施半釉。盖呈圆形，子母口，平顶，顶附桥形纽。罐身侈口，圆肩，鼓腹斜收，底略内凹。肩附桥形四系，四系间饰凸弦纹一周。盖径8.2、子口径2.6、盖高2.8、罐口径7.8、腹径11、底径6.2、高5.8厘米。通高7.9厘米（图二三七，9；图版二三，3）。

4. 铜器

釜　3件。M11：7，宽折沿内凹，唇近尖，束颈，弧腹，圜底。肩部附圆形环耳一对，耳所在壁面从口到底有合范而成的扉棱，凸出0.1~0.2厘米。口径20.2、腹径21.2、高17厘米（图二三八，3）。M11：3，底部及口部残。宽折沿内凹，唇近尖，束颈，弧腹略方，圜底。肩部附圆形环耳一对，耳所在壁面从口到底有扉棱，凸出0.1~0.2厘米。口径26.8、腹径28.5、高23厘米（图二三八，2）。M11：5，盘口，尖唇，外唇下斜收，无颈，直腹，圜底。口部两侧各附半圆形环耳一对，现两侧均只存一个，与耳相对一侧的器身壁面从口到底有合范而成的扉棱，凸出0.1厘米。口径20.8、带耳高10.4厘米（图二三八，1）。

龙头饰　1件。M11：11，顶部呈龙头状，下部呈圆筒形，中空，釜口有对称圆形穿孔。长18.6厘米（图二三八，8；图版二三，4）。

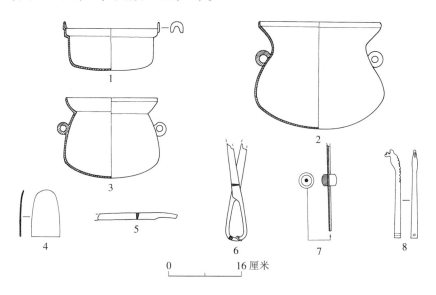

图二三八　高柏梁M11出土器物

1、2、3. 铜釜（M11：3、5、7）　4. 铁片（M11：3）　5. 铁直柄刀（M11：13）　6. 铁剪刀（M11：10）　7. 陶纺轮（M11：14）　8. 铜龙头饰（M11：11）

5. 铁器

直柄刀　1件。M11：13，刃残。细柄，直背，单面刃，刃断面呈三角形。残长17.6、厚0.1~0.5厘米（图二三八，5）。

剪刀　1件。M11：10，刃部残。柄与口部呈直线状，剪身细长。柄部略呈抹角三角形，断面呈圆形，厚0.6厘米，饰有一圆环，刃断面呈瘦梯形，厚0.2~0.4厘米。残长20.7厘米（图二三八，6）。

铁片　1件，出土于铜釜（M11：3-1）内。M11：3-2，较薄，平面近呈梯形，两边呈弧状，上部收缩。断面略弧，似为悬挂物。长9.8、宽6.4、厚0.2厘米（图二三八，4）。

十二　园艺高柏梁十二号崖墓（2000MFGM12）

（一）墓葬形制

单室墓，墓顶被完全炸毁，仅存部分墓室。墓道前低后高。墓葬残长 2.24 米，方向 216°（图二三九）。

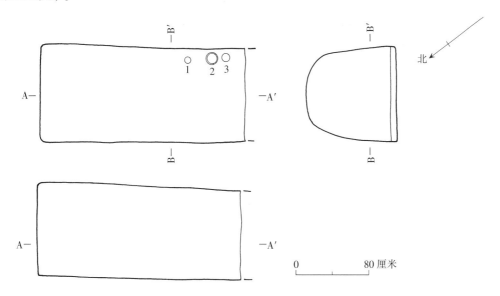

图二三九　高柏梁 M12 平面、剖视图
1. 陶纺轮　2、3. 陶钵

墓室残存部分平面近长方形，残长 2.24、宽 0.96~1.04 米，现存高度 0.98 米。两壁从下至上逐渐内收，底由内向外倾斜。

M12 扰乱严重，出土器物较为残损，出土随葬品可修复者共计出土陶钵 2、陶盏、陶纺轮各 1 件。

（二）出土器物

陶器

钵　2 件。M12:2，口微敛，唇近圆，弧腹，底近平，微凹。唇下饰凹弦纹一周。口径 14.8、底径 9.8、高 7 厘米（图二四〇，1）。M12:3，口微敛，圆唇，弧腹，底近平，微凹。近底处有刮削痕。口径 8.4、底径 5.2、高 4.2 厘米（图二四〇，2）。

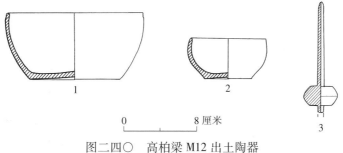

图二四〇　高柏梁 M12 出土陶器
1、2. 钵（M12:2、3）　3. 纺轮（M12:1）

纺轮 1件。M12：1，算珠形，中部穿孔。孔中有一铁棒，横截面为圆形。纺轮直径3.8、孔径0.6、厚2厘米。铁棒直径0.6、残长11.6厘米（图二四〇，3；图版二四，1）。

十三 园艺高柏梁十三号崖墓（2000MFGM13）

（一）墓葬形制

单室墓，由墓道、甬道、墓室三部分组成，墓道前端被炸毁，仅存部分。墓葬残长6.22米。方向222°（图二四一）。

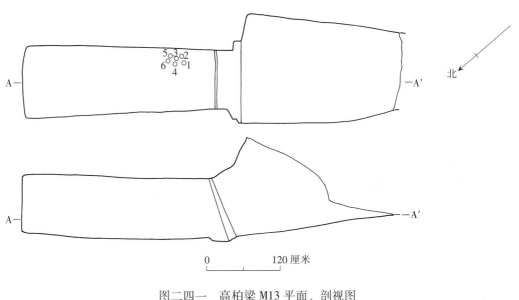

图二四一 高柏梁M13平面、剖视图
1~6. 陶盏

墓道宽于墓室，平面略呈梯形，长2.62、宽1.2~1.74米，现存最高处1.54米。两壁弧收。墓道底部外高内低，高差0.33米，不利于排水。

甬道较短，低于墓室、墓道约0.08米，平面形状很不规则，长0.42、宽0.94~1.3、最高处1.12米。墓门用两块不太规则的长方形青石板封堵，石板长1.14、宽0.65、厚0.03~0.1米。

墓室平面呈长条形，内宽外窄，长3.18、宽0.94~1.14、高0.92~1米。墓底由内向外倾斜，前后高差为0.12米。

墓室曾被扰乱，出土有陶盏、陶罐和青瓷罐等随葬品，陶罐和青瓷罐甚残碎，陶盏6件。

（二）出土器物

陶器

盏 6件。均为泥质灰陶。形制相同，口微敛，圆唇，弧腹，底部略有差异。除M13：1外，唇下均饰凹弦纹一周。M13：1，底部略内凹，口径8.3、底径5.4、高4.1厘米（图二四二，1）。M13：2，口径7.6、底径4.2、高4厘米（图二四二，2）。M13：3，矮饼足，口径7.6、底径4.4、高4.2厘米（图二四二，3）。M13：4，口径7.6、底径4.8、高4.3厘米（图二四二，4）。M13：5，上腹略内弧，矮饼足，口径7.5、底径4.8、高3.8厘米（图二四二，5）。M13：6，口径7.6、底径4.2、高3.8厘米（图二四二，6；图版二四，2）。

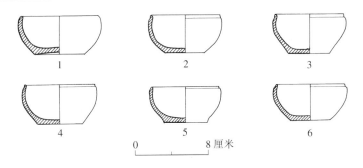

图二四二 高柏梁 M13 出土陶盏
1. M13:1 2. M13:2 3. M13:3 4. M13:4 5. M13:5 6. M13:6

十四 园艺高柏梁十四号崖墓（2000MFGM14）

（一）墓葬形制

单室墓，由墓道、甬道和墓室三部分组成，墓道仅存部分。墓道前低后高。墓葬残长3.1米，方向142°（图二四三）。

墓道残存部分平面略呈梯形，中间略内收，内窄外宽，残长1.9、宽1.08~1.36米，底部由内向外倾斜0.6米。中部靠后有一石台，平面略呈梯形，宽0.26~0.7、长0.74米，两边弧收，后部微弧。

墓门立面略呈梯形，两边不甚规整，上窄下宽，宽0.56~0.66、高0.73米。

甬道平面略呈梯形，内宽外窄，长0.3、宽0.54~0.6、高0.74米，底部由内向外倾斜0.12米。

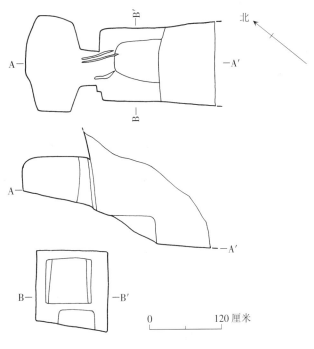

图二四三 高柏梁 M14 平面、剖视图

墓室平面形状不规则，略近横长方形，纵长0.52~0.9、横长0.6~1.52、高0.52~0.74米。北壁向外凸出，四角均呈抹角，底部由内向外倾斜0.18米。

（二）出土器物

墓室扰乱严重，仅出土少许陶器碎片，器形不可辨。

十五 园艺高柏梁十五号崖墓（2000MFGM15）

（一）墓葬形制

墓顶大部分垮塌，仅存部分墓室。方向225°。

墓室残存部分平面呈梯形，内宽外窄，残长3.42、宽1.18～1.52、高1.04～1.14米。北壁中部微向外弧，东壁和北壁向上斜直逐渐内收，西壁较直。墓底较平，由外向内倾斜，高差约0.04米。

墓葬盗扰严重，仅出土陶釜和陶甑各1件。

（二）出土器物

陶器

釜　1件。M15：2，圆唇，宽折沿，沿面略内凹，圆鼓腹，底略内凹。近底处有刀削痕。口径12.8、腹径10.6、底径4.3、高8.6厘米（图二四四，1）。

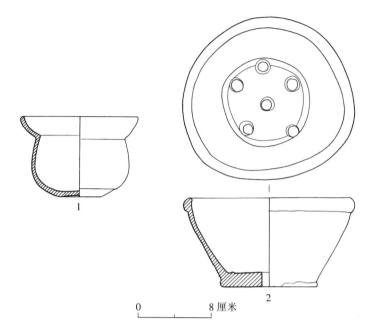

图二四四　高柏梁M15出土陶器
1. 釜（M15：2）　2. 甑（M15：1）

甑　1件。M15：1，敞口，圆唇外凸，腹部斜直，平底。底部6个圆孔，孔径0.8厘米。口径18.6、底径10.5、高9.4厘米（图二四四，2）。

十六　园艺高柏梁十六号崖墓（2000MFGM16）

（一）墓葬形制

墓葬受损严重，墓顶和墓道均不存，仅存墓室及部分甬道。墓葬残长1.2米，方向217°（图二四五）。

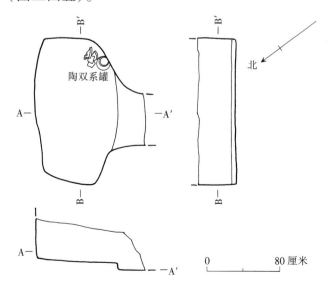

图二四五　高柏梁M16平面、剖视图

甬道比墓室低约0.06米，残长0.3、宽0.54～0.76米。

墓室平面不甚规则，略呈横长方形，纵长0.9、横长0.84～1.54米，西壁残高0.42米。北壁和东西两壁较直。墓底不平，由内向外倾斜，高差约0.05米。

墓葬破坏严重，出土器物极少。陶片可辨器形有双系罐、钵等，均置于墓室南角。可修复者仅陶双系罐1件。

（二）出土器物

陶器

双系罐　1件。M16:1，泥质灰陶，敛口，平沿，方唇，束颈，鼓腹斜收，底内凹。肩部对称饰拱形耳，耳上饰凹弦纹。口径16.8、腹径25.6、底15.6、高19.4厘米（图二四六；图版二四，4）。

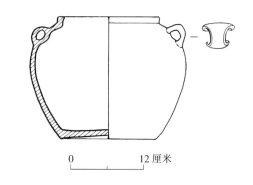

图二四六　高柏梁M16出土陶双系罐（M16:1）

十七　园艺高柏梁十七号崖墓（2000MFGM17）

（一）墓葬形制

墓葬受毁严重，墓顶及墓道完全不存，仅存墓室及部分甬道。墓葬残长1.24米，方向228°（图二四七）。

甬道比墓室低约0.12米，平面横长方形，残长0.36、宽0.85～0.88米。

墓室平面不甚规则，略呈椭圆形，纵长0.89米，横长0.88～1.62米，残高0.56米。北壁和东西两壁较直。墓底不平，由内向外倾斜，高差约0.05米。

墓葬盗毁严重，出土随葬品极少，且均置于墓室南角，可辨器形有陶釜、陶甑、陶盏等，可修复者仅有1件陶盏。

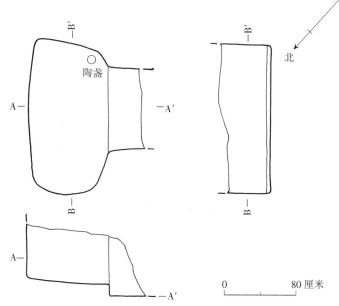

图二四七　高柏梁M17平面、剖视图

（二）出土器物

陶器

盏　1件。M17:1，泥质灰陶。敞口，尖圆唇，弧腹斜收，平底。口径8.1、底径4、高3.9厘米（图二四八）。

图二四八　高柏梁M17出土陶盏（M17:1）

十八　园艺高柏梁十八号崖墓（2000MFGM18）

（一）墓葬形制

单室墓，由墓道和墓室两部分组成，墓道仅存部分。墓道前高后低。墓葬残长4.02

米，方向 155°（图二四九）。

墓道略宽于墓室，残长 0.64 ~ 0.96、宽约 1.34 米。残存部分，底部由外向内倾斜，现存高差 0.12 米。

墓门上部被损毁，为单层门楣。墓门前留有镶嵌封门石的凹槽，上宽 0.1 ~ 0.14、底宽 0.08、深约 0.1 米。槽内尚有一块不太规则的长方形青石板，高约 0.52、宽 1.24、厚 0.09 米。

墓室平面很不规则，略呈长方形，长 2.98 ~ 3.06、宽 0.74 ~ 1.13、高 0.42 ~ 1.06 米。墓顶呈圆弧状。南、北壁较直，东、西两壁向上弧收。墓底由内向外倾斜，高差为 0.4 米。

（二）出土器物

图二四九　高柏梁 M18 平面、剖视图

墓葬盗扰厉害，仅残存部分陶器碎片，均为泥质灰陶，火候较低，无法修复。

十九　园艺高柏梁十九号崖墓（2000MFGM19）

（一）墓葬形制

单室墓，由墓道、甬道和墓室三部分组成，墓道仅存部分。墓葬残长 4.1 米。方向 145°（图二五○）。

墓道西壁前半部分被毁，东侧后部被 2000MFGM28 打破，从平面已看不出原来形制，

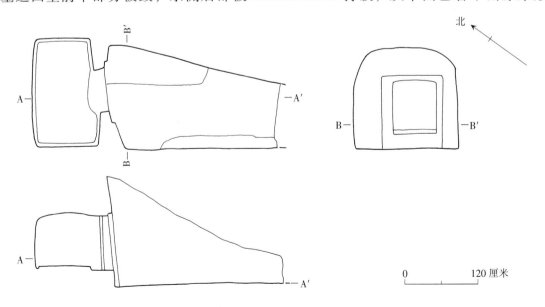

图二五○　高柏梁 M19 平面、剖视图

残长 2.44～2.92、宽 0.8～1.68 米。底部不平。

墓门为单层门框结构，高 1.18、宽 0.96、深 0.06 米。其后有一高 0.26 米的台阶。

甬道形状很不规则，长 0.12～0.18、宽 0.7、高 0.86 米。其后有一高 0.06 米的台阶。

墓室平面略呈横长方形，纵长 0.86～1.12、横长 1.72～1.74、高 0.76～0.86 米。墓顶为圆弧形。墓壁较直，四个转角带有弧度。墓底外低内高，高差为 0.02 米。墓室沿四壁开凿有排水沟，汇流于墓室前部低处，沟深 0.03～0.05、宽 0.06 米。墓室前端中部与甬道在同一水平面，有利于排水。

墓室内残留有碎骨渣，葬式不明。

（二）出土器物

墓葬盗扰十分严重，未发现出土器物。

二十　园艺高柏梁二十号崖墓
（2000MFGM20）

（一）墓葬形制

单室墓，由墓道、甬道和墓室三部分组成，墓道前部被破坏。墓葬残长 4.2 米，方向 140°（图二五一）。

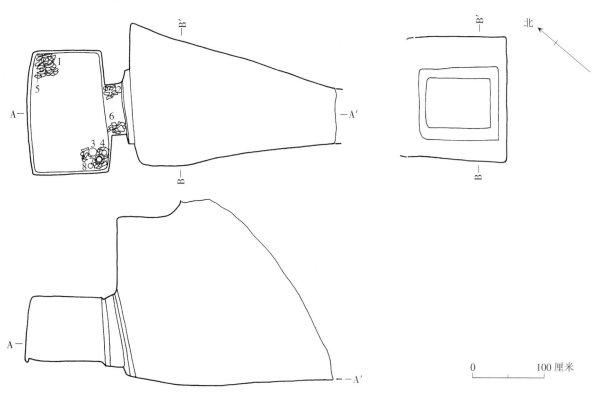

图二五一　高柏梁 M20 平面、剖视图

1. 陶罐　2、6. 陶俑　3. 瓷碗　4. 陶甑　5. 陶碗　7. 瓷盘口四系壶　8. 瓷杯墓道残存部分略呈梯形，外窄内宽，残长 2.6~2.82、宽 0.72~1.8 米。底部不平，中间最低，比前端低 0.08、比后部低 0.14 米。墓道后端有一高 0.1 米的台阶。

墓门高 0.84~0.9、宽 0.64~0.66 米。带双层梯形门框，高 1.06~1.1、宽 0.92~0.98、深 0.08 米。

甬道平面近横长方形，长 0.22~0.24、宽 0.64、高 0.9~0.94 米。顶部呈弧状。其后有一高 0.06 米的台阶。

墓室平面呈横长方形，纵长 0.9~1.12、横长 1.64、高 0.8~0.85 米。近平顶。两壁较直，北壁向内倾斜，墓壁转角全部带弧度。墓底由内向外倾斜，高差约 0.04 米。墓室沿四壁开凿有排水沟，会流于墓室前部低处，沟深约 0.02、宽 0.03~0.04 米。

墓葬被盗扰，出土随葬品不是很多，且较碎。陶器可辨器形有罐、碗、甑等，陶模型有人物俑等，瓷器可辨器形有盘口四系壶、碗、杯等。除陶俑模型及残片出土于甬道口的两边，其他随葬品皆出土于墓室内后部东侧和前部西侧。

（二）出土器物

1. 陶器

陶器可修复者仅 3 件。均为泥质灰陶，器类有罐、甑、碗。

罐 1 件。M20：1，圆唇，敛口，折沿，沿面有一周凹槽。圆肩，鼓腹斜收，底部略内凹。口径 14.6、腹径 18.6、底径 9.2、高 13 厘米（图二五二，5）。

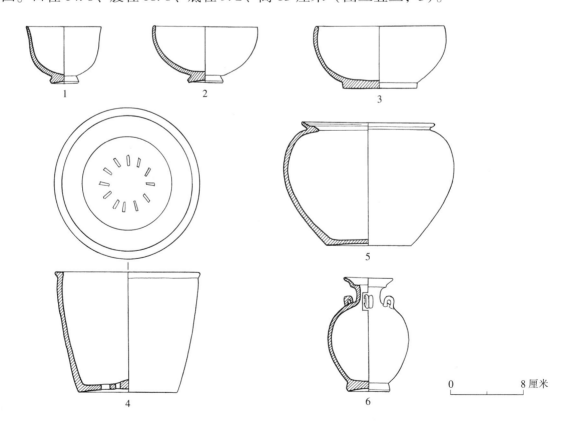

图二五二　高柏梁 M20 出土器物

1. 瓷杯（M20：8）　2. 瓷碗（M20：3）　3. 陶碗（M20：5）　4. 陶甑（M20：4）　5. 陶罐（M20：1）　6. 瓷盘口四系壶（M20：7）

碗 1件。M20：5，敛口，圆唇，腹较圆弧，饼足。口径14、底径8、高6.6厘米（图二五二，3）。

甑 1件。M20：4，口较直，尖唇，腹部较深，底略内凹。底部有12个未完全戳穿的长条形小孔。口径16、底径11、高12.7厘米（图二五二，4）。

2. 陶模型

俑 2件。均为手制，制作粗糙，面部不清。M20：6，覆发宽髻，面部眼鼻突出，嘴耳均不见。手笼袖中，置于上腹，站立。衣裳纹饰痕迹不明显。高14.2厘米（图二五三，1；图版二五，1）。M20：2，头部残。仅见左耳与眼睛，手笼袖中，置于上腹，站立。衣裳纹饰痕迹不明显。高14.3厘米（图二五三，2；图版二五，2）。

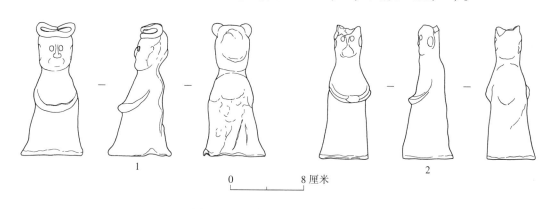

图二五三 高柏梁M20出土陶俑
1. M20：6 2. M20：2

3. 瓷器

瓷器可修复者仅3件，器类有四系盘口壶、碗、杯，均施青釉，器内施满釉，器表施釉未及底。

盘口四系壶 1件。M20：7，灰白胎，轮制。浅盘口，唇略圆，束颈，圆肩，鼓腹缓收，假圈足，底略内凹。肩部饰有两两对称的四个拱形耳，耳上饰凹弦纹。下腹部可见拉坯而成的旋痕。盘口径5.3、腹径8.8、底径4.6、高12厘米（图二五二，6）。

碗 1件。M20：3，灰胎。口微敛，方唇，弧腹内收，假圈足，足部外撇，底略内凹。口径11.8、底径4、高6厘米（图二五二，2；图版二五，3）。

杯 1件。M20：8，红胎，轮制。侈口，圆唇近尖，弧腹缓收略下垂，假圈足，足部外撇，底略内凹。底部有轮制而成的弦纹痕迹。口径8.1、底径2.9、高6厘米（图二五二，1；图版二五，4）。

二十一 园艺高柏梁二十一号崖墓（2000MFGM21）

（一）墓葬形制

单室墓，由墓道、甬道和墓室三部分组成，墓道前部被破坏。墓葬残长2.14米，方向218°（图二五四）。

墓道残存部分外窄内宽，残长0.56~0.8、宽1.1~1.32米。底部不平，由内向外倾斜，高差 0.06 米。

甬道平面不甚规则，长 0.34～0.54、宽 0.72 米，后部高 0.86 米。前顶部被毁，残存部分呈弧状。墓底由内向外倾斜，高差为 0.04 米。甬道后部有一高 0.16 米的台阶。

墓室平面呈不规则形，近扇形，纵长 0.8～0.89、横长 0.74～1.74、高 0.7 米。弧顶。东西两壁向上斜收，北壁向上斜弧收，四壁转角略带弧度。墓底由内向外倾斜，高差约 0.06 米。

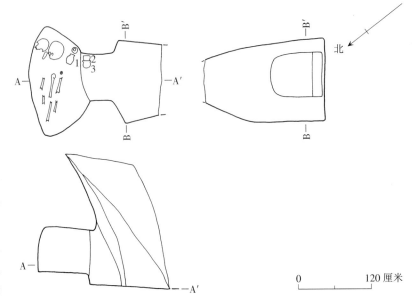

图二五四　高柏梁 M21 平面、剖视图
1. 瓷带盖六系罐　2. 陶釜　3. 陶甑

墓室内残存有两具人骨，东南—西北向并列横置于墓室内，仰身直肢葬式。

墓葬出土随葬品较少，基本未经扰乱。陶釜与陶甑套合，出土于甬道东侧后部；青瓷带盖六系罐出土于墓室前部东侧；铁簪和数枚钱币放置在南侧人骨左侧肩胛骨位置。

（二）出土器物

1. 陶器

釜、甑　1 套。泥质灰陶。上面为釜，M21：2，唇近圆，宽斜折沿，沿面略内凹，圆鼓腹，圜底。底部有刮削痕。口径 15.2、腹径 13.2、高 9.6 厘米（图二五五，1）。下面为甑，M21：3，敛口，圆唇略外凸，腹部微鼓，平底。底部有 6 个长方形小孔，近底处有刮削痕。口径 13.6、底径 7、高 8.8 厘米（图二五五，2；图版二六，1）。

2. 瓷器

带盖六系罐　1 件。M21：1，灰胎，青釉，内外皆施满釉，罐身施釉近酱色，釉未及底。盖呈盘形，子口，顶附桥形纽。罐短直领，尖唇，圆肩，腹微鼓，下腹斜收，底略内凹。肩部附两两对称的桥形四系与拱形双系。盖径 8.6、盖高 2.6 厘米，罐口径 6.6、腹径 12.6、底径 9.6、高 13.6 厘米，通高 16.2 厘米（图二五五，3）。

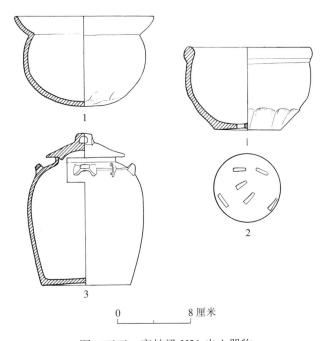

图二五五　高柏梁 M21 出土器物
1、2. 陶釜、甑（M21：2、3）　3. 瓷带盖六系罐（M21：1）

二十二　园艺高柏梁二十五号崖墓（2000MFGM25）

（一）墓葬形制

单室墓，由墓道、甬道和墓室三部分组成，墓道前部被破坏。墓葬残长5.06米，方向147°（图二五六）。

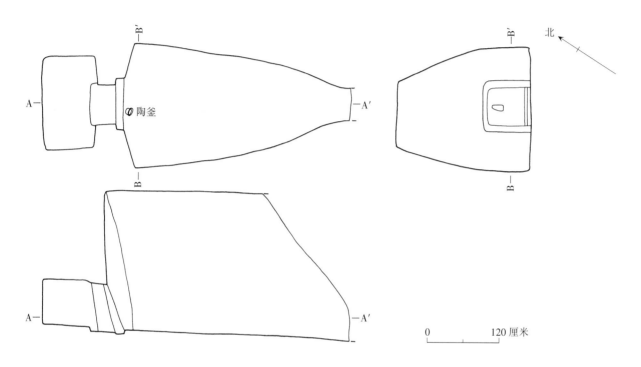

图二五六　高柏梁M25平面、剖视图

墓道残存部分形近袋状，外窄内宽，残长3.54～3.74、宽0.5～1.96米。

墓门宽0.8、高0.78～0.8、深0.12米。墓门下方有一横长0.8、宽0.12、深0.06米的凹槽，用于放置封闭甬道口的石板，封门石板近长方形，约高0.84、宽0.73、厚0.06～0.095米。

甬道平面呈长方形，纵长0.42、横宽0.62～0.69、高0.74～0.76米。甬道前顶部略残，顶部较平。底部由内向外倾斜，高差0.02米。后部有一高0.08米的台阶。

墓室平面呈横长方形，纵长0.78～0.9、横长1.46～1.5、高0.7～0.74米。近平顶。北壁陡直，东、西两壁略带弧度上收，墓室后部两个转角带弧度，前面两个略呈直角。墓底由内向外倾斜，高差约0.06米。墓室北壁中间1小龛，距墓底0.36米，立面形如一边呈直角的梯形，上宽0.04、下宽0.08、高0.18、深0.05米。

（二）出土器物

墓室被严重盗扰，仅于墓道后部出土有陶釜碎片，于墓室中部出土有铁器残件，均无法修复。

二十三　园艺高柏梁二十六号崖墓（2000MFGM26）

（一）墓葬形制

单室墓，由墓道和墓室两部分组成，墓道前部被破坏。墓葬残长3米，方向165°（图二五七）。

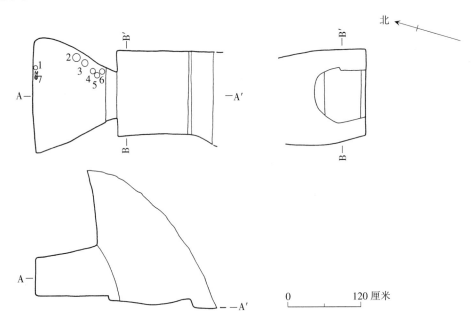

图二五七　高柏梁M26平面、剖视图

1. 陶盏　2、3. 陶碗　4、5、6. 陶灯盘　7. 铁剪刀

墓道残存部分不规则，残长1.6、宽1.32~1.47米。底部由内向外倾斜，高差约0.14米，墓道底部中间凹陷约0.04米，现存墓道前部有一高约0.14米的台阶。

墓室平面呈梯形，外窄内宽，纵长1.4、宽0.74~1.84、高0.6~0.78米。墓顶前部已垮塌，残存部分外高内低，呈弧状。北壁和东、西两壁较直，西壁外斜。墓底较平。墓室前端有一高约0.08米的台阶，可能用于镶嵌封门石。

墓内出土随葬品较少，仅7件，其中陶器6件、铁剪刀1件。陶器均为泥质灰陶，分别为碗2、盏1、灯盘3。除陶盏和铁剪刀置于墓室北壁下偏东部位置外，其余随葬品均置于墓室东南角。

（二）出土器物

1. 陶器

碗　2件。形制基本相同。方唇，深弧腹内收，假圈足，近底处有拉坯时形成的旋痕。M26:2，直口，底略内凹。口径11.4、底径5、高7.2厘米（图二五八，1）。M26:3，直口，平底。口径11.4、底径4.4、高7厘米（图二五八，2；图版二六，2）。

盏　1件。M26:1，制作粗糙，器口变形。口微侈，圆唇近尖，弧腹内收，矮饼足。口径8.4、底径4.4、高3.2厘米（图二五八，3）。

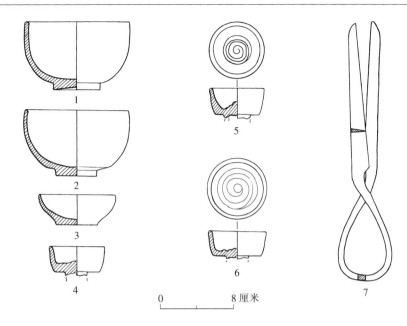

图二五八 高柏梁 M26 出土器物

1、2. 陶碗（M26：2、3）　3. 陶盏（M26：1）　4～6. 陶灯盘（M26：5、4、6）　7. 铁剪刀（M26：7）

灯盘 3 件。可能是陶灯的上部，盘以下部分已不存。均为泥质灰陶，轮制。形制基本相同，近直口，圆唇，下部略斜。M26：4，内底有拉坯而成的凸棱。口径 6、底径 4.8、残高 3 厘米（图二五八，5）。M26：5，口径 6、底径 5、残高 3 厘米（图二五八，4）。M26：6，内底有拉坯而成的凸棱。口径 6.4、底径 5.2、残高 2.8 厘米（图二五八，6）。

2. 铁器

剪刀 1 件。M26：7，基本完整。柄与口部呈直线状，剪身细长，柄部略呈抹角三角形。柄部断面近长方形，宽 0.5～0.6、厚 0.8 厘米；剪身宽 0.2～2、厚 0.2～0.4 厘米。全长 27.6 厘米（图二五八，7）。

二十四　园艺高柏梁二十七号崖墓（2000MFGM27）

（一）墓葬形制

单室墓，由墓道、甬道和墓室三部分组成，墓道前部被破坏。墓葬残长 4.72 米，方向 140°（图二五九）。

墓道外窄内宽，平面形近袋状，残长 3.24、宽 1.1～2.34 米。底部由内向外倾斜。墓道东壁近甬道处凿有一小龛，距墓底 0.72～0.74 米。呈倒梯形，上宽 0.18、下宽 0.12、高 0.11～0.14、深 0.1 米。龛内置一陶盏。

墓门为平顶单层门框结构，宽 0.65、高 0.84、深 0.18 米。前端有一封门石，高约 0.78、上宽 0.62、下宽 0.75、厚 0.09 米。

甬道平面略呈横平行四边形，长 0.4、宽 0.68～0.72、高 0.84～0.87 米。底后部略低，高差 0.03 米。其后有一高 0.13 米的台阶。

墓室平面呈不规则五边形，纵长 0.7～0.9、横长 1.6～1.76、高 0.72～0.74 米。平顶，北壁较直，东、西两壁向上斜收，墓底较平。

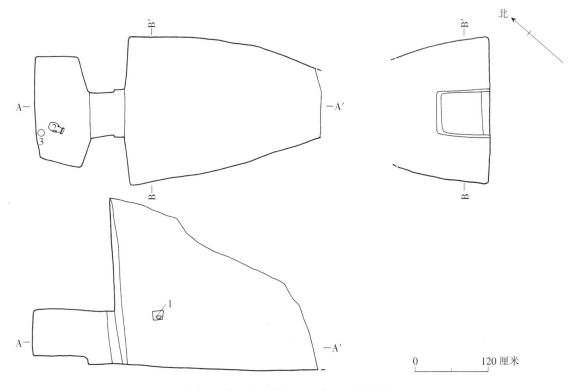

图二五九　高柏梁 M27 平面、剖视图
1. 陶盏　2. 瓷盘口四系壶　3. 陶钵

墓室曾经扰乱，发掘前就是放置工地水泥之处。墓室内出土陶钵 1 件、青瓷盘口壶 1 件，均位于墓室西南部。此外墓道内还发现有陶釜残片，不能修复；墓道壁龛内置有陶盏 1 件。

（二）出土器物

1. 陶器

盏　1 件。M27∶1，泥质灰陶。口微敛，尖圆唇，弧腹内收，矮饼足。口径 8、底径 3.8、高 3.2 厘米（图二六〇，2）。

钵　1 件。M27∶3，泥质灰陶。口微敛，圆唇，弧腹内收，平底。内底有手指捏塑痕迹，外底有刮削痕迹。口径 6.6、底径 3.2、高 2.6 厘米（图二六〇，1）。

2. 瓷器

盘口四系壶　1 件。M27∶2，灰白胎，青釉，器表施釉不均，且未及底。浅盘口，唇近尖，束颈，颈部较长，圆肩，鼓腹内收。颈部饰凹弦纹四周，颈腹相交处饰凹弦纹一周，肩部饰有两两对称四横桥形耳。盘口径 7.4、腹径

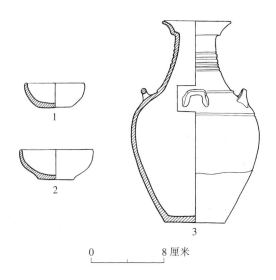

图二六〇　高柏梁 M27 出土器物
1. 陶钵（M27∶3）　2. 陶盏（M27∶1）　3. 瓷盘口四系壶（M27∶2）

14、底径6.6、高21.3厘米（图二六〇，3）。

二十五 园艺高柏梁二十八号崖墓（2000MFGM28）

（一）墓葬形制

单室墓，由墓道和墓室两部分组成，墓道仅存部分。打破2000MFGM19。墓葬残长5.1米，方向225°（图二六一）。

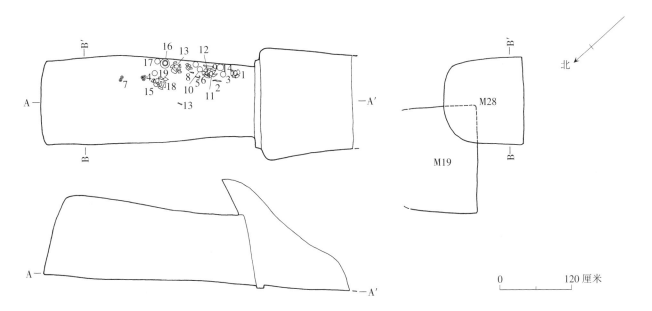

图二六一 高柏梁 M28 平面、剖视图

1、6、14.陶碗 2.铁剪刀 3、10、13、15、17.陶盏 4、7.钱币 5、12.铜簪 8.陶箸 9.陶钵 11、16.陶罐 18.陶盘口四系壶 19.铁饰件

墓道残存部分平面形近梯形，外略窄内稍宽，残长1.5、宽1.5～1.8米。底部由内向外倾斜，高差约0.1米。墓道后端有一横长1.38～1.46、宽约0.1、深0.05米的凹槽，应是用于镶嵌封闭墓门的石板。

墓室平面呈中间略鼓的长条形，长3.5、宽1.1～1.4、高1.06～1.34米。墓顶中部垮塌，呈弧状。墓壁较直且向内倾斜，北壁底边略外弧，转角带弧状，前面两角转折呈直角。墓底由内向外倾斜，高差0.2米。

墓内随葬品多置于墓室东南部，以陶器为主，另有少量铜、铁器及钱币。陶器可辨器形有盘口壶、罐、钵、盆、碗、盏、甑等；铜器计有箸1、簪2；铁器计有剪刀1、饰件1，此外还出土有钱币22枚。

（二）出土器物

1. 陶器

出土陶器可修复者共计12件，均为泥质灰陶，器类有罐、壶、碗、盏、钵等。

罐 2件。M28：11，口微侈，圆唇外翻，束颈，圆弧肩，圆鼓腹，下腹斜收，平底。肩饰短斜线纹一周。口径 12.2、腹径 23、底径 12、高 17.4 厘米（图二六二，10）。M28∶16，侈口，圆唇，束颈，溜肩，圆鼓腹，下腹斜收，底略内凹。肩饰短折线纹一周。口径 13.6、腹径 23.2、底径 13.4、高 17.2 厘米（图二六二，11）。

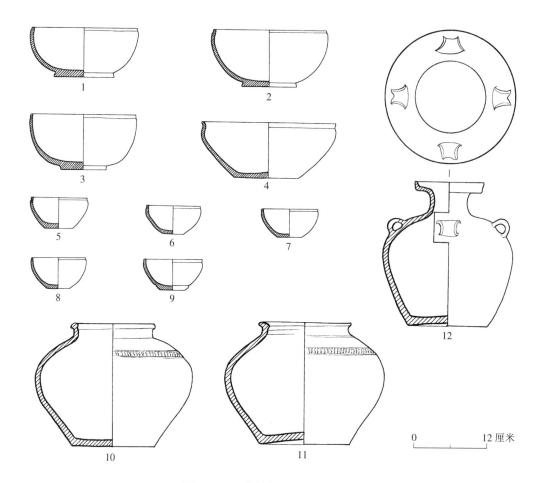

图二六二　高柏梁 M28 出土陶器

1~3. 碗（M28∶1、6、14）　4. 钵（M28∶9）　5~9. 盏（M28∶3、13、17、15、10）　10、11. 罐（M28∶11、16）　12. 盘口四系壶（M28∶18）

盘口四系壶　1 件。M28∶18，陶质坚硬，浅盘口，尖圆唇，束颈，颈部较短，圆肩，鼓腹内收，底略内凹。肩部饰有两两对称四横桥形耳。盘口径 9.7、腹径 18.8、底径 11.8、高 20.4 厘米（图二六二，12）。

碗　3 件。形制大致相同。敛口，圆唇，腹较圆弧，饼足，唇下饰凹弦纹一周。M28∶1，饼足外壁略外斜，唇下凹弦纹很浅。口径 15.6、底径 8.8、高 7 厘米（图二六二，1）。M28∶6，饼足外壁略外斜。口径 16.7、底径 7.8、高 8 厘米（图二六二，2）。M28∶14，饼足外壁较直，唇下凹弦纹较深。口径 15.6、底径 6.6、高 7.8 厘米（图二六二，3）。

钵　1 件。M28∶9，侈口，圆唇，圆鼓肩，腹斜收，平底。口径 19.6、底径 8.8、高 7.8 厘米（图二六二，4）。

盏　5 件。形制大致相同。侈口，圆唇，弧腹内收，平底。唇下饰凹弦纹一周，近底处有刮削痕。M28∶3，口径 8.3、底径 4、高 4.3 厘米（图二六二，5）。M28∶13，口径 8、底径 3.2、高 4 厘米（图二六二，6）。M28∶17，口径 8.2、底径 3.4、高 4 厘米（图二六二，

7）。M28：15，口径8、底径3.3、高4.3厘米（图二六二，8）。M28：10，器底较高，似贴塑假圈足，四周有刮削痕。口径8.6、底径3.6、高4.4厘米（图二六二，9）。

2. 铜器

箸 1件。M28：8，上大下小，下部残。断面呈圆形，直径0.3~0.4厘米。残长7厘米（图二六三，1）。

簪 2件。M28：12，呈长"U"形，断面为椭圆形。残长11.8厘米（图二六三，2）。M28：5，钩形，断面呈圆形。残长10.1厘米（图二六三，3）。

3. 铁器

剪刀 1件。M28：2，一刃段全残，一刃段部分残。柄部近椭圆形，中间相交呈叉形刃。柄部断面呈长方形，长0.8、宽0.6厘米；刃背宽0.15、刃口宽0.1厘米。残长18.2厘米（图二六三，5）。

饰件 1件。M28：19，残。残存部分呈茄子状，可能是某件器物附件。前端较尖，后部略呈倒U形。残长2.8厘米（图二六三，4）。

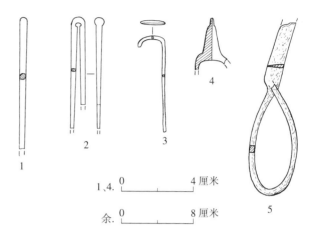

图二六三 高柏梁M28出土金属器
1. 铜箸（M28：8） 2、3. 铜簪（M28：12、5） 4. 铁饰件（M28：19） 5. 铁剪刀（M28：2）

4. 钱币

22枚。有四铢、五铢、大泉五十和直百五铢等种类。

四铢半两

1枚。青铜质，正背面均无内外郭，平背。钱文篆书，右读，直径2.4、穿径0.8、厚0.1厘米（图二六四，1）。

传形半两

1枚。残，仅剩"两"字部分。四铢半两之传形，青铜质，正背面均无内外郭，平背。钱文篆书，文字右读为"两半"（图二六四，12）。

一般五铢

Ⅰ式 1枚。直径2.55、穿径1、厚0.15厘米（图二六四，2）。

特殊五铢

1枚。背四出，直径2.45、穿径0.95、厚0.09厘米（图二六五，4）。

剪轮五铢

2枚。无郭，钱径较小，文字不清晰。直径1.6~1.7、穿径0.9~1厘米（图二六五，1、2）。

类剪轮五铢

共6枚。其中3枚残，实为铸造而成，文字不清，直径1.4、穿径0.95~1.1、厚0.04~0.08厘米（图二六五，5）。

其他还有一些五铢残片。

大泉五十

BⅠ式　3枚。直径2.8、穿径0.9、厚0.2~0.3厘米。较厚重，质量较好（图二六四，3~5）。

BⅡ式　1枚。直径2.7、穿径0.9~1.1、厚0.15~0.25厘米（图二六四，6）。

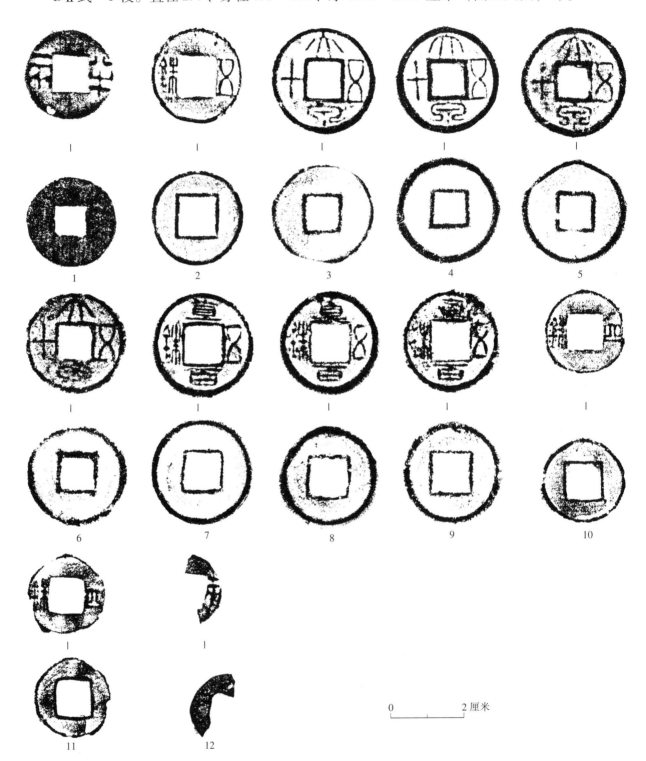

图二六四　高柏梁M28出土钱币

1. 四铢半两　2. Ⅰ式五铢　3~5. BⅠ式大泉五十　6. BⅡ式大泉五十　7、8. Ⅰ式直百五铢　9. Ⅱ式直百五铢　10. Ⅰ式四铢　11. Ⅱ式四铢　12. 传形半两

直百五铢

3 枚。均为光背，泥范铸造。其中一枚带阴文记号。根据直径大小分为两式。

Ⅰ式 2 枚。钱文高凸清晰，质量较好。其中一枚背带阴文。直径 2.8、穿径 1、厚 0.25～0.3 厘米（图二六四，7、8）。

Ⅱ式 1 枚。直径 2.7、穿径 0.9、厚 0.2 厘米。钱文不如Ⅰ式凸起明显，明显较Ⅰ式轻小，质量亦不如（图二六四，9）。

四铢

Ⅰ式 1 枚。青铜质，钱文为篆书"四铢"，右读，面有外郭，背内外郭皆具，该钱厚且规整，残留五铢痕迹，为较早期的四铢钱。直径 2.25、穿径 1、厚 0.15 厘米（图二六四，10）。

Ⅱ式 1 枚。残，青铜质，钱文不如Ⅰ式规整，钱文为篆书"四铢"，右读，面有外郭，背内外郭皆具，残径 2.1、穿径 1、厚 0.08 厘米（图二六四，11）。

孝建钱

1 枚。青铜质，文字不全，整体凿成类方形，直径 1.5、穿径 0.95、厚 0.06 厘米（图二六五，3）。

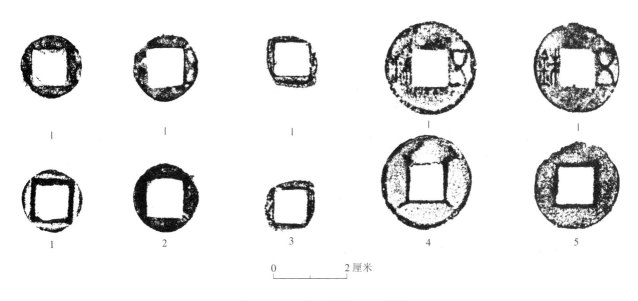

0 ⸺ 2 厘米

图二六五 高柏梁 M28 出土钱币

1、2. 剪轮五铢 3. 孝建钱 4. 背四出五铢 5. 类剪轮五铢

第四节 河边九龙山沙包梁崖墓群

九龙山崖墓群主要分布在九龙山东坡的井沿湾、青木树湾、沙包梁，以及南坡的上屋基、大捂窖等五处，其中沙包梁崖墓是九龙山崖墓群的核心区域，暴露的崖墓数量将近 120 座，主要分布在沙包梁西北坡和东南坡，沙包梁东南坡崖墓群暴露近 70 座，分层密集排列在宽约 250、高约 30 米的斜坡上，从上至下可分四层，墓间距离有的不足 0.5 米（图二六六）。2001 年 5 月 4 日～6 月 4 日，绵阳博物馆对沙包梁东南坡已经完全暴露的 11 座崖墓进

行了清理和测绘（图二六七）。墓葬结构比较完整的有 8 座，为 M1～M7 以及 M11。除 M3
外都有精美的雕刻，其中 M2、M9、M11 的雕刻最为精彩。墓葬全部被盗扰，有的是空墓，
如 M8、M10。

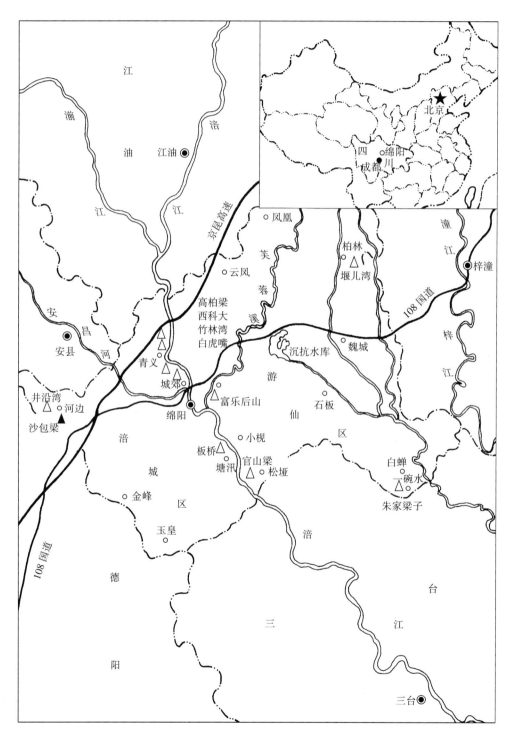

图二六六　河边镇九龙山沙包梁崖墓群地理位置图

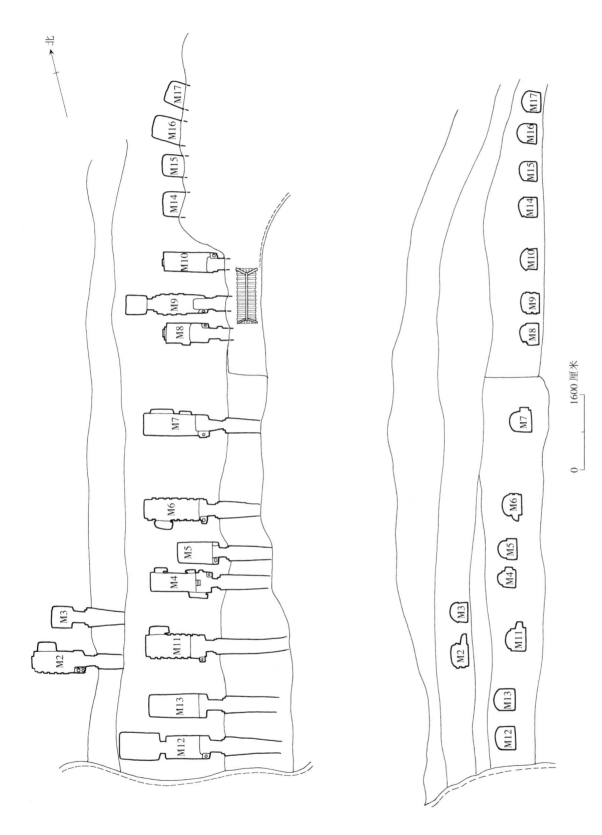

图二六七 河边镇九龙山沙包梁崖墓 M2~M17 平面分布及正立面（剖面）图

一　河边九龙山沙包梁一号崖墓（2001MFSM1）

（一）墓葬形制

双室墓，由墓道、甬道、前室、后室甬道和后室等五部分组成，墓道前部被破坏。墓葬残长 18.26 米，方向 172°（图二六八；图版二七）。

墓道外窄内宽，残长 7.42、宽 1.03～1.79、边壁现存最高处 1.89 米。底部外高内低，高差 0.32 米。墓道中部凿有一排水沟，一直延伸至甬道中部西壁下，现长 8.53 米，横截面略呈梯形，宽 0.11～0.16、深 0.32 米。排水沟上部覆以不规则的砂质石块，和墓葬的石质相同，可能是凿墓打下的石块再利用。

墓门为单层门框结构，门洞宽 1.05、高 1.26，门外侧凿有单层门框，宽 1.53、高 1.37、深 0.21 米。

前室甬道平面略呈梯形，外窄内宽，长 1.39、宽 1.05～1.21、高 1.21 米。底部内低外高，相差约 0.1 米。

前室平面不甚规则，略呈长方形，近甬道口斜收，长 5.63、宽 2～2.32、高 1.84～2 米。墓顶后部岩层局部垮塌。前室前部约 1 米的范围内，底部与前室甬道底部大致处于同一平面，较前室后部低约 0.18 米。前室东南角凿有一原岩石灶，其上凿有一长方形壁龛，壁龛北侧等高位置凿有一横长方形壁龛。

前室后壁正中凿有墓门，立面呈梯形，上窄下宽，宽 1.03～1.13、高 1.39 米，两侧上半部及顶部外缘凿出宽 0.08～0.16、深 0.14 米的门框结构。门上部雕刻仿木结构的屋脊屋面，中部雕刻蹲熊。门框左右两侧各雕刻有一蹲兽。

后室甬道平面略呈梯形，外略窄内稍宽，长 0.89、宽 1.16～1.18、高 1.34～1.37 米。底部较平，比后室低 0.16 米。

后室平面呈内窄外宽的梯形，近甬道口斜收，长 2.71、宽 2.05～2.18、高 1.63～1.68 米。后壁略向内倾斜，底部向外微弧，墓底较平。

石灶由灶面、火眼和火门组成。灶台高 0.42 米。灶面不甚规则，形近梯形，内宽 0.63、外宽 0.82、深 0.42～0.53 米。单火眼，已残。火门宽 0.26 米。其上有一壁龛，形近长方形，宽 0.63、高 0.82、深 0.21 米。该壁龛北侧等高位置凿有一横长方形壁龛，龛底距墓底 0.68、距前室南壁约 0.87 米，壁龛宽 0.74、深 0.26～0.32、外高 0.37、内高 0.32 米。

墓葬被严重盗扰，但还是出土陶瓷器和青铜器等 12 件可修复器物。器物主要出土于前室东南角、西壁前部等处。陶器主要有罐、壶、鐎斗等。陶模型仅出人物俑 3 件，均置于前室西壁前部。铜器仅出土镜 1、釜 1，青瓷器仅出土碗 1 件，均位于前室东南角。

（二）墓葬雕刻

前室与后室甬道之间的墓门雕刻装饰成仿木结构的屋脊屋面，中部雕刻蹲熊，墓门两侧各圆雕有一蹲兽。

仿木结构屋脊屋面　1 组。半圆雕。顶为单檐坡面，脊连墓顶，两端不起翘。上部长 1.05～1.37、高 0.24 米。屋面雕刻筒瓦和板瓦，7 瓦垄 8 垄沟。板瓦仰铺为垄沟，无滴水；

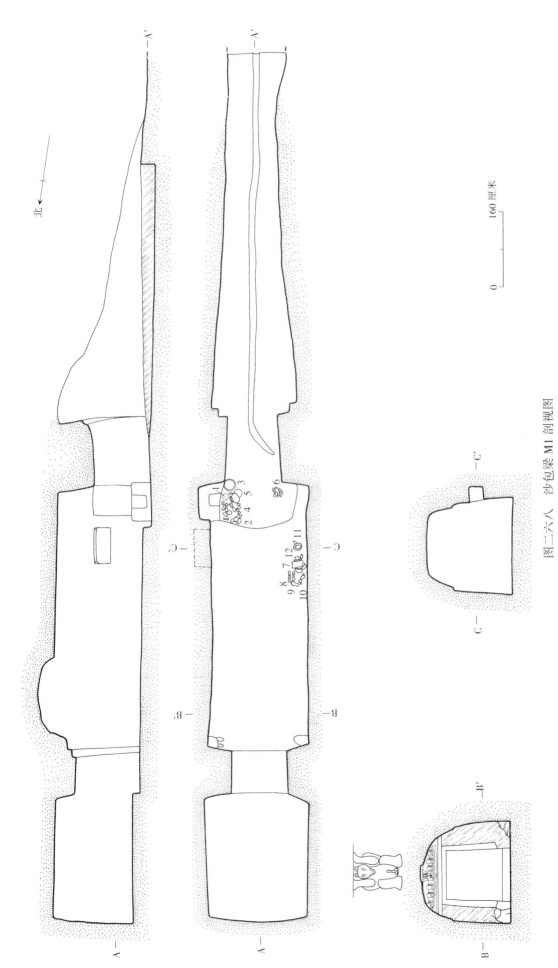

北

0　　　　160厘米

图二六八　沙包梁 M1 剖视图

1. 铜镜　2、6、7、12. 陶罐　3. 铜釜　4. 陶壶　5. 瓷碗　8. 陶提罐俑　9. 陶躬身执物俑　10. 陶击鼓俑　11. 陶鐎斗

筒瓦俯铺为瓦垄。板瓦长11、出露宽5～16、厚约2.6厘米，瓦当直径约7.9厘米。瓦当中间及其外侧点状涂朱，形如梅花，其下朱画檐檩。

蹲熊　1件。位于屋顶中部屋面上。半圆雕。头长两耳，长面、大眼、椭圆形肚。胯部雄性生殖器上举，两侧睾丸凸出。两脚蹲蹬屋面、双手触托墓顶，似用力托举。蹲熊耳、眼、嘴、生殖器等处均存涂朱痕迹。高21、宽26厘米。

蹲兽　2件。位于墓门两侧，破坏严重，残存部分模糊不清，无法辨认具体形象。东侧蹲兽残宽32、高26厘米，西侧蹲兽残宽32、高37厘米。

（三）出土器物

1. 陶器

罐　4件。均为轮制。M1∶2，夹细砂灰陶。双唇罐，敛口，溜肩，弧腹斜收，平底。器身残存拉坯留下的旋痕。外口径12.7、腹径17.5、底径8.8、高17厘米（图二六九，7；图版二八，1）。M1∶7，夹细砂灰陶。侈口，尖唇，束颈，弧肩，腹壁斜收，平底。上腹饰凹弦纹一周，器身残存拉坯时留下的旋痕。口径10.8、腹径17.6、底径8.8、高17.5厘米（图二六九，6）。M1∶6，夹细砂灰陶。侈口，尖圆唇，束颈，肩部略折，腹壁斜收，平底。上腹饰凹弦纹一周。口径10.1、腹径16.8、底径8.2、高13.8厘米（图二六九，5）。M1∶12与M1∶6基本相同，口径10.1、腹径16.1、底径8、高13.8厘米（图二六九，4；图版二八，2）。

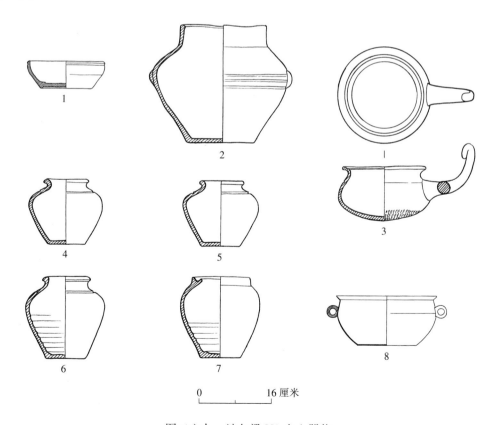

0　　　　　　16厘米

图二六九　沙包梁 M1 出土器物

1. 瓷碗（M1∶5）　2. 陶壶（M1∶4）　3. 陶鐎斗（M1∶11）　4～7. 陶罐（M1∶12、6、7、2）　8. 铜釜（M1∶3）

壶 1 件。M1：4，泥质灰陶。直口，方唇，带领，折肩，弧腹斜收，平底。上腹饰凸弦纹三周和二对称器鋬，器鋬上饰三条较深竖刻划纹。口径18.8、腹径31、底径15、高25厘米（图二六九，2）。

鐎斗 1 件。M1：11，夹细砂灰褐陶。方唇，外折沿，束颈，弧腹，圜底。椭圆形柄，向上弯曲，柄尾向内卷。沿面饰凹弦纹一周，底部饰戳印纹。口径18、腹径20、通高16厘米（图二六九，3；图版二八，3）。

2. 陶模型

陶模型均为人物俑，可修复者共计3件。均为泥质红陶，前后合范而成，单范接缝处有较宽的刮削痕。

躬身执物俑 1 件。M1：9，双脚直立，身体微向前倾。似戴尖帽，细眉，小眼，大鼻，小嘴。身着右衽裋褐，袖上挽至近肘部，腰束带。左手执长条形物，右手握短棒。高14.3厘米（图二七○，1）。

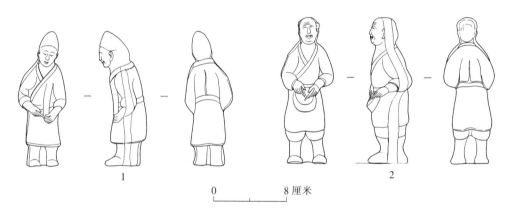

0   8厘米

图二七○ 沙包梁 M1 出土陶俑
1. 躬身执物俑（M1：9）　2. 击鼓俑（M1：10）

击鼓俑 1 件。M1：10，身体直立，面部模糊不清，隐约可见口鼻。脑后似束发凸起。身着右衽裋褐，下身似着裤。腹前置一扁圆形鼓，双手执棍状物作击打状。高15.5厘米（图二七○，2）。

提罐俑 1 件。M1：8，面部模糊不清，隐约可见五官轮廓。高髻，着右衽裋褐，腰束带，腰中系一物，在前腹左右分开。左手提罐，右肩负罐，右手扶肩上罐。高14.5厘米（图二七一）。

3. 瓷器

碗 1 件。M1：5，灰白胎，褐釉，绝大部分剥落。微敛口，圆唇，弧腹斜收，平底，下似有凸起一周。口径17、底径11.2、高5.8厘米（图二六九，1；图版二八，4）。

4. 铜器

釜 1 件。M1：3，腹部残。尖唇，折沿，圆弧腹，平底，肩部饰两对称环形耳。口径21.9、底径12.6、高10.5厘米（图二六九，8）。

0   8厘米

图二七一 沙包梁 M1 出土陶提罐俑（M1：8）

　　镜　1 枚。M1 : 1，变形四叶对凤镜。圆形，圆形钮座，半球形钮，座外饰一周柿蒂纹，之外为对凤纹，之外为一周十六内向连弧纹，素缘。面径 11.6、背径 11.9、钮径 2.1、钮高 1、缘宽 0.75、缘厚 0.3、肉厚 0.2 厘米，重 235 克（图二七二）。

0　　　　　　2 厘米

图二七二　沙包梁 M1 出土铜四叶对凤镜（M1 : 1）

二　河边九龙山沙包梁二号崖墓（2001MFSM2）

（一）墓葬形制

　　单室墓，由墓道、甬道和墓室三部分组成。墓道掩埋于农耕地里，受到一定程度的破坏，仅存部分。墓葬现长 14.74 米，方向 100°（图二七三；图版二九；图版三〇）。

　　墓道形制不规则，左右不对称，前部偏向墓室北侧，平面略呈长条形，残长 7.88、宽 0.68~1.52、最高处 2.44 米。墓道两壁面较直，略向内倾斜。底后部比前端略低，不利于自然排水。墓道内凿有排水沟，通长 8.8、宽 0.04~0.28、深 0.08~0.1 米。墓门处的排水沟较宽，剖面呈半椭圆形，宽 0.2~0.28、深 0.08 米。墓道南侧靠近墓壁处变窄变深，剖面呈梯形，上宽下窄，宽 0.04~0.1、深 0.1 米。水沟上覆盖有前后连缀的子母口筒瓦，筒

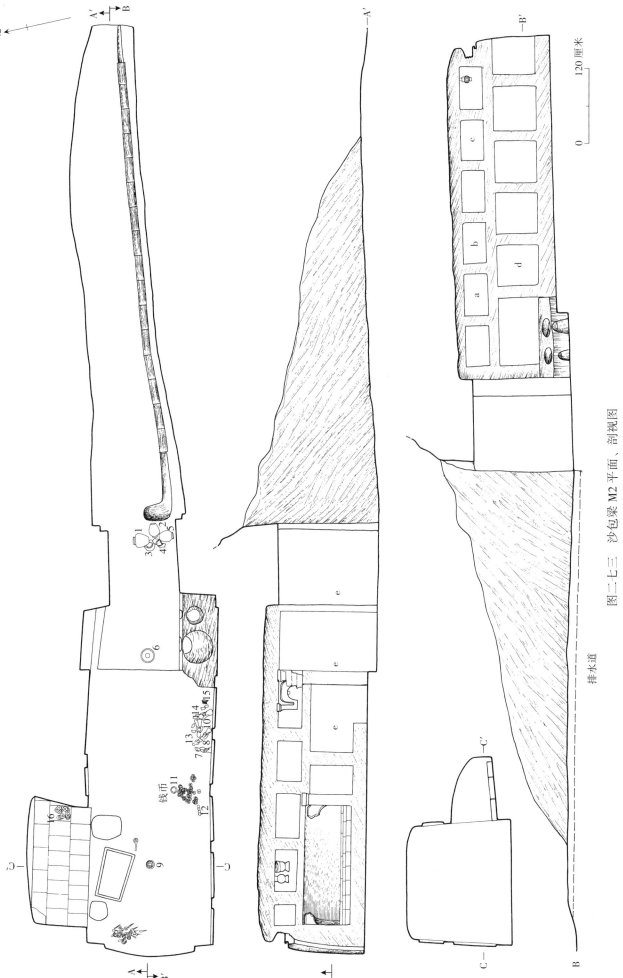

图二七三 沙包梁 M2 平面、剖视图

1~5. 陶罐　6. 陶钵　7、8、10. 陶拱手立俑　9. 铜镜　11. 铜大戒指　12. 银戒指（4枚）　13.陶执箕帚俑　14. 银饰片　15. 银手镯　16. 钱币

瓦断面为弧形，表面饰绳纹，一端有瓦垄衔接的榫口，长40、径12厘米。

墓门顶部及南部残，左右不对称，宽0.7、高约1.62米。其外凿有单层门框，宽1.34、高1.62、深0.08米。

甬道平面左右亦不对称，略呈梯形，内宽外窄，长1.16～1.2、宽1.12～1.14、高1.56～1.6米。底部内高外低，由内向外略倾斜。甬道北壁线刻门楼。

墓室平面略呈内窄外宽的梯形，近甬道口斜收，长5.4～5.76、宽2～2.2米，顶部大部分已垮塌，仅在后部及两侧尚存不多的原顶，顶微弧，现高1.6～1.86米。墓顶阴刻水波纹装饰，阴刻深度约0.5厘米。墓室前部中间凿有一高0.16米的踏道，将墓室分为前后两部分。墓室南北两壁弧收。墓底内高外低，由内向外倾斜，积水可利用斜坡通过甬道自然排到墓道排水沟内。墓室东南角有原岩石灶，后部北侧凿有一原岩崖棺，崖棺前方置一石案。墓室北壁雕刻立马与马厩、站立人物俑、挂猴、斗拱、吊饰；墓室南壁雕刻飞鸟、朱雀、吊饰；墓室后壁雕刻呈屋门状，包括仿木结构屋脊屋面、立柱，其间装饰蹲熊、朱雀。

石灶由灶面、火眼、烟道和火门组成，烟道平面略呈长条形。灶台高0.26米。灶面形状不规则，长1.22～1.46、宽0.52～0.56米。火眼平面呈圆形，东侧火眼直径0.28米，火门高0.16米；西侧火眼直径0.52米，火门高0.26米。

石案位于墓室西北部，斜置于崖棺正前方，之前可能放置在崖棺前方东西两侧的圆石上，因墓葬扰乱而产生了一定的移位。东侧石块较大，近椭圆形，长径0.48、短径0.37、厚0.19米；西侧石块较小，近圆形，径0.32、厚0.2米。长方形石案长0.78、宽0.42～0.5、厚约0.06米。石案四角呈抹角，边缘均有一宽3、厚约0.3厘米的凸棱。

崖棺平面略近长方形，宽1.9～1.94、高0.74～0.76、进深1.02米。其上铺有一层一侧饰几何纹长方砖，一般长34、宽22～24、厚8厘米。崖棺雕刻立柱及斗拱。

墓内残留有肋骨一根、部分牙齿和牙床以及动物头骨一具。

墓室曾被盗扰，但还是出土了陶、银、铜、铁等随葬品18件，钱币187枚。陶器有罐4件、瓮1件，均出土于甬道前部；钵1件，出土于墓室前部中间；人物俑4件，紧靠墓室前部南壁下。银器有戒指4枚、手镯1个，其中戒指出土于墓室中部南壁下，手镯出土于墓室前部南壁下，手镯上尚存朱痕。铜器有铜镜1枚，出土于墓室后部中间，残碎。铁器主要是出土于墓室西北部，大多为枝状残段，另有铁削残件1件。钱币出于3处，一处在棺台东端中部，一处在墓室西北部，另一处在墓室中部南壁下。出土钱币的地方都有朱漆木痕，似为盛钱的木盒朽烂痕迹。

（二）墓葬雕刻

雕刻全部集中在甬道北壁及墓室南、北两壁和后壁。南、北两壁首先雕刻木构穿斗装饰，壁柱凸出3～5厘米，雕刻大多集中在壁柱之间的壁板上。甬道北壁线刻门楼1。墓室北壁雕刻立马与马厩1、持物俑1、拱手俑2、挂猴2、立柱及丁头拱1、吊饰2；墓室南壁雕刻飞鸟2、朱雀2、吊饰1。墓室后壁雕刻仿木结构屋脊屋面1，其上雕刻蹲熊2，其下两侧雕刻立柱各1，立柱之间雕刻朱雀1。崖棺雕刻立柱及斗拱。

1. 甬道北壁雕刻

门楼　1 座。雕刻于北壁前部，为仿木结构建筑，似为门楼。屋顶一脊，脊两端起翘，屋面阴刻瓦垄。楼中间有一条翘起，似为腰枋，下为对开大门。门楼东侧腰枋下似为院墙，墙上有瓦垄。在房屋的左上方，阴刻一曲线。

2. 墓室雕刻

（1）南壁雕刻

飞鸟　2 件。分别位于墓室南壁上层东起第二、五块壁板。阴线刻，立体感强烈。东侧飞鸟刻画完整，形象生动。圆眼、尖喙，头转向身体右侧，利爪，双翅展开，细腿弯曲，作欲飞翔状。高 28、宽 39 厘米（图二七四，a）。西侧飞鸟与前者形态相近，笔画更简略随性。双腿直立呈侧跨状。高 35、宽 41 厘米（图二七四，c）。

0 ——————————— 20 厘米

图二七四　沙包梁 M2 南壁雕刻

a、c. 飞鸟　b、d. 朱雀

朱雀　2 件。分别位于墓室南壁上层东起第三块壁板和下层东起第二块壁板。阴线刻，线条流畅，形态生动。上层朱雀呈屈腿站立状，头饰三立羽，尖长喙、圆眼，头略向前倾，细长颈，双翅舒展，尾翎弧线上扬，身饰羽纹。高 36、宽 30 厘米（图二七四，b）。下层朱雀与前者形态相近，体型略大，雕刻更精美考究，头顶饰四羽冠。高 67、宽 51 厘米（图二七四，d）。

吊饰 1 件。位于南壁上部最西端壁板，状如壶形。高浮雕，凸出墓壁 5 厘米。高 22、宽 14 厘米。遍涂朱色颜料，部分地方朱色颜料色泽变浅或剥落（图二七三）。

人头像 1 件。位于南壁上层东其第五块壁板左上角。阴线刻，线条简略粗糙。方脸、头戴巾帻，其下仅刻划衣服交领的部分。高 21、宽 11 厘米。就其位置、形象和风格来看，可能是后人随手刻划上去的。

（2）北壁雕刻

立马及马厩 1 组。面向墓内，为一立马形象，从残存痕迹观察当是圆雕。现仅余马腿及马身局部，其余部分被毁，马腿残高 24 厘米。从残存马之印痕看，立马呈静立状，马长约 84、高约 100 厘米（图二七五，1）。马上有一仿木建筑，屋面盖以筒瓦和板瓦，5 瓦垄 6 垄沟。板瓦仰铺为垄沟，无滴水；筒瓦俯铺为瓦垄。瓦当上装饰菊花纹，瓦当边缘和中间涂朱。瓦下为檐口檐檩，其下雕刻 5 根断面为倒梯形的椽头子，瓦当与椽头不对称（图二七五，1）。

立柱及丁头拱 1 组。位于墓室东端，紧邻马厩。浮雕。为仿木结构建筑形式的壁柱和壁穿，立柱高 144、宽 20 厘米，柱头上下有收分，柱顶栌斗，上部里侧横插一丁头拱。拱头下垂，是为垂拱；拱下有一直径约 4 厘米的圆木状物。

持物俑 1 件。位于丁头拱下部。高浮雕。体型略高，头戴平巾帻，面目模糊不清，阔长脸，高鼻，大耳，着右衽交领长襦大袴，双手捧钵于胸前，左腰挂一环首刀。俑高 87、宽 27 厘米，凸出墓壁 8 厘米。

拱手俑 2 件。位于丁头拱下部，并排站立于墓底。高浮雕，造型基本相同，头戴平巾帻，鹅蛋脸，高鼻，着右衽交领长袍，双手笼于袖中置胸前，作拱手状。西侧一人高 56、宽 20 厘米，东侧一人高 58、宽 20 厘米，均凸出墓壁 10 厘米（图二七五，1）。

挂猴 2 件。位于立人像西侧上方，上下分布，呈悬挂状，眼睛均涂朱。高浮雕，凸出墓壁 5 厘米。上猴椭圆形头，大圆眼，四肢较细，右上肢上举，作吊枝状，左上肢下伸，左手拉下猴右手，右下肢弯曲略上抬。高 24、宽 16 厘米。下猴圆头，大圆眼，个头比上猴小，四肢较细，右上肢上举拉上猴左手，左上肢弯曲至腹部，下肢弯曲。高 22、宽 12 厘米（图二七五，1）。

吊饰 2 件。位于北壁西端上部壁板，高浮雕，均凸出墓壁 4 厘米。西侧吊饰形近壶形，高 22、宽 14 厘米。东侧吊饰形近带座立耳镲，高 24、宽 18 厘米。均涂朱，大部分红色颜料脱落。

（3）西壁（后壁）雕刻

整个墓室后壁面被雕刻装饰成仿木结构的屋门之状（图二七五，2）。

仿木结构屋脊屋面 1 组。顶为单檐坡面，脊连墓顶，全长 1.66 米。屋脊两端各雕刻四块板瓦纵铺装饰，北侧一瓦饰尚存鲜艳的朱色颜料。屋面浮雕筒瓦和板瓦，9 瓦垄 10 垄沟。板瓦仰铺为垄沟，无滴水；筒瓦俯铺为瓦垄，瓦当无纹饰。板瓦长 9 ~ 10、出露宽 9 ~ 10、厚约 1 ~ 3 厘米；瓦当直径约 8 ~ 10 厘米。瓦当面涂朱，有的保存还很鲜艳。其下为檐檩，檐檩下雕刻 4 根断面为倒梯形的椽头子，瓦当与椽头不对称。

1

2

0 ⊢——⊢——⊢ 40 厘米

图二七五　沙包梁 M2 局部石刻纹样图
1. 北壁雕刻　2. 西壁阴刻

蹲熊　2 件。分布于屋脊南北两端。高浮雕。蹲熊均为立耳、椭圆面、大眼、椭圆形肚，蹲坐于屋面，双手向上触及墓顶，似用力托举。生殖器刻画明显，阴茎直立，两侧睾丸凸出。角、眼、嘴、生殖器等处均存涂朱痕迹。北侧蹲熊高 25、宽 18 厘米；南侧蹲熊高 25、宽 21 厘米。

立柱　2件。位于屋脊屋面下，后壁南北两端。方形檐柱，上小下大，高1.32～1.34、宽0.2～0.28米，出露厚度0.1米。柱顶栌斗，上下有收分，承托檐檩。两柱与其上横梁构成一间立面呈梯形的空间，上窄下宽，宽1.24～1.28、高1.32～1.34米，中间线刻朱雀。

朱雀　1件。位于屋脊屋面下方，两立柱之间阴线刻，笔画略简，造型不及南壁朱雀生动。头竖四羽冠，喙较尖长，圆眼，细长颈，双腿弯曲，双爪着地。双翅展开，尾翎上扬，身饰羽纹。高83、宽47厘米。

3. 崖棺雕刻

崖棺外侧东端雕刻有立柱，柱上下无收分。柱通高0.84、宽0.2米。柱顶栌斗，栌斗高0.12、宽0.22米。崖棺外侧东西顶端各雕刻一斗拱，残损严重，残宽0.22米。

（三）出土器物

1. 陶器

罐　4件。M2:5，泥质灰陶。轮制。敛口，方唇，带领，弧肩，上腹圆鼓，下腹斜收，平底。肩部饰凹弦纹一周。口径12、腹径22.9、底径12.4、高21.5厘米（图二七六，3；图版三一，1）。M2:1与M2:5形制相近，夹细砂灰褐陶，折肩。口径11.6、腹径21.8、底径10.9、高21.7厘米（图二七六，5）。M2:4与M2:1形制相同，口径11.6、腹径22.4、底径11.4、高21.8厘米（图二七六，2）。M2:3，夹细砂灰褐陶。口微敛，方唇，矮领，折肩，上腹圆鼓，下腹斜收，平底。肩部和肩腹部交接处各饰凹弦纹一周，两周凹弦纹之间饰短斜线纹四周，内壁残存拉坯时形成的旋痕。口径15.5、腹径25.6、底径12、高20.4厘米（图二七六，4；图版三一，2）。

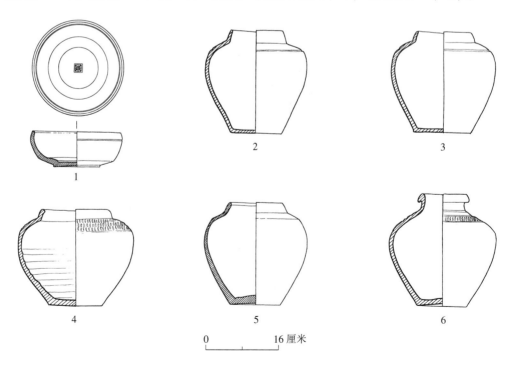

图二七六　沙包梁M2出土陶器
1. 钵（M2:6）　2～5. 罐（M2:4、5、3、1）　6. 瓮（M2:2）

瓮　1件。M2:2，夹细砂灰褐陶。侈口，尖唇外凸，束颈，弧肩，弧腹收，底略内凹。肩部饰凹弦纹一周及短斜线纹一圈。口径9.4、腹径23.4、底径10.6、高23.8厘米（图二七六，6；图版三一，3）。

钵　1件。M2:6，泥质灰陶。敛口，方唇，折腹，矮饼足微内凹。唇下饰凹弦纹一周，内底中间一印章状四瓣刻花。口径19.2、底径10.2、高7.5厘米（图二七六，1）。

2. 陶模型

陶俑可修复者仅4件。均为前后合范而成，单范接缝处有较宽的刮削痕。

拱手立俑　3件。均为泥质红陶。M2:7，头戴介帻，面部仅见鼻嘴。脑后似束发凸起。面部五官模糊。身着右衽长袍，宽袖，袖上有褶。腰束带，仅后部可见。手笼袖中，站立，微露双足尖。高22.6厘米（图二七七，1）。M2:8，头部裹巾，面部模糊，微见五官。脑后似束发凸起。胸前裹巾，宽袖，有褶。腰束带，仅后部可见。手笼袖中，站立，微露双足尖。高13.2厘米（图二七七，2）。M2:10，头部裹巾，面部仅见鼻嘴。脑后似束发凸起。身着右衽长袍，宽袖，袖上有褶纹。腰束带，仅后部可见。手笼袖中，站立，微露双足尖。高22.2厘米（图二七八，1）。

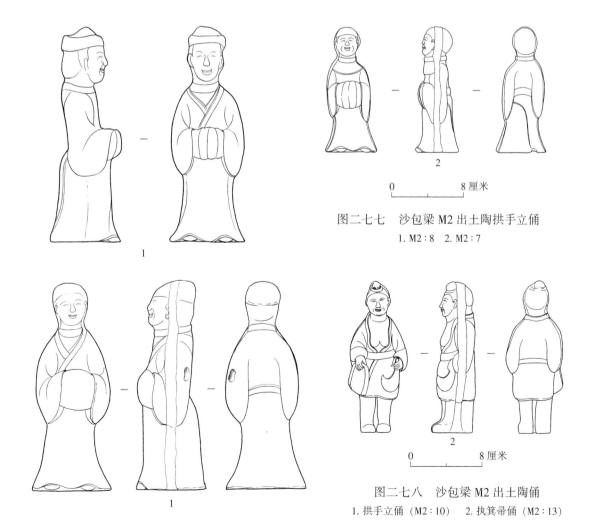

图二七七　沙包梁 M2 出土陶拱手立俑

1. M2:8　2. M2:7

0 —— 8厘米

图二七八　沙包梁 M2 出土陶俑

1. 拱手立俑（M2:10）　2. 执箕帚俑（M2:13）

执箕帚俑　1件。M2：13，夹细砂红褐陶，头略残。直立，右手执箕，左手执短帚。面部较模糊，微见五官轮廓。头顶前部裹结似馒头状，敞胸露怀，身着裋褐，腰束带。高16厘米（图二七八，2）。

3. 铜器

镜　1枚。M2：9，长宜子孙铭文镜，圆形，圆形钮座，圆钮。座外饰一周凸弦纹，之外为两两相对四柿蒂纹，四叶之间分布有"长宜子孙"铭文。再外为一周八内向连弧纹，素缘。面径11.9、背径11.8、钮径2.25、钮高1、缘宽1.75、缘厚0.5、肉厚0.2厘米，重355克（图二七九）。

0　　　　2厘米

图二七九　沙包梁M2出土铜长宜子孙铭文镜（M2：9）

大戒指　1枚。圆形。M2：11，外径3.55、内径2.5厘米（图二八○，7）。

4. 银器

手镯　1个。M2：15，圆形，四圈，外侧两圈可收缩。直径约5.7～6.1厘米（图二八○，1）。

饰片　1片。M2：14，残缺。极薄。残宽4.9、长3.7厘米（图二八○，2）。

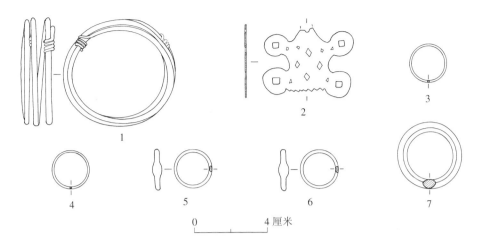

图二八〇 沙包梁 M2 出土器物

1. 银手镯（M12∶15） 2. 银饰片（M2∶14） 3~6. 银戒指（M2∶12-3、12-4、12-1、12-2） 7. 铜大戒指（M2∶11）

戒指 4 枚，圆形。M2∶12-1，外径 2.1、内径 1.8 厘米（图二八〇，5）。M2∶12-2，外径 2.1、内径 1.8 厘米（图二八〇，6）。M2∶12-3，外径 1.95、内径 1.85 厘米（图二八〇，3）。M2∶12-4；外径 1.95、内径 1.85 厘米（图二八〇，4）。

5. 钱币

出土 187 枚，编号为 M2∶16，部分较残。此外，摇钱树挂钱币共计有五铢 14 枚、货泉 2 枚。

八铢半两

1 枚。残，正面仅剩"半"字，较模糊。直径 3、穿径 0.9、厚 0.1 厘米（图二八三，10）。

一般五铢

56 枚，部分五铢钱钱文腐蚀严重，不清晰。

Ⅱ式 共 18 枚。直径 2.5~2.6、穿径 0.95~1.1、厚 0.09~0.11 厘米（图二八一，1~5）。其中穿上星 2 枚。

Ⅲ式 13 枚。直径 2.5~2.7、穿径 0.9~1.1、厚 0.09~0.11 厘米（图二八一，6~9）。

Ⅳ式 21 枚，1 枚残。直径 2.4~2.55、穿径 0.9~1.1、厚 0.09~0.11 厘米（图二八一，10~15，图二八二，1）。

Ⅴ式 4 枚。直径 2.45~2.55、穿径 0.9~1.1、厚 0.09~0.1 厘米（图二八二，2~5）。

剪轮五铢

32 枚相对完整。直径 2.1~2.5、穿径 1 厘米（图二八二，8~16）。其中记号 5 枚，无郭，"五铢"二字较清晰。

其他五铢钱较残。

大泉五十

1 枚。直径 2.3、穿径 1 厘米（图二八二，6）。钱币制作规整，有郭，正面篆书"大泉五十"四字。

货泉

3 枚。均残。直径 2.2~2.3、穿径 0.8 厘米（图二八二，7）。"货泉"二字隐约可见。

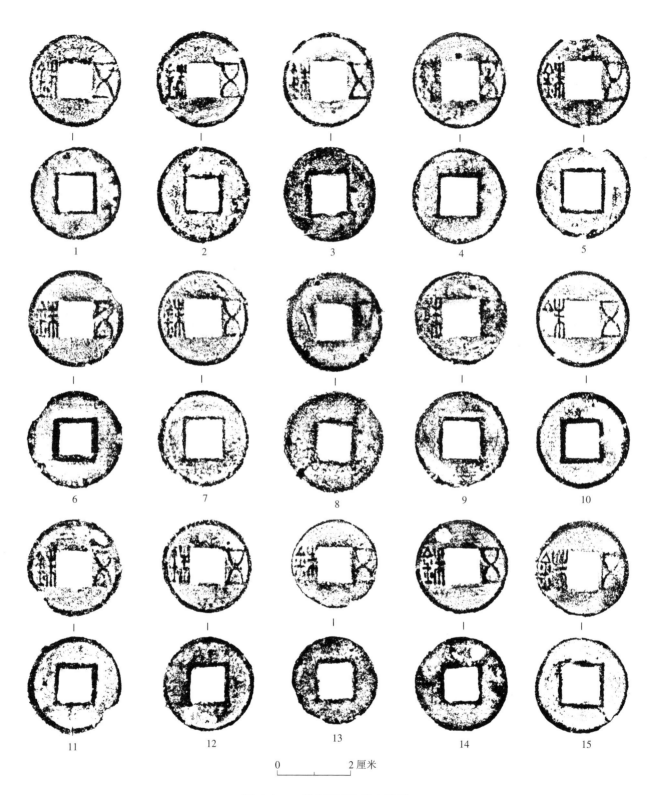

图二八一 沙包梁 M2 出土钱币

1～5. Ⅱ式五铢 6～9. Ⅲ式五铢 10～15. Ⅳ式五铢

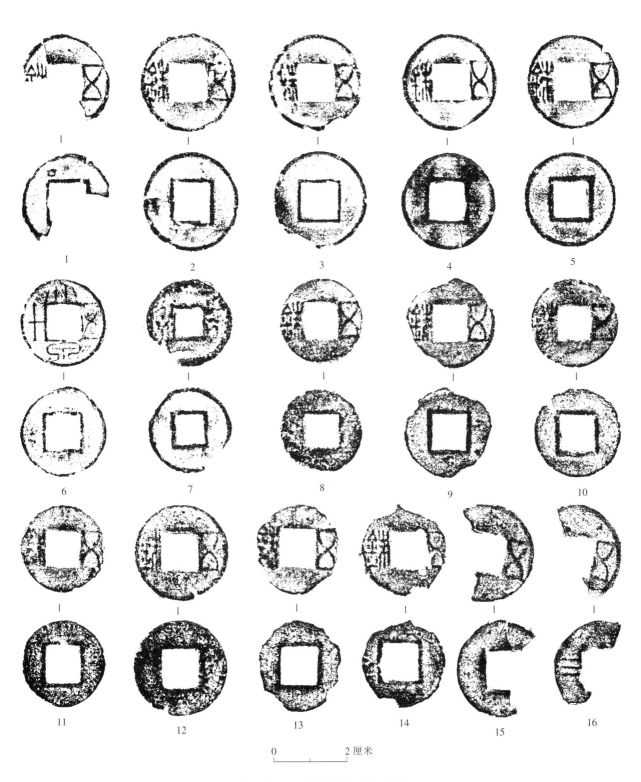

0   2 厘米

图二八二 沙包梁 M2 出土钱币

1. Ⅳ式五铢   2 ~ 5. Ⅴ式五铢   6. 大泉五十   7. 货泉   8 ~ 16. 剪轮五铢

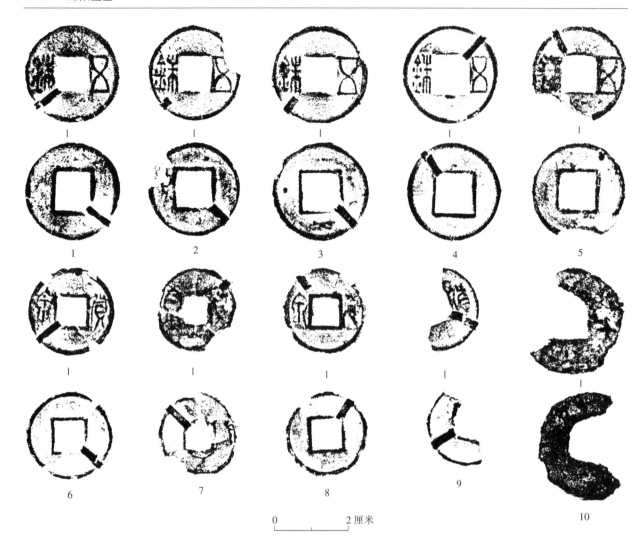

图二八三　沙包梁 M2 出土
1~9. 摇钱树挂钱币　10. 八铢半两

摇钱树挂钱币

五铢　14 枚。直径 2.5~2.55、穿径 0.9~1.1、厚 0.09~0.12 厘米（图二八三，1~5）。其中 2 枚带记号。

贷泉　3 枚。均残，厚 0.11 厘米（图二八三，6、8、9）。

三　河边九龙山沙包梁三号崖墓（2001MFSM3）

（一）墓葬形制

单室墓，由墓道、甬道、墓室三部分组成，墓道掩埋于农耕地里，受到一定程度的破坏，仅存部分。墓室后壁与墓道现存开口之间的斜坡高差为 0.22 米，前低后高。墓葬现长约 16.15 米，方向 175°（图二八四）。

墓道形制不规则，左右不对称，平面略呈长条形，现残长 12.3、宽 1.04~1.85、边壁现存最高 2.69 米。两壁凹凸不平，底由外向内倾斜，不利于排水。中部两侧分别凿有形状不

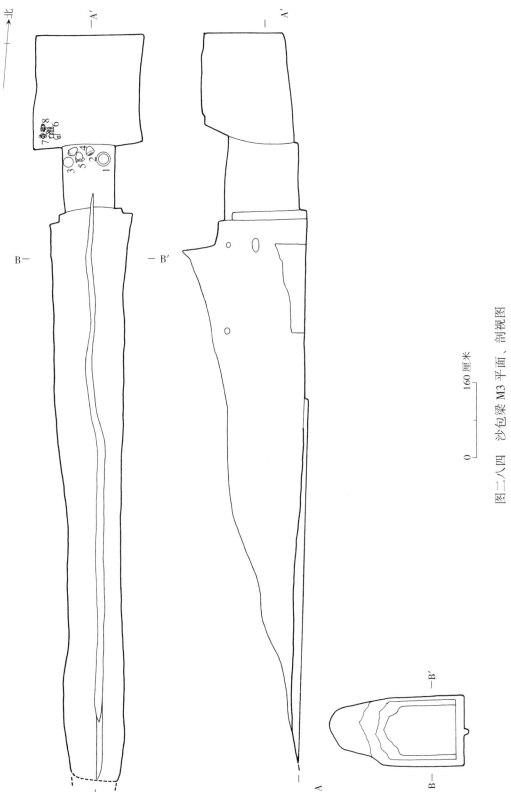

图二八四　沙包梁 M3 平面、剖视图

1.陶釜　2、4.陶罐　3.陶钵　5.陶瓮　6.陶舞俑　7.陶庖厨俑　8.陶托琴俑

规则的台阶,北侧长2.16、宽0.24、高0.22~0.3米,南侧长1.9、宽0.26、高0.26~0.66米。南壁上部凿有2个圆洞,南侧洞直径为0.12、深0.14,北侧洞直径为0.1、深0.09米。南壁下部凿有1个椭圆形洞,长径0.28、短径0.14、深0.085米。墓道内凿有排水沟。

墓门左右不对称,门洞宽1.06、高1.62米,留有单层门框,宽1.43、高1.62、深0.15~0.19米。顶部呈不规则弧形,两壁较直。其后有一高0.14米的踏道可上至甬道。

甬道形制不规则,左右亦不对称,平面略呈梯形,内略宽外稍窄,长1.34~1.46、宽1.12~1.18、高1.54~1.62米。底部内高外低,由内向外倾斜,前部凿有排水沟。其后有一高约0.08米的台阶可上至墓室。

墓室形制不规则,左右不对称,平面略呈方形,长2.31~2.46、宽2.27~2.42、高1.69~1.92米。墓顶几乎全部垮塌,仅在前部和后部留有原顶。底部内高外低,由内向外倾斜,积水可利用斜坡通过甬道自然排到墓道排水沟内。

排水沟始凿于甬道前部,贯通墓道,起始处较窄,向外延伸到墓道处逐渐变宽。剖面呈倒梯形,上宽下窄,长12.7、最宽0.19、深0.09~0.12米。

墓葬盗扰严重,出土随葬品8件,均出土于甬道后部及墓室西南角,比较完整。陶器可辨器形有釜、钵、罐,均置于甬道北部近墓室处。陶模型仅出土3件人物俑,分别为舞俑、抚琴俑、庖厨俑,均置于墓室西南角。

(二)出土器物

1. 陶器

罐 3件。M3:4,制作粗糙,器口及器身略有变形。侈口,尖唇,束颈,弧肩,弧腹斜收,平底。口径9.6、底径9、腹径18、高17厘米(图二八五,3)。M3:2与M3:4形制相同,口径10.4、腹径18、高18厘米(图二八五,4)。

瓮 1件。M3:5,侈口,尖圆唇外凸,束颈,弧肩,上腹圆鼓,下腹斜收,平底。肩饰两周凹弦纹。口径9.6、腹径18.3、底径8、高20.4厘米(图二八五,5)。

釜 1件。M3:1,口部变形,敞口,圆唇,宽折沿,溜肩,扁圆腹,平底。沿内饰凹弦纹一周,腹部饰凹弦纹两周。底部饰粗绳纹。口径24、腹径26.4、通高20厘米(图二八五,2)。

钵 1件。M3:3,敛口,圆唇,腹较圆弧,饼足。唇下饰凹弦纹一周。口径21.6、底径9.8、高8.2厘米(图二八五,1)。

2. 陶模型

人物俑可修复者仅3件。均为夹细砂灰陶,前后合范制成,首与身均为分别制成后黏接而成,单范接缝处有刮削痕。

舞俑 1件。M3:6,面带微笑,细眉,弯眼,

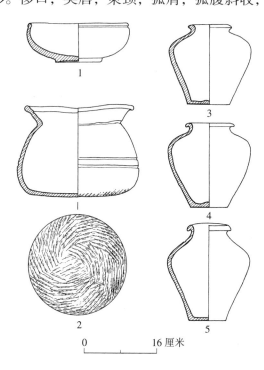

图二八五 沙包梁 M3 出土陶器

1. 钵(M3:3) 2. 釜(M3:1) 3、4. 罐(M3:4、2) 5. 瓮(M3:5)

高鼻，小嘴，小巧耳。身体微向右倾，右手上举，长袖下垂，左手提裙露左脚。头梳高髻，头发束于头顶，用窄巾一条从髻中穿出，在髻的左右曲成环形，相交于髻后。耳垂饰圆形耳珰。身着两层衣，外为右衽袍，绣裾式半袖。两袖有褶纹，里层衣袖露出，右袖末端搭在腕上。腰束带，下摆有花边饰。高27.4厘米（图二八六，1；图版三二，1）。

0　　　　　　8厘米

图二八六　沙包梁 M3 出土陶俑

1. 舞俑（M3：6）　　2. 抚琴俑（M3：8）　　3. 庖厨俑（M3：7）

抚琴俑 1件。M3：8，面带微笑，高鼻，阔嘴。坐姿，后露双脚。膝上置琴，双手置于琴上作弹奏状。头戴介帻，脑后似束发凸起。身着右衽长袍，宽袖。腰束带，仅身后可见。下摆有花边。高19.8厘米（图二八六，2；图版三二，2）。

庖厨俑 1件。M3：7，面带微笑，高鼻，小嘴。坐姿，后露双脚，身前置几案，左手置于案上，右手置于腹前，案下置一盆。头系帻头，脑后凸起不甚明显。身着两层衣，外为右衽袍，窄袖上挽至肘间，里衣有袖露出。腰束带，仅后面可见，身后有衣的背缝。高21.3厘米（图二八六，3）。

四 河边九龙山沙包梁四号崖墓（2001MFSM4）

（一）墓葬形制

双室墓，由墓道、甬道、墓室三部分组成，墓室分前后两部分。墓道掩埋于农耕地里，受到一定程度的破坏，仅存部分。墓葬现长11.96米，方向约90°（图二八七；图版三三；图版三四）。

墓道平面近梯形，内宽外窄，残长3.92～3.98、宽1.06～1.48、最高处2.12米。两壁向上斜收，底部外高内低，由外向内倾斜，不利于排水。墓道中部凿有一排水沟，一直延伸至甬道前部。残长4.57米。起始处较窄，断面略呈半椭圆形，宽0.1、深0.6米；至墓道前端变宽变深，剖面略呈半圆形，宽0.2、深0.2米。

墓门立面呈长方形，门洞宽0.92、高1.12米。其外有单层门框，立面亦呈长方形，宽1.16、高1.24、深0.12米。

甬道左右不对称，平面略呈梯形，内宽外窄，长1.24、宽0.92～1.08、高1.12～1.24米。底部内高外低，由内向外倾斜，利于排水。前部凿有排水沟。

墓室左右亦不对称，平面略呈梯形，内窄外宽，长6.56～6.64、宽1.9～2.28、高1.82～2.1米。圆弧顶，顶部及墓室东壁遍布人字形錾凿痕，凿痕一般宽2、深0.1～0.3厘米。墓顶圆雕莲花状、嘉瓜状吊饰。墓室北壁斜直，南壁较直，上部有转折。底部内高外低，由内向外倾斜，利于排水。墓室分为前室和后室，前、后室之间用一高0.12米的台阶分割。前室前端有四级台阶，将前室分为前、后两个部分，台阶长0.44、宽0.48～0.52、高0.2米。前室前部北壁雕刻有原岩石灶、壁龛、斗拱，前室前部南壁半圆雕一猪，其上雕刻壁板。前室后部南壁凿有原岩崖棺、壁板、斗拱，前室后部北壁凿有马厩、壁板、斗拱、立柱。后室北壁凿有一原岩崖棺，后室南壁雕刻壁板、斗拱。后壁雕刻蟾蜍。崖棺顶部圆雕吊饰，挡板镂空雕刻窗棂。

石灶位于前室前部东北角，由灶面和火门组成。灶台高0.27～0.34米。灶面略呈平行四边形，长0.56、宽0.42米。火塘平面呈圆形，径0.3米。烟道较短，朝向墓外。火门面向墓室后壁，高约0.2米。

壁龛位于灶台西侧，立面呈长方形。长0.34、高0.7～0.74、深0.3～0.38米。龛内雕刻一石台，其中部上方雕刻一短立柱，柱顶一斗三升式斗拱，其上承托一石板。

前室后部南壁崖棺后壁距墓室前壁2.6米，距前室后部墓底0.2米。平面略呈长方形，宽2.9、高0.82、进深0.8～0.88米。东西两壁较直，内壁和顶呈弧状。顶部雕刻丁头拱，挡板镂空雕刻窗棂。后室北壁崖棺后壁距墓室后壁0.5米，其底部距墓底0.16～0.18米。

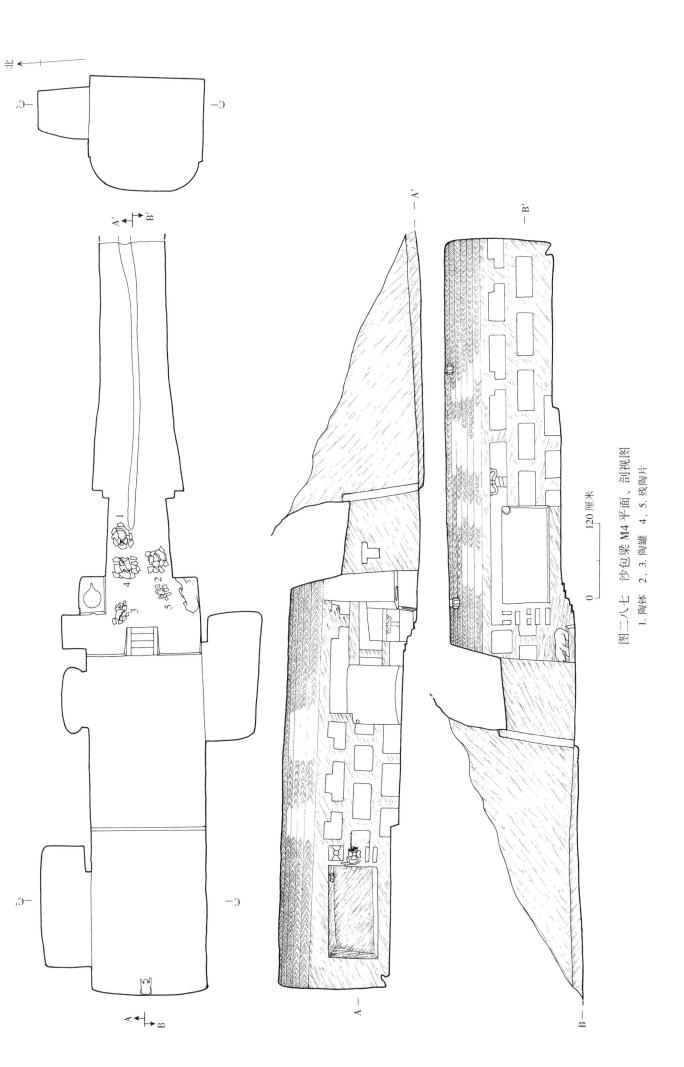

图二八七　沙包梁 M4 平面、剖视图

1. 陶钵　2、3. 陶罐　4、5. 残陶片

北

0　　　　120 厘米

平面近长方形，宽 1.96~2.04、高 0.8、进深 0.8~0.96 米。壁较直，顶近平。顶部圆雕吊饰，挡板镂空雕刻窗棂。

墓葬盗扰严重，仅在甬道出土陶钵、罐以及陶猪模型残片等 5 件随葬品，可修复者仅 3 件。

（二）墓葬雕刻

雕刻全部集中在墓室南、北两壁和后壁。墓顶圆雕吊饰 3 个，分别位于前室墓顶、后室前部墓顶。墓室南北两壁雕刻有仿木结构建筑的壁柱、壁穿、壁板。前室北壁雕刻柱与斗拱 4 组，前室后部北壁雕刻马厩 1 座，前室东南角半圆雕猪 1 件，前室后部和后室南壁雕刻柱与斗拱 3 组。墓室后壁雕刻蟾蜍 1 件。崖棺雕刻丁头拱、吊饰，其挡板镂空雕刻窗棂。

1. 墓顶雕刻

吊饰 3 件。均为圆雕，分别位于前室墓顶和后室前部墓顶。前室吊饰下部已残断，根据已断落在地的吊饰下部，可知为莲花状，可见五瓣花朵，花蕊突出，长 18 厘米，推测原高约 16 厘米。后室前部为嘉瓜状吊饰 2 个，嘉瓜六或八棱，形状饱满，直径 17 米、高 14 厘米。

2. 墓室北壁雕刻

立柱与斗拱 4 组。1 组位于前室前部下层壁龛内。接近圆雕。龛内底部雕刻一高 22 厘米的石台，其中部上方雕刻立柱，柱顶一斗三升式斗拱一朵。通高 22、宽 28 厘米，柱高 14、宽 6 厘米。斗拱顶部承托一厚约 6 厘米的石板。另外 3 组位于前室北壁上层壁板内。浅浮雕。造型基本一致。立柱较粗，柱顶一斗二升式斗拱一朵承托壁板横梁。以前室北壁上层壁板内一副为例，通高 28、宽 36 厘米，柱高 16、宽 20 厘米。

猪 1 件。位于前室东南角。半圆雕。踞于平行四边形石座上，石座长 50、宽 26~34、高 11 厘米。四肢着地，面部不清、臀部略残，长 56、宽 24、高 22 厘米。

马厩 1 座。位于前室后部北壁前端，平面呈“凸”字形，立面略呈长方形，底部凸起近弧形。前宽 0.91、内宽 1.08、高 0.72~0.88、深 0.38~0.42 米。西壁上部有一乳突状凸起，头大身小，可能为拴马所用，直径 6、长 7 厘米。

3. 墓室南壁雕刻

立柱与斗栱 3 组。浅浮雕。一组位于前室后部南壁上层壁板内，柱顶一斗三升式斗拱，以承托壁板横梁。通高 28、宽 44 厘米，柱高 20、宽 16 厘米。另 2 组位于后室南壁上层壁板内，造型基本一致，立柱较粗，柱顶一斗二升式斗拱一朵承托壁板横梁。以后室南壁西端一幅为例，通高 26、宽 36 厘米，柱高 17、宽 16 厘米。

4. 墓室后壁雕刻

蟾蜍 1 件。位于后室后壁底端中部。半圆雕。风化严重，细部模糊不清。前爪伸直撑地，后爪与臀部着地，长 28、宽 18、高 12 厘米。

5. 崖棺雕刻

前室后部南壁崖棺，其东侧有一高 82、宽 42、厚 10~12 厘米的挡板，挡板上凿造窗棂装饰，窗棂由长方形、方形的镂空装饰组合而成，高 82、宽 20~28 厘米。崖棺西侧上角圆雕一丁头拱,甚残,残长7、高10厘米。

后室北壁崖棺雕刻,其东侧有一高80、宽40、厚8~12厘米的挡板,挡板上凿造窗棂装饰,从上到下依次雕凿有胜、轮形、横长方形窗棂装饰,其中部东侧阴线刻线条数道。窗棂整体高80、宽24厘米。崖棺顶壁中间近边有圆雕莲子吊饰1个,直径10、厚7厘米。

（三）出土器物

陶器

罐 2件。均为泥质灰陶。M4:2,侈口,方唇,束颈,折肩,弧腹斜收,底略内凹。口径12.2、腹径20、底径12、高13.9厘米（图二八八,2）。M4:3,侈口,圆唇,束颈,折肩,弧腹内收,平底。肩部饰凹弦纹一周,其下饰短斜线纹一圈。口径23.4、腹径30、底径14、高19厘米（图二八八,3）。

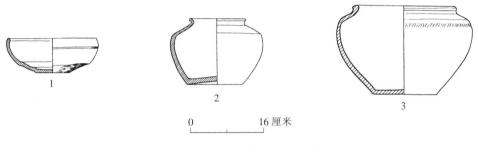

0   16厘米

图二八八 沙包梁 M4 出土陶器
1. 钵（M4:1） 2、3. 罐（M4:2、3）

钵 1件。M4:1,夹细砂灰陶。敛口,圆唇,弧腹下向内折收,矮饼足。上腹饰凹弦纹一周。口径19.8、底径7.4、高7.4厘米（图二八八,1）。

五 河边九龙山沙包梁五号崖墓（2001MFSM5）

（一）墓葬形制

单室墓,由墓道、甬道和墓室三部分组成,墓道掩埋于农耕地里,受到一定程度的破坏,仅存部分。墓葬现长8.03米,方向112°（图二八九;图版三五）。

墓道残存部分平面呈长方形,长2.38、宽1.3~1.38、边壁最高处2.08米。两壁较直,底部外高内低,由外向内略倾斜。底部中间凿有排水沟,始凿于甬道前端,延伸到墓道并贯通墓道,断面呈倒梯形,残长3.14、宽0~0.15、深0.08~0.12米。

墓门顶部残损,门洞立面略呈方形,宽0.86、残高1.54米。其外凿有单层门框,宽1.08、残高1.2、深0.18米。

甬道左右不对称,平面近长方形,长0.96~1.06、宽0.84米。顶部垮塌,两壁较直,底部内高外低由外向内倾斜约0.04米。前端凿有排水沟。

墓室左右略微不对称,平面形近长方形,内稍窄外略宽,长4.35~4.44、宽2.05~2.08、高1.8~1.9米。前部有一高0.2米的台阶,将墓室分为前后两部分。圆弧顶。后壁和南北两壁斜直向上。底部内高外低,由内向外倾斜。墓室前部北壁凿有一台座,平面略呈平行四边

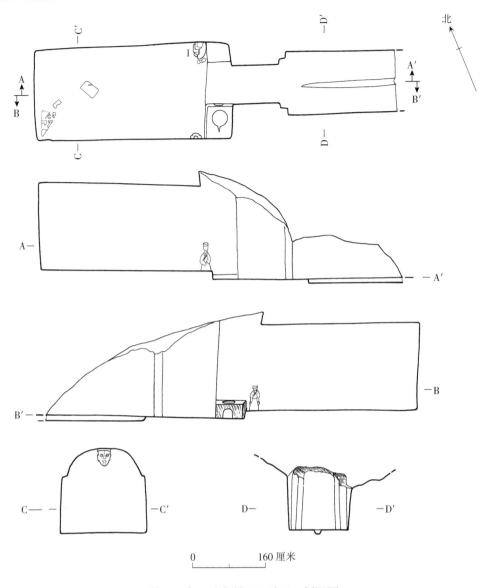

图二八九　沙包梁 M5 平面、剖视图

形，长 0.46 ~ 0.5、宽 0.45 ~ 0.53、高 0.05 ~ 0.08 米。前部南壁凿有一原岩石灶。墓室后部东北角圆雕有一吹笛俑，后部东南角圆雕有一提罐俑，后壁浮雕一魁头。

石灶由灶面和火门组成。灶台高 0.32 米。灶面近平行四边形，长 0.32、宽 0.43 米。圆形火塘，直径 0.35 米。烟道较短，朝向南壁。灶门朝向北壁，略呈半椭圆形，宽 0.19、高 0.24 米。

墓室盗扰严重，随葬品残破严重，陶器可辨器形有罐、壶等，陶模型器可辨器形有摇钱树座、鸡、狗、猪及人物俑等。可修复者仅陶狗 1 件。

（二）墓葬雕刻

雕刻主要分布于墓室后部南北两壁及后壁。

吹笛俑　1 件。位于墓室后部东北角。圆雕。破坏严重，面部模糊不清。头戴巾帻，着袍，跪坐，左肢不存，右手持笛屈于胸前，跪坐。高 62、宽 27 厘米。

　　提罐俑　1件。位于墓室后部东南角。圆雕。头部残，身体线条清晰。肩较宽，细腰，束带，着袍。双手提罐立于身侧，作站立状。残高54、宽22厘米。

　　魌头　1件。位于墓室后壁顶部正中间。浮雕。头戴巾帻，圆脸，下巴略尖，大眼圆睁，颧骨高耸，高鼻，张嘴吐舌。舌头吊至下颌，面目略显狰狞。高38、宽32厘米。

（三）出土器物

陶模型

　　狗　1件。M5:1，泥质灰陶，合范制成。站立，目视前方，嘴紧闭，尖耳竖立。四肢强健，小尾上卷，体格健壮。颈、腹系带穿于背部环中。腹内中空。长33.6、高28.5厘米（图二九〇）。

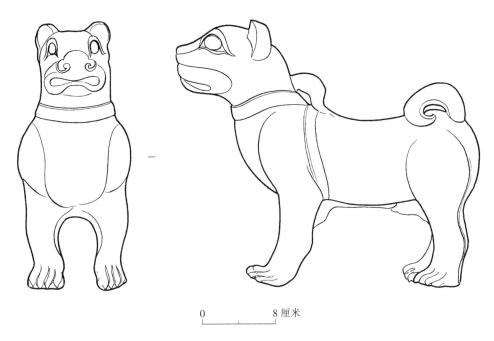

0 ____ 8厘米

图二九〇　沙包梁 M5 出土陶狗（M5:1）

六　河边九龙山沙包梁六号崖墓（2001MFSM6）

（一）墓葬形制

　　单室墓，由墓道、甬道、墓室三部分组成，墓道前部被农耕破坏。墓葬残长12.89米，方向110°（图二九一；图版三六）。

　　墓道平面形制不甚规则，内宽外窄，残长5.09、宽0.95~1.84米。两壁较直，略内斜。底部内低外高，由外向内倾斜，不利于排水。底部中间有排水沟，始于甬道前部，贯通墓道，横截面略呈梯形，残长5.82、宽0.13~0.16、深0.11~0.16米。墓道内的排水沟用长方形砖覆盖，砖长39、宽24、厚11厘米。

　　墓门为单层门框结构，门洞宽1.13、高1.16，其外层凿有单层门框，宽1.32、高1.26、深0.08~0.13米。门框上部雕刻有仿木结构的屋脊屋面。

　　甬道平面呈梯形，外窄内宽，长1.08~1.14、宽1.13~1.34、高1.16~1.42米。顶部前端略残，底部内低外高，由外向内倾斜，不利于排水。

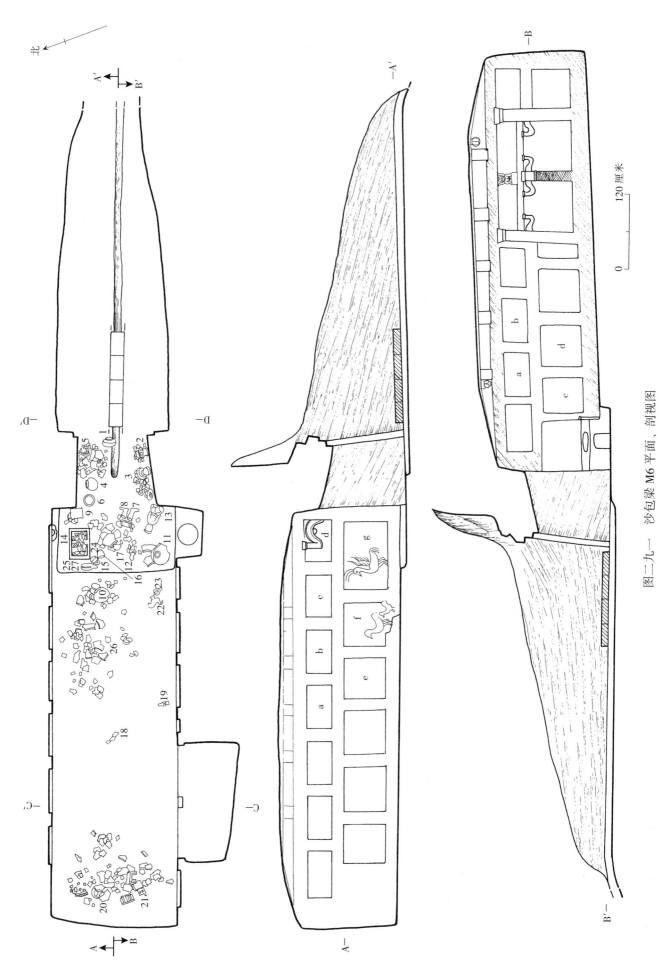

图二九一 沙包梁 M6 平面、剖视图

1、3、4、10、11、16、17、20. 陶罐 2. 陶釜 5. 陶狗 6、26. 陶钵 7. 陶提罐俑 8. 陶武士俑 9. 陶井 12、18、19. 陶拱手立俑 13. 陶舞俑

墓室平面不甚规则，略呈梯形，内窄外宽，全长 6.5~6.63、宽 2.03~2.5、高 1.53~1.97 米。弧形顶。墓顶部凿四面坡屋顶及莲花莲蓬、嘉瓜吊饰（图二九二；图版三七）。后壁和南北两壁向上斜收。墓底前低后高，由内向外倾斜。距甬道约 1 米处有一高 0.16 米的台阶，将墓室分为前后两个部分。墓室前部南壁凿有一原岩石灶，墓室后部南壁凿有崖棺一具。北壁阴线刻朱雀，浮雕有吹笛俑、母鸡、公鸡、丁头拱，线刻有飞鸟、天狗、人像等；南壁浮雕提罐俑，线刻有飞鸟、双阙、持物俑等，且有纪年题记。

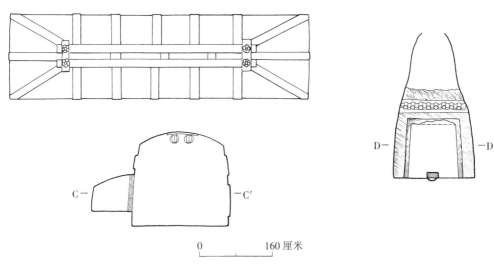

0 160 厘米

图二九二 沙包梁 M6 仰视、横剖视图

石灶由灶面和火门组成。灶台高 0.3 米。灶面近梯形，长 0.71~0.84、宽 0.45~0.47米。火塘平面略呈圆形，最大径 0.36 米。烟道较短，朝向南壁。灶门朝北壁，呈长方形，顶微弧，高 0.36、宽 0.26 米。

崖棺距后壁约 1.1 米处，平面呈不规则长方形，宽 1.74~1.89、高 1.21、进深 0.79~1.03 米。崖棺外侧入口处雕刻立柱及斗拱、蹲熊等。

墓室盗扰严重，但依然出土随葬品 27 件。器物主要集中在甬道及墓室。以陶模型为主，其次为陶器。陶模型有井、水塘等模型，鸡、鸭、狗、猪等动物模型以及陶俑。陶俑有武士俑、提罐俑、拱手俑、舞俑、执飔扇俑等。陶器可辨器形有罐、釜、钵等。

（二）墓葬雕刻

墓室南北壁雕刻仿木建筑的壁柱、壁穿及壁板。墓门雕刻仿木结构屋脊屋面。墓顶雕刻仿木结构屋顶及吊饰。北壁阴线刻朱雀，浮雕有吹笛俑、母鸡、公鸡、丁头拱，线刻有飞鸟、天狗、人像等；南壁浮雕提罐俑，线刻有飞鸟、双阙、持物俑等，且有纪年题记。

1. 墓门雕刻

仿木结构屋脊屋面 1 组。位于墓门上方，较残。高浮雕。屋顶为单檐，全长 1.5 米。屋顶有一条正脊，两端不起翘，屋面用筒瓦和板瓦修筑，8 瓦垄 9 垄沟。板瓦仰铺为垄沟，无滴水；筒瓦俯铺为瓦垄，瓦当上饰圈纹，瓦当直径 8~10 厘米。

2. 墓顶雕刻

仿木结构屋顶　1组。浮雕。屋顶用两根檩架构，长438、宽19厘米。檩间用三根短枋连接，短枋长13、宽16～22厘米。檩两头有横梁支撑，梁长68～70、宽16～22厘米。屋面雕刻檐椽共计16根。东西侧檐椽较短，长65～70、宽22厘米；南北端檐椽较长，长119～141、宽16～22厘米（图版三八）。

吊饰　4件。位于墓顶横梁上，均为圆雕。墓室前部横梁圆雕二莲花莲蓬吊饰，为莲花与五莲蓬的组合。莲花含苞待放，各莲蓬内有9～12粒不等的呈凹状的莲子，残存朱痕（图版三九，1）。直径约19厘米。墓室后部横梁圆雕二嘉瓜吊饰，五棱，形状饱满（图版三九，2）。直径约19厘米。

3. 墓室北壁雕刻

吹笛俑　1件。位于墓室东北角。近圆雕。头似戴帻，顶部残，深目高鼻，服饰不详。头像南壁，坐姿，双手执笛而吹。高43、宽21厘米（图二九三，2；图版四〇）。

朱雀　1件。位于北壁前端下层壁板内，吹笛俑西侧。阴刻线，线条流畅，形态生动。头朝向后壁，略前倾。尖长喙，细长颈，屈肢站立。鸟头生四羽冠，双翅舒展，尾翎弧线上扬，身饰羽纹，羽冠、长喙、鸟头和尾翎等处残存朱痕。高70、宽42厘米（图二九三，2g；图版四〇）。

丁头拱　1件。位于北壁前端上部壁板内。浮雕。东侧插入壁柱，丁头承托上部横壁梁，拱头为下垂式垂拱，拱下有一凸出的圆木状物。圆木和丁头雕刻尚残存朱痕。宽46、高38厘米（图二九三，2d；图版四〇）。

母子鸡　2件。位于墓室后部北壁前端。均为浮雕。两只鸡前后相随，似正在攀登台阶，台阶共两级，宽20～22、高86～111厘米。西侧为母鸡，体型相对较大，头向后壁，尖喙，鸡冠与垂冠明显，大尾上翘，作直立状。高43、宽47厘米（图二九三，2f）。小鸡紧随其身后，较母鸡矮一个台阶。身已较模糊和残损。尖喙，尾上翘，作直立状。高30、宽24厘米（图二九三，2f；图版四〇）。

飞鸟　1件。位于母子鸡西侧壁板内。阴线刻。鸟头偏向身体右扭，圆眼，尖喙，双腿屈曲，双翅舒展，作飞翔状。高24、最宽处宽52厘米（图二九三，2e）。该壁板上部壁穿内还有数道线条刻划痕迹，可能是后人所为。

天狗　1件。位于母子鸡西侧壁板内。阴线刻。头向后壁，圆目大睁，双耳挺立，身姿矫健，作飞奔状。高18、宽39厘米（图二九三，2a）。其下用简略线条勾勒出一人物的形象，可能是后人随意刻划所为。

4. 墓室南壁雕刻

提罐俑　1件。位于后室东南部，灶台西侧。近圆雕。呈站立状，头戴平巾帻，高鼻，眉眼、口部较模糊。身着右衽裋褐，束腰，双手提罐。高49、宽20厘米（图二九三，1c）。

飞鸟　3件。分别位于南壁前端上层壁板以及壁穿内。阴线刻。壁板内的飞鸟头部偏向身体右侧，圆眼、尖喙，微可见右翅舒展，尾羽上翘。高16、宽24厘米。壁穿内飞鸟位于墓室南壁东起第2、3块壁板之间的壁穿下部，东侧飞鸟作站立状，鸟头左偏，圆眼、尖喙，利爪，双翅舒展，尾羽上翘。高21、宽25厘米。西侧飞鸟形制与壁板内飞鸟相近，双翅舒展。宽21、高13厘米。墓室南壁东起第2、3块壁板之间的壁穿还线刻有一人

图二九三　沙包梁 M6 墓室南、北壁阴刻及浮雕图案
1. 南壁　2. 北壁

物形象，雕刻简略，面向墓门方向，斜持杖形物。高 29、宽 19 厘米。可能属于后人随意刻划而成。(图二九三，1a、1b)

阙　2 座。位于墓室后部南壁中部下层壁板内。阴线刻。两者形制相似，东西向排列，略有前后位置差异。均为双重檐九脊顶，阙身呈梯形。东侧阙通高 37、通宽 25 厘米，西侧阙通高 39、宽 16 厘米（图二九三，1d）。

5. 题记

墓室南壁上层东起第 2 块壁板下方略靠东位置，刻有题记"龙永"二字，"永"通

"永"（图二九三，1，a、b）。墓室前部南壁下层东起第 2、3 块壁板略靠西位置，有竖书的题记"永憙元年巳廿二申夫人芲多□"，永憙元年即公元 145 年，"芲"通"葱"（图二九三，1，d）

6. 崖棺雕刻

立柱 2 件。分别位于棺台两侧。浮雕。柱上下不收分，近中部对插圆雕丁头栱，同承柱头枋。两柱上部略向中间倾斜，东柱高 126、西柱高 122 厘米。东柱丁头栱已残断，西柱丁头栱宽 23、高 20 厘米（图二九一；图版四一）。

立柱及丁头栱 3 组。分别位于崖棺两侧及中部。崖棺两侧各有一组立柱及斗栱，均为浮雕。柱上下不收分，两柱上部略向中间倾斜，近中部对插圆雕丁头栱，同承柱头枋。东侧立柱通高 124、宽 18～26 厘米，丁头拱高 21、宽 29 厘米。西侧立柱通高 126、宽 21～29 厘米，丁头拱高 22、宽约 26 厘米。崖棺中部立柱圆雕而成。柱身正面饰菱形纹，柱顶栌斗托一斗二升式丁头斗栱一朵，其上承额枋，额枋长 174、宽 13 厘米。斗栱有朱痕，栌斗上雕刻有四枚钱纹，两两相对。立柱通高 82、宽 16 厘米，东西侧丁头斗栱均宽 26、高 21 厘米。

蹲熊 1 件。位于额枋上正中。高浮雕。蹲于一宽 21、高 11 的台座上，大眼，有两耳，大嘴，下颚较尖，上刻鼻孔，椭圆形肚，双手向上似用力托举。雄性生殖器勃起，刻画凸出，略残。生殖器和嘴部有朱痕。高 24、宽 21 厘米（图二九一；图版四一）。

（三）出土器物

1. 陶器

罐 8 件。主要为泥质灰陶，少量为夹细砂灰陶。M6：3，泥质灰陶。敛口，圆唇，束颈，折肩，弧腹斜收，底略上凹。肩部饰凹弦纹一周，上下腹部各饰凹弦纹一周，两周凹弦纹间饰交错绳纹。口径 12.4、腹径 21.4、底径 14.4、高 18.6 厘米（图二九四，6）。M6：20 与 M6：3 形制相同，唯下腹凹弦纹下饰细绳纹。口径 12、腹径 21、底径 14.5、高 18 厘米（图二九四，4）。M6：4，泥质灰陶。敛口，圆唇，折肩，圆鼓腹斜收，底内凹。肩腹饰交错细绳纹，肩部及下腹各有二周凹弦纹。口径 12.4、腹径 21.4、底径 14.4、高 18.4 厘米（图二九四，5）。M6：11，泥质灰陶。敛口，圆唇，束颈，折肩，折腹，底内凹。腹部饰细绳纹，腹中部有一周凹弦纹。口径 26.2、腹径 35.2、底径 17、高 26 厘米（图二九四，7）。M6：1，泥质灰陶。敛口，方唇，束颈，弧肩，弧腹斜收，底略内凹。腹部饰细绳纹。口径 12.4、腹径 20、底径 11.4、高 14 厘米（图二九四，8）。M6：10，泥质灰陶。侈口，方唇，束颈，弧肩，弧腹斜收，平底。肩饰一周凹弦纹。口径 13.4、腹径 26.6、底径 14.4、高 27.6 厘米（图二九四，9）。M6：17，夹细砂灰陶。侈口，圆唇，束颈，弧肩，弧腹斜收，底略内凹。肩部饰凹弦纹一周。口径 10、腹径 18、底径 8.8、高 19.8 厘米（图二九四，10；图版四二，1）。M6：16，夹细砂灰陶，侈口，圆唇，束颈，肩部略折，腹壁斜收，平底。肩部饰凹弦纹二周，内有轮制痕迹。口径 13.2、腹径 26.4、底径 14、高 28.4 厘米（图二九四，11）。

釜 1 件。M6：2，夹细砂红陶，敞口，圆唇，束颈较长，斜肩，弧腹，圜底。沿面饰凹弦纹一周，下腹至底部饰粗绳纹。口径 26.4、腹径 26.4、高 19.4 厘米（图二

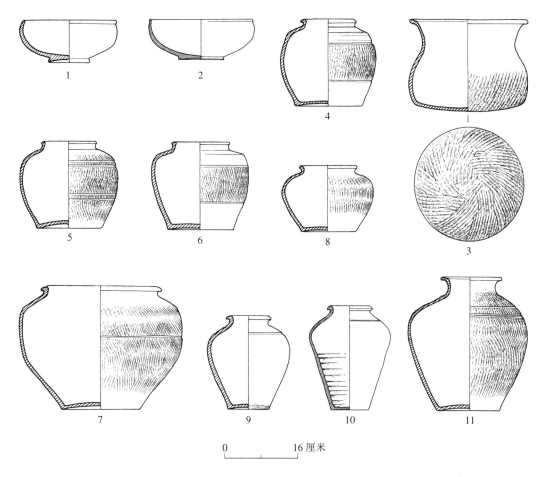

图二九四 沙包梁 M6 出土陶器

1、2. 钵（M6:6、26） 3. 釜（M6:2） 4~11. 罐（M6:20、4、3、11、1、10、17、16）

九四，3；图版四二，2）。

　　钵 2件。均为夹细砂灰陶，形制基本相同，敛口，圆唇，腹较圆弧，饼足，唇下饰凹弦纹一周。M6:6，底略内凹。口径21.2、底径9.4、高8.8厘米（图二九四，1）。M6:26，口径22.6、底径9.9、高8.6厘米（图二九四，2）。

　　2. 陶模型

　　井 1件。M6:9，泥质红陶。井身为长方形，井口为圆形。井口直径6.8、井身宽15.2、高22.4厘米（图二九五，1）。

　　水塘 1件。M6:14，泥质红陶，敞口，宽平沿，斜直壁，平底，内部有一长26.4、宽3.6、厚0.8厘米的小桥。桥下有一长方形的小塘，长9.6、宽7.2厘米，水田长51.6、宽33.6、高6厘米（图二九五，2）。

　　动物俑有猪、狗、鸡和鸭等6件。夹砂或泥质红陶，左右合范，单范接缝处显刮削痕。

　　公鸡 1件。M6:22，泥质红陶。小首，尖喙，圆眼，低冠，长颈，敛翼，翘尾而立。可见尾羽的层次。高20、长19厘米（图二九六，1；图版四二，3）。

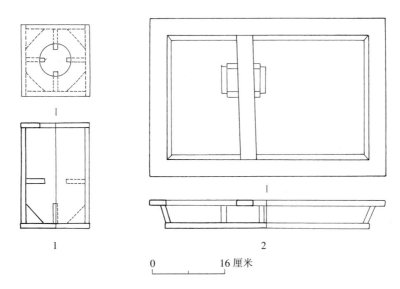

1   2

0 _____ 16 厘米

图二九五　沙包梁 M6 出土陶模型
1. 井（M6：9）　2. 水塘（M6：14）

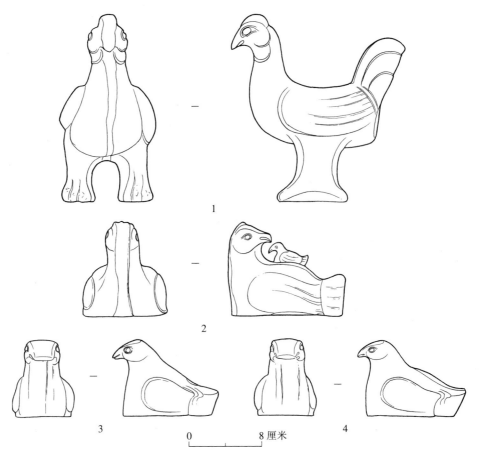

1

2

3   4

0 _____ 8 厘米

图二九六　沙包梁 M6 出土陶动物
1. 公鸡（M6：22）　2. 子母鸡（M6：23）　3、4. 鸭（M6：25、27）

子母鸡 1件。M6：23，夹砂红陶。头部较残，似回头状。背负一雏鸡，大部分残。敛翼，短尾微翘，伏卧状。高10、长12.6厘米（图二九六，2）。

鸭 2件。M6：25，泥质红陶。小首，大眼，扁嘴，短颈，敛翼，短尾微翘，伏卧状。高8、长11.8厘米（图二九六，3）。M6：27与M6：25形制、大小相同（图二九六，4；图版四二，4）。

猪 1件。M6：15，泥质红陶。站立状，膘肥体壮，短吻前伸，三角眼，小耳前翻，短粗腿，臀部隆起，细尾卷曲贴于臀部。腹内中空。长26.3、高14.4厘米（图二九七，1）。

狗 1件。M6：5，泥质红陶。站立姿，昂首，圆目炯炯有神，目视前方，鼻宽大，嘴紧闭，双耳竖立，体格健壮，四肢强健有力，尾上卷。颈、腹系带穿于背部环中，头、腹

0   8厘米

图二九七 沙包梁M6出土陶动物
1. 猪（M6：15） 2. 狗（M6：5）

内中空。长 42.8、高 45 厘米（图二九七，2）。

　　陶人物俑可修复者共计 8 件，其中 1 件为俑头。均为泥质红陶，首与身分别制成后再黏接而成，单范接缝处有刮削痕。

　　拱手立俑　3 件。站立，手笼袖中置于腹部。M6：12，面部模糊不清，仅略见鼻嘴。戴介帻，脑后似束发凸起。衣领不显，身着长袍，宽袖，手拢袖中，腰束带，拱手而立，微露双足。高 22.1 厘米（图二九八，1）。M6：18 与 M6：12 形态基本一致，高 22.2 厘米（图二九九，1）。M6：19，面部模糊不清，仅略见鼻嘴。以巾裹髻，顶部前窄后宽，脑后似束发凸起。衣领不甚显，身着右衽袍，宽袖，手拢袖中。拱手而立，微露双足。高 18.8 厘米（图二九八，2）。

图二九八　沙包梁 M6 出土陶拱手立俑
1. M6：12　2. M6：19

　　执箑扇俑　1 件。M6：21，头顶和腿部略残。面部模糊不清。衣领不显，身着裋褐，双手执箑扇于身右侧。高 16.8 厘米（图二九九，2）。

　　舞俑　1 件。M6：13，头缺失，左臂残。衣领不显，身着双层衣，外为右衽袍，绣裾式半袖。腰束带。右手提裙，作舞蹈状。裙摆有双层花边饰。残高 30.2 厘米（图三〇〇）。

　　男俑头　1 件。M6：24，面带微笑，可见高鼻嘴耳，双眼模糊。头戴笠帽，帽圈绕额及头后一圈，顶上高起，周檐突出，脑后似束发略凸。残高 17.6 厘米（图三〇一，1）。

　　提罐女俑　1 件。M6：7，面带微笑，可见高鼻小嘴，耳小巧，双眼模糊。头梳高髻。身

0 ___ 8 厘米

图二九九 沙包梁 M6 出土陶俑
1. 拱手立俑（M6：18） 2. 执飏扇俑（M6：21）

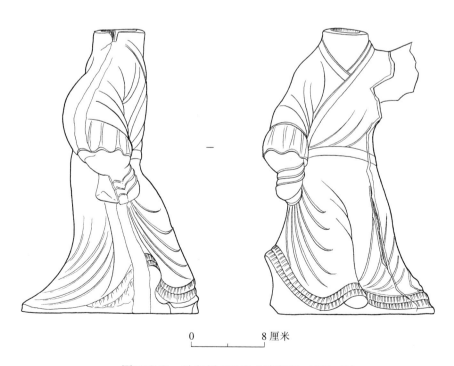

0 ___ 8 厘米

图三〇〇 沙包梁 M6 出土陶舞俑（M6：13）

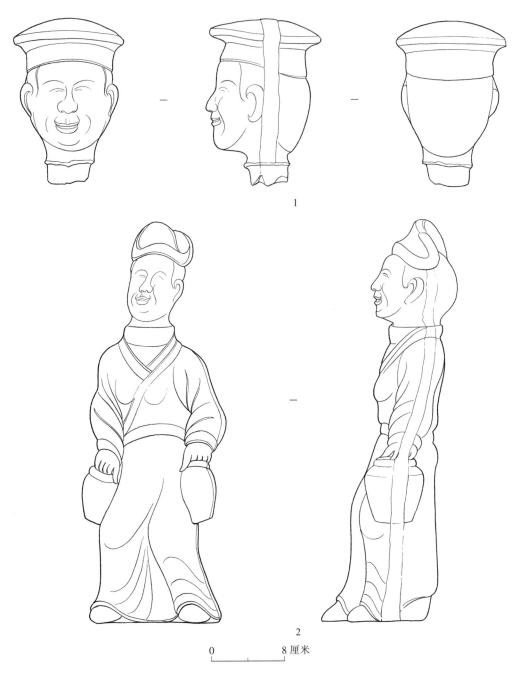

图三○一　沙包梁 M6 出土陶俑
1. 男俑头（M6：24）　2. 提罐女俑（M6：7）

着双层衣，外为右衽长袍，双乳突出。腰束带，身后腰带下衣褶明显，宽袖略上挽。双手各提一罐，袍下露双脚，作碎步行走状。高 42.4 厘米（图三○一，2）。

　　佩刀男俑　1 件。M6：8，面带微笑，高鼻阔嘴，可见双耳，双眼模糊。头戴平上帻。身着裋褐，腰束带，前面带上缠巾。脚趾清晰，脚穿草鞋。左手持环首刀，左怀内抱一圆角长方形盾状物，右手执长条形物。高 76.5 厘米（图三○二；图版四三）。

0   16 厘米

图三〇二 沙包梁 M6 出土陶佩刀男俑（M6：8）

七 河边九龙山沙包梁七号崖墓（2001MFSM7）

（一）墓葬形制

单室墓，由墓道、甬道和墓室三部分组成，墓道前部被农耕破坏。墓葬残长 11.87 米，方向 110°（图三〇三；图版四四；图版四五，1）。

墓道平面不甚规则，残存部分近梯形，残长 3.9、宽 1.14～1.37 米。两壁较直，向上略斜收。墓道中部北侧有一小台面，长 1.33、宽 0.2～0.35、高 0.39 米。底部中间有一排水沟，始于甬道前端，贯通墓道，现残长 4.39 米。前部横截面略呈倒三角形，后部沟底呈弧状，宽 0～0.1、深 0.08～0.1 米。墓道内排水沟前部用长方形条砖覆盖，砖长 27、宽 14～16、厚 9 厘米；后部用 4 块长方形覆盖，长 28～45、宽 24、厚 9 厘米。

墓门为单层门框结构，门洞宽 0.98、高 1.17 米，外侧为单层门框，宽 1.22、高 1.27、深 0.1～0.14 米。

甬道平面略呈梯形，外窄内宽，长约 1.37、宽 0.98～1.16、高 1.17 米。底部内高外低，利于排水。甬道较墓道高约 0.06 米。

墓室平面略呈长方形，长 6.47、宽 1.96～2.27、高 1.8～2 米。弧形顶。后壁和南北两壁下部较直，向上弧收。距甬道 0.86 米处，有一高 0.12 米的台阶将墓室分为前后两个部分。墓室前部南壁凿有一原岩石灶。墓室后部北壁凿有一崖棺，南壁下有一砖棺台。墓室前部东北角圆雕兽头；后部北壁雕刻鸡、马厩与筒形马槽，南壁前部浮雕执刀俑、提罐俑。

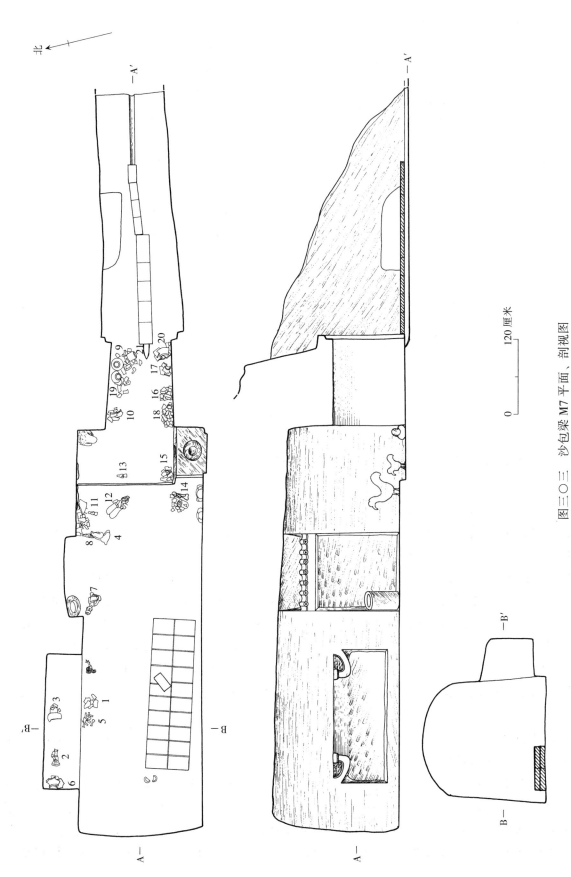

北

图三〇三　沙包梁 M7 平面、剖视图

0　　　120 厘米

1. 陶钵　2. 陶舞俑　3、6、10、16~19. 陶罐　4. 陶执箕俑　5、15. 陶鸭　7. 陶庖厨俑　8. 陶扛、提罐俑　9. 陶壶　11. 陶执箕幂俑　12. 陶猪　13. 陶童俑　14. 陶拱手立俑　20. 陶器残片

石灶由灶面、火眼、烟道和火门组成。灶面近梯形，长 0.74 ~ 0.76、深 0.43 ~ 0.51 米。火眼平面呈圆形，直径 0.31 米。烟道较短，朝向墓室南壁。灶台高 0.38 米，灶门呈长方形，高 0.22、宽 0.2 米。石灶后面凿有壁龛，立面为纵长方形，宽 0.55、高 0.67、深 0.05 米。

崖棺底部距墓底 0.2 米，平面呈长方形，宽 2.12、进深 0.8 ~ 0.86、高 0.86 米。两侧各雕刻一丁头栱。砖棺台位于墓室后部南壁下，用两列横砖铺砌两层，上层砖经扰乱仅残存一半，棺台长 2.35、宽 0.71、最高处 0.16 米。墓砖两端饰菱形纹，砖长 36、宽 24、厚 8 厘米。

墓室扰乱相当严重，砖棺台残断的砖块随处可见，随葬品大部分被损毁，出土器物 19 件。器物主要集中在甬道两侧、墓室北侧、墓室南侧东南部，以及砖棺台附近。均为陶器，主要器形有罐、壶、钵以及俑、猪、鸭等模型。另外，还有较多的鸡、狗、水塘、房等模型残片。

（二）墓葬雕刻

主要位于墓室南北两壁及崖棺。墓室前部东北角圆雕兽头 1；墓室后部北壁雕刻母子鸡一对、马厩与筒形马槽，南壁前部浮雕执刀俑、提罐俑各 1。崖棺两侧上角各雕刻一丁头栱。

1. 墓室北壁雕刻

兽头 1 件。位于北壁前角。高浮雕。仅刻头部，头朝南壁。前肢较长，呈蹲卧状，大嘴较长、微张，可能为狗的形象。长 31、宽 25、高 26 厘米。

母子鸡 1 件。分别位于墓室后部东端及前部西端的北壁上。浮雕，雕刻较粗糙，且较模糊。母鸡位于墓室后部北壁东端，头向西壁，体型相对较大。尖喙，鸡冠与垂冠明显，大尾上翘，作站立状。高 48、宽 58 厘米。小鸡位于母鸡东侧，紧随母鸡身后，头向西壁，尖喙，翘尾，作站立状。高 34、宽 36 厘米。

马厩及筒形马槽 1 组。位于墓室后部北壁中部，顶部浮雕仿木结构建筑屋顶。通高 161、宽 122、进深 20 ~ 27 厘米。屋顶为单檐，瓦垄为筒、板瓦两用，7 瓦垄 8 垄沟。板瓦仰铺为垄沟，筒瓦俯铺为瓦垄，板瓦无滴水，瓦当上饰圈纹，尚存朱痕。瓦当直径约 8 厘米。屋顶下左侧原岩浮雕一筒形马槽，高 43、外径 31、内径 22 厘米。马厩状如壁龛，宽 1.44、高 1.6 米。

2. 墓室南壁雕刻

执刀俑 1 件。位于墓室前部东南角，陶灶西侧。高浮雕，凸出墓壁 12 厘米。面向北壁。头部被破坏，大鼻，面部其他部位模糊不清。双手执环首铁刀于胸前交叠，刀尖向地。残高 55、宽 25 厘米（图三〇四，2）。

提罐俑 1 件。位于墓室东南角，执刀俑西侧。高浮雕，凸出墓壁 12 厘米。面向北壁。头部被破坏，大鼻，面部其他部位模糊不清。身着右衽长袍，束腰，双手提罐。残高 51、宽 25 厘米（图三〇四，1）。

3. 崖棺雕刻

丁头栱 2 件。位于墓室后部北壁崖棺上端两角。圆雕。栱头为下垂式垂栱，承托棺台

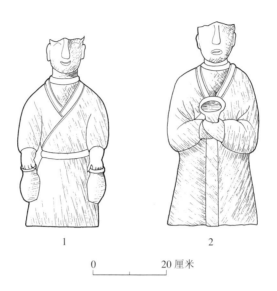

0   20 厘米

图三〇四　沙包梁 M7 南壁高浮雕
1. 提罐俑　2. 执刀俑

上部横梁。东侧拱宽 49、高 27 厘米，西侧拱宽 47、高 27 厘米（图三〇三）。

（三）出土器物

1. 陶器

罐　7 件。M7：10，泥质红陶。敛口，方唇，溜肩，鼓腹，大平底。肩部饰凹弦纹两周、腹部饰凹弦纹一周。口径 19.2、腹径 30、底径 25.6、通高 14.5 厘米（图三〇五，2）。M7：6，泥质灰陶。侈口，尖唇，束颈，弧肩，弧腹斜收，底略内凹。肩部饰凹弦纹一周。口径 9.4、腹径 17、底径 9.6、通高 19.4 厘米（图三〇五，6）。M7：3 与 M7：6 形制相近，腹部饰凹弦纹一周。口径 8.4、腹径 16、底径 9.2、通高 17 厘米（图三〇五，3）。M7：17，泥质灰陶。侈口，圆唇，束颈，弧肩，弧腹斜收，底略内凹。肩部饰凹弦纹一周。口径 10、腹径 18.8、底径 9.8、通高 21.6 厘米（图三〇五，5）。M7：19 与 M7：17 形制相同，口径 10、腹径 18.8、底径 9.6、通高 20.8 厘米（图三〇五，4）。M7：18，泥质灰陶。敛口，圆唇，折肩，折腹，底略内凹。肩部饰凹弦纹三周。口径 21、腹径 29.2、底径 14.6、高 19.4 厘米（图三〇五，7；图版四五，1）。M17：16，残。

壶　1 件。M7：9，泥质红陶。敞口，尖唇，束颈，圆鼓腹，假圈足，平底。腹部对称饰两兽头衔环铺首。口径 15.4、腹径 21.2、底径 18.4、高 31.8 厘米（图三〇五，8；图版四五，2）。

钵　1 件。M7：1，泥质灰陶。敛口，圆唇，弧腹，饼足，底略内凹。唇下饰凹弦纹一周。口径 22.4、底径 10、高 9.2 厘米（图三〇五，1）。

2. 陶模型

陶动物俑可修复者仅鸭 2、猪 1。均为泥质红陶，左右合范制成，单范接缝处显刮削痕。

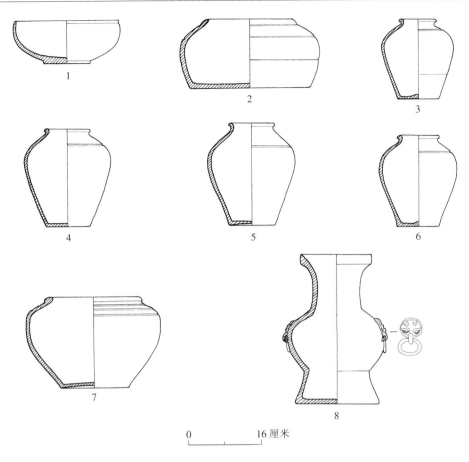

图三〇五　沙包梁 M7 出土陶器

1. 钵（M7：1）　　2～7. 罐（M7：10、3、19、17、6、18）　　8. 壶（M7：9）

鸭　2 件。M7：5，脚略残，站立。扁嘴，弯颈，短尾，敛翼，两翼可见羽毛层次。腹中空。长 19、高 15 厘米（图三〇六，2；图版四六，1）。M7：15，卧伏。小首，圆眼，尖喙，敛翼，翘尾，腹中空。长 7.1、高 5.4 厘米（图三〇六，3）。

猪　1 件。M7：12，站立状，膘肥体壮。短吻前伸，嘴角露三角牙。三角眼，小耳前翻，臀部隆起，四肢较粗壮，长尾卷曲贴于臀部，腹中空。长 34.2、高 20.6 厘米（图三〇六，1）。

陶俑可修复者共计 7 件。均为前后合范制成，首和身分别制成后再黏接而成，单范接缝处有刮削痕。

童俑　1 件。M7：13，夹细砂红陶。面部均模糊不清，仅可见鼻嘴轮廓。双手笼袖中置于腹部，站立，微露双足。头顶留髻。身着长袍，肩部围一物，宽袖，右袖有褶纹。左手搭巾，巾下有褶纹。高 15.75 厘米（图三〇七，1）。

拱手立俑　1 件。M7：14，泥质红陶。头梳高髻，顶前部较低，后面较高，脑后似束发凸起。身着双层衣，外为右衽长袍，宽袖；腰束带，仅后面可见，袍下缘有花边饰。高 31 厘米（图三〇七，2）。

舞俑　1 件。M7：2，泥质红陶。高鼻，小嘴，小巧耳，身体微向右倾，左手上举，右手提裙露右足。头梳高髻，头发盘于顶，然后用一窄巾从髻中穿出，在髻的左右曲成环形，相交于髻后。耳垂饰圆形耳珰，颈上圆领一层，衣方领二层。身着右衽长裙，裙身有褶纹，

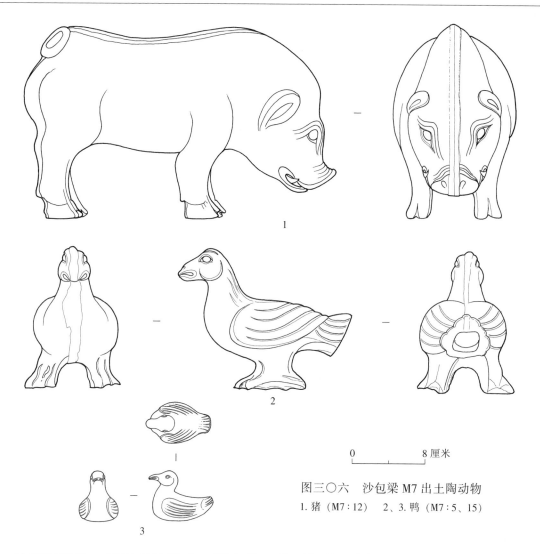

图三〇六　沙包梁 M7 出土陶动物
1. 猪（M7：12）　2、3. 鸭（M7：5、15）

宽袖，袖皆有褶纹，里面有袖露出。腰束带，前下摆饰双层花边，露出足尖。高 44 厘米
（图三〇七，3；图版四六，2）。

执笙俑　1 件。M7：4，泥质红陶。面部略模糊，可见高鼻小嘴和长耳。坐姿，后露双
脚，双手捧笙置于左肩。头戴介帻，脑后似束发凸起。身着右衽长袍，宽袖，略挽袖。腰
束带。高 37.6 厘米（图三〇八，1）。

庖厨俑　1 件。M7：7，泥质红陶。长方脸，高鼻，小嘴，长耳。坐姿，后露双脚。身
前置几案，双手置于案上，案下置一盆。头戴介帻，脑后似束发凸起。身着右衽长袍，宽
袖。腰束带，下摆装饰有花边，仅后面可见。高 33.8 厘米（图三〇八，2；图版四六，3）。

执箕帚俑　1 件。M7：11，夹细砂灰陶。面部模糊不清，仅可见鼻。袖挽至肘部，左手
执帚，右手执箕，站立状。束发，单髻，髻略左偏。敞胸露肚，外着对襟衣，内着过膝短
裙。高 15.8 厘米（图三〇九，1；图版四七，1）。

扛、提罐俑　1 件。M7：8，夹细砂红陶。面部模糊，微现五官轮廓，长耳。左手提罐
垂于身侧，右肩负罐，右手上举扶罐。束发，单髻，髻略左偏。身着右衽短褐，腰束带，
腰上似系一物，左右分开，上角相交于带上，作圆形结。高 15.1 厘米（图三〇九，2；图
版四七，2）。

图三〇七 沙包梁 M7 出土陶俑

1. 童俑（M7：13） 2. 拱手立俑（M7：14） 3. 舞俑（M7：2）

1

2

0 ⊢————⊣ 8 厘米

图三〇八 沙包梁 M7 出土陶俑

1. 执笙俑（M7：4）　　2. 庖厨俑（M7：7）

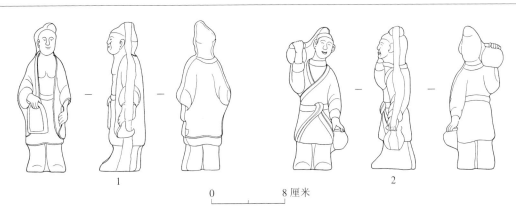

图三〇九 沙包梁 M7 出土陶俑
1. 执箕帚俑（M7:11） 2. 扛、提罐俑（M7:8）

八 河边九龙山沙包梁八号崖墓（2001 MFSM8）

（一）墓葬形制

单室墓，由墓道、甬道和墓室三部分组成，墓道和甬道损毁严重，仅存很少部分。墓葬残长 4.96 米，方向 115°（图三一〇；图版四八）。

墓道破坏极其严重，残长 0.24、宽 1.12、残高 0.31 米。

甬道北壁仅存一段。顶部已不存，平面略呈梯形。长 0.96、宽度 0.96～1、残高 1.12 米。甬道北壁中部有一平面呈梯形的壁龛，长 0.29～0.4、宽 0.13～0.16 米。

墓室平面略呈不规则长方形，左右不对称，全长 3.76、宽 2～2.13、高 1.73～2 米。弧顶。后壁和南北两壁较直。底由内向外倾斜，利于排水。距甬道 1.09 米处有一高 0.09 米的台阶，将墓室分为前后两个部分。前部北壁前端凿有一原岩石灶，灶台西侧雕刻有提罐俑、提龟俑。后部南壁前侧雕刻有马厩，内雕刻马槽及立马。后壁凿有仿木建筑墓门，其上雕刻屋顶屋面和蹲熊。

石灶位于墓室前部北壁下，甚残。残存平面略呈长方形，长 0.56～0.59、宽 0.32～0.35 米。灶台残高约 0.21 米，灶门已被毁。火眼平面略呈椭圆形，直径 0.29～0.33 米，无烟道。

未见人骨，葬式不详。

墓葬扰乱严重，未发现随葬品。

（二）墓葬雕刻

雕刻分别位于墓室南北两壁和后壁。墓室后部东北角雕刻提罐俑 1、提龟俑 1，南壁前侧雕刻马厩 1，其内雕刻马槽 1、立马 1。墓室后壁雕刻仿木建筑墓门，顶部雕刻屋脊屋面，屋脊中部雕刻 1 只蹲熊。

1. 墓室北壁雕刻

提罐俑 1 件。位于墓室前部北壁西侧，紧邻灶台站立。高浮雕，凸出墓壁 9 厘米。头朝向南壁。头戴介帻，面部仅可见鼻，身着右衽裋褐，束腰，脚呈外八字分立，双手提罐。高 61、宽 24 厘米（图三一一，1）。

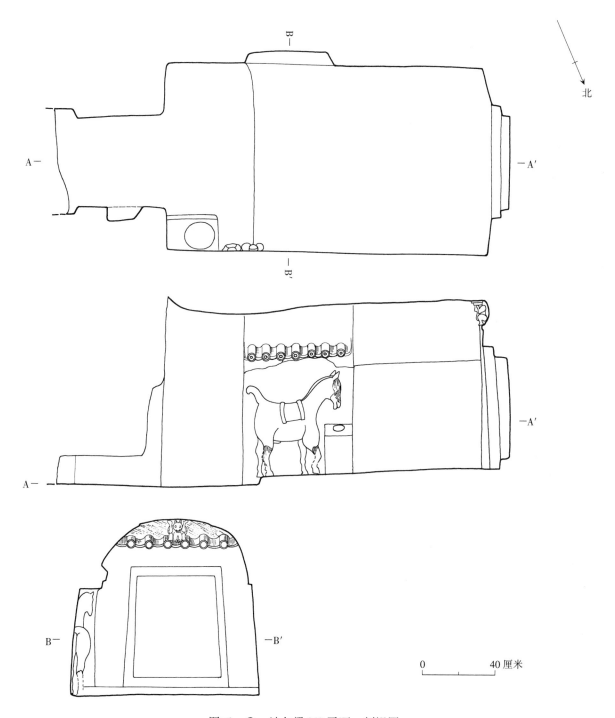

图三一〇　沙包梁 M8 平面、剖视图

　　提龟俑　1件。位于墓室后部东北角，紧邻提罐俑西侧。高浮雕，凸出墓壁9厘米。头朝向南壁。头戴平上帻，面目模糊不清，身着右衽长袍，束腰，左手提一龟。高61、最宽处24厘米。（图三一一，2）

　　2. 墓室南壁雕刻

　　马厩、马槽及立马　1组。位于墓室后部南壁前侧。通高 1.25~1.48、宽 1.17~1.2、进深 0.12～0.15 米。厩顶雕有仿木结构的屋顶屋面。瓦垄为筒、板瓦两用，7 瓦垄 8 垄沟，板瓦仰铺为垄沟，筒瓦俯铺为瓦垄。板瓦无滴水，瓦当上饰圈纹。瓦当直径 9 厘米。马厩内西侧雕刻原岩马槽 1 个，高 41、宽 30、内径 13 厘米。马槽东侧高浮雕一立马，凸出墓壁最高处 20 厘米。呈静立状，部分被破坏，马身右前腿、右后腿及马尾均残。马头朝向后壁，略俯首，右前腿及右后腿略向前。马背上雕刻一马鞍。马高 1.09、长 1.04 米。（图三一〇）。

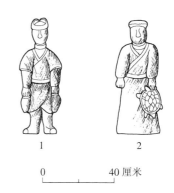

图三一一　沙包梁 M8 墓内石刻
1. 墓室北壁提罐俑　2. 墓室北壁提龟俑

3. 墓室后壁雕刻

仿木结构墓门及屋脊屋面　1 组。位于墓室后壁，通高 1.8 米，门洞与门框立面均呈梯形，门洞宽 0.87～0.99、高 1.85 米。门框宽 0.99～1.15、高 1.17 米。屋脊屋面为高浮雕。单檐屋顶，全长 1.36 米。分别用筒瓦、板瓦构筑瓦垄及垄沟，6 瓦垄 7 垄沟，板瓦仰铺为垄沟，筒瓦俯铺为瓦垄。板瓦无滴水，瓦当上饰圈纹。瓦当直径 11 厘米。屋顶正中雕有一蹲熊（图三一〇）。

蹲熊　1 件。蹲坐于后壁屋顶屋脊正中。高浮雕。大眼，两角，下颚较尖。双手向上似用力托举状。双腿张开，雄性生殖器勃起，两侧睾丸凸出。高 24、最宽处 23 厘米。

九　河边九龙山沙包梁九号崖墓（2001MFSM9）

（一）墓葬形制

双室墓，由墓道、甬道、前室、后室组成。墓道被破坏严重，仅存部分。墓葬残长 11.04 米，方向 112°（图三一二；图版四九；图版五〇，1）。

墓道仅残存部分，残长 1.17、宽 1.65 米。底部中间有排水沟，始于甬道前部，贯穿墓道。排水沟残长 1.81、宽 0.11～0.16、深 0.05～0.08 米。

墓门为单层门框结构，门洞宽 1.17、高 1.36 米，门框宽 1.44、高 1.49、深 0.16 米。

甬道平面形近梯形，内宽外窄，长 1.33、宽 1.15～1.17、高 1.2～1.36 米。顶部近平，前端部分垮塌。底部由内向外倾斜约 0.08 米。

前室平面略呈梯形，内宽外窄。顶微弧，南北两壁略内斜上收。顶部雕刻仿木结构屋顶。前室中间有一高约 0.16 米的台阶，将前室分为前后两个部分。前室前部长 1.23、宽 1.97～2.03、高 1.87～2.29 米。北壁雕刻马、犬各一，南壁雕刻有原岩石灶、一龟、一丁头拱。前室后部长 4.43、宽 2.08～2.19、高 1.79～2.19 米。北壁前部有小龛，高 0.72、宽 0.29～0.32、深 0.19 米。龛内分上下两层，上层浮雕有一蹲熊，下层浮雕一执刀俑。北壁中部有一圆洞，直径 0.08、深 0.06、距墓底约 1.6 米。前室后部后端靠北壁有一砖棺台。前室后部南北两壁雕刻有仿木结构建筑形式的壁柱和壁穿。北壁壁板内浮雕有丁头拱，阴线刻飞鸟、朱雀、单阙。南壁壁板内浮雕丁头拱，阴线刻飞鸟。

后室墓门立面呈梯形，带单层门框。门洞宽 1.12～1.17、高 1.31、深 0.27～0.35 米。门框宽 1.57、高 1.55、深 0.13～0.19 米。其后有一高 0.05 米的踏道可上至后室。门框南北两上角各雕刻一丁头拱，上部雕刻仿木结构屋脊屋面。

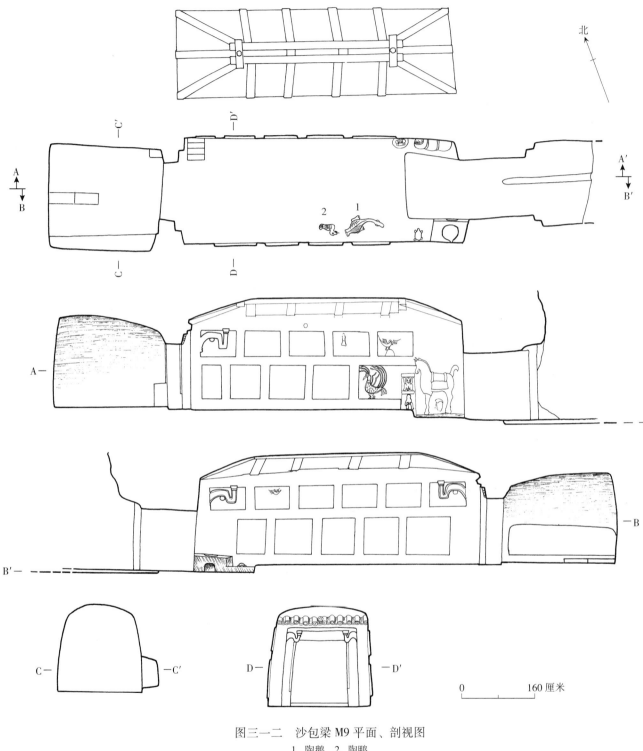

图三一二　沙包梁 M9 平面、剖视图
1. 陶鹅　2. 陶鸭

　　后室平面呈梯形，内窄外宽，长 2.32、宽 1.65～1.81、高 1.49～1.76 米。顶微弧。墓壁略向内斜收。后室东北角雕凿一原岩石台，石台长 0.27、宽 0.16、高 0.45 米。后室中部靠后位置凿有一原岩石条，长 1.07、宽 0.16、厚 0.12、距南壁约 0.91 米。

　　石灶由灶面、火眼、烟道和火门组成。灶面略呈平行四边形，长 0.64～0.69、宽 0.43 米。灶台高 0.29～0.32 米。火眼平面呈圆形，直径 0.32 米。烟道呈尖状，朝向南壁。灶门朝向北壁，略呈正方形，宽 0.21、高 0.17 米。

砖棺台仅余数块残砖，残宽 0.45、残长 0.36、高 0.08 米，砖长 36、宽 11、厚 8 厘米。崖棺位于后室南壁，距墓底 0.12 米，平面略呈长方形，长 2.03～2.16、深 0.21～0.35 米，东端高 0.6、西端高 0.52 米。

墓葬盗扰严重，清理时墓室满是积水和淤泥。仅出土了陶鸭和陶鹅共 2 件随葬品，另有钱币 3 枚，2 枚完整。陶鹅保存完整、形态生动，在四川汉墓中还是第一次发现。

（二）墓葬雕刻

雕刻主要位于前室南北两壁及墓顶。前室墓顶为仿木结构屋顶。前室北壁前部雕刻一马，马下雕刻一卧狗；北壁后部下层壁龛内雕刻蹲熊及执刀俑各一，紧邻该壁龛的西侧壁板内雕刻一朱雀，北壁后部上层壁板内雕刻飞鸟、单阙、丁头拱各一。前室南壁前部上层壁板内雕刻一丁头拱，南壁后部壁板内线刻一飞鸟，浮雕一丁头拱。后室墓门雕刻仿木结构屋脊屋面及丁头拱（图三一二）。

1. 墓顶雕刻

仿木结构屋顶 1 组。位于前室墓顶。浮雕。屋顶用两根檩架构，长 344、宽 14 厘米。檩间用两根短枋连接，短枋长 11、宽 16～19 厘米。檩两头有横梁支撑，梁长 59～64、宽 14 厘米。屋面雕刻檐椽共计 14 根。东西侧檐椽较短，长 67、宽 16 厘米；南北端檐椽较长，长 112～139、宽 13～16 厘米。墓顶横梁上高浮雕的圆形吊饰均已被毁。

2. 墓室北壁雕刻

马 1 件。位于前室前部北壁下。高浮雕，凸出壁面约 24 厘米。身形健壮，呈静立状，马头微敛，朝向后壁，马尾上扬，背有马鞍。高 112、长 85 厘米。

狗 1 件。位于马肚之下。高浮雕。朝向南壁，头已残，前肢前置呈卧伏状。残高 27、宽 16 厘米。

蹲熊 1 件。位于前室后部北壁小龛上层。高浮雕。面向南壁，头呈倒三角形，面部模糊不清，下蹲、双手向上似用力托举。胯部雄性生殖器刻画明显。高 29、宽 21 厘米。

执刀俑 1 件。位于前室后部北壁小龛下层。高浮雕。面向南壁，头部较残，衣饰不详。坐姿，双手于身前执刀状物。高 32、宽 21 厘米。

朱雀 1 件。位于前室后部北壁东端下层壁板内。阴刻线。鸟头朝向后壁。尖长喙，头竖三弧形羽冠。细长颈，双翅舒展，尾翎弧线上扬，双足站立。高 67、宽 56 厘米。

飞鸟 1 件。位于前室前部北壁东端上层第一块壁板内。阴刻线。圆眼，尖喙，利爪，双翅舒展，双足站立在一高 13 厘米的石包上，作欲飞翔状。鸟身通高 32、宽 48 厘米。

单阙 1 座。位于前室前部北壁东端上层第二块壁板内。阴刻线。双重檐五脊顶，有腰檐，阙身立面为上窄下宽梯形。通高 27、宽 16 厘米。

丁头拱 1 件。位于前室前部北壁西端上层壁板内。浮雕。西侧插入角柱，拱头为下垂式垂拱，承托壁板横梁。拱下有一直径约 8、凸出约 4 厘米的圆木状物。丁头拱宽 59、高 48 厘米。

3. 墓室南壁雕刻

龟 1 件。位于前室前部南壁下，紧邻石灶西侧。圆雕，凸出地面 6 厘米。头略残，短足短尾，背壳略凸，作爬行状。长 27、宽 21 厘米。

丁头拱　2 件。分别位于前室前部南壁上层壁板内，前室后部南壁后端上层壁板内。二者形态尺寸相当，均为浮雕。拱头为下垂式垂拱，承托壁板横梁。拱下均有一直径约 8、凸出 4 厘米的圆木状物。通宽 56、通高 40 厘米。

飞鸟　1 件。阴线刻，位于前室后部南壁上层第一块壁板内。圆眼，双翅舒展，作回头飞翔状。通高 16、通宽 27 厘米。

4. 后室墓门雕刻

丁头拱　2 件。分别位于后室墓门门框两上角。浮雕。为拱头下垂式垂拱。北侧丁头拱宽 29、高 21 厘米，南侧丁头拱宽 31、高 21 厘米。

仿木结构屋脊屋面　1 组。位于后室墓门门框上部。高浮雕。单檐屋顶，全长 1.81 米。瓦垄为筒、板瓦两用，11 瓦垄 10 垄沟，板瓦仰铺为垄沟，筒瓦俯铺为瓦垄。板瓦无滴水，瓦当上饰圈纹，直径 8～10 厘米。

（三）出土器物

1. 陶模型

陶动物俑可修复者仅 2 件。均为左右合范而制，单范接缝处有刮削痕。

鹅　1 件。M9：1，夹细砂红陶。身体较长，扁嘴，小圆形鼻孔，圆眼，长颈朝下向右曲伸，作觅食状。敛翼，短尾，翼、尾可见羽毛层次，双脚站立。长 33、高 12 厘米（图三一三，1；图版五〇，2）。

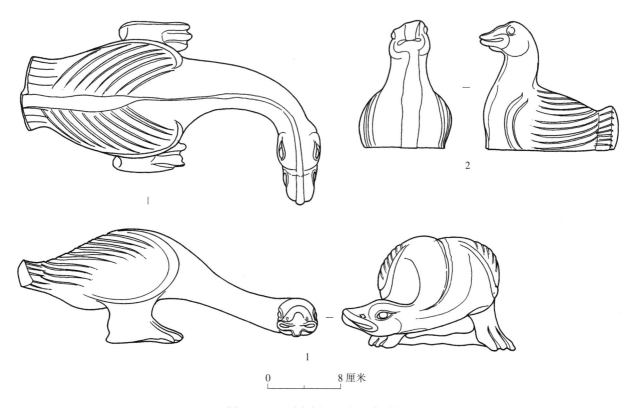

0　　　　　8 厘米

图三一三　沙包梁 M9 出土陶动物
1. 鹅（M9：1）　2. 鸭（M9：2）

鸭 1 件。M9：2，卧伏。扁嘴，圆眼，敛翼，短尾，翼、尾可见羽毛层次。腹中空。长 15.4、高 13.6 厘米（图三一三，2）。

2. 钱币

3 枚。其中 2 枚剪轮五铢较完整，无郭，呈锅底状，五铢二字较清晰。直径 2.2～2.3、穿径 1 厘米（图三一四，1、2）。

其他为五铢钱残片。

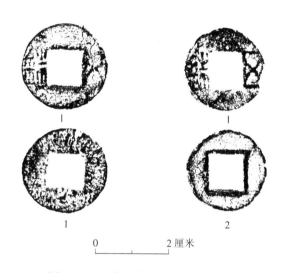

0　　　　2 厘米

图三一四　沙包梁 M9 出土剪轮五铢

十　河边九龙山沙包梁十号崖墓（2001MFSM10）

（一）墓葬形制

单室墓，由甬道和墓室组成，墓道被破坏，甬道仅存部分。墓葬残长 6.26～6.49 米，方向 115°（图三一五；图版五一）。

甬道甚残，顶部不存，残长 0.58～0.67、宽 1.32、残高 1.03 米。

墓室平面略呈梯形，内宽外窄，长 5.68～5.84、宽 1.92～2.13、高 1.76～2.01 米。弧形顶。后壁和南北两壁斜线上收，后壁向外微弧。墓室底部内高外低，由内向外倾斜。距甬道约 1.05 米处有一高 0.13 米的台阶，将墓室分作前后两个部分。墓室前部南壁前端有两处转角，南壁有一原岩石灶。墓室后部北壁下有一残损砖棺。墓室后壁两角各雕刻一蹲兽。墓室后壁雕刻有仿木结构墓门，为单层门框结构，后壁门框为梯形双层门框结构，距墓底 0.12米。门洞宽 0.79～0.89、高 0.97、深 0.12 米，外层门框未凿至墓底，门框上部雕刻有仿木结构屋脊屋面，屋顶正中高浮雕一蹲熊。门框中部雕刻有胜形图案，其下刻画有两只重叠朱雀。

石灶由灶面、火眼、烟道和火门组成。灶面略呈长方形，长 0.68～0.76、宽 0.45 米。灶台高 0.29～0.39 米。火眼平面呈圆形，直径 0.33 米，烟道呈尖状，朝向墓室前部南壁。灶门朝向墓室前部北壁，略呈正方形，边长约为 0.24 米。

砖棺台位于墓室后部南侧，仅存数块长方形砖，砖长 34～42、宽 22、厚 11 厘米，侧面饰菱形纹。墓室后部北侧散落几块陶棺盖残件，宽 71、厚 11～17 厘米。

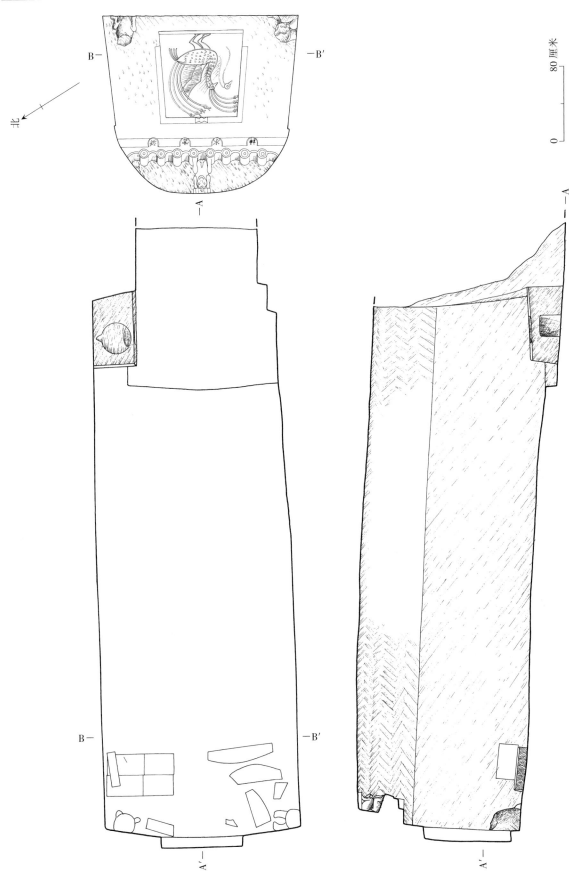

图三一五 沙包梁 M10 平面、剖视图

墓葬扰乱严重，未见人骨和随葬品，葬式不明。

（二）墓葬雕刻

墓内雕刻仅见于墓室后壁，墓室西北角、西南角各圆雕一蹲兽，后壁中部雕刻仿木结构墓门，门框上部雕刻屋脊屋面，屋面正中高浮雕一蹲熊，门框中部雕刻一胜纹，门内线刻二朱雀（图三一六）。

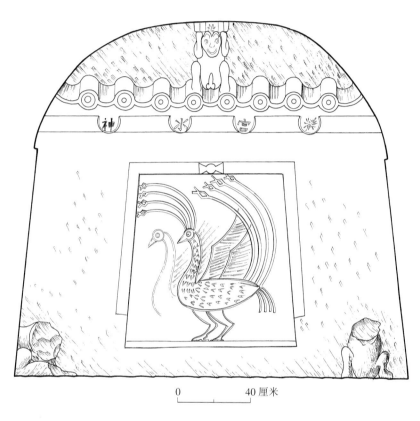

图三一六　沙包梁 M10 后壁正视图

蹲兽　1 件。分别位于墓室西北角、墓室西南角。几近圆雕。均已残，漫漶不明形制。北端蹲兽残高约 32、宽 29 厘米，南端蹲兽残高 29、宽 34 厘米。

朱雀　2 件。位于后壁墓门内。阴线刻。头部均朝向南壁，形象相近。北侧朱雀雕刻完整精致，三角形尖长喙，头竖四弧形羽冠，略向前倾，细长颈，双翅舒展，四尾翎弧线上扬，全身饰羽纹，双腿微屈呈振翅欲飞状。通高 88、宽 74 厘米。南侧一幅朱雀似未雕刻完毕，仅刻头、颈、胸部。

胜　1 件。位于后壁门框中部。浅浮雕。宽 14、高 7 厘米。

仿木结构屋脊屋面　1 组。位于后壁门框上部。高浮雕。全长 1.64 米。屋面由筒瓦和板瓦修筑，8 瓦垄 9 垄沟。板瓦仰铺为垄沟，筒瓦俯铺为瓦垄。板瓦无滴水，瓦当上饰圈纹，内有涂朱。瓦当直径约 11 厘米。其下为额枋，再下雕刻有 4 根断面为半圆形的椽头子，直径约 12 厘米。椽头上从南至北分别书有"神水宫□"字样，显然系近现代人所为。

蹲熊 1件。位于后室后壁屋面正中。高浮雕。面部模糊不清。两耳，下颚较尖，椭圆形肚，双腿外张，蹲于屋顶面，双手向上似用力托举一长12、厚5厘米的板状物，其两侧各有一宽3厘米的凹槽，凹槽之间刻有纹样。胯部雄性生殖器勃起，其上涂朱，两侧睾丸凸出。高32、宽21厘米。

（三）出土器物

墓葬扰乱严重，未见随葬器物。

十一　河边九龙山沙包梁十一号崖墓（2001MFSM11）

（一）墓葬形制

单室墓，由墓道、甬道和墓室三部分组成，墓道前部被农耕破坏。墓葬残长13.84米，方向95°（图三一七；图版五二；图版五三）。

墓道平面不甚规则，残存部分近梯形，残长6.24、宽1.32～1.63、边壁残高2.95米。两壁较直，向上略斜收。墓道底部中间有一排水沟，始于甬道中后部，贯通墓道，残长6.76米。横截面略呈倒三角形或"U"形，宽0.18、深0.08米。排水沟前部用石块覆盖，大部分已经散碎；后部用残砖覆盖，砖残长37、宽24、厚16厘米。

墓门为单层门框结构。门洞宽1、高1.45米，门框未及墓底，宽1.13、高1.16米。与门框等高的甬道西壁，用方头凿交错凿刻呈网格纹装饰。墓门上方雕刻仿木结构屋脊屋面。

甬道平面略呈梯形，外窄内宽，甬道长约1.14、宽1～1.16、高1.39～1.45米。

墓室平面略呈长方形，长6.46、宽2.18～2.79、高1.89～2.08米。弧形顶，顶部凿痕呈水波纹。后壁和南北两壁较直，壁与墓顶转折处有涂朱，有的位置已脱落或淡化，现存朱痕尚鲜艳亮丽。墓室底部后高前低，由内向外倾斜。距甬道1.59米处有一高0.21米的台阶，将墓室分为前后两个部分。墓室前部前端南壁下有一原岩石灶；墓室后部南壁下有一残砖棺台，后部北壁凿有一原岩崖棺。墓顶有圆雕嘉瓜、浅浮雕圆饼形饰。墓室前部东壁雕刻有挂猴、提罐俑；墓室北壁雕刻有丁头拱、朱雀、飞鸟等形象；墓室南壁雕刻丁头拱。墓室后壁距墓底1.52米处有三个并排的圆形朱痕，直径约6厘米。

石灶由灶面、火眼、烟道和火门组成，灶面约为长方形，长0.74、深0.47米。灶台高0.89米。火眼平面呈圆形，直径0.29米。短烟道，呈尖状。灶门近长方形，高0.24、宽0.18～0.26米。石灶上部凿有壁龛，立面呈长方形，长0.74、深0.47、高0.79米。

崖棺位于后室西北部，平面呈长方形，外高内低，长1.63～1.95、宽0.74～0.84、高0.62～0.87米，崖棺底部距墓底约0.21～0.26米。崖棺外侧边缘左右和上部有0.08～0.11米宽的门框凿痕，门框东西上角各雕刻一丁头拱，顶部门框线刻帷幔、胜纹、鱼，门框中部圆雕吊饰。门框外东部有仿木结构窗棂。两侧对插一丁头拱，上缘有帷幔和鱼的雕刻装饰。东端有窗棂雕刻。

砖棺台位于后室西南部，用长方形花纹砖铺砌。棺台残长1.55、宽0.66、厚0.11米。墓砖两端饰菱形纹，砖长39、宽24、厚11厘米。

墓室扰乱严重，砖棺台残断的砖块随处可见，墓室前部仅残留有极少陶器碎片。可辨器型有瓮、盆各1。

（二）墓葬雕刻

雕刻主要集中在墓室东壁、北壁和南壁，以及崖棺外侧。墓室南北两壁雕刻有仿木结构建筑的壁柱和壁穿，大多雕刻集中在壁柱和壁穿之间的壁板上。墓门为仿木结构屋脊屋面。墓顶凿痕呈水波纹。墓室前部墓顶圆雕二嘉瓜；后部墓顶有二圆形吊饰，残断，形态不可辨。墓室前部东壁中部近墓顶处雕刻一挂猴，东南角雕刻一提罐俑。墓室前部东北角雕刻一丁头栱。墓室前部北壁上层壁板及后部北壁东端上层壁板内各雕刻一飞鸟；墓室前部北壁下层壁板及后部北壁东端下层壁板内各雕刻一朱雀。墓室东南角雕刻一丁头拱，墓室前部南壁上层壁龛内也雕刻一丁头拱。崖棺东、西上角各雕刻一丁头拱，上部门框雕刻帷幔、胜、鱼、吊饰，东端挡板雕刻成镂空窗棂。

1. 墓门雕刻

仿木结构屋脊屋面　1组。位于墓门上方，较残。高浮雕。屋顶为单檐，全长约0.89米。用筒瓦和板瓦砌筑屋顶，5瓦垄4垄沟。板瓦仰铺为垄沟，筒瓦俯铺为瓦垄。板瓦有滴水，瓦当上饰圈纹，多剥落，瓦当直径约8厘米。其下为额枋，再下雕刻有4根断面为半圆形的椽头子，直径约11厘米（图三一七）。

2. 墓顶雕刻

吊饰　4件。圆雕。墓室前部顶部南北并排有2个嘉瓜吊饰，呈八棱瓜状，直径18、高18厘米。墓室后部中间及后端各雕刻一圆形吊饰，下端残毁。直径约24、厚4厘米（图三一七）。

3. 墓室东壁雕刻

挂猴　1件。位于墓室前部东壁墓门上方近墓顶处。高浮雕，凸出墓壁5厘米。呈悬挂状。猴头呈椭圆形，大圆眼，有口鼻轮廓。侧身，四肢较细长，双臂上举作吊顶状，下肢作行走状。眼睛涂朱。高33、宽18厘米（图三一八，2）。

提罐俑　1件。位于墓室前部东南角。高浮雕。头戴巾帻，面部模糊，左手似提罐。高100、宽26厘米。

4. 墓室北壁雕刻

丁头拱　1件。位于墓室前部东北角。浮雕。拱头为下垂式垂拱，承托壁板横梁。拱中有一直径约6厘米的凹槽，丁头拱宽38、高29厘米（图三一八，1）。

飞鸟　2件。均为阴线刻。一只位于墓室前部北壁上层壁板内。尖喙，利爪，双翅舒展，双腿屈曲，作回头欲飞翔状。通高21、宽39厘米（图三一八，1b）。一只位于墓室后部北壁东端壁板内。尖长喙，喙叼一物，双翅舒展，单足站立。通高25、宽43厘米（图三一八，1a）。

朱雀　2件。均为阴线刻。一只位于墓室前部北壁下层壁板内。仅雕刻身体轮廓，无羽饰。头朝向后壁，尖长喙，细长颈。通高45、宽32厘米（图三一八，1d）。一只位于墓室后部北壁东端下层壁板内。头朝向后壁，三角形尖长喙，圆眼，头竖四弧形羽冠，细长颈，双翅舒展，四尾翎弧线上扬，全身饰羽纹，双足屈曲，作振翅欲飞状。高69、宽56厘米

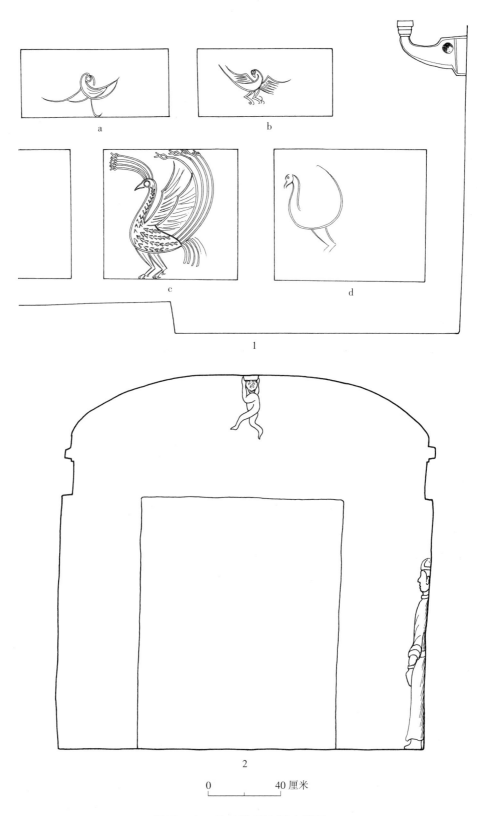

图三一八 沙包梁 M11 墓内雕刻
1. 墓室北壁雕刻 2. 墓室东壁雕刻

（图三一八，1c）。

5. 墓室南壁雕刻

丁头拱 2幅。浮雕。形制相近，拱头为下垂式垂拱，承托壁板横梁。一幅位于墓室前部东南角，宽37、高26厘米。一幅位于墓室前部南壁上部壁板内，宽16、高11厘米（图三一七）。

6. 崖棺雕刻

崖棺位于墓室后部，东西上角浮雕丁头拱各一，拱头为下垂式垂拱，承托崖棺上部门框，宽24、高21厘米。崖棺上部门框线刻帷幔，由飘带和人字形浅浮雕组成。其间对称装饰二胜，宽18、高12厘米。上部门框东端阴线刻一张口鱼，中部下方坠一圆雕莲子吊饰，直径约16厘米。崖棺东侧有一高97、宽26、厚18厘米的挡板，挡板上凿造窗棂装饰，上部为竹节状四根纵向窗栏，下部为三个镂空的横向长方形（图三一七）。

（三）出土器物

墓葬扰乱严重，仅出土陶器2件，均为泥质灰陶。

瓮 1件。M11：1，口部变形。侈口，尖圆唇外凸，束颈，溜肩，弧腹斜收，底略内凹。肩部饰凹弦纹一周，凹弦纹下饰戳印纹一周。口径12、腹径27.2、底径13.2、高33厘米（图三一九，2）。

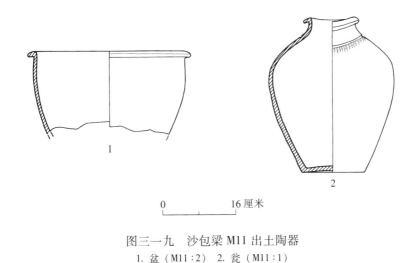

0   16厘米

图三一九 沙包梁M11出土陶器

1. 盆（M11：2） 2. 瓮（M11：1）

盆 1件。M11：2，敞口，圆唇，沿外翻，弧腹斜收，底部残。口径35.2、残高17.6厘米（图三一九，1）。

第五节 塘汛板桥崖墓群

塘汛板桥崖墓群位于绵阳市涪城区塘汛镇板桥村12社塘房坝西侧山脚下，共计发现2座崖墓，墓道部分在平整地基过程中受到不同程度的破坏（图三二〇）。

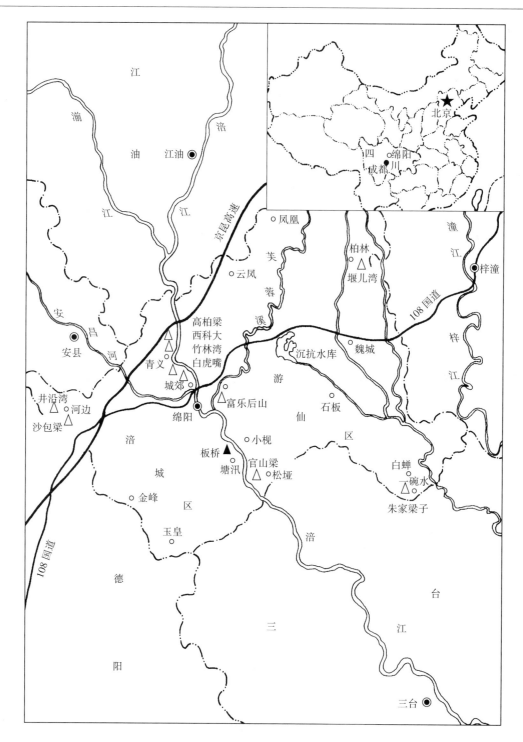

图三二〇 涪城区塘汛镇板桥崖墓群地理位置图

一 塘汛板桥一号崖墓（2002MFTM1）

（一）墓葬形制

单室墓，由墓道、甬道、墓室三部分组成，由于破坏严重，墓道仅存一角。墓葬残长
3.26米，方向260°（图三二一）。

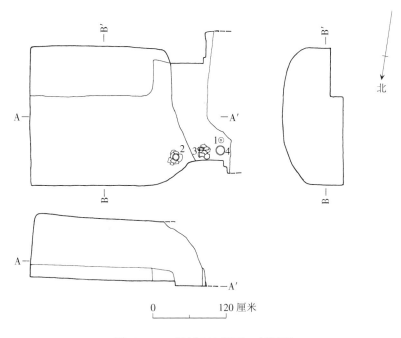

图三二一 板桥 M1 平面、剖视图
1. 瓷唾壶 2. 陶罐 3. 瓷鸡首壶 4. 陶钵

墓道仅存一角，残长 0.16 米。

墓门左右不对称，残高 0.28 米，其外凿有单层门框，框宽 0.1、深 0.06 米。

甬道平面形制不规则，左右亦不对称，长 0.4 ~ 0.54、宽 1.54 米，底部较平。其后有一级高 0.07 米的台阶可上至墓室。

墓室平面形制不规则，略呈长方形，靠近甬道处内收，长 2.52、宽 1.76 ~ 2.22、高 0.95 ~ 1 米。墓室南侧留有棺床，平面形制不规则，南侧较长，长 1.9 ~ 2.3、最宽处 0.8、高 0.2 米，底由内向外倾斜。

墓葬被严重盗扰，器物主要出土于甬道北侧。

（二）出土器物

该墓出土随葬品 4 件。器类有陶罐、钵、青瓷鸡首壶、唾壶。现分述如下。

1. 陶器

罐 1 件。M1:2，泥质灰陶。侈口，尖唇，束颈，弧肩，弧腹斜收，底略内凹。肩部饰凹弦纹一周。口径 11、腹径 17、底径 8.2、高 13.4 厘米（图三二二，2）。

钵 1 件。M1:4，泥质灰陶。敞口，方唇，弧腹，平底，唇下饰凹弦纹一周。口径 18.4、底径 9、高 6.5 厘米（图三二二，1）。

2. 瓷器

鸡首壶 1 件。M1:3，灰白胎，青釉。口沿略残。器内、器表均未施釉及底，浅盘口，尖唇，束颈，弧肩，圆鼓腹内收，平底，流残，细柄，流与柄对称，肩部附对称横桥形双耳，柄、双耳间施凹弦纹一周，口沿上现存有 10 个支钉的烧痕，器表有拉坯时形成的旋痕。盘口径 8.2、腹径 18.6、底径 11、通高 19 厘米（图三二二，3；图版五四，1）。

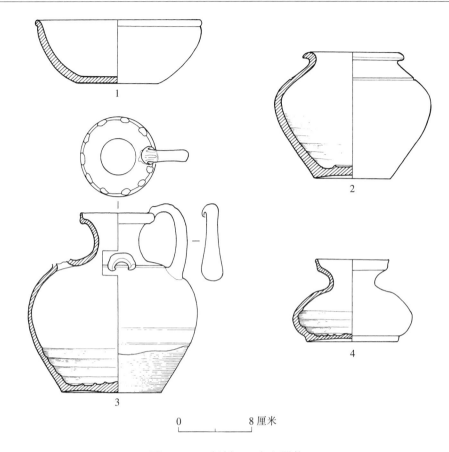

图三二二　板桥 M1 出土器物

1. 陶钵（M1∶4）　2. 陶罐（M1∶2）　3. 瓷鸡首壶（M1∶3）　4. 瓷唾壶（M1∶1）

唾壶　1 件。M1∶1，灰白胎，青釉。器表施满釉。浅盘口，尖唇，束颈，弧肩，扁腹，饼足低矮，底微内凹。口径 8、腹径 12、底径 10、高 8.6 厘米（图三二二，4；图版五四，2）。

二　塘汛板桥二号崖墓（2002MFTM2）

（一）墓葬形制

单室墓，由墓道、甬道、墓室三部分组成，由于破坏严重，墓道仅存一角。墓葬残长 2.76 米，方向 263°（图三二三）。

墓道仅存一角，残长 0.14 米。

甬道平面略呈梯形，内宽外窄，长 0.56、宽 0.86～1、最高处 1 米。底部较平。

墓室平面略长梯形，内宽外窄，南北两壁及东壁略向外弧凸，长 2.06、宽 1.2～1.9、高 1～1.06 米。墓室后部凿有一长方形棺台，高出墓室底部 0.16 米。墓底较平。

人骨腐朽严重，仅残留部分肢骨，葬式不明。

墓葬被严重盗扰，随葬品多置于甬道内，另在墓道西北角放置有瓷鸡首壶、瓷碗各 1 件，棺台中部肢骨间置有陶罐 1 件。陶器可辨器形有罐、釜、甑、钵、盘等；瓷器可辨器形有鸡首壶、碗、盏等；陶模型仅出土有灯、仓；此外，甬道中部靠近棺台处还出土有 3 颗石料珠。

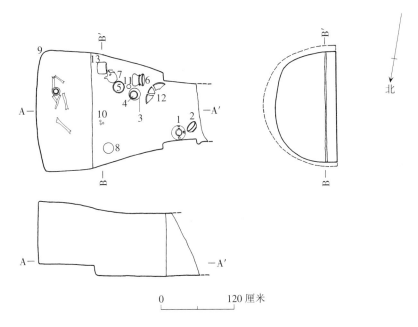

图三二三　板桥 M2 平面、剖视图

1、7. 瓷鸡首壶　2、8. 瓷碗　3、5. 陶钵　4. 釉陶灯　6. 陶甑　9. 陶罐　10. 料珠　11. 陶盘　12. 瓷盏　13. 陶仓

（二）出土器物

1. 陶器

陶器可修复者共计出土 5 件，均为泥质灰陶。

罐　1 件。M2：9，侈口，圆唇，扁腹，平底。口径 5.8、腹径 8.5、底径 5.5、高 4.7 厘米（图三二四，5）。

釜、甑　1 套。釜，M2：6 - 2，在下面，斜折沿，圆唇，斜肩，扁腹，平底。口径 16.1、腹径 17.4、底径 10.7、高 13.4 厘米（图三二四，3）。甑，M2：6 - 1 扣合与釜内，敞口，尖圆唇外凸，弧腹内收，底略内凹，底部有 5 个直径约为 1 厘米的圆孔。口径 17.2、底径 12、高 10.4 厘米（图三二四，6）。

钵　2 件。M2：5，敛口，圆唇，腹较圆弧，平底，唇下饰凹弦纹一周，底部饰有刻划纹。口径 20.4、底径 9.8、高 8.7～10.4 厘米（图三二四，2）。M2：3，侈口，圆唇，弧腹内收，平底，唇下饰凹弦纹一周。口径 18.2、底径 12、高 6.1 厘米（图三二四，1）。

盘　1 件。M2：11，近直口，圆唇，平底。器内底部可见拉坯而成的弦纹。口径 6.4、底径 6、高 2.2 厘米（图三二四，4）。

2. 陶模型

仓　1 件。M2：13，泥质灰陶，敛口，圆唇，直腹，底略内凹，腹部饰刻楼梯形状的划纹图案。口径 16.1、底径 18、高 13.3 厘米（图三二四，7；图版五四，3）。

釉陶灯　1 件。M2：4，仅余上面灯盘部分。灰陶，酱釉，器内、器表皆施满釉，浅盘形，方唇，器内底部可见拉坯形成的旋纹。盘径 11.8、盘高 2.6、整体残高 5.1 厘米（图三二五，4）。

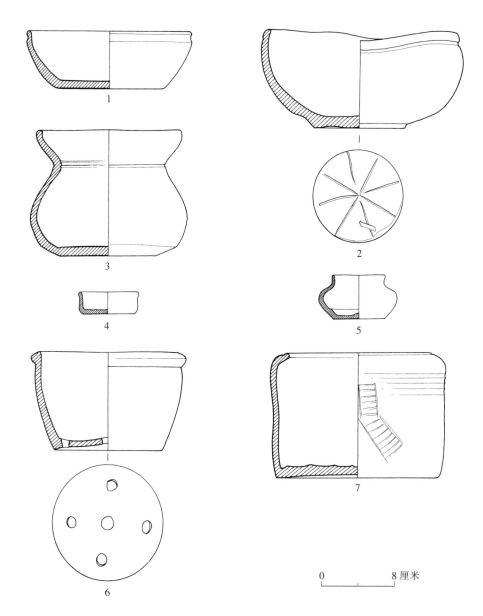

图三二四　板桥 M2 出土陶器

1、2. 钵（M2∶3、5）　　3. 釜（M2∶6-2）　　4. 盘（M2∶11）　　5. 罐（M2∶9）　　6. 甑（M2∶6-1）　　7. 仓（M2∶13）

3. 瓷器

鸡首壶　2 件。M2∶1，灰胎，施青釉，釉大部分已脱落，敞口，圆唇。束颈，弧肩，圆鼓腹斜收，平底内凹，兽首实心流，流与柄相对，均残。肩部附对称横桥形双耳，柄、鸡首、双耳间施凹弦纹三周。腹径 17.6、底径 11.8、残高 15.2 厘米（图三二五，5；图版五四，4）。M2∶7，器表施釉未及底，盘口残。束颈，弧肩，圆鼓腹斜收，平底略凹。颈部饰凹弦纹两周。柄部残，肩部附鸡首流和对称弓形双耳，鸡首流与柄相对，流上鸡冠残，圆眼，双耳间饰凹弦纹三周。器表有拉坯时形成的旋痕。腹径 17.6、底径 10.9、残高 20.8 厘米（图三二五，6）。

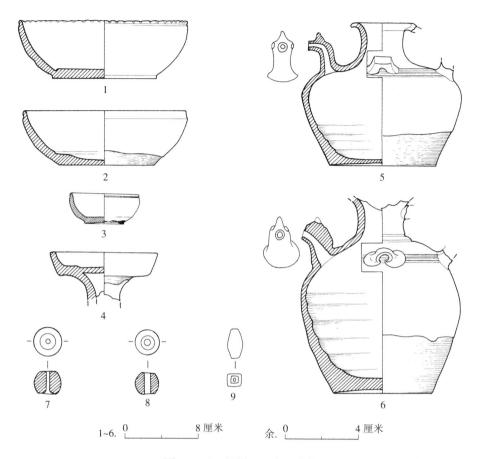

图三二五 板桥 M2 出土器物

1、2. 瓷碗（M2：2、8） 3. 瓷盏（M2：12） 4. 釉陶灯（M2：4） 5、6. 瓷鸡首壶（M2：1、7） 7～9. 料珠（M2：10－2、10－3、10－1）

碗 2件。M2：2，灰胎，施青釉，器内施满釉，器表施釉未及底。敞口，花边口沿，尖唇，弧腹内收，饼足低矮，底微内凹。唇下饰凹弦纹一周，器口点有釉下彩、器内底有支钉的烧痕。口径 18.4、底径 11.3、高 6.4 厘米（图三二五，1）。M2：8，器内施满釉，器表施釉未及底。敞口，尖唇，弧腹内收，平底。唇下饰凹弦纹一周，器内底有十一个支钉的烧痕。口径 17.6、底径 10.4、高 5.8 厘米（图三二五，2）。

盏 1件。M2：12，灰白胎，器内器表均施青釉，大部分剥落。侈口，尖唇，弧腹内收，饼足低矮，底微内凹。内外壁均可见拉坯而成的弦纹。口径 7.4、底径 4.2、高 3.2 厘米（图三二五，3）。

4. 其他

料珠 3件。M2：10－1，红色，四棱形，中部较宽，两头较窄，中有穿孔。高 1.6、宽 0.8、孔径 0.2 厘米（图三二五，9）。M2：10－2，红色，扁圆形，中有穿孔。高 1.2、外径 1.5、孔径 0.15 厘米（图三二五，7）。M2：10－3，绿色，扁圆形，中有穿孔。高 1.15、外径 1.4、孔径 0.35 厘米（图三二五，8）。

第六节　青义西科大崖墓群

　　青义西科大崖墓群位于涪城区青义镇西南科技大学新校区和老校区之间的山坡上，共计发现6座崖墓，其中1座已完全被毁，其他5座也在修建教工宿舍过程中受到不同程度的破坏（图三二六）。

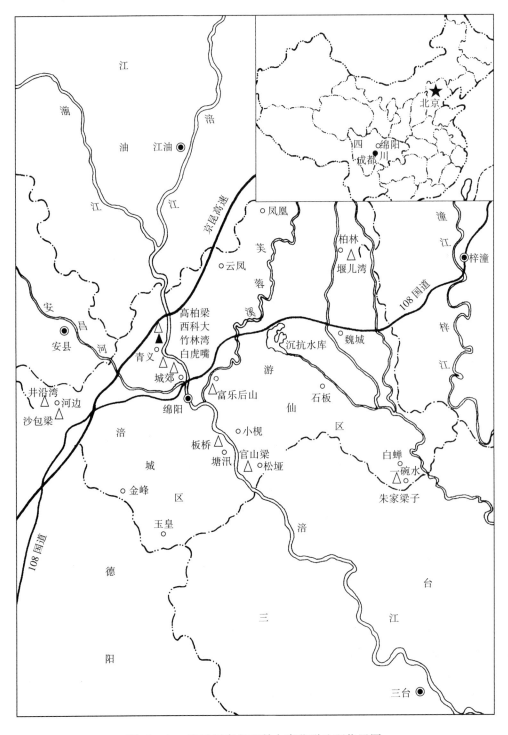

图三二六　涪城区青义西科大崖墓群地理位置图

一 青义西科大一号崖墓（2002MFXM1）

（一）墓葬形制

单室墓，由墓道、甬道和墓室组成，墓道前部被破坏。墓葬残长4.36米，方向280°（图三二七，1）。

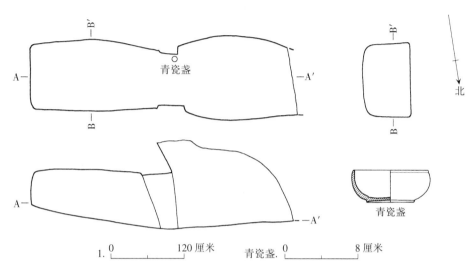

图三二七 西科大M1平面、剖视图及出土青瓷盏

墓道平面呈不规则形，残长1.82~1.96、宽0.94~1.34米。底由外向内倾斜约0.16米。

甬道较短，平面略呈横长方形，两壁不对称，长0.3~0.4、宽0.8~0.84、高0.84~0.9米。底部低于墓室与墓道。

墓室平面略呈长方形，长2.1、宽0.92~1.14、高0.5~0.8米。两壁及后壁较直，顶部微弧。底由内向外倾斜约0.36米。

墓葬被严重盗扰，仅在甬道前端出土1件青瓷盏。

（二）出土器物

瓷器

盏 M1:1，灰白胎，青釉，釉大部分已经脱落，仅底部残存。口微敛，尖唇，弧腹，饼足，底略内凹。口径8.4、底径5.2、高3.4厘米（图三二七，2）。

二 青义西科大三号崖墓（2002MFXM3）

（一）墓葬形制

单室墓，由墓道、甬道、墓室三部分组成，墓道仅存部分。墓葬残长6.4米，方向285°（图三二八）。

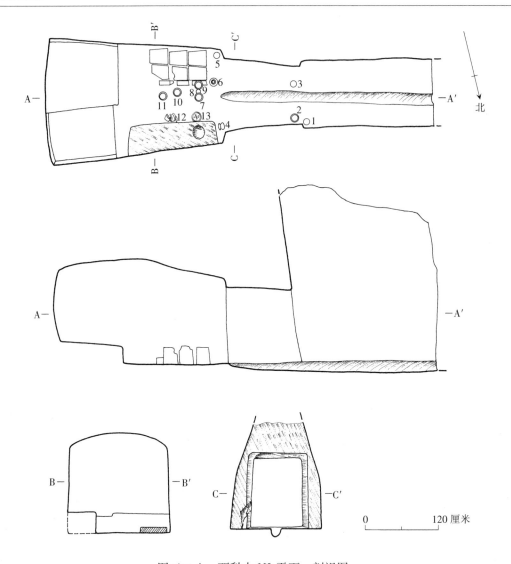

图三二八　西科大 M3 平面、剖视图

1、8、11. 瓷盏　2、7、9、10. 陶钵　3. 陶盏　4、5. 陶釜　6. 瓷灯座　12、13. 陶甑

墓道平面略呈长方形，近甬道处内收，残长 2.18、宽 0.94～1.06 米，底由内向外倾斜 0.08 米。

墓门顶部残，推测其立面为梯形，上窄下宽，宽 0.8～0.94，现存高 1.2 米。

甬道平面略呈梯形，内宽外窄，长 1.3、宽 0.92～1.2、高 1.14～1.22 米。底由外向内倾斜 0.04 米。

墓室平面略呈梯形，后壁弧凸，内宽外窄，长 2.92、宽 1.2～2.04、高 1.1～1.7 米。后部有一级高 0.24 米的台阶将墓室分为前后两部分，后部可能为棺台。墓室北前角凿有 1 座石灶。

石灶由火眼、火门和灶台组成。火塘为单火眼，平面大致呈圆形，直径 0.2、深 0.28 米。半圆形火门，宽 0.18、高 0.12 米。长方形灶台，灶台长 1.4～1.6、宽 0.38～0.46、高 0.28～0.3 米。

排水沟始凿于墓室前端，贯通甬道、墓道，横截面呈圆角长方形，残长 3.54、宽 0.12～0.2、深 0.08～0.2 米。

墓室南部前端放置有砖棺一具，仅存底部及右档，残长 0.94、宽 0.6、残高 0.3 米。砖分两种，一为一端是十字折线纹的楔形子母砖，长 28、宽 28、厚 9 厘米，另一为一端是十字折线纹和斜方格纹的长方形砖，长 35、宽 21、厚 9 厘米。

墓葬被严重盗扰，但还是出土陶器和瓷器 13 件。器物主要出土于墓室前部砖棺及石灶四周，另在甬道前端亦有少量器物出土。出土器物以陶器为主，器类有釜、甑、钵、盏等，另出土有瓷器 4 件，分别为碗、灯、盏等。

（二）出土器物

1. 陶器

陶器可修复者仅 9 件，器类有釜、甑、钵、盏等，均为泥质灰陶。

釜 2 件。形制大致相同，均为圆唇，斜折沿，弧腹。M3∶4，底略内凹，内壁可见拉坯而成的旋痕。口径 15.5、腹径 15.5、底径 10、高 11 厘米（图三二九，1）。M3∶5，平底。口径 15、腹径 15.2、底径 9.4、高 10.7 厘米（图三二九，2）。

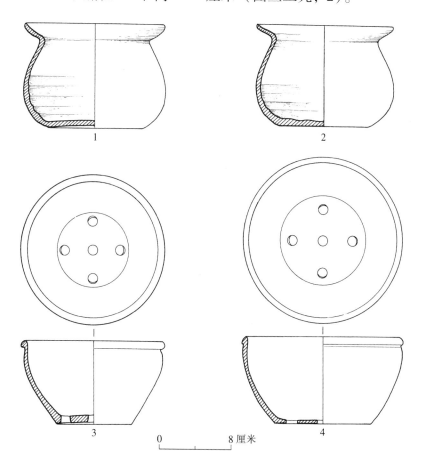

图三二九　西科大 M3 出土陶器
1、2. 釜（M3∶4、5）　3、4. 甑（M3∶13、12）

甑 2 件。形制大致相同，均为敞口，圆唇微下撇，腹部微弧内收，平底，底部有 5 圆孔，直径约为 1 厘米。M3∶13，口径 16、底径 8.4、高 8.8 厘米（图三二九，3）。M3∶12，口径 17.2、底径 10.6、高 9.2 厘米（图三二九，4）。

钵 4 件。形制大致相同。均为口微敛，圆唇，弧腹内收，平底，唇下饰凹弦纹一周。M3：7，口径15.5、底径9、高6.1厘米（图三三〇，3；图版五五，1）。M3：10，器身变形。口微敛，圆唇，弧腹内收，底略内凹。唇下饰凹弦纹一周。口径10.8、底径7、高4.4厘米（图三三〇，5）。M3：2，口径15.8、底径8.4、高7.4厘米（图三三〇，6）。M3：9，口径15.3、底径9.8、高6.2厘米（图三三〇，8）。

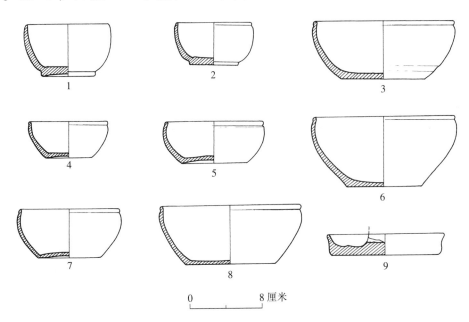

图三三〇　西科大 M3 出土器物

1、7. 瓷盏（M3：8、M3：1）　2. 瓷盏（M3：11）　9. 瓷灯座（M3：6）　3、5、6、8. 陶钵（M3：7、10、2、9）　4. 陶盏（M3：3）

盏　1件。M3：3，侈口，圆唇，弧腹内收，底略内凹。唇下饰凹弦纹一周。口径8.8、底径4.6、高3.8厘米（图三三〇，4）。

2. 瓷器

瓷器可修复者仅4件。器类有盏、灯，均为青瓷器，灰白胎，青釉。

盏　3件。M3：1，口微敛，尖圆唇，弧腹。器内施满釉，器表施釉未及底，大部分都已剥落。器身矮扁，唇下饰凹弦纹一周，底略内凹。口径11、底径6.8、高5.1厘米（图三三〇，7）。M3：8，器内器表皆施满釉，部分已剥落。饼足低矮，底微内凹。口径9.1、底径5.8、高5.7厘米（图三三〇，1）。M3：11，器内器表皆施满釉，但大部分都已剥落。口微敛，尖圆唇，弧腹，饼足低矮，平底。唇下饰凹弦纹一周。口径8.4、底径5.4、高4.5厘米（图三三〇，2）。

灯座　1件。M3：6，残，器内施满釉，器表施釉未及底，部分剥落。平底，底中心有一灯柱，残。器内有拉坯而成的旋痕。口径13、底径11.6、残高2.2厘米（图三三〇，9）。

三　青义西科大四号崖墓（2002MFXM4）

（一）墓葬形制

单室墓，由墓道和墓室两部分组成，墓道仅存部分。墓葬残长3.8米，方向240°（图三三一）。

墓道平面形状不规则，南北不对称，推测其平面略呈梯形，内宽外窄，残长1.2～1.9、残宽0.9～1.06米，底部较平。其西南侧有一级高0.08米的台阶可上至墓室。墓道中部凿有排水沟1条，残长1.2、宽0.04～0.16、深0.22米。

墓室南北亦不对称，平面略呈梯形，内宽外窄，长1.9～2、宽1.18～1.28、高1.02～1.07米。墓室北部西侧低于东部及南部，南部与北部西侧的高差为0.14米。墓室北壁前部和后部各有一个壁龛，前部壁龛残，形状不规则，距墓底0.56米，残宽0.14～0.18、高0.32米。后部壁龛形状为长方形，距墓底0.48、距后壁0.5米，宽0.36、高0.3米。

墓葬被严重盗扰，仅在墓道两侧出土2件陶钵。

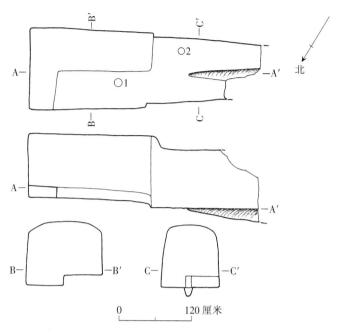

图三三一　西科大 M4 平面、剖视图
1、2. 陶钵

（二）出土器物

陶器

钵　2件。M4：2，泥质灰陶，口微敛，圆唇，弧腹，平底。口径15.2、底径9.7、高6.2厘米（图三三二，1）。M4：1，泥质红褐陶，口微敛，方唇，弧腹，平底，唇下饰凹弦纹一周，腹部饰凹弦纹两周。口径19.1、底径12、高9.4厘米（图三三二，2）。

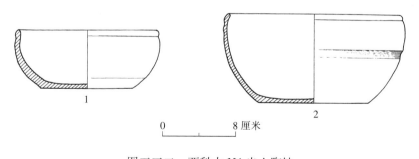

图三三二　西科大 M4 出土陶钵
1. M4：2　2. M4：1

四　青义西科大五号崖墓（2002MFXM5）

（一）墓葬形制

单室墓，由墓道、甬道和墓室组成，墓道前部被破坏。墓葬残长4.2米，方向235°（图三三三）。

墓道平面呈长方形，外宽内窄，残长0.66、宽1.1～1.22米。

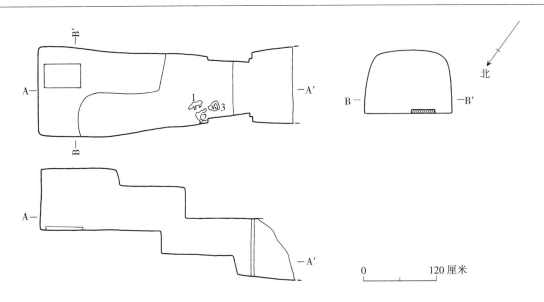

图三三三　西科大 M5 平面、剖视图
1. 陶猪　2. 陶鸡　3. 陶俑头

墓门宽 0.8、高 0.9 米，其外有单层门框结构，高 0.9、宽 0.92、深 0.04 米。

甬道平面略呈梯形，外窄内宽，长 0.7、宽 0.8 ~ 0.92、高 0.58 ~ 0.9 米。距墓门 0.3 米处有一级高 0.3 米的台阶。

墓室平面略呈梯形，外窄内宽，长 2.8、宽 1.04 ~ 1.42、高 0.7 ~ 1.06 米。距甬道 0.7 米处有一级高 0.36 米的台阶，平面呈刀形。台阶上有一小台，长 0.6、宽 0.38、高 0.06 米。

墓葬被严重盗扰，但还是出土陶模型 3 件，位于墓室北部西侧，分别为鸡、猪及人俑头。

（二）出土器物

陶模型

鸡　1 件。M5：2，冠残。小首，尖喙，圆眼，细颈，翘尾。腹中空。长 16.3、高 11.6 厘米（图三三四，2；图版五五，2）。

猪　1 件。M5：1，后腿残，站立状。身体细长，长吻前伸，圆眼，小耳直立，颈部鬃毛直立，四肢粗壮，臀部有一圆孔。腹中空。长 16.8、高 8.2 厘米（图三三四，3）。

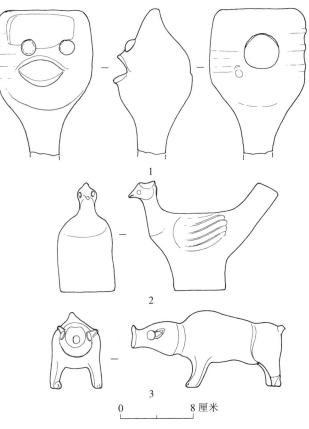

图三三四　西科大 M5 出土陶模型
1. 俑头（M5：3）　2. 鸡（M5：2）　3. 猪（M5：1）

俑头　1件。M5∶3，中空。脸方圆，圆眼，张口，脑后有一圆孔。高15.5、宽10.6厘米。（图三三四，1；图版五五，3）。

五　青义西科大六号崖墓（2002MFXM6）

（一）墓葬形制

单室墓，由墓道、甬道和墓室组成，墓道仅存部分。墓葬残长4.34米，方向230°（图三三五）。

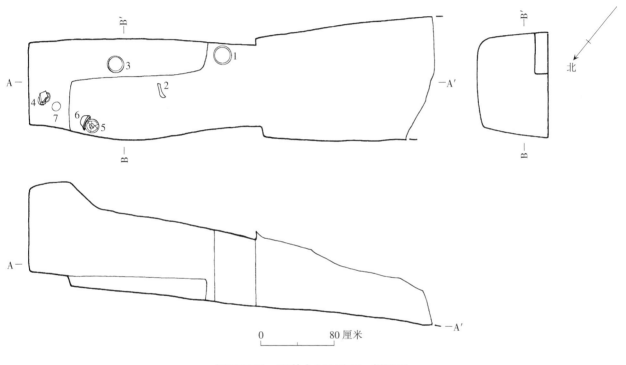

图三三五　西科大M6平面、剖视图
1、4. 陶钵　2. 铁镰刀　3. 陶碗　5. 陶甑　6. 陶釜　7. 陶盏

墓道平面略呈梯形，内窄外宽，残长1.9、宽0.86~1.26米，底由内向外倾斜0.16米。

甬道平面略呈梯形，外窄内宽，长0.44、宽0.86~0.92、高0.68~0.74米。

墓室平面略呈长条形，中间外凸，长2、宽0.84~1.06、高0.74~1米。墓室前部、北部西侧低于北部东侧及南部，高差为0.1米。墓底由内向外倾斜约0.32米。

墓葬被严重盗扰，但还是出土陶器和铁器7件。器物主要出土于甬道南侧和墓室中后部。陶器有釜、甑、钵、碗、盏等，铁器仅出土镰1件。

（二）出土器物

1. 陶器

陶器可修复者共计6件，器类有釜、甑、钵、碗、盏，均为泥质灰陶。

釜　1件。M6∶6，泥质灰陶，圆唇，斜折沿，扁圆腹下垂，底略内凹。口径16.4、腹径 17.4、底径 10.8、高 11.2 厘米（图三三六，5）。

甑 1件。M6:5，泥质灰陶，敞口，圆唇，腹部微弧内收，底略内凹，底部有 5 个直径 0.6 厘米的圆孔。近底处有刮削痕迹。口径 16、底径 10、高 8.6 厘米（图三三六，6）。

钵 2件。均为泥质灰陶。M6:4，口微敛，圆唇，弧腹，平底，唇下饰凹弦纹一周。近底处有刮削痕。口径 13.6、底径 6.2、高 7 厘米（图三三六，2）。M6:1，口微敛，圆唇，弧腹，底略内凹，唇下饰凹弦纹一周。口径 18.2、底径 9.8、高 7.2 厘米（图三三六，4）。

碗 1件。M6:3，泥质灰陶。敛口，尖圆唇，腹较圆弧，矮饼足，平底，唇下饰凹弦纹一周。口径 14.4、底径 8.1、高 7.2 厘米（图三三六，3）。

盏 1件。M6:7，泥质灰陶。敛口，圆唇，弧腹，平底，唇下饰凹线纹一周，器内壁、底部有拉坯时形成的旋痕，外壁近底处有刮削痕。口径 8.6、底径 4、高 3.6 厘米（图三三六，1）。

2. 铁器

镰刀 1件。M6:2，刃部残，背、刃皆呈弧线，断面呈三角形。残长 14.6、厚 0.1～0.5 厘米（图三三六，7；图版五五，4）。

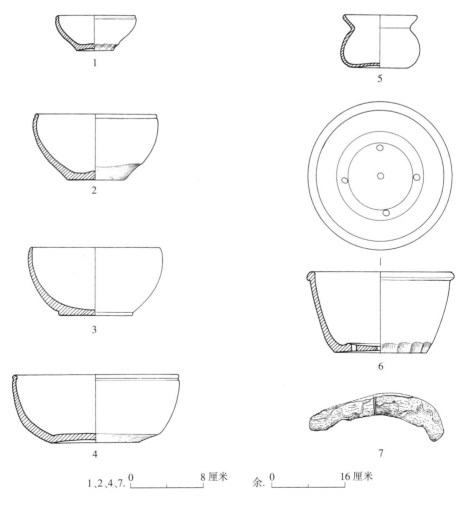

图三三六　西科大 M6 出土器物

1. 陶盏（M6:7）　2、4. 陶钵（M6:4、1）　3. 陶碗（M6:3）　5. 陶釜（M6:6）　6. 陶甑（M6:5）　7. 铁镰刀（M6:2）

第七节 城郊西山竹林湾崖墓群

城郊西山竹林湾崖墓群位于绵阳市城郊镇西山公园蒋琬墓围墙南侧陡坎处，距蒋琬墓约20米，共计2座崖墓，于2004年1月30日被发现，两墓均被盗，仅出土随葬器物6件（图三三七）。

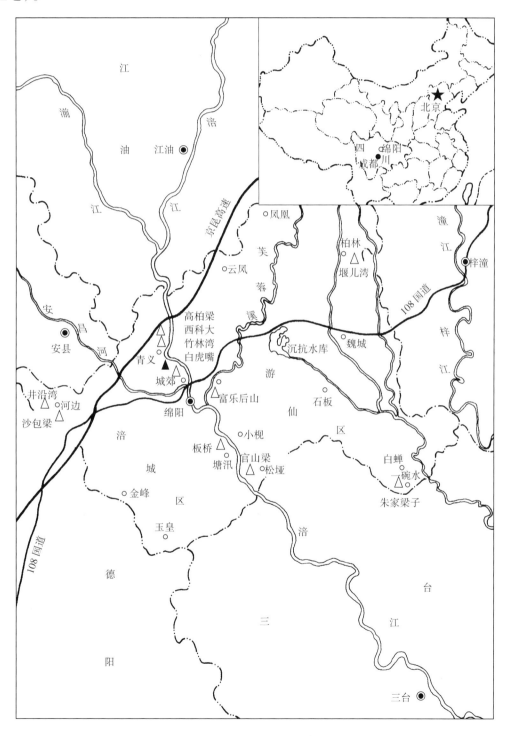

图三三七 涪城区城郊镇西山竹林湾崖墓群地理位置图

一　城郊西山竹林湾一号崖墓（2000MFZM1）

（一）墓葬形制

单室墓，由墓道、甬道和墓室组成，墓道前部被破坏。墓葬残长 2.5 米，方向 10°（图三三八）。

墓道平面呈长方形，残长 0.74、宽 1.39 米。底部较平。

甬道平面呈横长方形，纵长 0.5、横宽 1、高 0.88 米。两侧砌有与甬道等高的小砖，共 9 层，砖长 34、宽 20、厚 10 厘米。甬道底部较平。

墓室平面呈横长方形，纵长 1.26、横长 2、高 0.88 ~ 1.04 米。弧形顶，两壁及南壁较直，底部较平。后壁凿有一人字顶的小龛，宽 0.1、高 0.14 米。

墓葬被严重盗扰，仅在墓室北部靠西侧出土釜、甑、罐各 1 件，另外在墓道西南角出土铜簪 1 件。

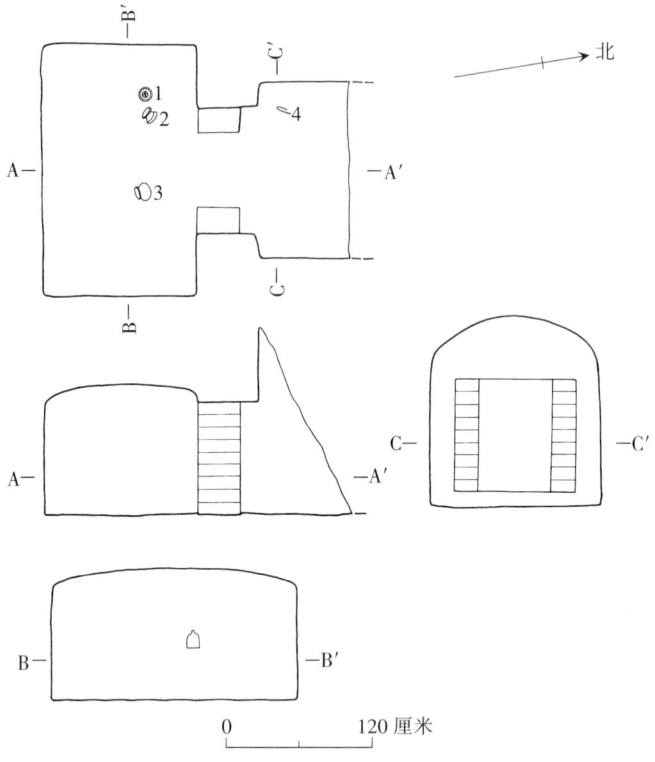

（二）出土器物

图三三八　竹林湾 M1 平面、剖视图
1. 陶甑　2. 陶釜　3. 陶罐　4. 铜簪

1. 陶器

陶器可修复者仅 3 件，分别为罐、釜、甑，均为泥质灰陶。

罐　1 件。M1∶3，火候较高。敛口，圆唇，鼓腹弧收，底略内凹。肩部有一方形孔，孔一侧有一略成方形的器錾，孔以下饰弧形刻划楼梯图案，图案旋转至罐底。器口有拉坯时形成的旋痕。口径 6.7、腹径 12.6、底径 8.3、高 12.9 厘米（图三三九，3）。

釜、甑　1 套。釜，M1∶2，圆唇，宽斜折沿，沿面略凹，圆鼓腹，平底，沿面饰凹弦纹三周。口径 14.9、腹径 11.4、底径 6.6、高 7.6 ~ 8.6 厘米（图三三九，1）。甑，M1∶1，扣合于釜上，口略敛，圆唇，腹部微鼓，平底，底部有 5 个不规则的圆孔，近底处有被刮削的痕迹。口径 12.7、底径 5.5、高 8.7 厘米（图三三九，2）。

2. 铜器

簪　1 件，M1∶4，残，呈"U"字形，断面呈圆形。残长 6.4 厘米（图三三九，4）。

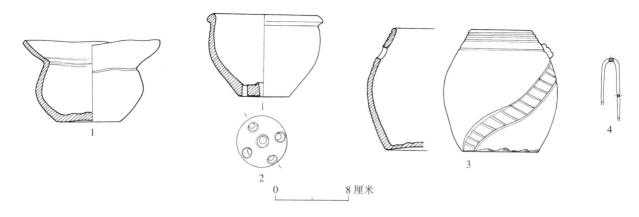

图三三九　竹林湾 M1 出土器物
1. 陶釜（M1:2）　2. 陶甑（M1:1）　3. 陶罐（M1:3）　4. 铜簪（M1:4）

二　城郊西山竹林湾二号崖墓（2000MFZM2）

（一）墓葬形制

单室墓，由墓道、甬道和墓室组成，墓道前部被破坏。墓葬残长 3.52 米，方向 5°（图三四〇）。

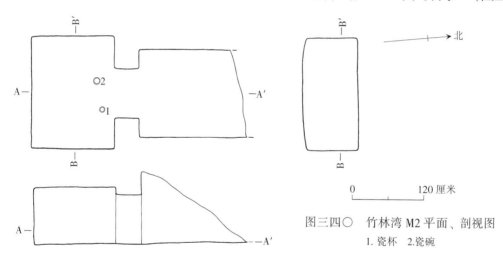

图三四〇　竹林湾 M2 平面、剖视图
1. 瓷杯　2. 瓷碗

墓道平面呈长方形，残长 1.76、宽 1.4 米。底部较平。

甬道平面呈横长方形，纵长 0.4、横宽 0.8、高 0.78 米。底部较平。

墓室平面呈横长方形，纵长 1.36、横宽 1.8、高 0.9 米。顶部微弧，两壁及南壁较直，底部较平。

墓葬被严重盗扰，仅在墓室前部出土瓷碗、瓷杯各 1 件。

（二）出土器物

瓷碗　1 件。M2:2，灰胎，青釉，器内、器表施釉均未及底。敞口，尖圆唇，弧腹内收，矮饼足，平底。口径 14.6、底径 5.8、高 7 厘米（图三四一，1）。

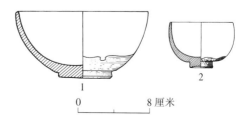

图三四一　竹林湾 M2 出土瓷器
1. 碗（M2:2）　2. 杯（M2:1）

瓷杯　1件。M2：1，灰胎，青釉，器内施满釉，器表施釉未及底。口微敛，尖圆唇，弧腹内收，假圈足，底微内凹。口径7、底径2.7、高4.8厘米（图三四一，2）。

第八节　金峰白果林戏台梁子崖墓群

金峰白果林崖墓群位于绵阳市涪城区村金峰镇白果林村委会东北侧的戏台梁子，共计发现2座崖墓，墓道部分在修路过程中大部被毁（图三四二）。

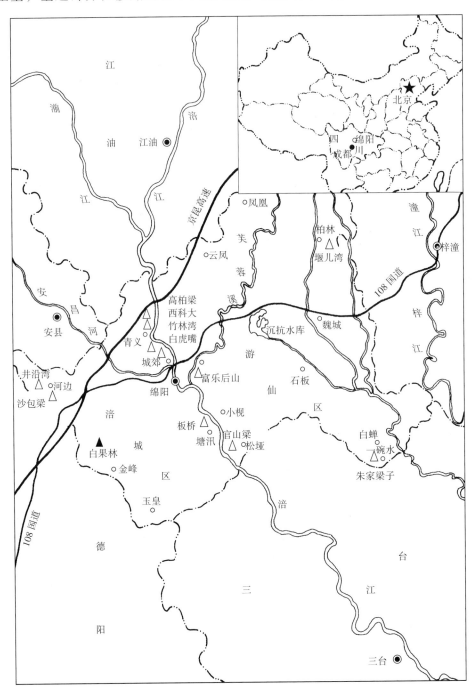

图三四二　涪城区金峰白果林崖墓群地理位置图

一　金峰戏台梁子一号崖墓（2012MFJXM1）

（一）墓葬形制

单室墓，墓道、甬道已被毁，墓室部分被毁。墓葬残长 1.14 米，方向 235°（图三四三）。

墓室平面形制为梯形，靠近甬道处内收，纵长 0.98～1.14、横长 1.08～1.66、高 0.9 米。近平顶。北壁陡直，东西两壁略带弧度上收，墓室后部两个转角略呈直角，前面两个带弧度。墓底由内向外略倾斜。墓室北壁中间 1 小龛，距墓底 0.42 米，立面形如一边呈直角的梯形，上宽 0.04、下宽 0.1、高 0.18、深 0.05 米。

墓葬被严重破坏，器物主要出土于墓室中部及后龛，仅 2 件随葬品，分别为青瓷盘口四系壶和陶盏。此外，还在现场采集、征集该墓出土的 5 件青瓷碗。

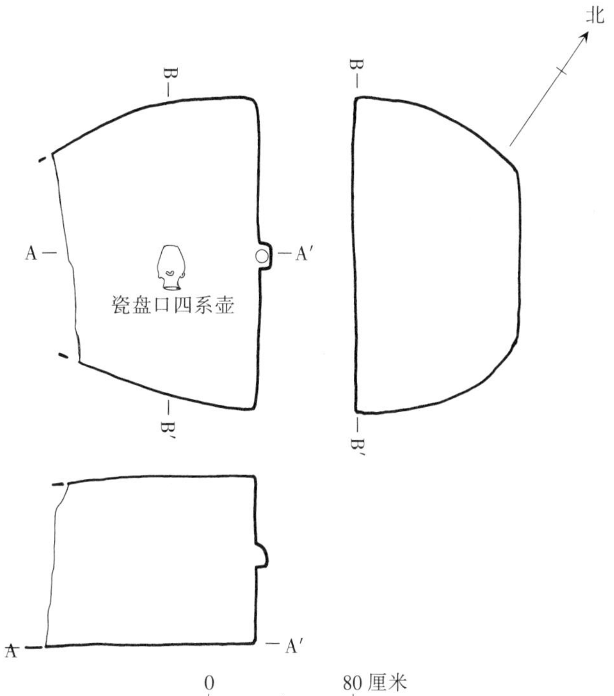

图三四三　白果林 M1 平面、剖视图

（二）出土器物

1. 陶器

盏　1 件。M1∶2，泥质褐陶。口微敛，圆唇，弧腹内收，平底。外底有刮削痕迹。口径 13.4、底径 7.2、高 6.6 厘米（图三四四，6）。

2. 瓷器

盘口四系壶　1 件。M1∶1，灰白胎，青釉，器表施釉不均，且未及底。浅盘口，圆唇，束颈，颈部较长，圆肩，鼓腹内收，底略内凹。颈部饰凸弦纹三周，颈肩相交处饰凸弦纹一周，肩部饰有两两对称四横桥形耳，肩腹相交处饰莲瓣纹。盘口径 9.8、腹径 16.2、底径 7.7、高 24.4 厘米（图三四四，7）。

碗　5 件。均为灰胎，施青釉，器内施满釉，器表施釉未及底，器内底有支钉的烧痕。M1∶3，灰胎。口微侈，尖唇，弧腹内收，假圈足，足部外撇，底略内凹，腹部饰凹弦纹一周。口径 12.6、底径 4.2、高 5.8 厘米（图三四四，1）。M1∶4，灰胎。口微侈，尖唇，弧腹内收，假圈足，足部外撇，底内凹较甚，腹部饰凹弦纹一周。口径 12.9、底径 4.2、高 5.6 厘米（图三四四，2）。M1∶5，灰胎。口微侈，尖唇，弧腹内收，假圈足，足部外撇，底略内凹，腹部饰凹弦纹一周。口径 12.6、底径 4.4、高 6 厘米（图三四四，4）。M1∶6，灰胎。口微侈，尖唇，弧腹内收，假圈足，足部外撇，底略内凹，腹部饰凹弦纹一周。口径 12.6、底径 5、高 6 厘米（图三四四，5）。M1∶7，灰胎。口微敛，方唇，弧腹内收，假圈足，足部外撇，底内凹较甚，腹部饰凹弦纹一周。口径 13、底径 4.9、高 7 厘米（图三四四，3）。

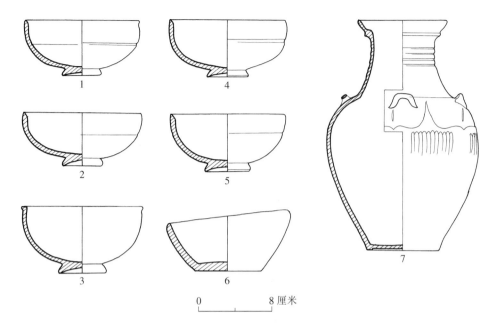

图三四四　白果林 M1 出土瓷器

1～5. 碗（M1：3、4、7、5、6）　6. 盏（M1：2）　7. 盘口四系壶（M1：1）

二　金峰戏台梁子二号崖墓（2002MFJXM2）

（一）墓葬形制

单室墓，由墓道、甬道、墓室三部分组成，墓道破坏严重，甬道、墓室保存完整。墓葬残长 2.4 米，方向 225°（图三四五）。

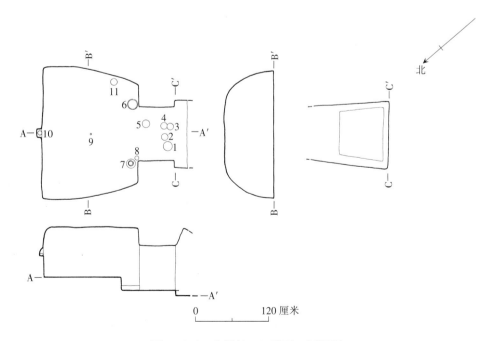

图三四五　白果林 M2 平面、剖视图

1. 陶罐　2～5、10. 瓷碗　6. 陶盂　7. 瓷盘口四系壶　8. 陶盏　9. 瓷罐　11. 陶盏

墓道大部分已被破坏，残长约0.22、宽1.08米。

墓门两边内倾，下宽0.98米。门呈梯形，上窄下宽，宽0.68~0.85、高0.72米。封门用8层长0.36、宽0.23、厚0.09米几何纹砖封砌，封门砖已毁，仅留下痕迹。

甬道平面呈横长方形，长0.6、宽0.85、高0.72米。底部较平。

墓室平面为近梯形，靠近甬道处内收，纵长1.72、横长1.58~2.08、高0.8~1.02米。墓室前部留有高约0.22米的台阶，将墓室分为前后两个部分。近平顶。后壁陡直，东西两壁略带弧度上收，墓室后部两个转角略呈直角，前面两个带弧度。墓底较平。墓室后壁中间1小龛，距墓底0.34米，立面形如一边呈直角的梯形，上宽0.06、下宽0.12、高0.12、深0.05米。

人骨腐朽严重，仅残留部分肢骨，葬式不明。

墓葬未被盗扰，随葬品多放置在甬道内，以瓷碗为主，另在墓室右前侧放置有青瓷盘口四系壶、陶盏各1件，墓室右前侧放置陶盂和瓷碗各1件，墓室棺台中部放置有青瓷小罐1件，后龛放置陶盏1件。陶器可辨器形有罐、盂、盏等；瓷器可辨器形有盘口四系壶、碗、罐等。

（二）出土器物

1. 陶器

陶器可修复者共计出土4件，均为泥质灰陶。

罐 1件。M2:1，侈口，圆唇，卷沿。束颈，溜肩，弧腹斜收，平底。口径15.6、腹径15.6、底径11、高11.3厘米（图三四六，10）。

盂 1件。M2:6，敞口，斜折沿，尖唇，圆肩，鼓腹斜收，平底。口径16.6、腹径14.8、底径9、高11厘米（图三四六，9）。

盏 2件。M2:8，泥质灰陶。口微敛，圆唇，弧腹内收，平底。外底有刮削痕迹。口径7、底径3.8、高2.9厘米（图三四六，7）。M2:11，泥质灰陶。口微敛，圆唇，弧腹内收，平底。口径7、底径3.6、高2.9厘米（图三四六，6）。

2. 瓷器

盘口四系壶 1件。M2:7，灰白胎，青釉，器表施釉不均，且未及底。浅盘口，圆唇，束颈，颈部较长，圆肩，鼓腹内收，底略内凹。颈部饰凸弦纹三周，肩部饰有两两对称四横桥形耳，肩腹相交处饰莲瓣纹。盘口径8.6、腹径16.2、底径7.7、高23.2厘米（图三四六，8）。

碗 5件。均为灰胎，施青釉，器内施满釉，器表施釉未及底，器内底有支钉的烧痕。M2:2，灰胎。口微敛，方唇，弧腹内收，假圈足，足部外撇，底内凹较甚。口径12.6、底径4.4、高7厘米（图三四六，3）。M2:3，灰胎。口微敛，方唇，弧腹内收，假圈足，足部外撇，底略内凹。口径13.6、底径3.9、高6.4厘米（图三四六，5）。M2:4，灰胎。口微敛，方唇，弧腹内收，假圈足，足部外撇，底略内凹。口径13、底径4.8、高6.2厘米（图三四六，2）。M2:5，灰胎。口微敛，方唇，弧腹内收，假圈足，足部外撇，底内凹较甚。口径12.6、底径5、高6.8厘米（图三四六，4）。M2:10，灰胎。口微侈，尖唇，弧腹内收，假圈足，足部外撇，底内凹较甚。口径10.6、底径3.6、高5.6厘米（图三四六，1）。

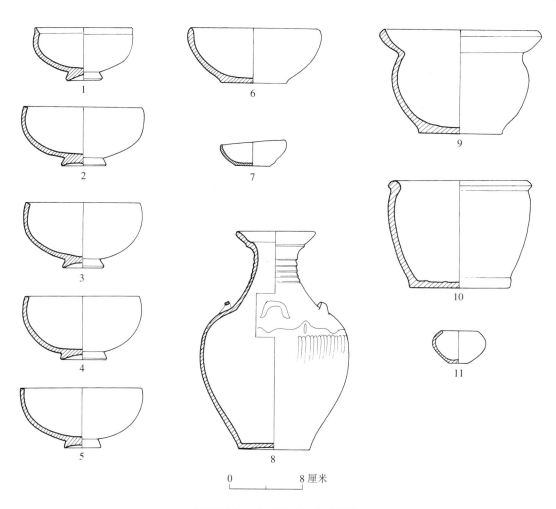

图三四六 白果林 M2 出土器物

1~5. 瓷碗（M2∶10、4、2、5、3）　6~7. 瓷盏（M2∶11、8）　8. 瓷四系盘口壶（M2∶7）　9. 陶盉（M2∶6）　10. 陶罐（M2∶1）
11. 瓷罐（M2∶9）

罐　1 件。M2∶9，灰白胎，施青釉，器内施满釉，器表施釉未及底。敛口，圆唇，鼓腹内收，平底。口径 4、腹径 5.8、底径 2、高 3.6 厘米（图三四六，11）。

第二章 游仙区崖墓群资料

第一节 白蝉朱家梁子崖墓群

白蝉朱家梁子崖墓群位于绵阳市区东约 70 公里的川北深丘地区，行政区划属绵阳市游仙区白蝉乡一碗水村，西距白蝉乡政府所在地约 5 公里。在朱家梁子半山腰东西不足 60 米的范围内，共清理了 6 座崖墓，均盗扰严重。发掘时发现有 6 个盗洞，盗洞前均散落许多陶片，还有一块纪年砖（图三四七）。

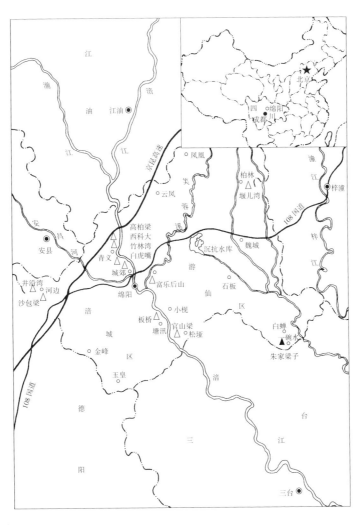

图三四七　游仙区白蝉朱家梁子崖墓群地理位置图

一　白蝉朱家梁子一号崖墓（1996MYZM1）

（一）墓葬形制

单室墓，由墓道、甬道、墓室三部分组成，墓葬前低后高，墓葬最低点在墓道和甬道结合部位。墓葬全长 13.3 米，方向 324°（图三四八）。

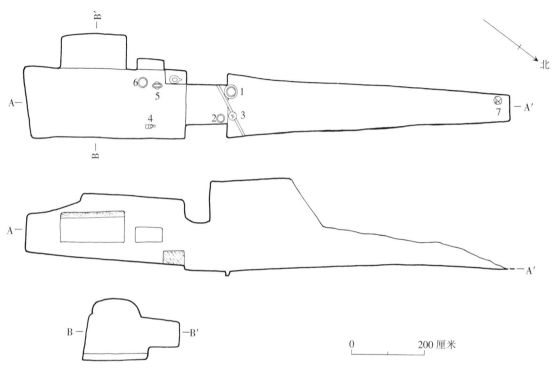

图三四八　朱家梁子 M1 平面、剖视图
1. 陶瓮　2. 陶盒　3. 铜镜　4. 陶俑　5. 陶耳杯　6. 陶罐

墓道平面呈梯形，内宽外窄，底部中间靠前位置最高，分别向内、外倾斜，现长 7.7、宽 0.7 ~ 1.7 米。

甬道平面略呈长方形，内宽外窄，由内向外倾斜，长 1.15、宽 1 ~ 1.1、高 1.2 ~ 1.35 米。顶部略有垮塌。甬道与墓道相接处有一条利用崖缝而形成的小沟，长 1.5、宽 0.075、深 0.15 米，墓内积水均集于小沟后渗透出去。

墓室平面近长方形，长 4.3 ~ 4.55、宽 1.8 ~ 1.85、高 1 ~ 1.75 米。弧顶，前部较高，后部较低。后壁和左右两壁直线斜收，两壁上部略转折内收。墓底由内向外倾斜约 0.35 米。墓室前部左角有一原岩石灶，左壁前部凿有一长方形壁龛，距墓底 0.425 ~ 0.55、距前壁 0.6 米。长 0.775、高 0.375 ~ 0.425、深 0.27 米。墓室后部有一长方形棺台。

石灶由灶面、火眼、烟道和火门组成。灶面形近梯形，长 0.6、宽 0.325 ~ 0.375 米。单火眼，呈椭圆形锅底状，长径 0.3、短径 0.2 米。"∧"形烟囱开在前部。灶台高 0.3 ~ 0.4 米。火门朝向墓室后壁，拱形，高 0.25、宽 0.2 米。

棺台平面形近长方形，内边略呈弧状。距墓底 0.325 ~ 0.45、距后壁 0.95 米，长 1.8、宽 0.85 ~ 0.9、内高 0.625、外高 0.75 米。

M1 曾被盗扰，墓室内随葬器物存在扰乱现象，主要出土于墓室前部，计有陶罐 1 件、陶双耳杯和陶俑各 1 件。甬道口和墓道前端的器物保持原位，出土陶瓮、陶盒、铜镜各 1 件。

（二）出土器物

1. 陶器

陶器可修复者仅 4 件。器类有瓮、罐、盒、耳杯，均为泥质灰陶。

瓮　1 件。M1:1，侈口，圆唇，圆肩，斜腹，底略内凹。肩部饰凹弦纹两周。口径 25、腹径 29.6、底径 15.8、高 18.8 厘米（图三四九，4）。

罐　1 件。M1:6，侈口，圆唇，斜肩，弧腹斜收，平底。肩部饰凹弦纹一周。口径 10.2、腹径 15.6、底径 8.8、高 12.6 厘米（图三四九，3）。

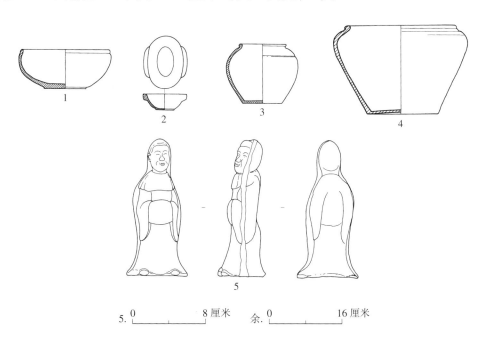

图三四九　朱家梁子 M1 出土陶器、陶俑
1. 盒（M1:2）　2. 耳杯（M1:5）　3. 罐（M1:6）　4. 瓮（M1:1）　5. 俑（M1:4）

盒　1 件。M1:2，敛口，圆唇，腹较圆弧，矮饼足，平底。唇下饰凹弦纹一周。口径 20、底径 9.2、高 8.1 厘米（图三四九，1）。

耳杯　1 件。M1:5，敞口，方唇，月牙形耳，弧腹，矮饼足。长径 11.2、短径 7.9、高 3.4 厘米（图三四九，2）。

2. 陶模型

俑　1 件。M1:4，泥质灰陶，面部模糊，微现五官轮廓。直立，发拢于颈后，头裹巾。肩部围一物。胸间裹巾，手笼袖中置于腹部。宽袖，微露双足尖。高 14.5 厘米（图三四九，5）。

3. 铜器

镜　1 件。M1:3，"青羊" 神兽镜。圆形钮座，圆钮。内区浮雕相对的二神兽，张口露齿。其中右兽脑后有一长角，应为青龙；左兽下颌有须，形似虎。二兽尾间隶书"青羊"二字。外区为一周凸弦纹和垂直于弦纹的一周短线纹。缘上有两周纹饰，内为锯齿纹，外为双线波折纹。面径 9.4、背径 9.6、钮径 1.75、钮高 1、缘宽 0.4、缘厚 0.7、肉厚 0.2 厘米，重 270 克（图三五〇）。

0   2厘米

图三五〇　朱家梁子 M1 出土铜青羊神兽镜（M1∶3）

二　白蝉朱家梁子二号崖墓（1996MYZM2）

（一）墓葬形制

双室墓，由墓道、前后甬道和前后室五部分组成。墓葬前低后高，墓葬最低点在墓室和前甬道结合部位。墓葬全长 20.1 米，方向 324°（图三五一）。

墓道平面呈长条形，外稍窄内略宽，长 9、宽 1.2~1.65 米。底部中间高前后两端低，分别向内向外倾斜。

前甬道平面略呈长方形，由外向内倾斜，长 1.4、宽 0.75~0.8、高 1.2~1.3 米。顶近平。墓门两侧有宽深约 0.05 米的门框。

前室平面大致呈长方形，长 4.4、宽 2.3~3.2 米。前部有高约 0.05 米的台阶。后壁和左右两壁直线斜收呈弧形。墓底由内向外倾斜约 0.325 米。墓室前端北壁有一长方形耳室，长 1.3~1.35、宽 0.4 米，耳室前端有一长 0.475、宽 0.35、高 0.5~0.65 米的石台。墓室南壁前端有一原岩灶台，南壁后部有一棺台。

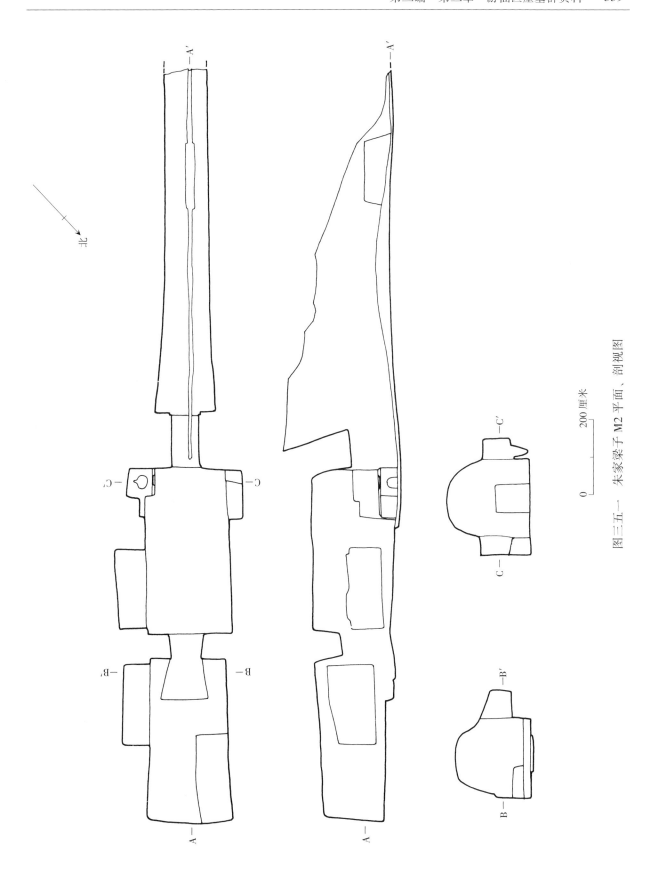

图三五一 朱家梁子 M2 平面、剖视图

后甬道连接前后室，平面呈梯形，内窄外宽，长 0.7、宽 0.8 ~ 0.95、高 1.35 米。底部由外向内倾斜。

后室平面略呈梯形，后部稍宽，后边呈弧形，长 4.4、宽 2.05 ~ 2.32 米。前部分别有高约 0.05 和 0.225 米的台阶。弧顶。后壁直线上收，左右两壁下部较直，上部呈弧形内收到顶。墓底由内向外倾斜约 0.4 米。后室西壁后部留有原岩棺台，东壁前部凿有崖棺。

排水沟起于甬道后部，贯通甬道和墓道，后部用石块铺盖。断面呈倒梯形，现全长 10.7、上宽 0.125、下宽 0.05、深 0.05 ~ 0.45 米。

石灶由灶面、火眼、烟道和火门组成。灶面形制不规则，形如带柄木板，长 1.3、宽 0.15 ~ 0.9 米。火眼呈圆形锅底状，口径 0.35、底径 0.15 米。灶台高 0.425 ~ 0.5 米。火门呈拱形，高 0.2 ~ 0.25、宽 0.275 米。石灶上部有一壁龛，长 0.8 ~ 1.1、高 0.525 ~ 0.725、深 0.15 ~ 0.5 米。

前室棺台平面形近梯形，顶部大部分垮塌，距前室后壁 0.15、距墓底 0.175 ~ 0.35 米，长 2.1、宽 0.75 ~ 0.85、高 0.85 米。后室西壁棺台平面略呈长方形，长 2.35、宽 0.85、高 0.5 米。后室东壁崖棺平面呈长方形，距墓底 0.225 ~ 0.575 米，长 2.15、宽 0.7 ~ 0.75、高 1 米。

（二）出土器物

M2 盗扰严重，墓室内堆满了陶器的碎片。陶器可辨器形有罐、钵、釜等，陶模型可辨器形有屋、水田、俑等，器物基本无法修复。

三　白蝉朱家梁子三号崖墓（1996MYZM3）

（一）墓葬形制

单室墓，由墓道、甬道、墓室三部分组成。墓葬最低点在墓道和甬道结合部位。墓葬全长 9.85 米，方向 325°（图三五二）。

墓道平面呈长条形，内宽外窄，长 5、宽 1.05 ~ 1.55 米。墓底由外向内倾斜。墓道前部和近墓门处的填土均为五花土，中间部分填土为建墓时凿下的灰色砂石。

甬道高出墓道 0.25 米，平面略呈横长方形，略向内倾斜，长 1、宽 1.13、高 1.5 米。

墓门用砖和石块封堵，砖有方砖和楔形砖两种，在甬道口东侧还发现有形"元和二年"（公元 85 年）纪年铭文砖和梯形"富贵贤"铭文砖。

墓室平面略呈长方形，长 3.85、宽 2.2 ~ 2.95、高 1.84 米。梯形顶。后壁和东、西两壁较直，两壁上部略内折，弧状上收。墓底后高外低，近中部是最低点。墓室前部西南角有一原岩石灶，石灶上角有一壁龛；东壁后部凿有崖棺 1 具。

石灶由灶面和火门组成。灶面不规则，宽 0.6、深 0.375 ~ 0.5 米。火眼呈圆形锅底状，口径 0.4、底径 0.25 米。灶台高 0.25 米，高出墓底 0.1 米。灶门呈方形，高、宽均为 0.15 米。石灶上角有一壁龛，呈倒桃形，高出墓底 0.45、长 0.45、高 0.25 ~ 0.35、深 0.15 米。

崖棺平面近长方形，内边呈弧状，距墓底 0.3 米，长 2、宽 0.6 ~ 0.8、内侧高 0.6、外侧高 0.85 米。

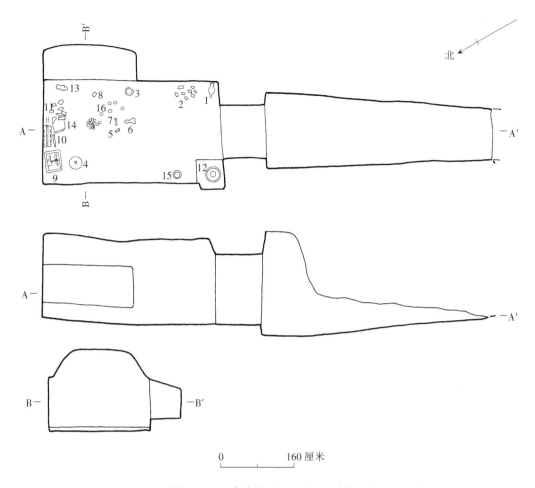

图三五二 朱家梁子 M3 平面、剖视图

1. 陶鸡 2、3、15. 陶罐 4. 铜镜 5、8. 铜耳杯 6. 陶拱手立俑 7. 铁带柄刀 9. 陶水田模型 9－1、2. 陶鲢鱼、陶泥鳅 10. 铁环柄刀 11、14. 陶房 13. 陶俑 12. 陶釜 16. 钱币

　　随葬器物主要集中在墓室东壁下和后部。东部填土松软，被扰乱过，陶器绝大部分被打碎、移位。陶器有罐、釜等；陶模型有房屋、水田、鸡、泥鳅、鲢鱼、人物俑等；铜器出土有耳杯2、镜1；铁器有刀2件。此外还出土有129枚铜钱，其中货泉2枚、五铢钱127枚，主要是在扰土中清理出来的，另在陶水田中也发现数枚。

（二）出土器物

　　该墓出土成型随葬品11件，钱币129枚，同时还有铭文砖3块。器物质地有陶、铜和铁三种。

　　1. 陶器

　　罐 1件。M3∶3，泥质红陶。侈口，圆唇，束颈，溜肩，鼓腹斜收，平底。肩部饰凹弦纹一周。口径12、腹径20、底径10.4、高18.4厘米（图三五三，3）。

　　釜 1件。M3∶12。位于石灶之上。泥质红陶。侈口，圆唇，高束颈，溜肩，扁腹，圜底。沿面饰凹弦纹一周、腹部和底部饰粗绳纹。口径24.1、腹径28、高23.8厘米（图三五三，1）。

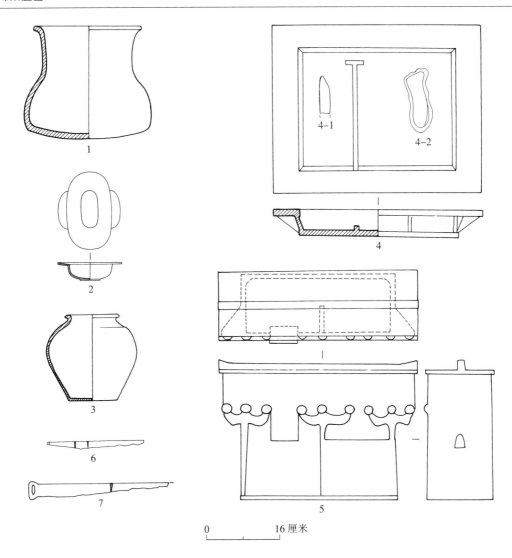

图三五三　朱家梁子 M3 出土器物

1. 陶釜（M3∶12）　2. 铜耳杯（M3∶5-1）　3. 陶罐（M3∶3）　4. 陶水田模型（M3∶9）　4-1、2. 陶鲢鱼、陶泥湫（M3∶9-1、2）5. 陶房（M3∶11）　6. 铁带柄刀（M3∶7）　7. 铁环首刀（M3∶10）

2. 陶模型

房　2 件。M3∶11，泥质红陶。长方形，下部略宽，上部稍窄。平顶，中间有脊，脊两端起翘，前墙立有三柱，每柱顶部施一斗三升式斗拱一朵。后墙壁为整块构成。房内部为长方形室，中间有长 5.5、宽 1 厘米的隔板将其一分为二。左室面阔 16、右室面阔 14.5 厘米，进深均为 12.5 厘米。两侧山墙中间各有一孔，右墙上的孔呈椭圆形，左墙上的孔略呈三角形。顶长 43.3、底长 34、宽 15、高 30 厘米（图三五三，5；图版五六，1）M3∶14 未修复。

水田模型　1 件。M3∶9，泥质灰陶。内有陶鲢鱼和泥鳅。敞口，宽平沿，方唇，斜直壁，平底。内部被一长 23.3、宽 0.9、高 2 厘米的隔梁一分为二，其间有一沟槽连接。水田长 45.5、宽 36、高 5.6 厘米（图三五三，4）。塘内有鱼 2 件。分别为泥质灰陶和红褐陶。

鸡　1 件。M3∶1，泥质红陶。左右合范而制，单范接缝处有刮削痕。站立状。圆首，尖喙，圆眼，粗颈，敛翼翘尾而立。腹中空。长 21、宽 10.4、高 20.6 厘米（图三五四，2）。

图三五四　朱家梁子 M3 出土陶模型
1. 拱手立俑（M3：6）　2. 鸡（M3：1）

拱手立俑　1 件。M3：6，泥质红陶。合范而制，首与身是分别制成再黏接而成，单范接缝处有刮削痕与缝。面糊略模糊，仅可见鼻嘴轮廓。站立状，手笼袖中置于腹部。头戴介帻。身着右衽长袍，宽袖，手笼袖中，袖有褶纹。腰束带，仅身后可见，下摆露双足尖。高 22.6 厘米（图三五四，1）。

另有 1 件陶俑（M3：13）未能修复。

3. 铜器

耳杯　2 件。M3：5，敞口，月牙形耳，弧腹，矮饼足。两耳上部饰几何纹。口长 8.4、假耳宽 4.8、高 3.8 厘米。M3：8 形制及纹饰与之相同（图三五三，2）。

镜　1 件。M3：4，圆形钮座，桥形钮。内区为五铢钱纹，外区为一周三角纹。素缘。面径 7.9、背径 8.1、钮径 1.2、钮高 0.7、缘宽 0.7、缘厚 0.3、肉厚 0.2 厘米，重 90 克（图三五五）。

4. 铁器

带柄刀　1 件。M3：7，刃部残，柄部略呈梯形，断面呈长方形，直柄，直刃，刃断面呈三角形。全长 21.4、宽 0.4～1.6、柄长 6.4、刃厚 0.1 厘米（图三五三，6）。

环首刀　1 件。M3：10，刃残，椭圆形环首，直柄，直刃，单面刃，刃断面呈三角形。全长 31.2、柄长 12.8、刃厚 0.05 厘米（图三五三，7）。

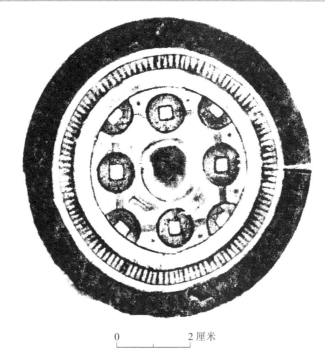

0   2厘米

图三五五　朱家梁子 M3 出土铜镜（M3∶4）

5. 钱币

钱币共计 129 枚，均为铜钱，包括货泉和五铢。

货泉

2 枚。一枚直径 2.3 厘米，一枚直径 2.25 厘米（图三五六，1）。

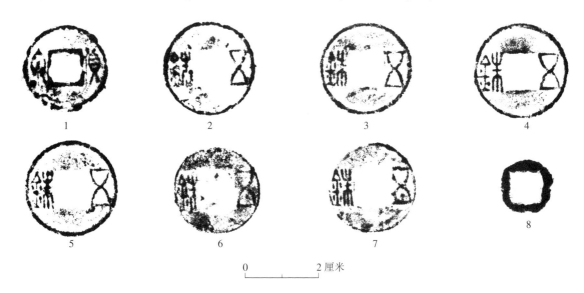

0   2厘米

图三五六　朱家梁子 M3 出土钱币
1. 货泉　2、3. AⅠ式五铢　4、5. AⅡ式五铢　6、7. AⅢ式五铢　8. 剪轮五铢

五铢 127 枚。有一般五铢和剪轮五铢两类。

一般五铢

Ⅰ式　22 枚。直径 2.5～2.6、穿径 0.9 厘米（图三五六，2、3）。

Ⅱ式　37 枚。轻薄，直径 2.5~2.6、穿径 0.9（图三五六，4、5）。

Ⅲ式　65 枚。较轻薄。铸造不精，规整程度不如 Ⅰ 式，"五"字上下两横出头已不明显，"金"字头呈三角形，金字四点较长。"朱"字上折处已有从方折向圆折过渡的趋势，下圆折。其中部分带记号。直径 2.4、穿径 0.9~1 厘米（图三五六，6、7）。

剪轮五铢

3 枚。钱文已不清。直径 1.4~1.45 厘米（图三五六，8）。

6. 铭文砖

梯形铭文砖　1 块。M3∶17，用于封门，平放，已残。上宽 20、厚 10.5 厘米，下宽 27、厚 9.7 厘米，高 35.8 厘米。砖两侧有子母榫，母口深 1.5、上宽 4.2 厘米，榫头高 1.5、下宽 4 厘米。砖正面模印阳文三行，仅第三行"富贵贤"三字可辨识（图三五七，1；图版五六，2）。

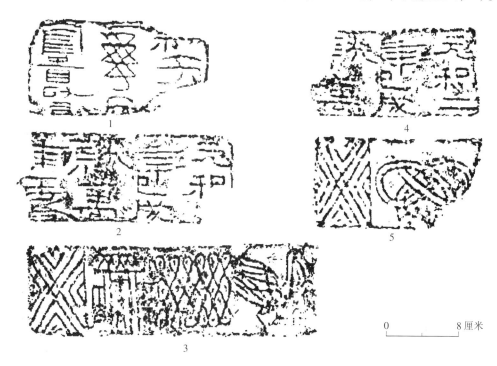

图三五七　朱家梁子 M3 出土的铭文砖拓片

1. 梯形砖（M3∶17）正面　2.3. 长方形砖（M3∶19）的短侧面铭文及长侧面纹饰　4.5. 长方
形砖（M3∶18）的两短侧面铭文、纹饰

长方形铭文砖　2 块。同模制作，长 33.1、宽 26.2、厚 9.5 厘米。正面和背面为素面，侧面分别模印阳文和花纹。M3∶18 上残存"元和二年巳戌□萬"（图三五七，4、5；图版五六，3）。M3∶19，短侧文字基本完整，为"元和二年巳戌□萬年書"长侧面为几何纹（图三五七，2、3；图版五六，4、5）。

四　白蝉朱家梁子四号崖墓（1996MYZM4）

（一）墓葬形制

单室墓，由墓道、甬道、墓室三部分组成。墓葬前高后低，墓葬最低点在甬道中部。墓葬全长 9.65 米，方向 332°（图三五八）。

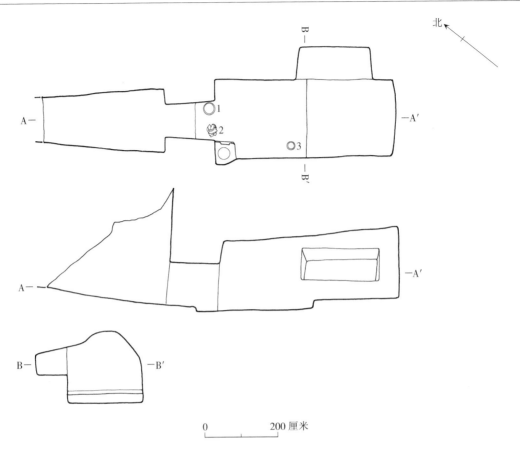

图三五八　朱家梁子 M4 平面、剖视图
1. 陶釜　2. 陶罐　3. 陶盆

墓道平面略呈长条形,内宽外窄,长 3.35、宽 1.2～1.7 米。底部由外向内倾斜,高差
0.45 米。填土未被扰乱,上为表土,厚约 0.5 米;中间为五花土,最下层为碎砂石,厚
0.2 米。

甬道平面近梯形,内宽外窄,长 1.45、宽 0.85～1.05、高 1.1～1.3 米。底部向内倾
斜,中间有一矮 0.1 米的坎。

墓室平面略呈长方形,后边微弧,长 4.9、宽 2.05～2.25、高 1.87～1.93 米。弧形顶。
后壁和左右两壁斜线上收,上部略内折弧状上收。墓底由内向外倾斜,中部有一高 0.25 米
的台阶将墓室分为前后两部分。墓室前部左角有一原岩石灶,上有一壁龛;右壁后部凿有
一崖棺。

石灶略残,由灶面、火眼和火门组成,灶面形近梯形,长 0.55、宽(深)0.4～0.6
米。火塘呈圆形锅底状,口径 0.4 米,无烟道。灶台高 0.3 米。火门近方形,高、宽均为
0.2 米。壁龛呈梯形,位于石灶上部,上宽 0.45、下宽 0.55、高 0.27、深 0.17 米。

崖棺前端距墓底 0.8 米,后端距墓底 0.5 米。平面呈梯形,外边长 2.1、内边长 1.9、
宽 0.85 米。棺台中间有一宽 0.05、深 0.08 米的沟槽,顺棺底延伸到墓底。

M4 几被盗空,仅残存部分陶器碎片,主要集中在甬道后部,可修复者仅 2 件,分别为
釜和盆。

（二）出土器物

陶釜　1件。M4∶1，泥质灰陶。敞口，圆唇，短束颈，斜肩，圆鼓腹，底略内凹。颈部饰戳印纹，腹部饰粗绳纹，底部饰细绳纹。口径16.8、腹径21.2、底径20、高18.2厘米（图三五九，2）。

陶盆　1件。M4∶3，泥质灰陶。直口，圆唇，深弧腹，矮饼足，平底。口径16.7、圈足径8、高10.6厘米（图三五九，1）。

五　白蝉朱家梁子五号崖墓（1996MYZM5）

（一）墓葬形制

单室墓，由墓道、甬道、墓室三部分组成。墓葬两端高，中间低，最低点在甬道和墓道交接处。墓葬全长11.1米，方向324°（图三六○）。

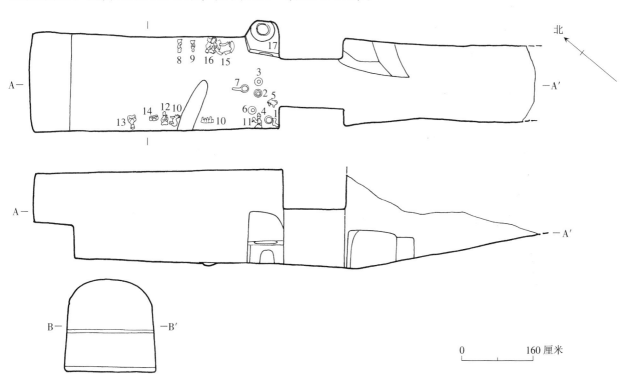

图三五九　朱家梁子 M4 出土陶器
1. 盆（M4∶3）　2. 釜（M4∶1）

图三六○　朱家梁子 M5 平面、剖视图
1. 陶子母鸡　2、3. 陶瓮　4. 陶釜　5. 陶猪　6. 陶罐　7. 铜镰斗　8、9、11～15. 陶俑　17. 陶釜　10. 陶狗　16. 钱币

墓道平面呈长条形，中间稍内收，长4.25、宽1.5～1.9米。底部由外向内倾斜，高差0.75米。填土为五花土，内含碎铁块和灰黑色陶片。

甬道平面近梯形，内窄外宽，长1.4、宽1～1.1、高1.1～1.23米。底部略向外倾斜。

墓室平面略呈长方形，后边微弧，长5.45、宽1.95～2.35、高1.05～2.05米。弧顶。

后壁直线上收,左右两壁斜线上收,上部至顶部弧状。墓室前部左角有一原岩石灶,上有一壁龛。墓室后部凿有一崖棺。

石灶由灶面和火门组成。灶面不甚规则,最长0.75、宽(深)0.7米。火塘呈圆形锅底状,口径0.5米,无烟道。灶台高0.4~0.425米。火门朝向墓室后壁,近长方形,高0.25、宽0.25米。壁龛位于石灶上方,近方形,宽0.75、高0.7、深0.35米。

崖棺平面略呈横长方形,距墓底0.7米。棺台长2.1~2.15、宽0.8~0.85米。

墓葬被破坏,墓内淤土至顶部。随葬品还未被完全扰乱,陶器和铜器主要放置在墓室中部近甬道处,计有陶罐1件、陶瓮2件、铜鐎斗1件,另有1件陶釜置于石灶上。陶模型主要放置在墓室前部东西两壁下,计有动物模型4件、人物俑7件。出土有钱币3枚。

（二）出土器物

1. 陶器

釜 1件。M5:4,泥质红陶。敞口,方唇,长颈,折肩,扁腹,圜底。腹部和底部饰粗绳纹。口径24、腹径26.5、底径25.5、高22.5厘米(图三六一,1)。

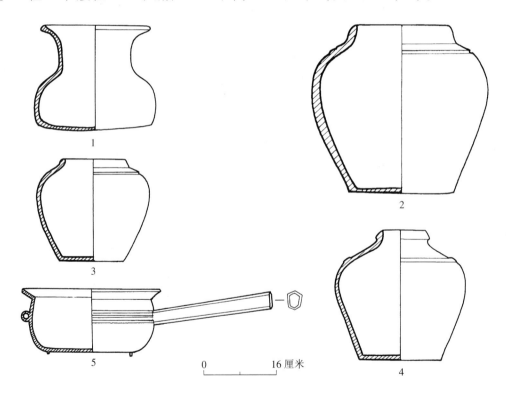

图三六一 朱家梁子M5出土器物

1. 陶釜(M5:4) 2、4. 陶瓮(M5:3、2) 3. 陶罐(M5:6) 5. 铜鐎斗(M5:7)

罐 1件。M5:6,泥质红陶。敛口,方唇,带领,弧肩,弧腹,平底。口径14.25、腹径25、底径14.5、高21.8厘米(图三六一,3)。

瓮 2件。M5:3,泥质灰陶。敛口,带领,方唇,弧肩,上弧腹斜收,平底。口径19.2、腹径39.2、底径22.4、高36厘米(图三六一,2;图版五七,1)。M5:2,泥质灰陶。敛口,尖唇外凸,短颈,肩部略折,弧腹斜收,平底。上腹有一周凸棱。口径12、腹径28.8、底径17.6、高27.6厘米（图三六一，4）。

2. 陶模型

陶动物俑可修复者3件，分别为鸡、狗和猪，均为左右合范制成，中空，单范接缝处有刮削痕。

子母鸡　1件。M5：1，泥质红陶。卧伏状。昂首，翘尾，背上和胸腹下各有一雏鸡。长23、宽12、高18.5厘米（图三六二，3）。

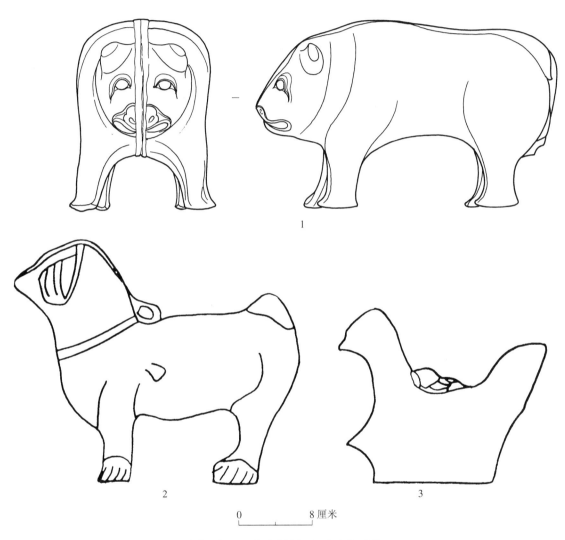

0 _____ 8厘米

图三六二　朱家梁子M5出土陶动物
1. 猪（M5：5）　2. 狗（M15：10）　3. 子母鸡（M5：1）

狗　1件。M5：10，泥质红陶。中空。站姿。昂首，立耳，粗尾向上卷曲贴于臀部，四蹄外撇，四肢较粗壮。颈、腹系带穿于背部环中。制作粗糙，略有变形。长31、宽15、高26厘米（图三六二，2）。

猪　1件。M5：5，泥质灰陶。站立状。体肥，短吻，圆眼，耳前搭，卷尾。制作粗糙，略有变形。长33.6、高20厘米（图三六二，1）。

陶人物俑可修复者共计7件。均为泥质红陶。前后合范制成，首与身是分别制成后再黏接而成，单范接缝处有刮削痕。

拱手立俑 3件。M5:9 和 M5:15 形态基本一样。面目较模糊，仅现口鼻轮廓。均为站立状，身着长袍，衣领不显。宽袖。手笼袖中，袖有褶纹。袍下摆微露双足。头戴介帻，后圈正中上开下合，下沿处加一长方形小布块缝合，脑后似束发凸起。腰束带，仅身后可见。M5:9，高22.4厘米（图三六三，2）。M5:15，高27.2厘米（图三六三，1）。M5:8，

1

2

3

0   8厘米

图三六三 朱家梁子 M5 出土陶拱手立俑

1. M5:15   2. M5:9   3. M5:8

面目较模糊，仅现口鼻轮廓。束发于脑后。站立状，身着长袍。宽袖，手笼袖中，袖有褶纹。袍下摆微露双足。高 16.5 厘米（图三六三，3）。

抚耳俑 1 件。M5:14，面部可见五官线条。坐姿，面向右侧，左手抚耳做倾听状，右手放于腿上；左手指修长。头梳高髻，脑后似束发凸起。身着右衽长袍，绣褾式半袖。高19.6、宽 15.5 厘米（图三六四，1）。

0   8 厘米

图三六四 朱家梁子 M5 出土陶俑
1. 抚耳俑（M5:14） 2. 舞俑（M5:11）

舞俑 1 件。M5:11，长颈，站立。面部略模糊，现嘴鼻轮廓。头梳双高髻，脑后似束发凸起。脸略向右侧，双耳垂饰圆形耳珰。双乳高挺，右手执巾上扬，左手放于腹侧。身着右衽袍，绣褾式半袖，腰束带。露右足尖。高 37.6、宽 20 厘米（图三六四，2）。

执笙俑 1 件。M5:12，高鼻，大耳，长颈。坐姿，双手捧笙靠于左胸前。头戴介帻，脑后似束发凸起。身着右衽长袍，腰束带，仅身后可见。身后有衣的背缝。高 34、宽 17.5 厘米（图三六五，1；图版五七，2）。

0 ————— 8厘米

图三六五　朱家梁子 M5 出土陶俑
1. 执笙俑（M5：12）　2. 庖厨俑（M5：13）

庖厨俑　1件。M5：13，高鼻，小口，大耳。坐姿，身前一案，上置一鱼，右手按鱼尾，左手执鱼头。头戴介帻，脑后似束发凸起。身着右衽长袍，宽袖。腰束带，仅身后可见。俑高41、宽27厘米（图三六五，2）。

3. 铜器

鐎斗 1件。M5:7，敞口，斜折沿，弧腹，平底。六棱形柄、中空。与柄对称的一侧有一圆形耳。上腹饰三周凸弦纹；柄所在壁面从口沿至底有宽1厘米的扉棱；平底边缘有一周0.1厘米高的扉棱。口径30.5、腹径27.5、底径20、高13.7、全长56厘米（图三六一，5）。

4. 钱币

一般五铢

Ⅱ式 3枚。面好无郭，"五"字相交两笔较弯曲，"铢"字的"金"字头呈三角形，"朱"字头圆折。M5:16，直径2.55厘米（图三六六）。

0　　　　2厘米

图三六六　朱家梁子
M5 出土钱币

六　白蝉朱家梁子六号崖墓（1996MYZM6）

（一）墓葬形制

单室墓，由墓道、甬道、墓室、耳室等几部分组成，墓道前端部分被破坏。墓葬两端高中间低，最低点在甬道和墓室交接处。墓葬全长10.35米，方向321°（图三六七）。

墓道现存部分平面呈狭长梯形，前窄后宽，残长4.8、宽1.25～1.8米。底部外高内低，高差0.4米。填土主要是建墓起出的灰色砂石，近底夹有大量的白石灰。

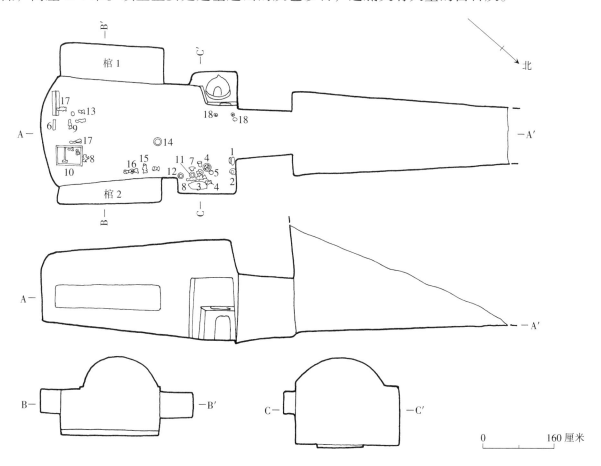

图三六七　朱家梁子 M6 平面、剖视图

1. 陶罐　7、11、12. 陶瓮　2. 陶器座　3. 陶马鞍　4. 陶甑　5. 陶狗　6、17. 陶房　8. 陶鸡　9、13、15、16. 陶俑　10. 陶水田模型　14. 陶豆　18. 钱币

甬道平面近梯形，左右不对称，外窄内宽，向内倾斜，长1.25、宽0.93~1.08、高1.25~1.45米。甬道后端是墓葬最低洼之处。甬道门外壁抹有一层非常纯净的黄泥。

墓室平面不规则，后边弧状，长4.3、宽2~2.6、高1.3~2.1米。弧顶，后壁和左右两壁直线上收，底部后高前低，高差0.225米。墓室前部左边有一原岩石灶和壁龛，右边一耳室。墓室后部两壁各凿有崖棺一具。

石灶高出墓底0.05米，由灶面和火门组成。灶面略呈刀把形，长0.7~1.05、宽0.25~0.75米。火塘呈圆形锅底状，口径0.5米，"∧"形烟囱。灶台高0.625米。火门略呈拱门，高0.4~0.45、宽0.35米。壁龛位于石灶上方，立面似罩住石灶，平面近方形，宽1.1、高1.2~1.35、深0.27米。

耳室位于墓室前部西北角，平面呈梯形，长1.3、宽0.3~0.75、高1.25米。

崖棺1平面略呈梯形，距墓底0.3~0.45米，长2.3、宽0.7~0.8、高0.45~0.55米。崖棺2平面略呈狭长梯形，长2.3、宽0.4~0.5、高0.45米。

墓葬有轻微扰乱，除石灶附近的随葬器物被扰乱外，其他均保持原位。出土器物主要集中在耳室和墓室后部。在墓门、墓室右侧前部以及石灶内均发现较碎的铁块，从残块看，应为铁釜。出土器物以陶器和陶模型为主，另出土有货泉1枚、五铢钱60枚。陶器可辨器形有罐、瓮、甑、豆、盘、釜等；陶模型有房、水田等建筑模型以及人物俑等。

（二）出土器物

1. 陶器

罐　1件。M6：1，灰陶。敛口，圆唇，折沿，束颈，弧肩，弧腹斜收，底略内凹。口径12.6、腹径19.2、底径12.3、高15.8厘米（图三六八，5）。

瓮　3件。M6：7，红陶。侈口，圆唇，折肩，折腹，平底，肩部有一折棱。口径20.4、腹径25.6、底径10.4、高19.4厘米（图三六八，4）。M6：11，侈口，圆唇，折肩，弧腹斜

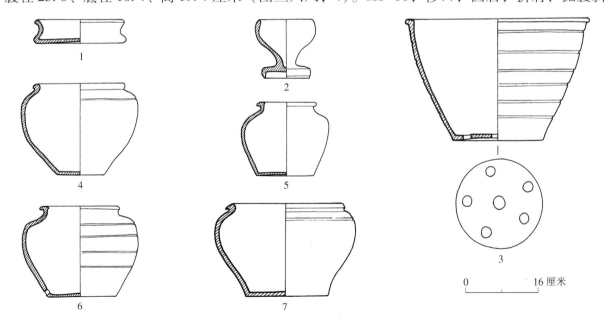

图三六八　朱家梁子M6出土陶器

1. 器座（M6：2）　2. 豆（M6：14）　3. 甑（M6：4）　5. 罐（M6：1）　4、6、7. 瓮（M6：7、11、12）

收，平底。腹部饰细绳纹。被四周凹弦纹分割成四组。下腹近底部有一直径 1.6 厘米的圆孔。口径 17.1、腹径 25.2、底径 14.4、高 19.4 厘米（图三六八，6）。M6:12，红陶。侈口，圆唇，沿下翻，颈极短，折肩，曲腹，底略内凹。肩部有一折棱，并饰凹弦纹一周。口径 26、腹径 30.5、底径 14.7、高 20.1 厘米（图三六八，7）。

甑　1 件。M6:4，泥质灰陶。敞口，圆唇，平折沿，弧腹，底略内凹。底部有五个圆孔。腹部饰绳纹，被六道凹弦纹分为五组。口径 40、底径 19.1、高 26.3 厘米（图三六八，3）。

豆　1 件。M6:14，灰陶。口微敛，方唇，上腹圆鼓，中接短柄，下接圈足。腹底、座面各饰凹弦纹一周，圈足饰凹弦纹二周。口径 12.2、圈足径高 9.9、高 12.8 厘米（图三六八，2）。

器座　1 件。M6:2，红陶。敞口，方唇，束腰，底略内凹。口径 19.3、底径 18.4、高 5.1 厘米（图三六八，1）。

2. 陶模型

房　2 件。均为泥质红陶。M6:6，践碓房。房身上窄下宽。屋顶为两面坡状，中脊两端略翘。房之两侧立壁，前后无墙，内有践碓工具。右壁中部有一长方形穿孔，践碓工具的一端置于其内。长 37、宽 11、高 20 厘米（图三六九，1）。M6:17，长方形，屋顶为两面

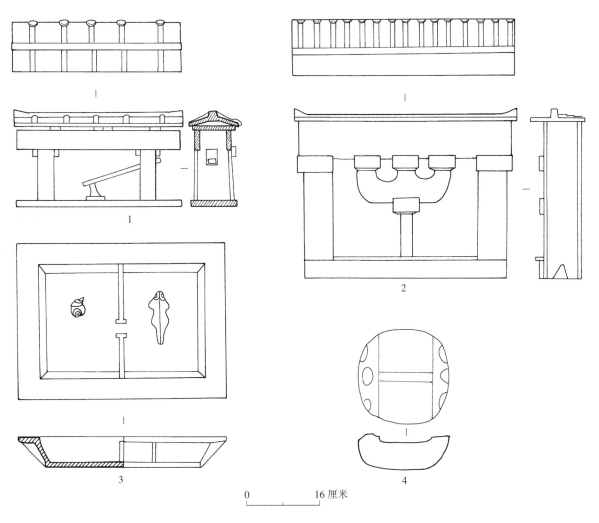

0　　　　　16 厘米

图三六九　朱家梁子 M6 出土陶模型

1、2. 房（M6:6、17）　3. 水田模型（M6:10）　4. 马鞍（M6:5）

坡式，中部有一条正脊，正脊两端起翘，前部为平顶，后部铺筒瓦。宽檐额，山墙前左右各立一长方形角柱，柱顶长方形栌斗托檐，中部立一短柱，柱顶立一斗三升式斗拱一朵承托檐额。左右山墙底部对称部位各有一呈三角形的通气孔。顶长48.7、底长44.5、宽12、高36.5厘米（图三六九，2；图版五八，1）。

马鞍　1件。M6：5，泥质红陶。长20、宽20.2、高8厘米（图三六九，4）。

水田模型　1件。M6：10，红陶。敞口，宽平沿，斜直壁，平底。内底中部有一高4.25厘米的隔梁将水田一分为二。隔梁中间设有沟槽。长44.5、宽33.5、高6.5厘米。内有田螺和鱼（图三六九，3；图版五八，2）。

人物俑可修复者共计4件。均为泥质红陶。前后合范制成，首与身是分别制成后再黏接而成，单范接缝处有刮削痕。

拱手立俑　2件。M6：16，面目模糊，站立，头戴平上帻，脑后似束发凸起。身着双层衣，外为右衽长袍，宽袖，手笼于袖中，袖有褶纹，露双足。腰束带，仅身后可见。高24.4厘米（图三七○，2）。M6：13，面目模糊，站立状，头梳薄而高的发髻，脑后似束发

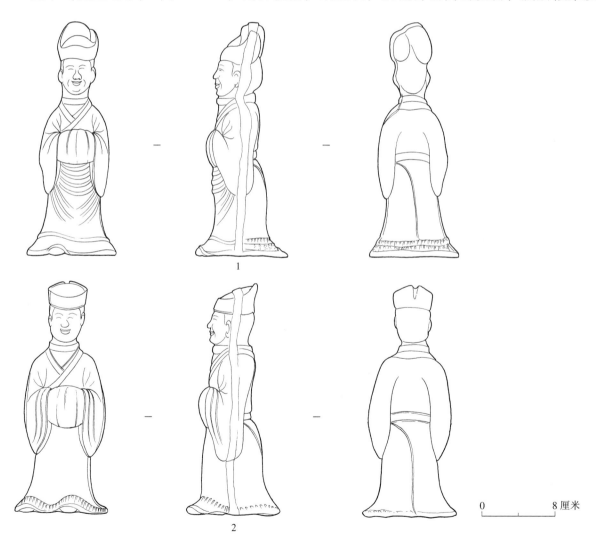

图三七○　朱家梁子 M6 出土陶拱手立俑
1. M6：13　2. M6：16

凸起。身着右衽长袍，宽袖，手笼于袖中，袖有褶纹，下摆有花边饰，露右足。腰束带，仅身后可见。高24.8厘米（图三七〇，1）。

　　提罐男俑　1件。M6:9。面目清晰，面带微笑，额头高耸，高鼻阔嘴。站立，左手提罐，右手置于胸前。头戴介帻，脑后似束发凸起。身着右衽长袍，宽袖，衣身有褶纹。腰束带，仅身后可见，腹前有及膝围腰。高38.8、宽18.4厘米（图三七一，2；图版五八，3）。

　　执物俑　1件。M6:15，头部和左肢残，站立状。身着裋褐，衣领不显，腰束带，前后均可见。左臂挽袖于近肘部，置于身侧；右臂弯曲置于右胸侧似握物件。右脚略向前伸。高11.7、宽5厘米（图三七一，1）。

1

2

0　　　　　　8厘米

图三七一　朱家梁子M6出土陶俑

1. 执物俑（M6:15）　　2. 提罐男俑（M6:9）

3. 钱币

铜钱共 61 枚，包括货泉和五铢。

货泉 1 枚。面好无郭。直径 2.3 厘米（图三七二，1）。

五铢 60 枚，有一般五铢和剪轮五铢两类。

一般五铢

58 枚。有以下几式。

Ⅰ式 13 枚。较厚重，铸造水平较高，比较规整。"五"字交股，较直。左右对称，呈两个相对的弹头状，有些上下两横出头，"金"字头呈箭镞状，"金"字四点较短。"朱"字上方折下圆折。直径 2.55～2.6 厘米（图三七二，2）。

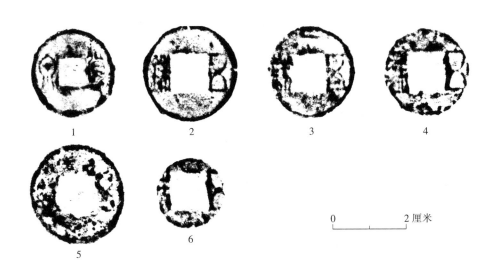

图三七二 朱家梁子 M5、M6 出土钱币
1. 货泉 2. 一般五铢Ⅰ式 3、4. 一般五铢Ⅱ式 5. 一般五铢Ⅳ式 6. 剪轮五铢

Ⅱ式 17 枚。铸造水平明显低于Ⅰ式。较规整，笔画较Ⅰ式略浅，"五"字交股弯曲，左右对称，呈两个相对的弹头状，上下两横出头，但已无Ⅰ式明显。"金"字头呈三角形。金字四点较短，"朱"字上方折下圆折。直径 2.4 厘米（图三七二，3、4）。

Ⅳ式 28 枚。较轻薄，铸造不精，面有外郭无内郭，背内、外郭皆具，笔画较浅，上下两横已不再出头，"朱"字上部已为明显圆折，下圆折。其他钱币尺寸不详（图三七二，5）。

剪轮五铢

2 枚。面背肉好均无郭。文字不完整。"五"字交笔弯曲。直径 1.8～2 厘米（图三七二，6）。

第二节 松垭官山梁崖墓群

官山梁崖墓位于游仙区松垭镇日新村 7 组和 10 组的官山梁，西距涪江 2 公里，浅丘地貌，东 500 米为青龙山，西为官山梁，北 100 米为张家湾。东 50 米为绵阳至盐亭省道，东北 100 米为张家院子，东南 500 米为日新村居民区，南 500 米为何家桥。地理坐标北纬31°23′27″0、东经104°49′24″2，海拔436米。调查共发现22座崖墓，其中日新村7组分布8座，10组分布14座。除M22外，崖墓均开凿于山体东坡，面朝公路。因修路以及人为破坏等原因，大部分毁损严重，墓葬均被盗扰，无出土器物（图三七三）。

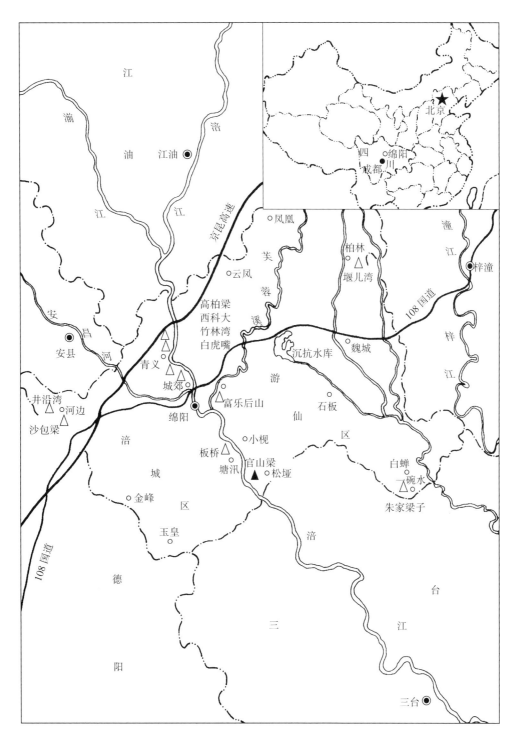

图三七三　游仙区松垭官山梁崖墓群地理位置图

一 松垭官山梁二号崖墓（2009MYGM2）

（一）墓葬形制

双室墓，仅存部分墓室。墓葬残长 7.9 米，方向 278°（图三七四）。

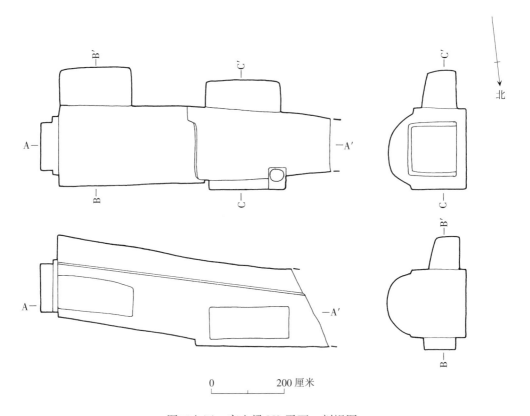

图三七四 官山梁 M2 平面、剖视图

墓门为双层门框结构，外层门框高 1.24、宽 1.47、深 0.12 米。内层门框高 1.16、宽 1.26、深 0.24 米，似未向内凿完。

墓室平面略呈内宽外窄长条形，残长约 7.9、宽 1.4～2.16、高 2～2.3 米。弧形顶。两壁较直，向上弧收。底部由内向外倾斜，中部一跳台阶将墓葬分成前后室。前室北前端靠近墓道处凿有一灶台案龛。前后室南壁各有一壁龛，前龛长约 2.2、宽 0.8、深约 0.86 米；后龛长约 2.08、宽约 0.88～0.76、深约 0.96 米；案龛长约 2.1、宽约 0.82、深约 0.3 米。

石灶灶台较残，长 0.46、高 0.32、深 2.4～2.8 米。火眼平面近圆形，最大径约为 0.4 米，灶门烟道不存。

（二）出土器物

墓葬破坏十分严重，未见随葬器物。

二　松垭官山梁十一号崖墓（2009MYGM11）

（一）墓葬形制

双室墓，墓道及前室大部分被毁，仅存小部分前室、甬道和后室。墓葬残长7.6米。方向为270°（图三七五）。

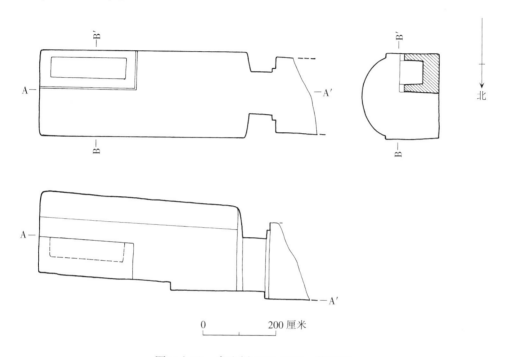

图三七五　官山梁 M11 平面、剖视图

前室被毁严重，残长1.12、宽2.04、高2米。

墓门位于前室后部，为单层门框结构，宽2.04、高1.8、深0.09米。其后有一级高0.18米的台阶可上至甬道。

甬道平面呈长方形，长0.66、宽1.12、高1.4米。

后室平面呈长方形，长5.72、宽2.26、高2.3米。弧形顶，墓顶前端部分垮塌。后壁微弧，两壁较直，向上弧收。

崖棺凿于后室南壁后端，右部较残，平面为不规则长方形，长2.6、宽0.98、深0.5米。

（二）出土器物

墓葬破坏十分严重，未见随葬器物。

三　松垭官山梁十四号崖墓（2009MYGM14）

（一）墓葬形制

双室墓，由墓道、前室、甬道和后室组成。墓道仅存部分。墓葬残长12.7米。方向282°（图三七六）。

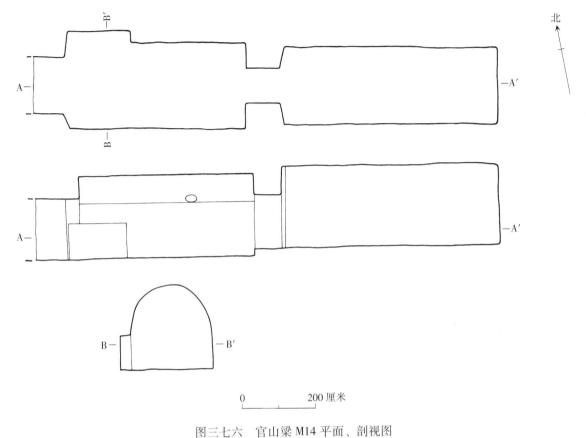

图三七六　官山梁 M14 平面、剖视图

墓道平面呈长方形，残长 0.84、宽 1.5、高 1.6 米。底部较平。

前室平面呈长方形，长 5.84、宽 2.14、高 2.2 米。抛物线形顶，前端墓顶垮塌，两壁弧收，底部较平。前室右壁前端有一壁龛，平面呈长方形，长 1.66、高 0.94、深 0.3 米。右壁靠近甬道处有一类似垂瓜的浮雕，为不规则椭圆形，最大径为 0.3 米。

墓门为单层门框结构。

甬道平面呈长方形，长 0.94、宽 0.9、高 1.4 米。

后室平面呈长方形，长 5.8、宽 2.04、高 2.2 米。弧形顶，后壁及两壁较直，底部较平。

（二）出土器物

墓葬破坏十分严重，未见随葬器物。

第三节　小枧镇富乐后山崖墓群

小枧富乐后山崖墓群位于游仙区小枧镇紫阳村 6 组的富乐后山，西距涪江约 2 公里，东 200 米为紫阳沟，南 500 米为塔子梁，北与游仙区游仙镇芙蓉村相邻（图三七七）。共发现 5 座崖墓，均开凿于山体东坡近山顶处，面朝紫阳沟。墓葬均被盗扰，仅对保存较好的 3 座崖墓进行了测绘。

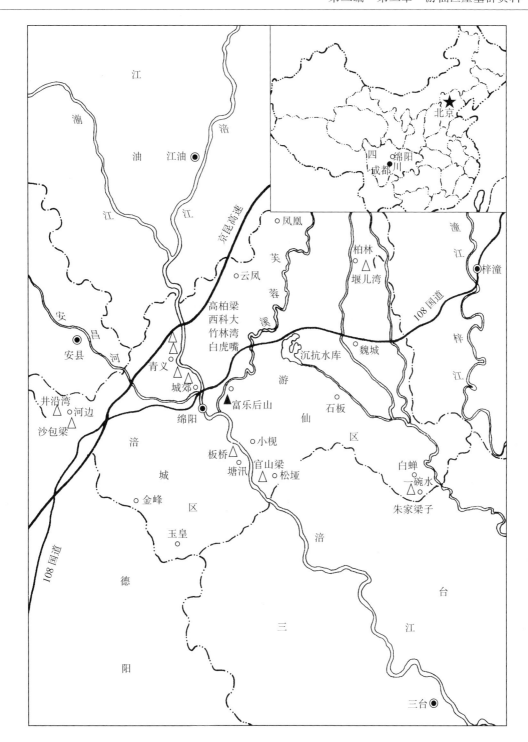

图三七七　游仙区小枧镇富乐后山崖墓群地理位置图

一　小枧镇富乐后山一号崖墓（2009MYFM1）

（一）墓葬形制

单室墓，由墓道、甬道和墓室三部分组成，墓道前部被毁。墓葬残长 5.22 米，方向 125°（图三七八）。

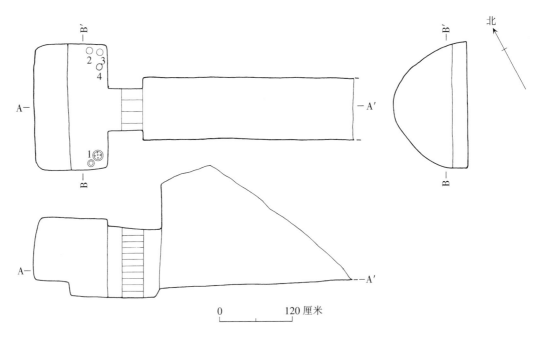

图三七八　富乐后山 M1 平面、剖视图
1. 陶釜、甑　2、3、4. 陶钵

墓道平面呈长条形，残长 3.4、宽 0.98 米。底部由外向内倾斜，高差为 0.12 米，不利于排水。距墓门 0.1 米处有一级高 0.14 米的台阶可下至甬道。

甬道平面呈长方形，长 0.58、宽 0.66、高 1.08~1.14 米。甬道口有竖置错缝平砌的封门砖，砖长 34、宽 20、厚 10 厘米。三端饰有相连的纹饰，有菱形纹、人字纹和四出壁纹。

墓室平面呈横长方形，纵长 1.2、横长 2.02、高 1.24 米。抛物线墓顶，转角均带弧度，南北两壁向上斜收，西壁向内略倾斜。

墓室西部有留有一棺台，长 2、宽 0.57、高 0.22 米。

M1 被严重扰乱，出土随葬品甚残，仅在扰土中出土较成型陶器 4 件，其中墓室东南角出土釜、甑各 1 件，墓室东北角出土陶钵 3 件。

（二）出土器物

陶器

釜、甑　1 套。釜，M1：1，泥质灰陶。敞口，斜折沿，尖唇，压面内凹，圆弧腹，底近平。口径 14.5、腹径 12.8、底径 5、高 8.8 厘米（图三七九，3）。甑，M1：1-2，扣合于釜上，泥质灰陶。敛口，圆唇外凸，腹部微弧内收，底略内凹，底部有 5 个直径为 1 厘米的圆

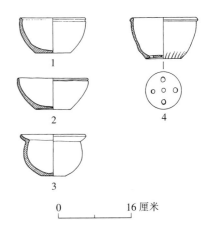

图三七九　富乐后山 M1 出土陶器
1、2. 钵（M1：3、4）　3. 釜（M1：1-1）　4. 甑
（M1：1-2）

孔。口径15、底径7.8、高8.8厘米（图三七九，4）。

　　钵　3件，敞口，圆唇，弧腹，平底。唇下饰凹弦纹一周。M1:3，泥质灰陶。口径14.5、底径7.6、高7.5厘米（图三七九，1）。M1:4，泥质灰陶。口径15.6、底径7.6、高6.5厘米（图三七九，2）。另一件过残。

二　小枧镇富乐后山二号崖墓（2009MYFM2）

（一）墓葬形制

　　单室墓，由墓道、甬道和墓室三部分组成，墓道前部被毁。墓葬残长4.72米，方向125°（图三八〇）。

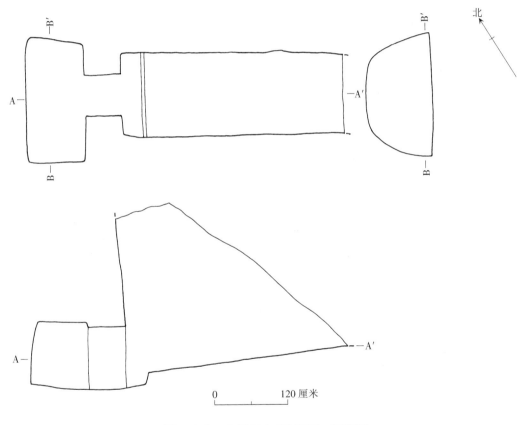

图三八〇　富乐后山M2平面、剖视图

　　墓道平面呈长条形，残长2.44、宽1.2~1.22米。底部由外向内倾斜0.08米。

　　甬道平面呈长方形，长0.7、宽0.86、高0.9米。

　　墓室平面呈长方形，长1.54~1.56、宽1.4~1.42、高1~1.08米。弧形顶，南北两壁向上弧收，西壁向内略倾斜。

（二）出土器物

　　M2被严重扰乱，仅出土少量陶罐残片及瓷片，无法修复。

三　小枧镇富乐后山三号崖墓（2009MYFM3）

（一）墓葬形制

单室墓，由墓道、甬道和墓室三部分组成，墓道前部被毁。墓葬残长 5.22 米，方向 125°（图三八一）。

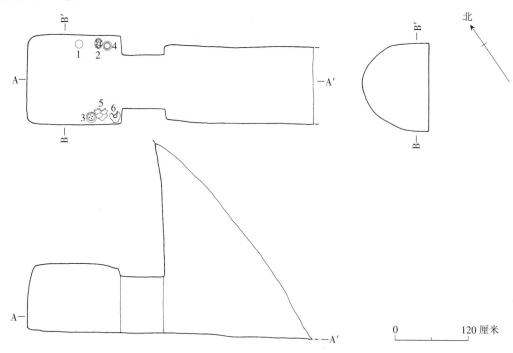

图三八一　富乐后山 M3 平面、剖视图
1. 陶钵　2、4. 陶釜　3. 陶甑　5. 陶罐　6. 瓷罐

墓道平面呈长条形，残长 3.64、宽 1.26～1.34 米。底部由内向外倾斜，高差为 0.18 米，利于排水。距墓门 0.55 米处有一级高 0.18 米的台阶可下至甬道。

甬道平面呈长方形，长 0.3、宽 0.62、高 0.94～0.98 米。底部由内向外倾斜，高差为 0.04 米。甬道口有竖置错缝平砌的封门砖，残存高度为 0.7 米。

墓室平面呈横长方形，纵长 0.94～0.98、横长 1.86～1.98、高 1～1.06 米。顶略平。南北两壁向上弧收，西壁向内略倾斜。墓底由内向外倾斜 0.1 米。

M3 被严重扰乱，随葬器物甚残。墓室东北部出土有陶钵 1 件、陶釜 2 件；墓室东南部出土陶甑 1 件、陶罐 1 件、瓷罐 1 件。

（二）出土器物

1. 陶器

陶器可修复者共计 5 件，均为泥质灰陶，器类有罐、釜、甑、钵等。

罐　1 件。M3：5，侈口，圆唇，弧肩，圆鼓腹内收，底略内凹。肩部饰凹弦纹一周。口径 16.4、腹径 22.6、底径 12.9、高 19 厘米（图三八二，5）

釜 2件。M3：2，敞口，尖唇，折沿，弧腹内收，近平底。口部对称施二半圆形立耳。口径18.2、腹径15.4、底径7、通高8.4厘米（图三八二，2）。M3：4，敞口，斜折沿，圆唇，斜肩，扁腹，底略内凹。内壁可见拉坯而成的旋痕，近平底。口径15.8、腹径16.4、底径9.4、高12.4厘米（图三八二，3）。

甑 1件。M3：3，口、腹部部分残缺。敞口，圆唇外凸，腹部微弧内收，平底，底部有6个直径约为1厘米的圆孔，内壁可见拉坯而成的旋痕。口径17.6、底径10.8、高9.3厘米（图三八二，4）。

钵 1件。M3：1，敛口，尖唇，弧腹内收，底略内凹。唇下饰凹弦纹一周。口径10.8、底径5、高5.2厘米（图三八二，1）。

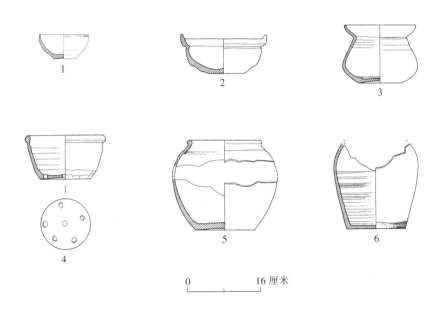

图三八二 富乐后山 M3 出土器物

1. 陶钵（M3：1） 2. 陶釜（M3：2） 3. 陶釜（M3：4） 4. 陶甑（M3：3） 5. 陶罐（M3：5） 6. 瓷罐（M3：6）

2. 瓷器

罐 1件。M3：6，灰胎，青釉，器表施釉未及底。口部、腹部和底部大部分残缺。弧腹内收，平底，内壁可见拉坯而成的旋痕。腹径18.6、底径13、残高18.2厘米（图三八二，6）。

第四节 柏林堰儿湾崖墓群

堰儿湾崖墓群位于游仙区柏林镇高唐村1组的九龙山。深丘地貌，东为堰儿湾，西为左家湾，南为文家坝，北为唐家坝。调查共发现14座崖墓，均开凿于山体东侧近山顶处，面朝堰儿湾。墓葬均被盗扰，调查组仅对保存稍好的M1、M5和M8进行了详细测绘（图三八三）。

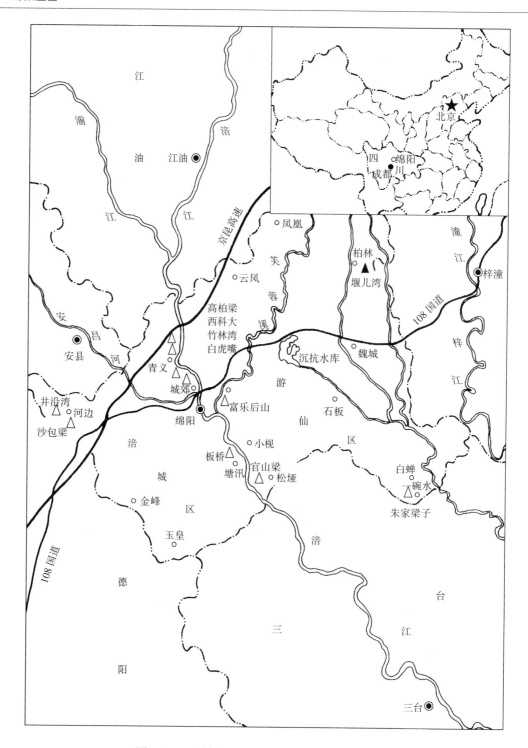

图三八三 游仙区柏林堰儿湾崖墓群地理位置图

一 柏林堰儿湾一号崖墓（2009MYYM1）

（一）墓葬形制

单室墓，由墓道、甬道、墓室三部分组成，墓道及甬道前部被破坏。墓葬残长 5.36
米。方向 160°。

甬道后部顶部垮塌，残存部分平面略呈横长方形，长 0.78、宽 0.92、高 0.92 米。顶部微弧，两壁较直，底由内向外倾斜 0.04 米。

墓室南、北部顶部垮塌，南部有一盗洞。平面略呈梯形，外宽内窄，在靠近甬道处内收，长 4.58、宽 1.86～1.96、现存高 1.8～1.9 米。顶较平。两壁向上斜收，并在上部向内转折，北壁较直。底由内向外倾斜 0.3 米。墓室东壁前端凿有一壁龛，上部残，距北壁 3.26、距墓底 1.03～1.1 米。平面略呈长方形，宽 0.8～0.84、深 0.3～0.36、高 0.46 米。

（二）出土器物

墓葬破坏十分严重，未见随葬器物。

二　柏林堰儿湾五号崖墓（2009MYYM5）

（一）墓葬形制

M5 为单室墓，由墓道、甬道、墓室三部分组成，墓道前部被破坏。墓葬残长 11.84 米，方向 173°（图三八四）。

墓道平面呈长条形，内宽外窄，残长 6.78、宽 1.08～1.3 米，底由内向外倾斜约 0.1 米。

墓门顶部残，宽 0.7～0.78、残高 1.1 米，其外有单层门框结构，高 1.3、宽 0.9～0.98、深 0.06 米。封门仅存一层，由三块长方形砖平铺，砖长 32、宽 20、厚 8 厘米。

甬道平面略呈梯形，内宽外窄，长 1.2、宽 0.8～0.84、高 1.3 米。顶部微弧，两壁向上斜收，底部较平。

墓室前部顶部垮塌，平面略呈梯形，内宽外窄，在靠近甬道处内收，长 3.8、宽 0.8～2.2、现存高 1.7～1.92 米。前部有一级高 0.1 米的台阶。圆弧顶，顶部较平。两壁向上弧收，北壁向外斜收。东壁前端凿有一原岩石灶。

石灶由火眼、烟道、灶门三部分组成。平面略呈平行四边形，长 0.6～0.68、宽 0.58～0.6、高 0.35～0.4 米。单火眼，平面略呈圆形，最大径为 0.32 米。烟道呈尖状，较短，宽 0.07、长 0.06 米。灶门呈长方形，宽 0.12、高 0.16 米。

排水沟始凿于甬道南部中部，由浅至深一直向外延伸至墓道，横截面呈半椭圆形，全长 7.06 米，最宽处 0.16、最深处 0.25 米。沟内填有较多的砖块，墓道北部靠近墓门处铺有一层薄的石板，已残，厚约 0.06 米。

墓葬盗扰严重，墓道北部有一盗洞从上而下向北折向墓门，打破墓门顶部。未出土任何葬具，仅出土少量手骨残段。

器物散落于墓室中，主要出土于墓室中部、北部，南部也有少量分布。器物较残破，主要为陶器，可辨器型有罐、釜、甑、钵、耳杯、壶等，陶模型有灯、井、案、鸡、猪、狗、拱手立俑等。另还出土五铢钱 4 枚。

（二）出土器物

1. 陶器

罐　4 件。M5：5，泥质灰陶。下腹及底残。侈口，尖唇，束颈，弧肩，鼓腹。肩部饰

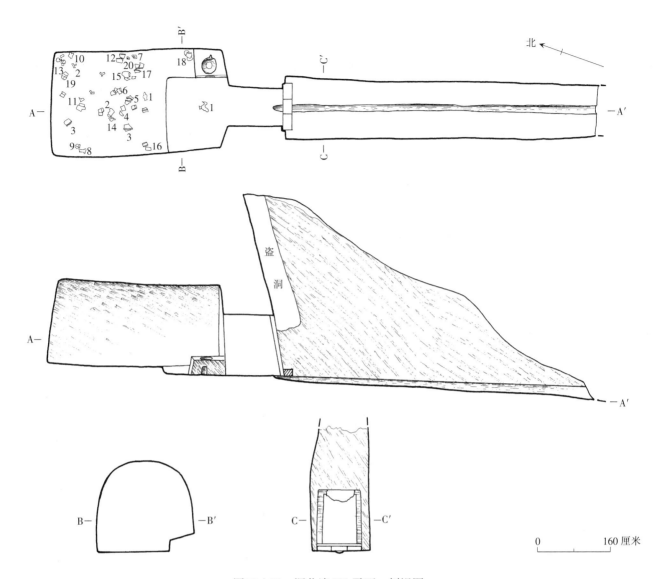

图三八四　堰儿湾 M5 平面、剖视图

1. 陶鸡　2. 陶狗　3. 陶房　4、5、14、18. 陶罐　6、17. 陶钵　7. 陶耳杯　8. 陶灯　9. 小陶俑　10. 陶猪　11. 陶釜　12. 陶案　13. 陶甑　15. 陶盆　16. 陶井　19. 陶水田　20. 钱币

凹弦纹一周。口径 10、残高 8.4 厘米（图三八五，4）。M5：4，泥质红陶。口部残，斜肩，弧腹，底略内凹。底径 13.2，残高 14.2 厘米（图三八五，5）。M5：14，泥质灰陶，敛口，尖唇，沿下翻，束颈，弧肩，弧腹斜收，底略内凹。肩部饰凹弦纹两周，颈部饰凹弦纹一周。口径 13.2、腹径 23.6、底径 14、高 17.8 厘米（图三八六，1）。M5：18，口部残缺，泥质灰陶，折肩，弧腹，大底。肩部饰宽凸棱一周。腹径 22.4、底径 20.4、残高 12.4 厘米（图三八六，2）。

钵　2 件。M5：17，泥质灰陶。口微敛，圆唇，弧腹，底略内凹，唇下饰凹弦纹一周。口径 21.2、底径 12.3、高 7.5 厘米（图三八五，1）。M5：6 未能修复。

耳杯　1 件。M5：7，泥质红陶。敞口，方唇，月牙形耳，弧腹，矮饼足。长径 9、短径 5.6、长圈足径 4.6、短圈足径 2.5、高 2.5 厘米（图三八五，3）。

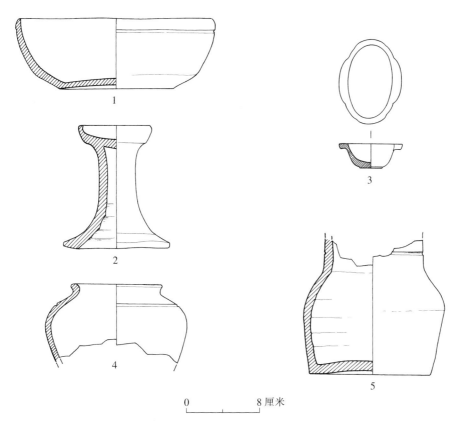

图三八五　堰儿湾 M5 出土陶器

1. 钵（M5∶17）　2. 灯（M5∶8）　3. 耳杯（M5∶7）　4、5. 罐（M5∶5、4）

2. 陶模型

灯　1件。M5∶8，泥质灰陶。浅盘口，方唇，细长柄中空，喇叭形圈足。盘口径8、底径11.6、高13.1厘米（图三八五，2）。

井　1件。M5∶16，泥质灰陶。上部残。腹略鼓，底内凹，上腹对称施两个直径为0.8厘米的圆形穿孔，腹部饰凹弦纹两周，器身有拉坯形成的旋痕。底径15、残高18.4厘米（图三八六，3）。

案　1件。M5∶12，泥质红陶。平面略呈长方形，下有四足。长38、宽29.4、高6.8厘米（图三八六，4）。

另有部分器物较残，未修复。

3. 钱币

五铢钱　4枚。

一般五铢

Ⅲ式　2枚。直径2.5、穿径1厘米（图三八七，3、4）。

剪轮五铢

2枚。"五"字相交两笔较弯曲。无郭，"铢"字之"金"字头呈三角形；"朱"字上下两笔转圆折。直径2.2～2.5、穿径1厘米（图三八七，1、2）。

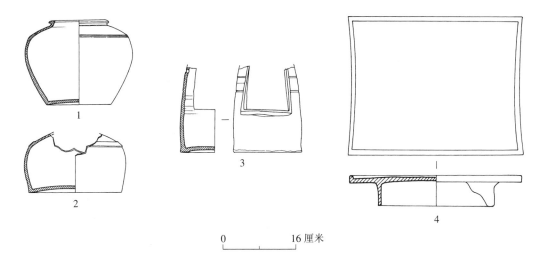

0   16 厘米

图三八六　堰儿湾 M5 出土陶器、陶模型
1、2. 罐（M5∶14、18）　3. 井（M5∶16）　4. 案（M5∶12）

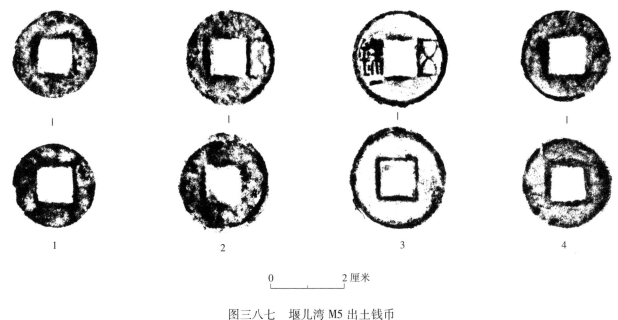

0   2 厘米

图三八七　堰儿湾 M5 出土钱币
1、2. 剪轮五铢　3、4. 一般五铢Ⅲ式

三　柏林堰儿湾八号崖墓（2009MYYM8）

（一）墓葬形制

单室墓，由墓道、甬道、墓室三部分组成，墓道前部被破坏。墓葬残长 9.18 米，方向 165°（图三八八）。

墓道平面略呈梯形，内宽外窄，残长 3.46、宽 0.96～1.4 米。底由外向内倾斜约 0.2 米。

墓门顶部残，残高 1.1 米，其外有单层门框结构，高 1.22、宽 0.94～1.04、深 0.04 米。

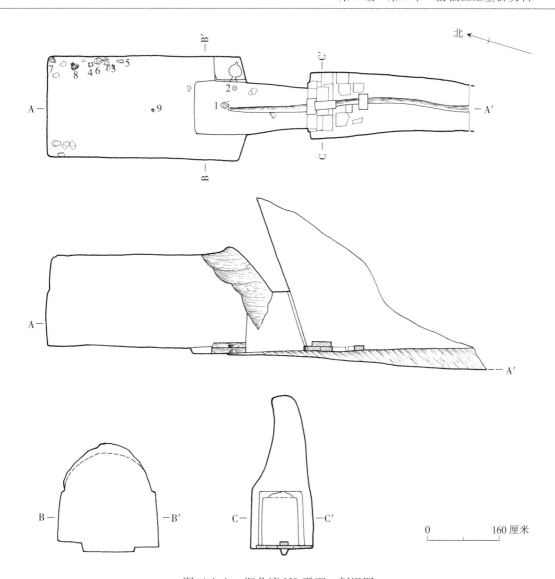

图三八八 堰儿湾 M8 平面、剖视图

1、6. 陶俑头 2. 铜环 3. 陶罐 4. 陶壶 5. 陶立俑 7. 陶庖厨俑 8. 陶抚琴俑 9. 钱币

甬道后部顶部垮塌,平面略呈梯形,内宽外窄,长 1.36~1.38、宽 0.85~1.1、残高 1.2~1.24 米。顶部微弧,两壁较直,底由外向内倾斜 0.06 米。

墓室前部顶部垮塌,平面略呈长方形,内窄外宽,在靠近甬道处内收,长 4.32、宽 2.18、现存高 1.9~2.1 米。墓室前部有一级高为 0.1 米的台阶。圆弧顶。两壁向上斜收,并在上部向内转折,北壁中部亦向内转折。底部较平。东壁前端凿有一原岩石灶。

石灶由火塘、烟道、灶门三部分组成。平面略呈平行四边形,长 0.56~0.64、宽 0.52、高 0.12~0.2 米。单火塘,火塘平面略呈圆形,最大径为 0.28 米。烟道呈尖状,较短,宽 0.03、长 0.08 米。灶门呈梯形,上窄下宽,宽 0.06~0.16、高 0.12~0.2 米。

排水沟始凿于墓室南部,由浅至深一直向外延伸至墓道,横截面为上宽下窄的梯形,全长 5.3、最宽处 0.14、最深处 0.5 米。沟内填有较多的砖块,墓道北部铺有一层薄的石板,已残,厚约 0.06~0.08 米。近墓门处排水沟在石板上盖有两块平铺的砖,砖长 32、宽 18、厚 6 米。

墓葬盗扰严重，未出土任何葬具，仅出土少量手骨残段。

随葬器物多散落于墓室中，主要出土于墓室北部东、西壁处，墓室南部也有少量分布，甬道北部和中部亦出土少量碎片。出土器物以陶器和陶模型为主，陶器可辨器形有罐、壶等，陶模型以人俑为主，另有少量陶鸡等动物模型。随葬器物破碎严重，可修复器仅有陶罐 1、陶俑头 1、铜环 1、凿边五铢钱 1。

（二）出土器物

1. 陶器

罐　1 件。M8：3，泥质黑陶。敞口，尖圆唇，束颈，溜肩，圆鼓腹斜收，底内凹。唇下饰凸弦纹两周，肩部饰凹弦纹两周，腹部饰细绳纹。口径 21.8、腹径 27.7、底径 17.4、高 22.4 厘米（图三八九，1）。

2. 陶模型

出土有抚琴俑、庖厨俑、立俑等，但未能修复。

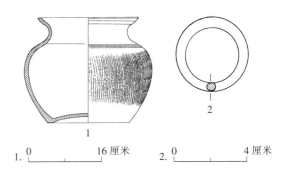

1. 　0 ——————— 16 厘米　　2. 0 ——— 4 厘米

图三八九　堰儿湾 M8 出土器物
1. 陶罐（M8：3）　2. 铜环（M8：2）

3. 铜器

环　1 件。M8：2，圆圈形。外径 3.9、内径 2.9 厘米（图三八九，2）。

4. 钱币

剪轮五铢

1 枚。M8：9，"五"字相交两笔较弯曲。"铢"字之"金"字头呈三角形；"朱"字上下两笔转圆折。直径 2.3、穿径 1 厘米（图三九〇）。

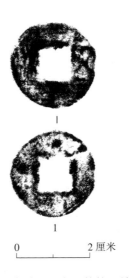

0 ——————— 2 厘米

图三九〇　堰儿湾 M8 出土剪轮五铢（M8：9）

第三编

初步研究

第一章　墓葬、随葬品类型学初步分析

此部分主要对墓葬形制和出土器物进行类型学分析，其主要目的是为了研究墓葬和器物的演变规律，以作为墓葬分期和断代的基础。

第一节　墓葬形制

报告共收录 98 座崖墓，其中涪城区 83 座、游仙区 15 座。部分墓葬毁坏严重、形制不辨，有白虎嘴[①] M7、M8、M10、M12、M13、M15、M17、M19、M22、M23、M30、M38、M40、M41、M49 和高柏梁 M4、M5、M12、M15 以及堰儿湾 M1 等 20 座，余 78 座根据墓室多少可分成两型：

A 型　单室墓，67 座，依据墓室形制可分成两亚型：

Aa 型　24 座。墓室较狭长，平面呈竖长方形，即长边方向与墓道一致。根据壁龛、灶、崖棺、砖棺等附属设施的变化可分成五式：

Ⅰ 式　墓室较为狭小、较短。有些雕凿原岩石灶、壁龛、崖棺。有堰 M8、朱 M5、朱 M1、朱 M4、白 M16、白 M43 等 6 座。

Ⅱ 式　墓室增长，除壁龛外，又出现砖棺。有白 M21、白 M32、白 M39 等 3 座。

Ⅲ 式　墓室继续变长，有些带大耳室，墓葬中流行雕刻造像、画像和仿木结构等。有沙 M2、沙 M6、沙 M7、沙 M8、沙 M10、沙 M11 等 6 座。

Ⅳ 式　墓室中仍有石刻造像或者留有绘画的壁格，但数量较少，且粗拙。有井 M2、沙 M5 等 2 座。

Ⅴ 式　墓室变狭长，简陋，画像消失。有白 M31、高 M1、高 M3、高 M11、高 M13、高 M18、高 M28 等 7 座。

该型墓葬演变规律：墓室平面逐渐向狭长演变，墓葬附属物和装饰从简单到复杂，再至简单。

Ab 型　43 座。墓室较宽，有些平面近方形或长边与墓道垂直。

Ⅰ 式　墓室较为狭小，长度一般在 3 米左右。少见附属建筑物，有些雕凿原岩石灶。有堰 M5、白 M14、白 M26、白 M34、白 M48 等 5 座。

---

① 为叙述简洁、方便，以下将白虎嘴崖墓群简称"白"。其他墓群类之。

Ⅱ式　墓室仍然不大，墓室中除原岩的石灶外，出现了壁龛、崖棺。有白 M18、朱 M3、朱 M6 等 3 座。

Ⅲ式　墓室中出现砖棺。有井 M1、白 M20、白 M42 等 3 座。

Ⅳ式　墓室变宽。有白 M3、白 M11 等 2 座。

Ⅴ式　墓室平面近方形。有沙 M3、富 M3 等 2 座。

Ⅵ式　墓室平面近梯形，前窄后宽，多带凸起的棺台。有高 M19、西 M1、西 M3、西 M5、西 M6、塘 M2、高 M6、高 M21、高 M26 等 9 座。

Ⅶ式　墓室平面不太规则，有些还保存有梯形的痕迹，但已有向横长方形演变的趋势。有塘 M1、高 M2、高 M7、高 M8、高 M9、高 M10、高 M14、高 M16、高 M17、高 M27、戏 M1、戏 M2 等 12 座。

Ⅷ式　墓室平面呈横长方形。有西 M4、竹 M1、竹 M2、富 M1、富 M2、高 M20、高 M25 等 7 座。

该型墓室演变规律：墓室逐渐变宽，墓葬平面从长方形向方形演变，再演变成梯形，最后演变成横长方形。墓内附属物和装饰物从简单至复杂，再至简单。

B 型　双室墓，11 座，官 M2、官 M11、官 M14 等 3 座较残，其完整形制不详。其余 8 座大致可以分为三式：

Ⅰ式　有意识地利用台阶、边壁的凸凹区分墓室的功能区，但并未彻底地将两个墓室区分出来。有沙 M4、白 M25、白 M29。

Ⅱ式　前后室之间用甬道彻底分开。有朱 M2、沙 M1、沙 M9、白 M1。

Ⅲ式　前后之间又趋于简化，两墓室之间甬道消失，用踏道予以区分。有白 M5。

该型墓葬演变规律：由于墓室功能分区的需要，逐渐从单室墓演变成双室墓，B 型墓很有可能是从 A 型演变而来。后用甬道将前后室彻底分开，晚期两墓室之间间隔又趋于简化。

第二节　出土器物类型学分析

墓葬出土器类繁多，此处仅选择时代特征较强的器物进行分析。

一　陶器

（一）瓮

1. 大口瓮

根据口、肩、腹的不同可以分成以下几型：

A 型　卷唇、折肩、器底较小。根据腹下部是否有孔，可以分成两亚型：

Aa 型　11 件。带孔。有白 M29：5、白 M42：15、白 M8：1、白 M16：9、白 M16：8、白 M14：8、白 M14：14、白 M26：13、朱 M6：11、白 M3：9、白 M32：13。

Ab 型　8 件。无孔。有白 M40：5、朱 M1：1、沙 M4：3、沙 M7：18、白 M18：3、朱 M6：7、朱 M6：12、白 M21：12。

B 型 束颈，溜肩，腹部装饰绳纹，转折不明显。根据颈部和肩部的变化又可以分成两式：

Ⅰ式 3件。颈部较高，肩部较圆滑。有白 M8∶2、白 M42∶13、白 M14∶9。

Ⅱ式 1件。颈部较矮，肩部略折。有沙 M6∶11。

2. 小口束颈瓮

器形较大。根据器形大小和腹部不同可以分成两型：

A 型 1件。器形较大，腹部圆鼓。有朱 M5∶3。

B 型 7件。器型略小。又可分成两式：

Ⅰ式 4件。器形较高，斜肩，上腹部略鼓。有沙 M3∶5、沙 M11∶1、白 M43∶7、朱 M5∶2。

Ⅱ式 3件。器形矮胖，溜肩。有白 M21∶21、白 M21∶1、沙 M2∶2。

（二）罐

1. 敛口带领罐

根据腹、肩部的不同可以分成三型：

A 型 6件。折肩。有朱 M5∶6、白 M25∶1、白 M21∶17、沙 M2∶5、沙 M2∶4、沙 M2∶1。

B 型 1件。溜肩、鼓腹。有白 M42∶6。

C 型 1件。领部略直，肩部略折。有沙 M2∶3。

2. 喇叭口罐

根据器物大小分两型：

A 型 1件。体形较小。有白 M5∶2。

B 型 2件。体形较大，上腹部略鼓。有白 M42∶3、沙 M6∶16。

3. 深腹罐

根据腹部和口沿的不同分成三式：

Ⅰ式 5件。唇部略卷，器物重心靠近上腹部。有白 M42∶4、白 M42∶23、沙 M6∶20、沙 M6∶3、沙 M6∶4。

Ⅱ式 2件。重心下移至器物中、下腹处。有白 M40∶6、白 M31∶4。

4. 小口束颈罐

器物较小，颈部很短。根据形体特征可以划分成三型：

A 型 13件。器型瘦高。可以分两式：

Ⅰ式 2件。圆肩，器型略肥。有白 M48∶6、白 M43∶4。

Ⅱ式 11件。溜肩，肩部较宽，器型瘦高。有沙 M3∶2、沙 M3∶4、沙 M1∶7、白 M17∶3、白M25∶2、沙 M6∶17、沙 M6∶10、沙 M7∶19、沙 M7∶17、沙 M7∶6、沙 M7∶3。

B 型 26件。器型矮胖。根据器物大小可以分成两亚型：

Ba 型 器物较小。根据器物重心的变化又可以分成两式：

Ⅰ式 10件。最大径在肩部。有白 M14∶1、白 M14∶3、白 M43∶6、白 M43∶5、白 M17∶4、白M18∶4、白 M16∶10、白 M20∶1、沙 M1∶12、沙 M1∶6。

Ⅱ式　5件。腹部略鼓，最大径移到上腹部。有白 M29：28、白 M29：8、白 M29：3、白 M29：2、塘 M1：2。

Bb 型　器物较大。根据器物重心的变化又可以分成两式：

Ⅰ式　6件。最大径在肩部。有朱 M3：3、白 M3：8、白 M29：20、白 M29：21、白 M29：11、白 M29：23。

Ⅱ式　5件。腹部圆鼓，最大径在腹部。有白 M29：22、白 M3：6、白 M3：2、高 M28：11、高 M28：16。

C 型　2件。口部略大，方唇。有沙 M4：2、沙 M6：1。

5. 大底罐

器底较大，3件。有白 M21：38、沙 M7：10、堰 M5：18。

6. 圆唇敛口罐

3件。有高 M16：1（带系耳）、高 M11：2、朱 M1：6。

7. 双唇罐

2件。有高 M20：1、沙 M1：2。

（三）壶

分成四型：

A 型　1件。平底、颈部较高。有白 M42：21。

B 型　1件。近直口，平底。有沙 M1：4。

C 型　圈足壶。根据颈部和足的变化分成两式：

Ⅰ式　4件。腹部近球形，多折足。有白 M14：22、白 M17：2、白 M3：3、白 M21：25。

Ⅱ式　3件。腹部略扁，颈部变高，足部向喇叭形演变，足上折棱渐消失。有白 M13：9、白 M21：9、白 M25：30。

D 型　3件。假圈足。有白 M48：1、白 M26：12、沙 M7：9。

（四）钵

根据器底的情况可以分成两型：

A 型　饼足底。根据腹部的演变分成两式：

Ⅰ式　5件。弧腹。有沙 M6：6、沙 M6：26、沙 M3：3、白 M43：11、沙 M7：1。

Ⅱ式　10件。折腹。有白 M43：8、白 M43：10、白 M42：20、白 M42：37、白 M39：14、白 M26：1、高 M11：16、沙 M2：6、沙 M4：1、井 M1：6。

该型钵的总体演变趋势：从弧腹向折腹演变。

B 型　平底钵。根据腹部的演变和器物大小，可分为五亚型：

Ba 型　2件。折腹钵。有白 M42：11、堰 M5：17。

Bb 型　腹部较深。根据形体大小可以分成两式：

Ⅰ式　5件。器物较大。有塘 M2：5、西 M4：1、白 M31：1、白 M31：2、高 M11：6。

Ⅱ式　3件。器物较小。有高 M12：2、西 M3：2、富 M1：3。

Bc 型　8件。浅腹钵。有塘 M1：4、塘 M2：3、西 M6：1、白 M31：3、富 M1：4、西

M4：2、西M3：9、西 M3：7。

Bd 型　9件。小钵，器物较小。有高 M11：1、高 M11：4、高 M11：12、高 M1：2、高 M1：1、西M3：10、高 M12：3、高 M27：3、西 M6：4。

Be 型　1件。浅腹，口部略束。有高 M28：9。

（五）碗

根据腹部演变，可分成两式：

Ⅰ式　5件。弧腹。有西 M6：3、高 M28：1、高 M28：14、高 M28：6、高 M20：5。

Ⅱ式　2件。深腹。有高 M26：3、高 M26：2。

（六）盏

根据底部及腹部特征，可分成两型：

A 型　15件。平底，深弧腹。有高 M13：4、高 M13：2、高 M13：3、高 M13：6、高 M13：1、高M13：5、高 M17：1、高 M28：10、高 M28：3、高 M28：15、高 M28：13、高 M28：17、富 M3：1、西 M6：7、西 M3：3。

B 型　5件。小饼足，浅弧腹。有高 M26：1、高 M27：1、戏 M1：2、戏 M2：8、戏 M2：11。

（七）盆

根据腹部情况分成两型：

A 型　2件。深腹。有白 M29：12、朱 M4：3。

B 型　3件。浅腹。有白 M29：12 - 2、白 M29：12 - 3、白 M26：10。

（八）甑

根据器体大小可以分成两型：

A 型　6件。器物较大，深腹①。有白 M32：22、白 M8：3、朱 M6：4、白 M16：5、白 M21：3、白 M25：8。

B 型　器物较小②，根据腹部的不同，可以分成两亚型：

Ba 型　6件。腹部斜直。有竹 M1：1、高 21：3、富 M1：2、西 M3：12、西 M3：13、白 M38：2。

Bb 型　5件。弧腹。有高 M15：1、西 M6：5、塘 M2：6 - 1、高 M20：4、富 M3：3。

（九）釜

根据颈、耳、柄等特点分成四型：

A 型　高束颈。根据颈部肩部及腹部演变可分为四式：

---

① 此类器型规整，甑孔排列规律，孔径较圆，可能为实用器。
② 此类器型甑孔较为随意，有些甚至未穿透，估计大部分是明器。

Ⅰ式　3件。颈部较长，折肩。有朱 M3：12、朱 M5：4、白 M18：1。

Ⅱ式　9件。颈部变短，肩部略弧。有堰 M5：11、白 M3：1、井 M2：2、朱 M4：1、白 M29：16、沙 M6：2、白 M13：8、白 M21：11、白 M21：36。

Ⅲ式　6件。颈部继续变短，斜肩，腹部较扁。有白 M21：5、白 M25：10、西 M6：6、塘 M2：6－2、富 M3：4、沙 M3：1。

Ⅳ式　3件。短颈、腹部略鼓。有西 M3：4、西 M3：5、白 M38：1。

B 型　无颈或颈部很短。根据腹部特征，可分为两式：

Ⅰ式　3件。腹部较扁。有白 M21：19、白 M14：5、白 M14：2。

Ⅱ式　4件。腹部变高，略鼓。有高 M21：2、富 M1：1、高 M15：2、竹 M1：2。

C 型　1件。双耳釜，口沿上立双耳。有富 M3：2。

D 型　1件。带柄釜①。有沙 M1：11。

（十）井

根据整体形态差可以分成两型：

A 型　2件。方形。有白 M42：18、沙 M6：9。

B 型　圆形。根据井架特征分成两亚型：

Ba 型　1件。带高井架。有堰 M5：16。

Bb 型　6件。无井架，井近桶状。有白 M13：5、白 M29：9、白 M10：4、白 M21：4、白 M18：5、白 M25：12。

二　瓷器

多为灰白胎或红胎。器表多施青釉，多未及底；器内施满釉。②

（一）兽首盘口执壶

根据器型变化可分成两式：

Ⅰ式　2件。器物矮胖，流较短，实心流，桥形系耳。有高 M11：15、塘 M2：1。

Ⅱ式　2件。器物稍瘦高，空心流，弓形系耳。有塘 M1：3、塘 M2：7。

（二）碗

根据足部的变化分成三式：

Ⅰ式　2件。平底碗，腹部较浅。有沙 M1：5、塘 M2：8。

Ⅱ式　4件。浅饼足，腹部较浅。有塘 M2：2、高 M2：1、高 M2：6、白 M5：3。

Ⅲ式　12件。高饼足，深弧腹。有高 M20：3、竹 M2：2、戏 M1：3、戏 M1：4、戏 M1：5、戏 M1：6、戏 M1：7、戏 M2：2、戏 M2：3、戏 M2：4、戏 M2：5、戏 M2：10。

---

① 又名鐎斗。
② 富乐 M3：6 腹部以上残缺。

（三）盏

根据腹部特点，可分两型：

A 型　1 件。腹部较浅。有白 M25∶6。

B 型　腹部略深。根据底部特征，可分成两式：

Ⅰ 式　2 件。平底。有高 M6∶6、西 M3∶1。

Ⅱ 式　5 件。浅饼足。有塘 M2∶12、西 M1∶1、高 M2∶5、西 M3∶11、西 M3∶8。

三　铜器

铜釜

根据耳部特征，可分为三型：

A 型　短束颈，带对称双耳。根据肩部特征，可分成两式：

Ⅰ 式　1 件。折肩、扁腹。有白 M42∶22。

Ⅱ 式　3 件。斜肩，腹部变高。有高 M11∶3、高 M11∶7、高 M6∶7。

B 型　1 件。无颈，对称双耳，弧腹。有高 M2∶4。

C 型　沿上有立耳。根据腹部的变化可以分成两式：

Ⅰ 式　1 件。弧腹，腹下部内收。有白 M15∶6。

Ⅱ 式　3 件。腹部近直。有高 M8∶1、高 M6∶8、高 M11∶5。

四　钱币

（一）半两钱

半两钱数量不多，据其形制可分为五型：

A 型　榆荚半两。西汉刘邦元年至五年期间铸，白 M14 中发现 1 枚。

B 型　八铢半两。西汉高后二年始铸，沙 M2 中有 1 枚。

C 型　四铢半两。西汉文帝前元 5 年始铸，白 M25 和高 M28 中各有 1 枚。

D 型　传形半两。仅在高 M28 发现 1 枚。

E 型　铁半两。旧说东汉初公孙述据蜀时（公元 25～36 年）铸于成都。1955～1959 年间，湖南衡阳、长沙两地十余座西汉墓葬分别出土数以百计铁半两钱，时代不晚于西汉中叶。[①] 该类钱有可能为郡国或民间所铸。仅在白 M48 中有发现 1 枚。

（二）汉五铢

本批墓葬出土钱币以五铢钱为最多，基本完整有 1896 枚，另有残片若干。根据钱币形制可分为三型：

A 型　一般五铢。数量最多，共计 1156 枚。均为青铜，铜质浅红色，面有外郭，无内郭，背内、外郭皆具。根据"五"字上下两横出头情况、"金"字头形状、"金"字四点情

---

① 高至喜：《长沙、衡阳西汉墓中发现铁"半两"钱》，《文物》1963 年第 11 期。

况、"朱"字方折和圆折等综合判断，可分为五式：

Ⅰ式　145 枚。较厚重，铸造水平较高，比较规整，笔画深俊。"五"字交股弯曲，左右对称，呈两个相对的弹头状，上下两横出头。"金"字头呈箭镞状，"金"字四点较短。"朱"字上方折下圆折。时代为西汉中期偏早。白 M19 出土 1 枚；白 M20 出土 3 枚；白 M25 出土 1 枚；白 M26 出土 12 枚；白 M32 出土 7 枚；白 M34 出土 8 枚；白 M39 出土 9 枚；白 M40 出土 7 枚；白 M42 出土 60 枚；白 M49 出土 1 枚；高 M28 出土 1 枚；朱 M3 出土 22 枚；朱 M6 出土 13 枚。①

Ⅱ式　183 枚。较Ⅰ式轻薄，铸造水平明显低于Ⅰ式，较规整，笔画较Ⅰ式略浅。"五"字交股弯曲，左右对称，呈两个相对的弹头状，上下两横出头，但已无Ⅰ式明显。"金"字头呈三角形，"金"字四点较短。"朱"字上方折下圆折。时代为西汉中期偏晚。白 M3 出土 1 枚；白 M17 出土 1 枚；白 M25 出土 4 枚；白 M26 出土 27 枚；白 M32 出土 29 枚；白 M34 出土 14 枚；白 M39 出土 10 枚；白 M40 出土 6 枚；白 M42 出土 16 枚；朱 M3 出土 37 枚；朱 M5 出土 3 枚；朱 M6 出土 17 枚；沙 M2 出土 18 枚。

Ⅲ式　392 枚。较轻薄，铸造不精，规整程度不如Ⅰ式，笔画较浅。"五"字交股弯曲左右对称，呈两个相对的弹头状，上下两横出头已不明显。"金"字头呈三角形，"金"字四点较长。"朱"字上折处已有从方折向圆折过渡的趋势，下圆折。其中部分带记号。时代为东汉早期。白 M5 有 6 枚；白 M16 出土 3 枚；白 M17 出土 15 枚；白 M18 出土 6 枚；白 M19 出土 5 枚；白 M20 出土 1 枚；白 M21 出土 1 枚；白 M25 出土 3 枚；白 M26 出土 44 枚；白 M29 出土 8 枚；白 M32 出土 94 枚；白 M34 出土 64 枚；白 M39 出土 22 枚；白 M40 出土 25 枚；白 M42 出土 3 枚；白 M48 出土 8 枚；白 M49 出土 3 枚；高 M1 出土 1 枚；朱 M3 出土 65 枚；沙 M2 出土 13 枚；堰 M5 出土 2 枚。

Ⅳ式　328 枚。较轻薄，铸造不精，面有外郭无内郭，背内外郭皆具，笔画较浅。"五"字交股弯曲，左右对称，呈两个相对的弹头状，上下两横已不再出头。"金"字头呈三角形较大，"金"字四点较长。"朱"字上部已为明显圆折，下圆折。其中部分带记号。时代为东汉中期。白 M7 出土 1 枚；白 M10 出土 3 枚；白 M15 出土 1 枚；白 M16 出土 3 枚；白 M17 出土 16 枚；白 M18 出土 1 枚；白 M21 出土 1 枚；白 M25 出土 5 枚；白 M26 出土 35 枚；白 M29 出土 7 枚；白 M32 出土 114 枚；白 M34 出土 54 枚；白 M39 出土 12 枚；白 M40 出土 19 枚；白 M48 出土 6 枚；白 M49 出土 1 枚；朱 M6 出土 28 枚；沙 M2 出土 21 枚。

Ⅴ式　108 枚。较轻薄，铸造不精，笔画较浅。"五"字交股弯曲，左右对称，呈两个相对的弹头状，上下两横不出头。"金"字头呈三角形较大，"金"字四点较长。"朱"字上部圆折外侈，下圆折。时代为东汉晚期。白 M5 有 1 枚；白 M15 出土 1 枚；白 M16 出土 2 枚；白 M17 出土 3 枚；白 M18 出土 2 枚；白 M25 出土 3 枚；白 M26 出土 6 枚；白 M29 出土 1 枚；白 M32 出土 27 枚；白 M34 出土 48 枚；白 M39 出土 2 枚；白 M40 出土 2 枚；白 M48 出土 3 枚；白 M49 出土 3 枚；沙 M2 出土 4 枚。

B 型　特殊五铢。指的是合背、传形、面四决、背四决、背四出、铁质等五铢，共计 19 枚。

---

① 　数据仅指较完整、可辨型式的钱币。下同。

背四决五铢　12 枚。白 M26 出土 4 枚；白 M32 出土 5 枚；白 M34 出土 3 枚。

铁五铢　白 M32 出土 1 枚。

传形五铢　4 枚。白 M32 出土 3 枚；白 M34 出土 1 枚。

合背五铢　白 M34 出土 1 枚。

背四出五铢　高 M28 出土 1 枚。

C 型　剪轮五铢，共计 721 枚。又可分成两亚型：

Ca 型　剪轮五铢。共 703 枚。由完整五铢凿掉其外缘所得，文字一般不清楚，多记号，钱面多呈锅底状。可能部分为剪轮五铢。时代为东汉末。白 M5 出土 1 枚；白 M17 出土 71 枚；白 M18 出土 1 枚；白 M19 出土 11 枚；白 M21 出土 76 枚；白 M25 出土 21 枚；白 M29 出土 76 枚；白 M32 出土 163 枚；白 M34 出土 98 枚；白 M38 出土 3 枚；白 M39 出土 8 枚；白 M40 出土 38 枚；白 M42 出土 1 枚；白 M48 出土 30 枚；白 M49 出土 60 枚；朱 M3 出土 3 枚；朱 M6 出土 2 枚；高 M28 出土 2 枚；沙 M2 出土 32 枚；沙 M9 出土 3 枚；堰 M5 出土 2 枚；堰 M8 出土 1 枚。

Cb 型　类剪轮五铢。共 18 枚。实为剪轮五铢翻模铸造形成，文字一般不全，无外郭，时代为东汉末。白 M38 出土 6 枚；高 M28 出土 6 枚。

（三）摇钱树挂钱币

17 枚。穿角均有一铜丝相套，推断可作为挂摇钱树之用。有货泉和五铢两种。五铢钱在白 M14 发现 1 枚，沙 M2 中发现 14 枚。货泉仅发现于沙 M2 中，出土 2 枚。摇钱树出现于东汉早期，流行于东汉中晚期，两晋以后逐渐少见直至消亡。[①] 摇钱树挂钱币时代范畴不会大于摇钱树存在时间。

（四）莽钱

1. 货泉

新莽天凤元年始铸。共 89 枚，根据范的不同可以分为两型：

A 型　共 10 枚。泥范铸造，形制不规整，钱文不规范，随意性强。根据钱币大小，可分两式：

Ⅰ式　9 枚。器型略大，出于白 M3。

Ⅱ式　1 枚。器型变小，出于白 M3。

B 型　共 79 枚。铜范铸造，形制较规范，字迹清晰、标准。根据钱币大小、厚度可分成六式：

Ⅰ式　38 枚。正面无内郭，直径 2.1~2.3、穿径 0.7~0.9、厚 0.08~0.1 厘米。白 M3 出土 36 枚；白 M17 出土 1 枚；白 M26 出土 1 枚。

Ⅱ式　14 枚。内外均有郭，直径 2.0~2.3、穿径 0.6~0.8、厚 0.1~0.2 厘米。白 M3 出土 11 枚；白 M25 出土 2 枚；白 M32 出土 1 枚。

Ⅲ式　15 枚。"货"字近穿侧带星点记号，面无内郭，直径 2.1~2.3、穿径 0.5~0.6、

---

① 周克林：《东汉六朝钱树研究》，成都：巴蜀书社，2012 年。

厚 0.08～0.2 厘米。均为白 M3 所出。

Ⅳ式 4 枚。正面重内郭，直径 2.2、穿径 0.5、厚 0.1 厘米。均为白 M3 所出。

Ⅴ式 6 枚。花穿，直径 2.1～2.2、穿径 0.7～0.9、厚 0.1～0.12 厘米。均为白 M3 所出。

Ⅵ式 2 枚。直径 1.75、穿径 0.7、厚 0.08 厘米。为白 M42 所出。

此型钱总体趋势为逐渐变小。

2. 大泉五十

王莽居摄二年始铸。共发现 39 枚，包含大泉五十中最早和最晚的品种。根据铸造的不同可以分成两型：

A 型 5 枚。泥范铸造，钱文不甚规整，带有一定的随意性，有的甚至高低不平，背郭也不太规整。根据直径大小可分为两式。

Ⅰ式 1 枚。器型略大。出于白 M48。

Ⅱ式 4 枚。器型变小。出于白 M3。

B 型 34 枚。铜范铸造，钱文规整清晰，根据直径大小可分为六式：

Ⅰ式 10 枚。直径 2.8、穿径 0.9、厚 0.2～0.3 厘米。较厚重，质量较好。高 M28 出土 3 枚；白 M3 出土 6 枚；白 M34 出土 1 枚。

Ⅱ式 18 枚。直径 2.7、穿径 0.9～1.1、厚 0.15～0.25 厘米。钱文不如Ⅰ式清晰。白 M3 出土 13 枚；白 M14 出土 2 枚；高 M28、白 M34、白 M32 各出土 1 枚。

Ⅲ式 2 枚。钱体变小。直径 2.5、穿径 0.9、厚 0.2 厘米。白 M3、白 M34 各出土 1 枚。

Ⅳ式 1 枚。直径 2.4、穿径 1、厚 0.1 厘米。钱体明显变小、薄。白 M3 出土。

Ⅴ式 1 枚。直径 2.2、穿径 0.9、厚 0.1 厘米。白 M32 出土。

Ⅵ式 1 枚。直径 1.8、穿径 0.8、厚 0.05 厘米。白 M38 出土。

Ⅲ、Ⅳ式已经不如前者，"五十"已不足，仅同于五铢。后两式更加小薄，"五十"之数已是象征，五铢都不如矣。

这两型钱的演变规律：越晚的直径越小，越轻薄。

3. 大泉十五

2 枚。均出土于白 M3。一说为大泉十五之传形，一说为面值"五铢"十五枚。

4. 大布黄千

2 枚。均出土于白 M3。此钱为新莽始建国二年始造。文字为悬针篆，平首平肩平足，腰身略收。首部穿一孔，用以系绳。正背两面皆铸为通穿（圆穿于首端间有中线者）。钱文右读，布局在中线左右两侧。根据钱币大小，可分为两式：

Ⅰ式 1 枚。较大。

Ⅱ式 1 枚。较Ⅰ式略小。

（五）蜀汉钱

1. 直百五铢

3 枚。均出于高 M28。此钱为东汉献帝建安十九年始铸，越早的直径越大，越厚重，本批墓葬中出土 3 枚均为光背，泥范铸造，其中一枚带阴文记号。根据直径大小及钱文分为两式：

Ⅰ式 2 枚。钱文高凸清晰，质量较好。其中一枚背带阴文。

Ⅱ式 1 枚。钱文不如Ⅰ式凸起明显，明显较Ⅰ式轻小，质量亦不如。

2. 太平百钱

1 枚。出土于白 M38。此钱为三国时期铸造，类别很多，常见的面文有作"大平百钱""太平百金""世平百钱""太平金金"等。以前学术界对此钱的出处争议颇多，但 1980 年四川成都西门外出土了"太平百钱"钱范，说明此钱铸于蜀都，但其铸造年份和铸主尚无定论。

3. 刘焉五铢①

1 枚。白 M38 出土。文字风格类"直百五铢"，一说为刘焉所铸。

（六）两晋南朝钱

1. 沈郎五铢②

1 枚。白 M38 出土。东晋孝元帝时（公元 317 ~ 322 年），江南豪族沈充铸钱，文"五朱"，面有外郭，形制薄小，世称"沈充五铢""沈郎五铢"或"沈郎钱"。

2. 四铢

4 枚。2 枚残。篆书右读，为南朝宋文帝元嘉七年始铸。根据铸造质量可分为三式：

Ⅰ式 1 枚。该钱厚且规整，残留五铢痕迹，为较早期的四铢钱。出土于高 M28。

Ⅱ式 2 枚。均残，钱文不如Ⅰ式规整，钱文为篆书"四铢"。白 M38 和高 M28 各出土 1 枚。

Ⅲ式 1 枚。钱体更小，铸造粗糙，留有毛边。出土于 M38。

3. 孝建四铢

4 枚。白 M38 出土。此钱为南朝宋孝武帝刘骏于孝建元年（公元 454 年）始铸，罢于明帝泰始三年（公元 467 年）。"孝建四铢"四字作薤叶篆，纤细柔长。钱面横书"孝建"年号，钱背横书"四铢"钱重，同于宋文帝"四铢"，面背文均横读，为古钱铭文中所仅见。初铸钱径约 2.2 厘米，重 2.4 克左右；未久即见减重，制作粗劣，边廓平夷，文字不清。"民间盗铸者云起"，更有省去背文"四铢"而仅存面文"孝建"之小钱，更趋薄小，品类甚杂，大小悬殊。径 1.6 厘米，重 0.5 克左右。因鼓铸时有错范、异范发生，故"孝建四铢"常见合背、重文、倒书者，版式颇多。

4. 剪轮孝建四铢

1 枚。出土于高 M28。

5. 孝建钱

2 枚。白 M38 出土。该钱于南朝宋孝建年间铸造，时间在孝建四铢之后。

---

① 刘焉据蜀时期已经有割据之势，且此类钱在蜀汉时期也流行，因此暂时归入蜀汉钱。

② 此钱在钱币史上颇负盛名，多有诗人提及。李商隐诗云"今日春光太飘荡，谢家轻絮沈郎钱"；李贺有"榆荚相催不知数，沈郎青钱夹城路"之句；王建又有诗"素面花开西子面，绿榆枝散沈郎钱"。这些诗句都是描写"沈郎钱"既轻又小，如榆钱、柳絮。

6. 两铢

1 枚。白 M38 出土。正面钱文"两铢"二字横读。光背。"孝建"四铢钱行用不久就出现了减重现象，到后来就直接铸行"两铢"钱。永光年间，宋废帝刘子业铸行了重仅两铢的"永光"钱和"两铢"钱。永光年间仅一年不到，更年号为景和，同年宋明帝刘彧建元泰始年。故"永光"钱和"两铢"钱铸造和存世量不多。

7. 无文钱

5 枚。完整，青铜质，钱体轻薄，无文，无内外郭，可分为两式：

Ⅰ式　3 枚。钱径略大。白 M38 出土 2 枚；白 M40 出土 1 枚。

Ⅱ式　2 枚。钱体变小，铸造不甚规整，留有毛边。白 M38 出土 1 枚；白 M48 出土 1 枚。

时代为六朝时期。

8. 六朝五铢

6 枚。其中 1 枚残。"五铢"两字铸造笔画不完整，铸造不精，薄小，仅 1 枚面有外郭无内郭，背面类似于半两的平背。均为白 M38 出土。此类钱只能大致定在六朝时期。

（七）唐宋钱币

1. 开元通宝

4 枚。1 枚残。《旧唐书·食货志上》载：武德四年七月，废五铢钱，行开元通宝钱。开元钱之文，为给事中欧阳询制词及书。"其词先上后下、次左后右读之。自上及右会回环读之，其义亦通，流俗谓之开通元宝钱。"钱文隶书，直读，内外郭皆具。可分为两式：

Ⅰ式　3 枚。钱径较大。白 M17 出土 1 枚；白 M32 出土 2 枚。

Ⅱ式　1 枚。钱币变小，为晚期型式。出土于白 M17。

2. 崇宁通宝

3 枚。白 M15 出土。为折十钱。北宋徽宗赵佶崇宁年间（公元 1102～1106 年）始铸，年号钱。钱文为徽宗亲书，所以又其为御书钱。

3. 政和通宝

1 枚。白 M15 出土。为折二钱。北宋徽宗政和年间（公元 1111～1117 年）铸造。

4. 皇宋通宝

1 枚。白 M15 出土。宝元二年至皇佑末年（公元 1039～1053 年）铸，非年号钱。

5. 宋铁钱

4 枚。1 枚为南宋大宋元宝，文字旋读；另 3 枚字体不清晰。白 M15 出土。

第二章　崖墓的分期与断代

　　这批崖墓数量众多，延续时间较长，对其分期、断代具有重要的意义，特别是六朝时段墓葬在四川地区发现较少，合理的分期、断代将为四川六朝崖墓建立一批"标型"墓葬。

　　但是这批崖墓的断代也存在一些困难。

　　首先，很多崖墓是为配合基建而清理的，有些发掘前已遭到严重破坏，墓葬几乎不存，仅在扰土中残存少量的器物，如白 M7、白 M8、白 M10、白 M12、白 M13、白 M15、白 M17、白 M19、白 M22、白 M30、白 M38、白 M40、白 M41、白 M42、白 M49、高 M4、高 M12、高 M15、朱 M5、官 M2、官 M11、官 M14 等；还有些墓葬盗扰严重，墓内空无一物，如高 M3、高 M5、高 M9、高 M14、高 M18、高 M19、高 M25、沙 M8、沙 M10、朱 M2、官 M2、官 M11、官 M14、富 M2、堰 M1、白 M1、白 M23 等。

　　其次，部分崖墓使用时间很长，很难确定其开凿和使用时间。崖墓属于横穴墓，也就是黄晓芬所说的开通型墓葬[①]，墓室的打开和封闭都比较方便，为多次下葬提供了便利。如白 M14 在墓室后部发现 4 具人骨，白 M26 发现 3 具，显然非一次入葬。这两个墓葬形制都为 Ab I 式，表现出较早的年代特征。其中 M26 部分器物形制时代特征也偏早，但却发现有 A V 式五铢，A V 式五铢时代为东汉晚期，说明直至东汉晚期该墓还有入葬活动。

　　还有些墓葬被后世借室入藏，如白 M15、白 M17、白 M32 等，墓中既有典型的汉式器物，又有唐、宋器物，显然是后世借用汉代墓葬再次入葬，这可能不完全是贫困原因，或有特殊的宗教意义。

第一节　墓葬、器物分组

　　这批墓葬互相打破者极少，仅见两组，高 M28 打破高 M19、白 M31 打破白 M3。对于分组用处不大。根据上文墓葬形制和器物的类型学研究，将这批墓葬分成两大组：

　　第一类组合，墓葬形制流行 Aa I ~ Aa IV 式、B I、B II、Ab I 式 ~ Ab V 式。以陶器作为主要的随葬品，器型有 A I 式、A II 式、Ba 型陶钵，A I、A II、A III、B I 式陶釜，Aa、Ab 型、B I、B II 式大口瓮，A 型、B I、B II 式小口束颈瓮，A、B、C 型敛口带领罐，A I、A II、Ba I、Ba II、Bb I、Bb II 式、C 型小口束颈罐，I、II 式深腹罐，A、B 型喇

---

　　① 黄晓芬：《汉墓的考古学研究》，长沙：岳麓书院，2003 年。

叭口罐，大底罐，圆唇敛口罐，A、B 型陶盆，A 型甑，A、B、D 型和 CⅠ、CⅡ式壶，灯，井，耳杯，案，盘，出现 BbⅠ式陶钵。有大量陶俑及动物、井、水田、房模型等，还有少量的釉陶器。铜器流行摇钱树、鐎斗、三段式神兽镜、AI式釜、带钩、洗，铜镜有变形四叶对风镜、"长宜子孙"铭文镜、青羊神兽镜、五乳五鸟镜、神兽镜等。铁器常见环首刀、凿、錾、釜等。钱币有半两、新莽钱、五铢钱、蜀汉钱。瓷器极少见。该组墓葬有井 M1、井 M2、沙 M1、沙 M2、沙 M3、沙 M4、沙 M5、沙 M6、沙 M7、沙 M8、沙 M9、沙 M10、沙 M11、朱 M1、朱 M2、朱 M3、朱 M4、朱 M5、朱 M6、堰 M5、堰 M8、白 M1、白 M3、白 M7、白 M8、白 M10、白 M11、白 M12、白 M13、白 M14、白 M16、白 M17、白 M18、白 M19、白 M20、白 M21、白 M25、白 M26、白 M29、白 M30、白 M34、白 M39、白 M40、白 M41、白 M42、白 M43、白 M48、白 M49。

第二类组合，墓葬形制流行 AaⅤ、AbⅥ、AbⅦ、AbⅧ、BⅢ式，少见 AbⅤ式。以瓷器作为最重要的随葬品，器形有碗、盏、罐、唾壶、盘口壶、兽首执壶、杯、灯。陶器数量和种类已经大大减少，流行 BbⅠ、BbⅡ式、Bc、Bd 型陶钵，A、B 型陶盏，AⅢ、AⅣ、BⅡ式、C 型陶釜，双唇罐，BbⅡ式小口束颈罐，Ⅱ式深腹罐，Ba、Bb 型甑，盘，灯等，出现仿瓷陶器如 Ⅰ、Ⅱ式陶碗。陶俑和动物模型很少，且形制简化，器型变小。铁器流行剪刀、直柄刀，铜器有 AⅡ式、B 型、CⅡ式釜。铜镜有五乳五鸟镜。钱币有直百五铢、孝建四铢钱等六朝钱币。该组墓葬有高 M1、高 M2、高 M3、高 M6、高 M7、高 M8、高 M9、高 M11、高 M12、高 M13、高 M14、高 M15、高 M16、高 M17、高 M18、高 M19、高 M20、高 M21、高 M25、高 M26、高 M27、高 M28、塘 M1、塘 M2、西 M1、西 M2、西 M3、西 M4、西 M5、西 M6、竹 M1、竹 M2、富 M1、富 M2、富 M3、白 M5、白 M31、白 M38 等。

根据不同时期组合情况，第一类组合又可以细化为四小组：

第一组，墓葬形制有 AaⅠ、AbⅠ、AbⅡ式。陶器有小口束颈罐 AⅠ、BaⅠ、BbⅠ式，圆唇敛口罐，釜 AⅠ、AⅡ、BⅠ式，陶钵 AⅠ、AⅡ式、Ba 型，大口瓮 Aa、Ab 型、BⅠ型，小口束颈瓮 BⅠ式，盆 A 型，耳杯、案、盘、灯，大底罐。器物模型有鸡、狗、猪、水田、井等。仅见少量的站立拱手俑 A、B 型。铜镜仅见青羊神兽镜。钱币有大泉五十 BⅡ式、货泉，五铢 AⅠ、AⅡ、AⅢ式、C 型，半两等。

第二组，墓葬形制有 AaⅠ、AaⅢ、AaⅣ、AbⅡ、AbⅢ、AbⅣ式，小口束颈罐 AⅠ、AⅡ、BaⅠ、BbⅠ、BbⅡ式、C 型，深腹罐Ⅰ式，喇叭口罐 B 型，敛口带领罐 A 型，大底罐，大口瓮 Aa 型、Ab 型、BⅠ式、BⅡ式，小口束颈瓮 A、BⅠ式，釜 AⅠ、AⅡ式，陶钵 AⅠ、AⅡ式，甑 A 型，陶壶 CⅠ式、D 型，灯。器物模型有鸡、狗、猪、鸭、马鞍，井 A、Bb 型、水田、房等。陶俑大量出现站立拱手俑 A、B、D 型，乐舞俑 A、B、C、D、E 型，劳作俑 B、C、D、E、F 型，武俑，童俑，聆听俑。铜器有鐎斗等。钱币有五铢 AⅠ、AⅡ、AⅢ、AⅣ式和 C 型，货泉、大泉五十、大泉十五、大布黄千等。铁器有环首刀等。

第三组，该组墓葬形制有 AaⅡ、AaⅢ、AbⅠ、AbⅡ、AbⅢ、AbⅤ、BⅠ、BⅡ式等，陶器有敛口带领罐 A、B、C 型，小口束颈罐 AⅠ、BaⅠ、BaⅡ、BbⅠ、BbⅡ式、C 型，大底罐，喇叭口罐 B 型，深腹罐Ⅰ、Ⅱ式，大口瓮 Aa、Ab 型、BⅠ式，小口束颈瓮 BⅠ、BⅡ式，钵 AⅠ、AⅡ式、Ba 型，陶釜 BⅠ、AⅡ、AⅢ式，壶 A 型、CⅠ式、CⅡ式、D 型，甑 A 型，盆 A、B 型，盘形座。陶俑有拱手站立俑 A、B、C、D、E 型，劳作俑 A、B、C、D、E 型，乐舞俑 A、B、C、E 型，童俑、聆听俑、文俑，武俑，行走俑等。器物模型有鸡、鸭、鹅、狗、猪，井 A、Bb 型、房、水田等。铜镜有长宜子孙铭文镜、五乳五鸟镜、三段式神兽铭文镜、神兽镜等。常见铜器有摇钱树，鐎斗，带钩等。铁环首刀特别流行。钱币有半两钱，五铢 AⅠ、AⅡ、AⅢ、AⅣ、AⅤ式，新莽钱。

第四组，该组墓葬发现很少，器物不多。墓葬形制有 AaⅣ、BⅡ式，陶器有小口束颈罐 AⅡ、BaⅠ、BaⅡ式，双唇罐，钵 AⅡ式，釜 AⅡ式、D 型，壶 B 型。模型器物有鸡、猪等。陶俑有劳作俑 A、C 型，乐舞俑 B 型等。铜镜有变形四叶纹铜镜等。

第二类可以分成两小组：

第五组，墓葬形制有 AaⅤ、AbⅥ、AbⅦ、AbⅧ、BⅢ式等。陶器种类和数量减少，器型有钵 AⅡ、BbⅠ、BbⅡ式、Bc、Bd 型，圆唇敛口罐，深腹罐Ⅱ式，小口束颈罐 BaⅡ式，喇叭口罐 A 型。釜 AⅢ、AⅣ式，甑 Ba、Bb 型，盏 A 型，碗Ⅰ式，盘，灯等。陶俑仅见乐舞俑 F 型，动物模型有鸡、猪。瓷器器形有兽首执壶Ⅰ、Ⅱ式，碗Ⅰ、Ⅱ式，盏 BⅠ、BⅡ式，唾壶，罐等。铜器有釜 AⅡ式、B 型、CⅡ式。铜镜仅见五乳五鸟镜。铁器以剪刀为多。钱币以汉代五铢为多，有 AⅢ、AⅣ、AⅤ、C 型等。

第六组，墓葬形制有 AaⅤ、AbⅤ、AbⅥ、AbⅦ、AbⅧ式。陶器有小口束颈罐 BbⅡ，双唇罐，钵 BbⅡ式、Bc、Bd、Be 型，碗Ⅰ、Ⅱ式，甑 Ba、Bb 型，釜 AⅢ、AⅣ、BⅡ式、C 型，盏 A、B 型，灯等。俑几乎不见。铜器有洗，釜 AⅡ、CⅡ式等。瓷器有碗Ⅲ式，盏 BⅡ式，杯，盘口四系、六系壶，六系罐。铁器以剪刀最多。钱币有半两，五铢 AⅠ式、B 型，大泉五十，直百五铢，太平百钱，刘焉五铢，沈郎五铢，四铢，孝建四铢等。

第二节　墓葬分期

根据以上的分组，可将这些墓葬分为六期（参见表一、表二）：

第一期，即第一组，墓葬形制流行 AaⅠ、AbⅠ式，出现 AbⅡ式。陶器中流行小口束颈罐 AⅠ、BaⅠ、BbⅠ式，釜 AⅠ、AⅡ、BⅠ式，陶钵 AⅠ、AⅡ式、Ba 型，大口瓮 Aa、Ab 型、BⅠ式，小口束颈瓮 BⅠ式。圆唇敛口罐、大底罐不多见。耳杯、案、盘、灯组合流行。器物模型出现鸡、狗、猪、水田、井等，但并不流行。陶俑很少，仅见少量的站立拱手俑 A、B 型。模型和俑器形较小，且形象较为模糊。铜镜仅见青羊神兽镜。钱币有五铢 AⅠ、Ⅱ、Ⅲ式、C 型，货泉、大泉五十等。该期墓葬有朱 M1、朱 M3[①]、朱 M4、白 M43、白 M14[②]、堰 M5 等。

第二期，即第二组，第一期的墓葬形制已经少见，出现 AaⅡ、AaⅢ、AbⅢ、AbⅣ式，流行 AbⅡ式。小口束颈罐 BaⅠ式仍然常见，出现并流行小口束颈罐 AⅡ、BaⅡ式，流行深腹罐Ⅰ式，喇叭口罐 B 型，敛口带领罐 A 型。大口瓮 A 型、BⅠ式依然流行。小口束颈瓮仍然流行 BⅠ式，出现 A 型。陶釜流行 AⅡ式，AⅠ式仍见。陶钵流行 AⅠ式。盆出现 B 型。陶壶流行 CⅠ式，并出现 D 型。杯案盘完整组合不见。器物模型增多，有鸡、狗、猪、鸭、马鞍、

---

①　朱 M3 中出土磨郭五铢，据钱文特征，应是东汉钱。这类钱以往一般认为是流行于东汉晚期，但却出现于该墓，笔者以为原因有二：一可能磨郭五铢确实出现很早，如徐承泰就有如此看法，见《东汉五铢钱的分期研究》，《文物》2010 年第 10 期；二，该墓延续时间很长，但从发现的器物来看，未具明显晚期特征。所以笔者暂时将该墓列入第一期。

②　此处指该墓开凿的时间，墓葬共葬四具人骨，使用时间可能略向后延。

陶井 A、Bb 型、水田、房等。陶俑大量出现，有站立拱手侍从俑 A、B、D 型，乐舞俑 A、B、C、D、E 型（舞蹈），劳作俑 B、C、D、E、F 型，武俑，童俑，聆听俑，器形变高、大，且形象较为细腻。铜器有釜 A I 式。钱币有五铢 A I、A II、A III、A IV 式，货泉、大泉五十、大泉十五、大布黄千等。铁器有环首刀等。开始出现画像墓，画像配置模式为：墓门用仿木结构屋脊屋面装饰，墓顶装饰四面坡状，还有莲花莲蓬吊饰、嘉瓜等图像；墓室内装饰斗拱、窗棂、都柱等建筑结构，雕刻有提罐、吹笛、家禽、朱雀、马厩等图像，特别流行崖棺。该期墓葬有朱 M5、朱 M6、沙 M6、沙 M7、沙 M11、堰 M8、白 M3、白 M7、白 M8、白 M10、白 M11、白 M20。

第三期，即第三组，第一期流行的墓葬基本不见，流行 Aa II、Aa III、Ab III、Ab V、B I、B II 式墓葬，陶器种类和数量增多、极为盛行。敛口带领罐流行。小口束颈罐流行 A I、A II、Ba I、Ba II、Bb I、Bb II 式、C 型。深腹罐 I 式继续流行，出现 II 式。大底罐，喇叭口罐 B 型流行。小口束颈瓮流行 A II、B I、B II 式。大口瓮 A 型、B I 式依然常见。钵流行 A I、A II 式，出现 Ba 型。陶釜开始流行 B I、A II、A III 式，A I 不见。壶种类增多并流行，C I 式仍常见，出现并流行 A 型、C II 式、D 型。器物模型和陶俑更为发达，陶俑依然流行，有站立拱手侍从俑 A、B、C、D、E 型，劳作俑 A、B、C、D、E 型，乐舞俑 A、B、C、E 型、童俑、聆听俑、文俑，武俑，行走俑等。器物模型有鸡、鸭、鹅、狗、猪，井 A、Bb 型、房、水田等。铜镜有长宜子孙铭文镜、五乳五鸟镜、三段式神兽铭文镜、神兽镜等。常见铜器有摇钱树、镶斗、带钩等。环首刀特别流行。钱币有半两钱，五铢 A I、A II、A III、A IV、A V 式、C 型，新莽钱。画像墓继续流行，但图像配置有所改变，墓门少见装饰，墓顶装饰不变，墓内图像更加复杂，特别流行立马、马厩等图像，崖棺少见。该期墓葬有井 M1、沙 M2、沙 M3、沙 M4、沙 M8、沙 M9、沙 M10、白 M1、白 M13、白 M18、白 M19、白 M21、白 M25、白 M29、白 M39、白 M40、白 M42、白 M48、白 M49 等。

第四期，即第四组，该组墓葬发现很少，墓葬形制与第三期变化不大，Ab V 式较常见。器物不多，且体量变小。小口束颈罐除 Ba I、Ba II 式外，开始出现 A II 式。出现双唇罐，钵变化不大。釜出现 D 型。壶出现 B 型。模型器物减少，有鸡、猪等，部分已经出现简化趋势。陶俑数量和种类都减少。铜镜有变形四叶对凤纹铜镜等。画像墓不再流行，且墓内图像减少，仅保留有吹笛人像、提罐人等图像。该期墓葬有井 M2、沙 M1、沙 M5 等。

第五期，即第五组，流行 Aa V 式、Ab VI、Ab VII、B III 式墓葬。陶器种类和数量减少。仅见少量 A II 式钵，流行平底弧腹钵，Bb I、Bb II 式、Bc、Bd 型钵流行。第三期流行的罐大部分消失，仅见有圆唇敛口罐，深腹罐 II 式，小口束颈罐 Ba II 式，喇叭口罐 A 型。釜出现 A IV、A III 式。出现盏 A 型。出现仿瓷陶器，如陶碗。盘，灯依旧流行。陶俑和动物模型数量骤减，仅见乐舞俑 F 型，鸡、猪形制非常简化，有些陶俑面部非常模糊。瓷器大量出现，流行兽首执壶 I、II 式，碗 I、II 式，盏 B I 式，唾壶，罐等。铜器出现釜 A II 式、B 型、C II 式。铜镜仅见五乳五鸟镜。铁器流行随葬剪刀，铁环首刀减少。钱币以汉代五铢为多，有 A III、A IV、A V 式、C 型等。该期墓葬有高 M1、高 M2、高 M11、高 M16、高 M19、塘 M1、塘 M2、白 M5、西 M1、西 M3、西 M4、西 M5、西 M6、白 M31 等。

第六期，即第六组，第五期流行的墓葬形制仍较常见，特别流行 Ab VII、Ab VIII 式墓葬。陶器数量和种类进一步减少，常见陶罐仅有小口束颈罐 Bb II 式。双唇罐较常见。钵流行 B 型，陶碗开始流行 I、II 式。甑自第一期以来一直常见。盆该期少见。B II 式釜流行，出现

C 型釜，其他与第五期相比变化不大。出现 B 型盏。灯仍常见等。俑几乎不见，且形制极为简化。铜器流行釜 A Ⅱ、C Ⅱ式等。瓷器进一步增多，流行碗 Ⅲ式，盏 B Ⅱ式，杯，盘口四系、六系壶，六系罐等。铁器以剪刀最多。开始流行六朝钱币，有半两，五铢 A Ⅰ式、B型、大泉五十，直百五铢，太平百钱，刘焉五铢，沈郎五铢，四铢，孝建四铢等。该期墓葬有高 M6、高 M10、高 M15、高 M20、高 M21、高 M26、高 M27、高 M28、白 M38、竹M1、竹 M2、富 M1、富 M3、戏 M1、戏 M2。

第三节　墓葬断代

最能准确表明墓葬年代的当然是纪年文字，这批墓葬中有 3 座纪年墓：朱 M3、白 M43、沙 M6。其次是钱币和铜镜，二者的铸造和使用年代比较清晰。再次为陶、瓷、铜等年代特征明显的器物，如陶壶、釜、钵等器物。其他无特征器的墓葬只能通过和相关墓葬的出土器物比较，尽量选择有纪年或器物年代特征较强的墓葬用于比较。还有一批墓葬扰乱严重，墓葬形制不明或出土器物很少，只能通过与本批墓葬的比较得出大致年代。

第一期，有两座纪年墓葬。朱 M3 的甬道口右侧发现有形 "元和二年" 纪年铭文砖。历史上有两个皇帝曾用 "元和" 纪年，一个是东汉章帝，一个是唐代宪宗。据墓葬形制和器物，唐宪宗可以排除。东汉章帝元和二年为公元 85 年。[1] 所以朱 M3 使用年代大致为公元85 年前后。白 M43 墓室内出土有 "永元七年八月"（公元 95 年）纪年砖残块，"永元" 为东汉和帝和南朝齐萧宝卷的年号，但萧宝卷仅用该年号三年，与此处铭文不符。所以永元七年只能为东汉和帝的年号，永元七年为公元 95 年，所以该墓葬使用年代大致为此时。堰M5 出土的陶罐（M5:14）与重庆水泥厂崖墓 Ⅲ式罐相似[2]，发掘者认为重庆水泥厂崖墓时代偏早，下限在东汉中期，据此堰 M5 时代也应该不晚于东汉中期。而且杯、案、盘组合流行于王莽时期和东汉初期墓葬中，东汉中期以后基本见不到完整组合。综上，将该组墓葬定为东汉早期晚段，大致在章、和二帝时期。

第二期，沙 M6 为纪年墓，其南壁壁板与其东侧壁板之间有题记 "永憙元年巳廿二申夫人亥多□"，永憙是东汉皇帝刘炳的年号，使用一年，永憙元年即公元 145 年，所以该墓的建造年代应在 145 年，使用时间略向后延。大口瓮 Aa 型与三台郪江崖墓柏 M1 的瓮相似（M1:26），柏 M1 为纪年墓，题刻 "元初四年"，即 117 年[3]。小口束颈罐 A Ⅱ式与新都区互助村 B 型罐（M3:11）形制相似，互助村 M3 为纪年墓，出土的 "石门关" 上纪年："永建三年八月，段仲孟造此万岁之宅" "永和三年八月物故"。[4] 永建、永和为东汉顺帝年号，永建三年即为公元 128 年，永和三年为公元 138 年，为东汉中期。C Ⅰ式壶与凉水村 M2 的陶壶相似（M2:3），发掘者将该墓定在东汉早中期。钱币出现并流行 A Ⅳ式，为东汉中期钱币。因此该期墓葬为东汉中期，时间大致在安帝至桓帝时期。

---

① 万国鼎：《中国历史纪年表》，北京：中华书局，1978 年。

② 郭蜀德、王新南：《重庆市水泥厂东汉岩墓》，《四川文物》1987 年第 2 期

③ 四川省文物考古研究院、绵阳市博物馆、三台县文物管理所：《三台郪江崖墓》，北京：文物出版社，2007 年。

④ 成都市文物考古研究所、新都区文物管理所：《成都市新都区互助村、凉水村崖墓发掘简报》，《成都考古发现》2002，北京：科学出版社，2004 年。

第三期，该期墓葬发现较多。BbⅠ式罐与中江塔梁子 AⅡ式罐（M3：7、M7：4）相似，深腹罐Ⅲ式与塔梁子 DⅠ式罐（M6：2）相似，发掘者将这三座墓葬定在东汉晚期。[①] 大底罐（M21：38）与何家山 1 号崖墓Ⅱ式罐（M1：6）相似，三段式神兽镜与何家山 1 号墓出土的铜镜相似，发掘者将该墓定为东汉晚期[②]。沙 M2 的长宜子孙八连弧凹面圈带镜与洛阳烧沟汉墓第八型第二式镜（M148：31）[③]、西安净水厂的 M72 出土的铜镜[④]相似，这两座墓时代都为东汉晚期。五乳禽鸟纹镜与成都天回山出土的铜镜相似，同墓有"光和七年"错金刀，光和七年为公元 184 年，为东汉晚期。[⑤] 该期出现 AⅤ式、C 型五铢，均为东汉晚期钱币，所以该期墓葬时代为东汉晚期。

第四期，沙 M1 出土的Ⅰ式瓷碗与忠县涂井Ⅰ式瓷碗（M5：113）形制相近[⑥]，虽然忠县涂井崖墓的时代还有争论，但均将 M5 认定为蜀汉时期[⑦]。该期虽然还出土有陶俑和模型器，但已有简化趋势，却又比东晋南朝墓葬所出陶俑复杂，特别是鸡、猪模型，与巴县白市驿蜀汉墓所出的模型形制接近，这座墓出土直百五铢和定平一百钱，断为蜀汉当无问题[⑧]。沙 M1 出土的变形四叶对凤镜与鄂城、安徽马鞍山朱然墓出土的四叶对凤镜形制比较接近[⑨]，但是画面更为规整，形态似略早特征，鄂城镜为六朝时期，朱然墓约为公元 249 年，所以井 M1 时代略早于西晋。综上，我们将该期墓葬定在蜀汉时期至西晋初期。

第五期，该期瓷器数量大幅增加，已与东汉、蜀汉墓葬形制和随葬器物明显不同。兽首壶Ⅰ式与巴东西瀼口Ⅰ式鸡首壶（M1：20）相似，塘 M1 出土的唾壶与巴东西瀼口的唾壶（M1：11）非常接近[⑩]，瓷碗Ⅱ式与金口火焰砖瓦厂的碗（M1：1、M2：10）相似[⑪]，发掘者将巴东西瀼口 M1、火焰砖瓦厂 M1、M2 判定为东晋。兽首壶Ⅱ式与重庆晒网坝 M6 出土的鸡首壶相似[⑫]，发掘者将该墓定在西晋晚至东晋早中期。高 M2 出土的四系罐（M2：2）与秭归小幺姑沱 M1 出土的四系罐相近，发掘者将该墓时代定在蜀汉晚至西晋初期[⑬]。高 M11 出土的瓷罐（M11：8）与公安县大北山 B 型罐（M4：3）形制接近，M4 时代为东吴末至西晋初[⑭]。据以上材料，将该期墓葬时代定在两晋，以西晋晚期和东晋墓葬为主。

第六期，BⅡ式釜与昭化宝轮崖墓的Ⅰ式釜形制接近（M1：2），发掘者认为宝轮 M1 时代为南北朝时期。[⑮] 高 M21 的四系盘口壶（M27：2）与武胜山水岩崖墓 M12 的四系盘口壶相似（M12：1），高 M20 的青瓷盘口壶与山水岩崖墓 M1 的四系瓶（M5：1）形制接近，发

① 四川省考古研究院、德阳市文物考古研究所、中江县文物保护管理所：《中江塔梁子崖墓》，北京：文物出版社，2008 年。
② 何志国：《四川绵阳何家山 1 号东汉崖墓清理简报》，《文物》1991 年第 3 期。而霍巍先生认为该镜时代在东汉晚期至六朝早期，见《四川何家山崖墓出土神兽镜及相关问题研究》，《考古》2000 年第 5 期
③ 中国科学院考古研究所：《洛阳烧沟汉墓》，北京：科学出版社，1959 年，第 169 页。
④ 陕西省考古研究所配合基建考古队：《西安净水厂汉墓清理简报》，《考古与文物》1990 年第 6 期。
⑤ 刘志远：《成都天回山崖墓清理记》，《考古学报》1958 年第 1 期。
⑥ 四川省文物管理委员会：《四川忠县涂井蜀汉崖墓》，《文物》1985 年第 7 期。
⑦ 钟治、韦正：《忠县涂井崖墓的时代与相关问题》，《东南文化》2008 年第 3 期。
⑧ 李国良：《巴县白市驿发现蜀汉砖室墓》，《四川文物》1994 年第 5 期。
⑨ 孔祥星、刘一曼：《中国铜镜图典》，北京：文物出版社，1992 年，第 392～393 页。
⑩ 广西壮族自治区文物工作队：《巴东县西瀼口古墓葬 2000 年发掘简报》，《江汉考古》2002 年第 1 期。
⑪ 武汉市考古队、武昌县文管所：《武昌金口汉晋墓发掘简报》，《江汉考古》1994 年第 3 期。
⑫ 山东省博物馆：《重庆晒网坝一座晋代墓葬的发掘》，《江汉考古》2004 年第 1 期。
⑬ 湖北省考古研究所：《三峡库区秭归小幺姑沱六朝墓清理简报》，《江汉考古》2005 年第 2 期。
⑭ 荆州博物馆：《荆东高速公路公安县大北山六朝墓葬发掘简报》，《江汉考古》2005 年第 4 期。
⑮ 沈仲常：《四川昭化宝轮镇南北朝时期的崖墓》，《考古学报》1959 年第 2 期。

掘者认为山水岩崖墓下限在南北朝时期。[①] 西 M2 出土的青瓷杯（M2：1）与三官殿砖室墓的 I 式杯[②]、绵阳 MS107 出土的 B Ⅵ 式碗形制接近，三官殿砖室墓出土有纪年砖，铭文为"大梁普通元年大岁庚子三月乙亥朔五日己卯……"，即梁武帝萧衍统治时期，公元 520 年，为南朝晚期。何志国认为绵阳出土的 B Ⅵ 式碗时代为南朝晚期[③]。Ⅲ 式瓷碗与观音垱 Ⅱ 式盏形制接近（M6：2），发掘者认为该墓时代为南朝[④]。该期墓葬流行南朝时期钱币，如沈郎五铢，四铢，孝建四铢等。综上，该期墓葬为南朝，部分时代或延续到隋及唐初，如高 M20、高 M26 部分青瓷杯具有隋代特征。

其他部分墓葬或被后世借室入葬，或破坏严重，或延续时间较长，无法细分期别。

白 M15、白 M17、白 M32 这三座墓葬均被后世借室入葬。白 M15 出土的陶俑具有典型汉文化特征，且出土五铢 A Ⅳ、A Ⅴ、C 型，所以该墓第一次入葬为东汉晚期，墓中还出土有崇宁通宝、铁钱等宋代钱币，说明在南宋时又借该墓室入葬。白 M17 中出土的陶壶 C Ⅰ 式流行于东汉中晚期，五铢钱有 A Ⅱ、A Ⅲ、A Ⅳ、A Ⅴ、C 型，所以该墓第一次丧葬活动大概在东汉晚期。墓葬中还出土有开元通宝，说明在唐代又使用该墓。白 M32 中的陶俑和陶器为典型汉代器物，出土 A Ⅱ、A Ⅲ、A Ⅳ、A Ⅴ、C 型五铢钱说明该墓入葬时代为东汉晚期。墓中还随葬有开元通宝，情况同白 M17。

白 M26、白 M16、白 M34 延续时间也较长，难以归组。白 M26 墓葬形制为 Ab Ⅰ 式，大口瓮为 Aa 型，随葬陶俑数量较少，均具有东汉早中期特征，但是出土了 A Ⅴ 式、C 型五铢钱，陶盆也具有东汉晚期特征，且该墓至少葬三人，说明该墓使用时间很长。白 M16、白 M34 情况大致与白 M26 相近，可能都是从东汉早中期至东汉晚期一直在使用。

朱 M2 未见完整器，原简报将时代定为东汉早期偏晚至中期偏早，但墓葬形制偏晚，暂定为东汉中晚期。[⑤]

官 M2、官 M11、官 M14、高 M4 四座墓葬破坏严重，且几乎未出土器物，时代不好判定。官 M2 墓葬形制接近 B Ⅰ 式，官 M11、官 M14 形制接近 B Ⅱ 式，时代大致为东汉，或可晚至中期以后。高 M4 墓葬形制接近 Aa Ⅴ 式，时代为六朝时期。

白 M12、白 M30、白 M41、高 M5 破坏严重，仅见一些陶俑和动物模型，器物具有东汉中晚期特征。

高 M3、高 M7、高 M8、高 M9、高 M14、高 M18、高 M19、高 M25 未见或少见出土器物，墓葬形制为 Ab Ⅶ、Ab Ⅷ 式，这两式墓葬流行于六朝中后期。

高 M12 墓葬被破坏，仅见 Bb Ⅱ 钵；高 M13、高 M17 扰乱严重，墓葬形制为 Ab Ⅶ，随葬 A 型陶盏，Ab Ⅶ 式墓、A 型盏、Bb Ⅱ 式陶钵均流行于东晋、南朝，所以这三座墓室时代大致为此时。

白 M22、白 M23、堰 M1 破坏严重，且未见随葬品，时代无法确认。

① 四川省文物考古研究院、广安市文物管理所、武胜县文化体育局、武胜县文物管理所：《四川武胜山水岩崖墓群发掘报告》，《四川文物》2010 年第 1 期。

② 武汉市博物馆：《武昌东湖三官殿梁墓清理简报》，《江汉考古》1991 年第 2 期。

③ 何志国：《四川六朝瓷器初论》，《考古》1992 年第 7 期。

④ 鄂州市博物馆：《鄂州市观音垱南朝墓发掘简报》，《江汉考古》1995 年第 4 期。

⑤ 绵阳博物馆、绵阳市文物稽查勘探队：《四川绵阳市朱家梁子东汉崖墓》，《考古》2003 年第 9 期。

表一　分期表

分期	墓号	Aa-I	Aa-II	Aa-III	Aa-IV	Aa-V	Ab-I	Ab-II	Ab-III	Ab-IV	Ab-V	Ab-VI	Ab-VII	Ab-VIII	B-I	B-II	B-III	大口瓮Aa	大口瓮Ab	大口瓮B-I	大口瓮B-II	小口束颈瓮A	小口束颈瓮B-I	小口束颈瓮B-II	敛口带罐A	敛口带罐B	敛口带罐C	喇叭罐A	喇叭罐B	深腹罐I	深腹罐II
一期	白 M14						1											2	1												
	白 M43	1																					1								
	朱 M1	1																	1												
	朱 M3							1																							
	朱 M4	1																													
	堰 M5						1																								
二期	白 M3								1									1													
	白 M7																														
	白 M8																	1		1											
	白 M10																														
	白 M11								1																						
	白 M20							1																							
	沙 M6			1																1										1	3
	沙 M7			1																		1									
	沙 M11			1																			1								
	朱 M5	1																				1	1		1						
	朱 M6							1										1	2												
	堰 M8	1																													
三期	白 M1															1															
	白 M13																														
	白 M18							1											1												
	白 M19																														
	白 M21		1																1				2	1							
	白 M25												1										1								
	白 M29												1					1													
	白 M39		1																												
	白 M40																		1												1
	白 M42								1									1	1						1					1	2
	白 M49																														
	白 M48						1																								
	沙 M2			1																					1	3		1			
	沙 M3								1														1								
	沙 M4												1						1												
	沙 M8			1																											
	沙 M9												1																		
	沙 M10			1																											
	井 M1							1																							
四期	井 M2				1																										
	沙 M1															1															
	沙 M5				1																										
五期	白 M5													1															1		
	白 M31				1																										1
	高 M1				1																										
	高 M2												1																		
	高 M11				1																										
	高 M16												1																		
	高 M19									1																					
	塘 M1												1																		
	塘 M2									1																					
	西 M1									1																					
	西 M3									1																					
	西 M4												1																		
	西 M5									1																					
	西 M6									1																					
六期	白 M38																														
	高 M6									1																					
	高 M10												1																		
	高 M15																														
	高 M20												1																		
	高 M21									1																					
	高 M26									1																					
	高 M27												1																		
	高 M28					1																									
	竹 M1												1																		
	竹 M2																														
	富 M1												1																		
	富 M3																														
	戏 M1											1																			
	戏 M2																														

表头：陶器

分期	墓号	小口束颈罐 A I	小口束颈罐 A II	小口束颈罐 Ba I	小口束颈罐 Ba II	小口束颈罐 Bb I	小口束颈罐 Bb II	小口束颈罐 C	大底罐	圆唇敛口罐	双唇罐	壶 A	壶 B	壶 C I	壶 C II	壶 D	钵 A I	钵 A II	钵 Ba	钵 Bb I	钵 Bb II	钵 Bc	钵 Bd	钵 Be	碗 I	碗 II	盏 A	盏 B	盆 A	盆 B	甑 A	甑 Ba	甑 Bb
一期	白 M14			2										1																			
	白 M43	1		2													1	2															
	朱 M1									1																							
	朱 M3				1																												
	朱 M4																													1				
	堰 M5								1										1															
二期	白 M3					1	2							1																			
	白 M7																																
	白 M8																															1	
	白 M10																																
	白 M11																																
	白 M20				1																												
	沙 M6			2				1				2																					
	沙 M7			4					1					1	1																		
	沙 M11																																
	朱 M5																																
	朱 M6																															1	
	堰 M8																																
三期	白 M1																																
	白 M13													1																			
	白 M18			1																													
	白 M19																																
	白 M21								1					1	1																	1	
	白 M25		1											1																		1	
	白 M29				4	4	1																							1	2		
	白 M39																	1															
	白 M40																																
	白 M42											1					2	1															
	白 M49																																
	白 M48	1														1																	
	沙 M2																	1															
	沙 M3		2													1																	
	沙 M4							1										1															
	沙 M8																																
	沙 M9																																
	沙 M10																																
	井 M1																	1															
四期	井 M2																																
	沙 M1	1	2								1		1																				
	沙 M5																																
五期	白 M5																																
	白 M31																			2	1												
	高 M1																							2									
	高 M2																																
	高 M11									1								1		1				3									
	高 M16									1																							
	高 M19																																
	塘 M1				1															1													
	塘 M2																			1	1												1
	西 M1																																
	西 M3																			1	2	1						1				2	
	西 M4																			1	1												
	西 M5																																
	西 M6																			1	1		1		1			1					1
六期	白 M38																															1	
	高 M6																																
	高 M10																																
	高 M15																																1
	高 M20										1												1										1
	高 M21																															1	
	高 M26																								2		1						
	高 M27																				1						1						
	高 M28						2															1	3	5									
	竹 M1																																
	竹 M2																																
	富 M1																					1	1										1
	富 M3																										1						
	戏 M1																											1					
	戏 M2																											2					

分期	墓号	陶釜A-I	陶釜A-II	陶釜A-III	陶釜A-IV	陶釜B-I	陶釜B-II	陶釜C	陶釜D	井A	井Ba	井Bb	执壶I	执壶II	瓷碗I	瓷碗II	瓷碗III	盏A	盏B-I	盏B-II	铜釜A-I	铜釜A-II	铜釜B	铜釜C-I	铜釜C-II	半两A	半两B	半两C	半两D	半两E	五铢A-I	五铢A-II	五铢A-III	五铢A-IV	五铢A-V	五铢B	五铢Ca	五铢Cb
一期	白M14			2																						1												
	白M43																																					
	朱M1																																					
	朱M3	1																													22	37	65				3	
	朱M4		1																																			
	堰M5		1								1																						2				2	
二期	白M3	1																														1						
	白M7																																	1				
	白M8																																					
	白M10											1																						3				
	白M11																																					
	白M20																														3		1					
	沙M6		1								1																											
	沙M7																																					
	沙M11																																					
	朱M5	1																														3						
	朱M6																														13	17		28			2	
	堰M8																																				1	
三期	白M1																																					
	白M13		1									1																										
	白M18	1										1																					6	1	2		1	
	白M19																															1	5				11	
	白M21	2	1			1						1																						1	1		76	
	白M25		1									1				1											1				1	4	3	5	3		21	
	白M29		1									1																			8	7	1				76	
	白M39																														9	10	22	12	2		8	
	白M40																														7	6	25	19	2		38	
	白M42							1														1										60	16	3			1	
	白M49																														1		3	1	3		60	
	白M48																													1			8	6	3		30	
	沙M2																										1						18	13	21	4		32	
	沙M3			1																																		
	沙M4																																					
	沙M8																																					
	沙M9																																				3	
	沙M10																																					
	井M1																																					
四期	井M2	1																																				
	沙M1							1					1																									
	沙M5																																					
五期	白M5																1															6					1	1
	白M31																																					
	高M1																																1					
	高M2																2				1					1												
	高M11														1								2			1												
	高M16																																					
	高M19																																					
	塘M1												1																									
	塘M2		1										1	1	1					1																		
	西M1																			1																		
	西M3			2																				1	2												
	西M4																																					
	西M5																																					
	西M6		1																																			
六期	白M38			1																																	3	6
	高M6															1				1					1												
	高M10																																					
	高M15					1																															
	高M20																	1																			
	高M21					1																															
	高M26																																					
	高M27																																					
	高M28																									1	1		1							1	2	6
	竹M1					1																															
	竹M2																1																				
	富M1																																				
	富M3		1					1																													
	戏M1																5																				
	戏M2																5																				

分期	墓号	钱币																								
		树钱		货泉									大泉五十								大泉十五	大布黄千		直百五铢		太平百钱
		五铢	货泉	A			B						A		B							I	II	I	II	
				I	II	III	I	II	III	IV	V	VI	I	II	I	II	III	IV	V	VI						
一期	白 M14	1														3											
	白 M43																									
	朱 M1																									
	朱 M3																									
	朱 M4																									
	堰 M5																									
二期	白 M3	8	1				36	11	15	4	6			4	7	12	1	1				2	1	1		
	白 M7																									
	白 M8																									
	白 M10																									
	白 M11																									
	白 M20																									
	沙 M6																									
	沙 M7																									
	沙 M11																									
	朱 M5																									
	朱 M6																									
	堰 M8																									
三期	白 M1																									
	白 M13																									
	白 M18																									
	白 M19																									
	白 M21																									
	白 M25							2																		
	白 M29																									
	白 M39																									
	白 M40																									
	白 M42											2														
	白 M49																									
	白 M48												1													
	沙 M2	14	3																							
	沙 M3																									
	沙 M4																									
	沙 M8																									
	沙 M9																									
	沙 M10																									
	井 M1																									
四期	井 M2																									
	沙 M1																									
	沙 M5																									
五期	白 M5																									
	白 M31																									
	高 M1																									
	高 M2																									
	高 M11																									
	高 M16																									
	高 M19																									
	塘 M1																									
	塘 M2																									
	西 M1																									
	西 M3																									
	西 M4																									
	西 M5																									
	西 M6																									
六期	白 M38																				1					1
	高 M6																									
	高 M10																									
	高 M15																									
	高 M20																									
	高 M21																									
	高 M26																									
	高 M27																									
	高 M28													3	1								2	1		
	竹 M1																									
	竹 M2																									
	富 M1																									
	富 M3																									
	戏 M1																									
	戏 M2																									

续表

分期	墓号	刘焉五铢	沈郎五铢	四铢 I	四铢 II	四铢 III	孝建四铢	孝建钱	两铢	无文钱 I	无文钱 II	六朝五铢	开元通宝 I	开元通宝 II	崇宁	政和	皇宋	宋铁钱
一期	白 M14																	
	白 M43																	
	朱 M1																	
	朱 M3																	
	朱 M4																	
	堰 M5																	
二期	白 M3																	
	白 M7																	
	白 M8																	
	白 M10																	
	白 M11																	
	白 M20																	
	沙 M6																	
	沙 M7																	
	沙 M11																	
	朱 M5																	
	朱 M6																	
	堰 M8																	
三期	白 M1																	
	白 M13																	
	白 M18																	
	白 M19																	
	白 M21																	
	白 M25																	
	白 M29																	
	白 M39																	
	白 M40									1								
	白 M42																	
	白 M49																	
	白 M48										1							
	沙 M2																	
	沙 M3																	
	沙 M4																	
	沙 M8																	
	沙 M9																	
	沙 M10																	
	井 M1																	
四期	井 M2																	
	沙 M1																	
	沙 M5																	
五期	白 M5																	
	白 M31																	
	高 M1																	
	高 M2																	
	高 M11																	
	高 M16																	
	高 M19																	
	塘 M1																	
	塘 M2																	
	西 M1																	
	西 M3																	
	西 M4																	
	西 M5																	
	西 M6																	
六期	白 M38	1	1		1		1	4	2	1	2	6						
	高 M6																	
	高 M10																	
	高 M15																	
	高 M20																	
	高 M21																	
	高 M26																	
	高 M27																	
	高 M28			1	1			1										
	竹 M1																	
	竹 M2																	
	富 M1																	
	富 M3																	
	戏 M1																	
	戏 M2																	

第三章　崖墓雕刻艺术初步研究

　　一般来讲，汉代装饰性墓葬的主要种类有空心砖墓、花纹砖墓、壁画墓、画像石墓、画像砖墓、画像崖墓、画像石阙墓和画像石棺墓等几大类。这些类型的墓葬装饰根据其艺术形式又可以分为图案、壁画和画像三种类型。绵阳河边九龙山沙包梁发掘的十一座崖墓有十座均属于画像崖墓，其中 M2、M4、M6、M7、M11 五座崖墓还带有画像崖棺。与画像石棺作为单独个体具有可分割性不同的是，崖棺一般是与崖墓连成一体，如果分割就会损坏崖墓的整体完整性。画像崖墓与画像崖棺在制作方法上，都是采用雕刻的手法，以石为地，以刀代笔，用雕刻的手法表现一些构图较为复杂，画面构成和艺术处理又近似于绘画的图像。

　　最早关于墓葬画像的记载，见于戴延之的《西征计》："焦氏山北数里，汉司隶校尉鲁峻，……冢前有石祠、石廟，四壁皆青石隐起。自書契以来，忠臣、孝子、貞婦、孔子及弟子七十二人形像，像边皆刻石记之，文字分明。有石牀，長八尺。"[1]

　　宋代至民国时期，对于汉代画像石的著录和研究主要采用临摹记录的方式，且偏重于有文字题记的画像，属于传统金石学的范畴。20 世纪初，随着中国近代考古学的诞生，对汉代画像石的发现与研究逐渐走出金石学家的书斋，开始纳入考古学的范畴。这个时期西南地区汉墓石刻的发现始于外国学者的考察，如法国学者色珈兰的《中国西部考古记》中，便记述了西南地区发现的一些画像崖墓[2]。20 世纪 30 ~ 40 年代，中国学者集中对四川新津县至乐山市以及重庆地区的崖墓进行了考察，大批汉代画像装饰墓被发现，从而推动了汉代画像墓的发掘和研究工作的全面展开，这个时期比较著名的发现有四川乐山麻浩一号崖墓[3]和四川彭县发现的一批汉代画像崖墓[4]。70 年代末以后，随着我国改革开放和各项事业的蓬勃发展，全国各地尤其是在山东、苏北皖南、河南、陕北、晋西、四川、重庆等几个地区，汉代画像装饰墓的发现更是点多量大、层出不穷。这个时期四川地区比较重要的画像崖墓有四川长宁七个洞崖墓群[5]、四川三台郪江崖墓群柏林坡 1 号墓[6]等。这个时期人们

---

　　① ［后魏］郦道元撰：《水经注》卷八，《四库全书》（史部·地理类·河渠之属），上海：上海古籍出版社，1989 年，第 573 册第 144 页。
　　② ［法］色珈兰著，冯承均译：《中国西部考古记》，上海：商务印书馆，1930 年。
　　③ 唐长寿：《四川乐山麻浩一号崖墓》，《考古》1990 年第 2 期。
　　④ 南京博物院编：《四川彭山汉代崖墓》，北京：文物出版社，1991 年。
　　⑤ 四川大学考古专业七八级实习队等：《四川长宁"七个洞"东汉纪年画像崖墓》，《考古与文物》1985 年第 5 期。
　　⑥ 四川省文物考古研究院、绵阳市文物管理局、三台县文物管理所：《四川三台郪江崖墓群柏林坡 1 号墓发掘简报》，《文物》2005 年第 9 期。

对于画像的综合著录、汉代画像石的分区和分期研究、专题研究以及综合研究逐渐深入开展起来。著录方面包括傅惜华编著的《汉代画像全集·初编》①、《汉代画像全集·二编》②、常任侠主编的《中国美术全集·绘画编·画像石画像砖》③、闻宥集编撰的《四川汉代画像选集》④、高文编的《四川汉代画像石》⑤。区域系统研究的代表有李发林的《山东汉画像石研究》⑥、罗二虎的《西南汉代画像与画像墓研究》⑦。专题研究方面对于汉代画像题材如伏羲女娲、西王母等的内涵及意义，以及汉代画像所反映的当时社会经济文化形态、宗教思想及道德意识等诸方面均有了比较深刻的论述和探讨。如陈履生的《汉画主神研究》一书，便是对西王母、东王公、伏羲、女娲等神祇进行的系统专题研究。信立祥的《汉代画像石综合研究》一书⑧，是中国第一部关于汉代画像石的综合性系统研究专著，代表了汉代画像石时空框架的基本确立。

中国西南地区的汉代画像墓主要分布在包括四川省东部和重庆市在内的四川盆地，尤以四川盆地中西部发现最多，此外在四川西南部的凉山彝族自治州、贵州省北部和云南省东北部的昭通地区也有发现。据统计，西南地区发现的 400 余座画像墓中，画像崖墓的数量约占一半以上⑨。

四川的画像崖墓主要分布于岷江、沱江、涪江、嘉陵江及其支流和长江两岸。成都周边县市如彭州、新都、新津、双流及蒲江等地均有发现，绵阳、内江、乐山、宜宾等地也有相当数量的发现。其时代多集中在东汉中晚期至蜀汉时期，个别延续至西晋时期。其雕刻技法一般为剔地平面浅浮雕和线刻并施，墓主的身份可能为京师贵戚，郡县豪家以及有一定经济基础的富裕之人。

绵阳崖墓画像具有明显的区域特性，以三台县永明元宝山为界，可以分为南北两个片区。北部片区以单室墓为主，且画像崖墓较少，装饰内容单一、结构简单，多为仿木结构雕刻，如江油白云洞和涪城河边九龙山。南部片区单室崖墓和装饰简单的墓葬仍然普遍，但也存在如三台郪江崖墓、永明崖墓等为代表的结构复杂，附属设施完善，雕刻和彩绘繁复的墓葬⑩。九龙山沙包梁即属于北部片区，目前共计清理崖墓 11 座，除 M1、M9 为前后室墓外，其余均为单室墓，11 座崖墓中除 M3 外，余皆发现有画像雕刻。画像石刻主要分布于墓门、墓室两壁的仿木结构壁板、墓室后壁。画像题材有仿木结构屋顶、仿木结构屋脊屋面、阙、蹲熊、立马、狗、母子鸡、飞鸟、朱雀、龟、蟾蜍、挂猴、拱手俑、提罐俑、吹笛俑、魌头、嘉瓜吊饰、莲花莲蓬吊饰、胜纹、鱼纹等。

① 傅惜华：《汉代画像全集·初编》，巴黎大学北京汉学研究所图谱丛刊之一，1950 年。
② 傅惜华：《汉代画像全集·二编》，巴黎大学北京汉学研究所图谱丛刊之一，1951 年。
③ 常任侠：《中国美术全集·绘画编·画像石画像砖》，上海人民美术出版社，1988 年。
④ 闻宥：《四川汉代画像选集》，上海：群联出版社，1955 年。
⑤ 高文：《四川汉代画像石》，成都：巴蜀书社，1987 年。
⑥ 李发林：《山东汉画像石研究》，济南：齐鲁书社，1982 年。
⑦ 罗二虎：《西南汉代画像与画像墓研究》，四川大学考古学及博物馆学博士学位论文，2002 年。
⑧ 信立祥：《汉代画像石综合研究》，北京：文物出版社，2000 年。
⑨ 罗二虎：《中国西南汉代画像内容分类》，《四川大学学报（哲学社会科学版）》，2002 年第 1 期。
⑩ 唐光孝：《绵阳崖墓的初步研究》，《四川文物》2000 年第 6 期。

第一节　画像的雕刻技法

沙包梁崖墓以单幅为主，有的雕刻生动逼真，有的仅刻画出物像的线条，留下整体的形象。画像雕刻技法可分为阴线刻、浅浮雕、高浮雕、半圆雕四种。

阴刻线是直接在墓壁上用阴刻线条刻画出图像，画像表面无凹凸感，图像与墓壁在同一平面上。有的图像简单，潦草拙稚，如沙包梁 M6 的飞鸟、狗和阙，沙包梁 M11 的鱼纹。有的图像线条流畅，复杂准确，精美，如沙包梁 M6 的朱雀。

浅浮雕在开凿崖墓时，根据规划将画面部分留出并凿成一个平面，然后再刻出物像轮廓，用小型尖凿减地，最后再用尖凿和平凿雕刻浮雕画像。这样在画面减地的背景部分常留下规整而细致的小型尖凿痕，一般高约 1～3 厘米。

高浮雕一般铲地较深，物象凸出较高，细部特征用不同的凹凸刻画，层次比较明显，具有较强的立体感。如沙包梁 M2 的立人像、挂猴和蹲熊，M5 的魁头等，一般高约 5～10 厘米。

半圆雕是将物象的一部分或大部分立体的雕刻出来，但是仍然有一部分与岩石接连在一起，其凸出部分高达 15～30 厘米，大部分墓顶悬挂的吊饰均属于半圆雕雕刻而成。

第二节　画像的分类

一　仙禽灵兽等祥瑞图像类

阙　阙在先秦两汉之时是一种高贵的礼仪性建筑，矗立在官、门、祠庙、墓等之前，其作用是"别尊卑"等①。《水经注》卷十六载："门必有阙者何？阙者，所以饰门，别尊卑也。"② 因此，在现实生活中阙是主人身份、地位和财富的象征。有学者已经指出，在墓中出现的阙形象，是象征墓主死后将通过天门进入天国③，例如简阳鬼头山崖墓出土的 3 号石棺上即有"天门"题榜的双阙④，在重庆巫山土城坡东井坎出土 A2、A3、A6、A7、B1 等铜牌饰上的双阙形象中间也刻有"天门"二字⑤。文献中有不少描写有天门的形象，《神异经·西北荒经》载："西北荒中二金阙，高百丈，金阙银盘，圆五十丈。二阙相去百丈，上有明月珠，径三丈，光照千里。中有金阶，西北入两阙中，名曰天门。"⑥ 天门的形象基本与人间的阙相同，只是天门为仙人的阙而已，它是表现仙人仙界的画像，墓主人希望通过"阙—天门"进入天国，达到升仙的目的，如沙包梁 M6 南壁、沙包梁 M9 北壁、沙包梁 M2 甬道北壁均出现有线刻阙的图像。此外，除了阙用以表示天门外，沙包梁崖墓中还利用墓门及墓室后壁出现的仿木结构屋脊屋面代表通往仙界的天门，特别是与后壁仿木结构屋脊

---

① 陈明达：《汉代的石阙》，《文物》，1961 年第 12 期。

② ［后魏］郦道元撰：《水经注》卷十六，《四库全书》（史部·地理类·河渠之属），上海：上海古籍出版社，1989 年，第 573 册第 264 页。

③ 赵殿增、袁曙光：《"天门考"兼论四川汉画像砖（石）的组合与主题》，《四川文物》1990 年第 6 期。

④ 内江市文管所、简阳县文化馆：《四川简阳县鬼头山东汉崖墓》，《文物》1991 年第 3 期。

⑤ 赵殿增、袁曙光：《"天门"考——兼论四川汉画像砖（石）的组合与主题》，《四川文物》，1990 年第 6 期。

⑥ ［明］陈耀文撰：《天中记》卷十四，《四库全书》（子部·类书类），上海：上海古籍出版社，1989 年，第 965 册第 620 页。

屋面同出的蹲熊、蹲兽、朱雀、蟾蜍等仙界灵兽，更是将这种通过天门可进入仙界的涵义表达的十分直白。

蹲熊　熊在中国古代传统文化中是瑞兽，如《太平御览》引《孝经援神契》曰："赤熊见奸佞自远"①。它同龙凤一样，是华夏民族的远古图腾之一，比如黄帝号"有熊氏"、伏羲号"黄熊"。蹲熊的形象在汉代画像中屡有发现，如徐州贾汪区 9 号石斗拱上雕刻的蹲熊②、四川彭山双江崖墓墓门门楣上雕刻的蹲熊等③，蹲熊一般以蹲踞的形象出现在斗拱或门楣中间，如王延寿在《鲁灵光殿赋》中有这样的描述："玄熊蚴蟉以断断，却负载而蹲踑。"④李周翰注："木上刻作黑熊……言玄熊吐舌出齿，却负戴栋梁而蹲踞也。"楚人称之为"负熊"，汉人叫做"玄熊"，即黑熊。斗栱表达了汉代人的宇宙观念及升仙涵义，它的使用抬升了天（穹顶或屋顶）的高度，是通往天庭枢纽的符号⑤。而沙包梁画像崖墓中出现的，与斗栱、仿木结构屋脊屋面相连的蹲熊也许就是人们通往天国的守护神，配合门扉上的朱雀等祥瑞图像，可能象征死者进入仙界的天门。又因为蹲熊的形象无一例外地刻画出勃起的生殖器，且大多涂上朱砂进一步强调其重要性，蹲熊在这里出现的意义应该还代表着墓主希望让自己的生命得以延续和再生的愿望。

挂猴　猴、鸟与树以及猴与阙的组合形象在画像石棺中比较常见，如四川泸州 13 号、泸州 15 号画像石棺⑥，除了表达一定写实的生活意趣外，画像石棺前档的阙一般还代表着天门，而"汉画像中出现的一些树木图像，并不单是对当时生活中树的简单记录与再现，而是通过其隐喻的象征图像与符号，传达汉人的一种升仙思想、生殖崇拜，以及汉代人趋吉祈财的观念。"⑦ 因此，沙包梁 M2 简化出现的 2 只悬挂的猴也可看做是仙界的象征。此外，猴与"侯"谐音，表达墓主希望死后可以在另一个世界封王封侯。

朱雀　在沙包梁崖墓出现较多，形象上与凤鸟难辨别，也有文献表明凤鸟实际上就是后来常言的四神之一的朱雀，如《梦溪笔谈》卷七记载有："四方取象，苍龙、白虎、朱雀、龟蛇，唯朱雀莫知何物，但谓鸟而朱者，羽族赤而翔上，集必附木，皆火之象也。或谓之长离，方之长耳，或云鸟即凤也，故谓之凤鸟"⑧。凤鸟亦称凤凰、鸾鸟，正如《山海经·大荒西经》所记载："有五彩鸟三名，一曰皇鸟、一曰鸾鸟、一曰凤鸟。"⑨ 沙包梁崖墓所见的朱雀均为单独个体出现，大多位于后壁或两壁的壁板之内。不管是凤鸟、朱雀，抑或是鸾鸟，均代表了一种祥瑞的神鸟。《说文》曰："凤，神鸟也。天老曰凤之象也，鸿前麐後，蛇頭魚尾，鸛顙鴛腮，龍文龜背，燕頷雞啄，五色備舉。出于东方君之国，翱翔四

①　[宋] 李昉等撰：《太平御览》卷九百八·兽部，《四库全书》（子部·类书类），上海：上海古籍出版社，1989 年，第 901 册第 139 页。

②　杨孝军、郝利荣：《徐州新发现的汉画像石》，《文物》2007 年第 2 期。

③　中国画像石全集编辑委员会编：《中国美术分类全集·中国画像全集·四川汉画像石》，济南：山东美术出版社，2000 年。

④　[梁] 昭明太子萧统编、[唐] 李善、吕延济、刘良、张铣、吕向、李周翰注：《六臣注文选》卷十一，《四库全书》（集部·总集类），上海：上海古籍出版社，1989 年，第 1330 册 258 页。

⑤　季宏、朱永春：《汉画像升仙图中斗拱的文化意义解读》，《华中建筑》2008 年第 1 期。

⑥　刘雨茂：《汉画像石棺及其神仙信仰研究》，山东大学考古学及博物馆学博士学位论文，2011 年。

⑦　吴迎迎：《浅析汉画像中的树木形象》，《美与时代》2010 年第 11 期。

⑧　[宋] 沈括撰：《梦溪笔谈》卷七，《四库全书》（子部·杂家类·杂说之属），上海：上海古籍出版社，1989 年，第 862 册第 752 页。

⑨　[晋] 郭璞撰：《山海经》卷十六·大荒西经，《四库全书》（子部·小说家类·异闻之属），上海：上海古籍出版社，1989 年，第 1042 册第 75 页。

海之外，過昆侖，飲砥柱，濯羽弱水，暮宿丹穴，見則天下大安寧。"① 这种祥瑞之鸟，出于神山仙境，在墓葬画像中的起着引导墓主升仙的重要作用，这在《焦氏易林》中所明确的记载："玄鸞黑颡，东歸高鄉，朱鸟導引，灵龟载庄。遂抵天門，见我貞君，人马安全"②。

蟾蜍　《尔雅翼》卷三十载："羿请不死之藥于西王母，常娥窃之以奔月，遂託身于月，是为蟾蠩。"③ 蟾蜍作为月宫不死仙人的例证还见于画像墓中，如简阳鬼头山崖墓 3 号画像石棺棺身右侧，就有二人首鸟身的羽人，其腹部圆轮中分别浮雕金乌、桂树和蟾蜍，并在二羽人之间榜题有"日月"二字④。此外，我们也常常可以在画像石棺上看到蟾蜍与三足乌、九尾狐、玉兔等仙界瑞兽一起，构成了以西王母为主神的仙界场景⑤，如四川郫县新胜砖室墓出土的 2 号石棺，其棺身一侧为西王母居中端坐于龙虎座上，后有三灵芝华盖。旁有三足乌、九尾狐、起舞蟾蜍、捣药蟾蜍、博弈仙人等⑥。因此，沙包梁 M4 后壁单独圆雕的蟾蜍，与沙包梁 M2、沙包梁 M10 后壁雕刻的朱雀具有相近的内涵，即它们均是作为仙界的象征，其作用可能是引导墓主升仙。

胜纹　西王母最早的记载见于《竹书纪年》⑦《山海经》等书，根据《山海经·西山经》中记载："又西三百五十里，曰玉山，是西王母所居也。西王母其状如人，豹尾虎齿而善啸，蓬髮戴勝，是司天之厉及五残。"⑧《海内北经》亦云："西王母梯几而戴勝杖，其南有三青鸟，为西王母取食。"⑨ 而考古发掘中发现的大量西王母图像大多头戴胜，因此胜也成为西王母的一个重要标志。《焦氏易林》中多次提到西王母，认为她具有庇佑、赐福、长寿、凶相等神力，而最让汉代人崇信西王母的原因乃是其掌管着不死之药，能让人长生不死，飞升成仙。胜纹仅见于沙包梁 M11、沙包梁 M4 崖棺上，伴出的雕刻有丁头栱、莲子、吊饰、鱼等代表衔接的祥瑞之物，因此，作为西王母标志的胜也当为仙界的重要象征之一。

吊饰　吊饰可分两类，一种形似壶、带座立耳镶之类的日常生活用具，一种为祥瑞植物如嘉瓜、莲花、莲蓬。其中嘉瓜类祥瑞植物吊饰为西南地区汉代崖墓中常见的雕刻形象，有学者认为这种嘉瓜可能是大如瓜的巨枣⑩，并引用《史记·封禅书》中："臣尝游海上，见安期生食巨棗，大如瓜。安期生遷者，通蓬莱中，合则见人，不合则隐"⑪ 予以说明。其

① ［宋］林之奇撰：《尚书全解》卷三十三，《四库全书》（经部·书类），上海：上海古籍出版社，1989 年，第 55 册第 680 页。

② ［汉］焦赣撰：《焦氏易林》卷一，《四库全书》（子部·术数类·占卜之属），上海：上海古籍出版社，1989 年，第 808 册第 297 页。

③ ［宋］罗愿：《尔雅翼》卷十三，《四库全书》（经部·小学类·训诂之属），上海：上海古籍出版社，1989 年，第 222 册第 499 页。

④ 内江市文管所、简阳县文化馆：《四川简阳县鬼头山东汉崖墓》，《文物》1991 年第 3 期。

⑤ 刘雨茂：《汉画像石棺及其神仙信仰研究》，山东大学考古学及博物馆学博士学位论文，2011 年。

⑥ 四川省博物馆、郫县文化馆：《四川郫县东汉砖墓的石棺画像》，《考古》1979 年第 6 期。

⑦ 方诗铭、王修龄：《古本竹书纪年辑证》，上海：上海古籍出版社，1981 年。

⑧ ［晋］郭璞撰：《山海经》卷二·西山经，《四库全书》（子部·小说家类·异闻之属），上海：上海古籍出版社，1989 年，第 1042 册第 16 页。

⑨ ［晋］郭璞撰：《山海经》卷十二·海内北经，《四库全书》（子部·小说家类·异闻之属），上海：上海古籍出版社，1989 年，第 1042 册第 65 页。

⑩ 罗二虎：《汉代画像石棺研究》，《考古学报》2000 年第 1 期。

⑪ ［汉］司马迁注、［宋］裴骃集解：《史记》卷十二，《四库全书》（史部·正史类），上海：上海古籍出版社，1989 年，第 243 册第 267 页。

实仙人食枣的说法在汉代十分流行，汉代铭文铜镜，特别是博局镜上就常见此类内容，如"尚方佳镜直大好，上有仙人不知老，渴欲玉泉饥食枣，浮如天下遨四海，寿如金石如国保"①，也有"作佳镜哉真大好，上有仙人不知老，渴饮澧泉饥食枣，浮游天（？）"②之类。沙包梁崖墓中吊饰的位置并不固定，如沙包梁 M4、沙包梁 M6、沙包梁 M11 吊饰主要出现在墓室以及崖棺的顶部，且多为嘉瓜、莲蓬、莲子之属，而沙包梁 M2 吊饰为分布在墓室南北两壁后部的壶形吊饰，伴出的有飞鸟、朱雀、斗拱等。就起位置和伴出其他画像题材来看，它们还是应该属于代表仙界的祥瑞之物。

鱼　汉代画像墓中常见的一种图像，如河南南阳王庄汉画像石墓墓顶有一幅鱼车的画像，"图中刻绘四条大鱼曳引一车，车上高树华盖，一驭者双手挽缰，河伯端坐在车上"③，墓顶象征仙界，出现在仙界的鱼车承载神祇河伯，自然也成为了仙界的象征。且沙包梁崖墓 M11 中的鱼出现在胜纹旁边，且朝向胜纹所在的方向，其作用应为表现引导墓主升天。除此之外，先秦至汉代，鱼通常作为配偶的隐喻，鱼生殖能力繁盛，表达了多子多福的祝福含义。

二　现实世界墓主人世俗生活类

马厩、立马　与画像石棺和壁画墓中常见的气势磅礴的车马出行仪仗类画像不同的是，沙包梁崖墓多为立马、马厩的单体或组合形式出现，沙包梁共有十座画像崖墓，其中雕刻立马或马厩的共计 5 座，单独雕刻马厩的有 2 座，单独雕刻立马的有 1 座，雕刻立马 + 马厩组合的墓葬有 2 座，大多位于墓葬南北两壁，且多与母子鸡、狗等家禽家畜伴出，其意义更多应该是对墓主现实生活的一种反映，充满了浓郁的生活气息。

侍俑类图像　包括拱手俑、提罐俑、吹笛俑、执刀俑等，多以高浮雕雕刻，位于墓室南北壁。这类雕刻与绵阳崖墓中随葬的陶俑形制相似，一般认为它们既是墓主生前生活的写照，也表达出墓主希望死后仍然享有生前的荣华富贵。也有学者从另一个角度进行阐释，认为随葬的陶俑群代表仙界神君真官，它们在墓葬内有其内在逻辑，表达着墓主人所追求的飞天成仙的终极思想④。

三　地下世界驱鬼镇墓类

魌头　是汉代驱鬼仪式中所戴的面具。《周礼注疏》载："方相氏掌蒙熊皮，黄金四目，玄衣朱裳，执戈扬盾，帅百隶而时难，以索室殴疫。"郑玄注："蒙，冒也。冒熊皮者，以惊殴疫疠之鬼，如今魌头也。时难四时，作方相氏，以难却凶恶也。"⑤ 雕刻有魌头的仅见于沙包梁 M5 的后壁中部，其目的可能是为了保护墓主不受侵扰。

狗　根据其所处的位置以及伴出的题材不同具有不同的意义。一种是作为常见的家畜

①　李怀通、李玉洁著：《中国铜镜观》，郑州：中州古籍出版社，2010 年，第 149 页。
②　南阳市文物考古研究所编著：《南阳出土铜镜》，北京：文物出版社，2010 年，第 351 页。
③　李立：《汉墓神话"鱼车图"的神话内涵与神话艺术魅力》，《汉墓神画研究》，上海：上海古籍出版社，2004 年。
④　姜生：《长沙金盆岭晋墓与太阴炼形——以及墓葬器物群的分布逻辑》，《宗教研究》2011 年第 1 期。
⑤　［汉］郑玄注：《周礼注疏》卷三十一，《四库全书》（经部·礼类·周礼之属），上海：上海古籍出版社，1989 年，第 90 册第 574 页。

而存在，如沙包梁 M9 卧于立马下憨态可掬的狗。一种可能是作为守门御凶的天狗而存在，如沙包梁 M6 的天狗位于墓室北壁上层壁板内，呈飞奔状，位于近墓门的地方，主要为守门御凶的作用。《山海经·西山经》："有兽焉，其状如狸而白首，名曰天狗，其音如榴榴，可以御凶。"① 因而可以驱鬼镇墓。

第三节　画像配置及其意义

绵阳崖墓墓壁雕刻的画像有较为固定的配置，一般墓门雕刻仿木结构屋脊屋面以及瓦当，如沙包梁 M6、沙包梁 M11。也有在此基础上加上蹲熊形象以庇护墓主免受诸邪精侵扰，如沙包梁 M1。墓顶一般装饰莲花、莲蓬、嘉瓜等祥瑞之物，如沙包梁 M4、沙包梁 M6、沙包梁 M11。墓室南北壁雕刻内容分建筑类、人物俑、动物俑图像，建筑类包括阙、立柱、斗拱等；人物俑包括提罐俑、拱手俑、吹笛俑、执刀俑等，均属于侍奉墓主生前物质生活、精神娱乐的仆从形象，并希冀这种生前的生活在死后一如既往得到延续。动物俑又可分为日常生活中可见，但大多被赋予仙界祥瑞之物如马、猪、狗、鸡、飞鸟、猴、龟、熊等动物，以及神话传说中的祥瑞动物如朱雀。墓室后壁主要雕刻仿木结构屋顶、立柱、斗拱、蹲熊、蹲兽、朱雀、蟾蜍等图像，且一般不与墓门的仿木结构雕刻重复。棺椁作为墓主生死后的栖身之所，也极尽象生的雕刻出仿生前居所的斗拱、立柱、窗棂等建筑形象，同时又包含有仙界胜纹、嘉瓜等祥瑞之物。

画像配置和内容随着时代的变化又存在一定的差别，沙包梁画像崖墓根据图像内容及配置的差别可大致分为三组：

第一组以沙包梁 M6、M7、M11 为代表，墓葬形制均为 Aa 型 Ⅲ 式单室崖墓，出土随葬器物常见 A Ⅱ 式小口束颈罐、B Ⅰ 式小口束颈瓮、Ⅰ 式深腹罐、B 型喇叭口罐、Ab 型大口瓮、A Ⅱ 式陶釜、A Ⅰ 式陶钵，出现 B Ⅱ 式大口瓮、D 型陶壶，陶俑模型增多，种类丰富，包括动物俑鸡、鸭、狗、猪，A 型陶井、陶水田模型，A、B、D 型站立拱手俑，B、C、D、E 型劳作俑，C、E 型乐舞俑等，基本符合墓葬分期中第二组（即第二期）崖墓的时代特征。墓葬画像雕刻简单，其画像配置一般墓门雕刻仿木结构屋脊屋面和瓦当，墓顶雕刻四面坡屋顶以及莲花、嘉瓜等吉祥物，个别在墓室东壁雕刻挂猴、提罐俑，墓室北壁雕刻建筑（如马厩、斗拱）、动物俑（如母子鸡、狗、飞鸟）、吹笛俑以及朱雀，墓室南壁雕刻简单，包括雕刻建筑（如重檐九脊阙、斗拱）、飞鸟、拱手俑，崖棺雕刻立柱、帷幔、斗拱及蹲熊。甬道及墓室后壁无雕刻。该组沙包梁 M6 有"永憙元年巳廿二申夫人夋多□"题记，永憙元年即公元 145 年。根据纪年题记、墓葬形制、出土器物及崖墓画像配置组合分析，其时代约在东汉中期（安帝与桓帝时期）。

第二组以沙包梁 M2、M4、M8、M9、M10 为代表，墓葬形制仍有 Aa 型 Ⅲ 式单室墓，如沙 M2、沙 M8、沙 M10，出现 B 型 Ⅰ 式、B 型 Ⅱ 式双室墓。可能与墓葬盗扰严重有关，该组随葬品相对第一组画像崖墓来说，并没有在数量上明显增多，仍见 A Ⅱ 式小口束颈罐、B Ⅰ

---

① ［晋］郭璞撰：《山海经》卷二·西山经，《四库全书》（子部·小说家类·异闻之属），上海：上海古籍出版社，1989 年，第 1042 册第 17 页。

式小口束颈瓮、Ab 型大口瓮、A Ⅱ 式陶钵。小口束颈罐出现 C 型，小口束颈瓮出现 B Ⅱ 式，陶钵出现 A Ⅱ 式，陶釜出现 A Ⅲ 式。动物俑有鸭、鹅，陶俑仍常见 A、B 型站立拱手俑，A、E 型乐舞俑，B、D 型劳作俑等。比较符合墓葬分期中第三组（即第二期）崖墓的时代特征。墓葬雕刻丰富且更精致，该组与第一组在画像配置上明显不同的是墓门、墓室东壁无任何雕刻，墓室后壁雕刻较为丰富，包括建筑（如仿木结构屋脊屋面、瓦当、立柱、斗拱）、祥瑞动物俑（包括朱雀、蹲熊、蟾蜍）。墓室南北壁的图像组合基本与第一组相近，只是马厩与立马形象明显增多，祥瑞动物新增有挂猴、猪、龟等。葬具除崖棺外还出现一定比例的砖棺台，且崖棺雕刻略简单，仅雕刻立柱、斗拱、窗棂。其中沙 M2 出土有"长宜子孙"铭文铜镜，B 型半两钱、货泉、大泉五十、A Ⅱ、A Ⅲ、A Ⅳ、A Ⅴ、Ca 型五铢钱等铜钱。结合墓葬形制、出土器物及崖墓画像配置组合分析，第二组约在东汉晚期。

第三组以沙包梁 M1、M5 为代表。墓葬形制有 Aa 型 Ⅳ 式单室墓、B 型 Ⅱ 式双室墓。该组墓葬形制与第二组相比变化不大。墓葬盗扰严重，出土随葬品较少，如沙 M5 仅出土有 1 件陶狗。仍有前两组出土的 A Ⅱ 式小口束颈罐、C 型劳作俑。新出现双唇罐、D 型釜、B 型壶。Ba Ⅰ 式小口壶束颈罐、A 型劳作俑、B 型乐舞俑虽不见于前两组画像崖墓，但仍在绵阳崖墓第四组（即第四期）其他区域中比较常见。画像雕刻更为简单，图像也明显更少，如沙包梁 M1 仅在墓门处雕刻仿木结构屋脊屋面、瓦当、蹲熊，而沙包梁 M5 仅在墓室北壁、南壁、后壁分别雕刻吹笛俑、提罐俑及魁头各一件。沙 M1 还出土有变形四叶对凤纹镜。根据墓葬形制、出土器物及崖墓画像配置组合分析，第三组约在蜀汉时期（附表一 沙包梁画像崖墓画像配置简表）。

与画像砖、画像石棺图像配置不同的是，此次发现的崖墓石刻画像虽然也遵循一定的模式，如墓门雕刻仿木结构屋脊屋面，墓顶雕刻仿木结构屋顶、莲花、嘉瓜，部分墓室后壁也雕刻仿木结构屋脊屋面，但一般不与墓门雕刻重复出现，且较墓门雕刻增加了更多仙界祥瑞动物如朱雀、蹲熊、蟾蜍等；崖棺雕刻仿木结构窗棂，装饰仙界题材如胜纹、嘉瓜等。墓室南北壁雕刻具有较浓厚的生活气息，墓室前部雕刻石灶、马厩、立马、母子鸡、人物俑（如拱手俑、提罐俑、吹笛俑等），其余动物形象如飞鸟、狗、朱雀、蹲熊、挂猴等的位置则不甚规律等分布于墓室南北壁壁板内，甚至壁板与壁板之间空白处，显得随意且零散，且墓室南北壁预留的壁板内存在大量留白的情况，并不像画像砖、画像石棺有一个相对完整固定的叙事模式。如四川地区目前出土的石棺画像而言，有比较固定的图像配置模式，一般是前档双阙，后档伏羲女娲或朱雀，棺身两侧雕刻车马出行、仙界景象、或历史伦理故事等①，更多的是表达墓主希望飞升成仙的愿望。此外，四川地区发现的画像砖墓、画像石墓，除使用较多云气纹、连钱纹、连璧纹等代表仙界吉祥寓意的画像砖装饰墓内外，画像配置也遵循一定的模式，如甬道内的双阙图像，墓壁多为车马出行、宴饮、舞乐杂技、拜谒、市井、制盐、狩猎等题材，着重渲染了对现实生活或写实或夸张的刻画，最终的目的仍旧是希望进入到以西王母、仙人为代表的仙界。可见，画像砖墓、画像石墓通过较为复杂题材的运用，为我们展现了一种天上、人间立体的宇宙概念。

汉代画像装饰墓作为汉代墓葬考古的一个重要组成部分，对研究汉代政治制度、社会

---

① 罗二虎：《汉代画像石棺》，成都：巴蜀书社，2002 年。

文化生活以及道德观念等方面具有重要的意义。汉代的魂魄观认为人由魂和魄两个部分组成，这在《左传·昭公七年》有阐释："是言魄附形，而魂附氣也。人之生也，魄盛魂强。及其死也，形消氣滅。《郊特牲》曰：'魂氣歸於天，形魄歸於地。'以魂本附氣，氣必上浮，故言'魂氣歸於天'；魄本归形，形既入土，故言'形魄歸於地'。聖王緣生事死，制其祭祀；存亡既異，別為作名。改生之魂曰神，改生之魄曰鬼。"① 因此，为慰藉化为鬼的阴魄，在丧葬活动中讲究"事死如事生"，正如《荀子·礼论》所说："喪禮者，以生者飾死者也，大象其生，以送其死也，故如死如生，如存入亡，終始一也。"② 沙包梁画像崖墓中大量存在的建筑形象以及动物俑、人物俑，反映了当时的丧葬习俗对于还原墓主生前生活场景的努力，与汉代丧葬思想中对亡者作祟生者的恐惧也有一定的关系，东汉道教镇墓券保证墓主死后亡灵不受邪精侵扰，而解除文则是要竭力避免死者不安于死亡状态，对于生者的种种作祟和纠缠。生者通过对死者墓室的建筑，也加入了希望墓主在死后护佑后世子孙的象征，如墓顶莲蓬装饰，以及蹲熊对于生殖器的着意刻画，应该都是蕴含有子孙后代绵延不绝，繁荣昌盛的祈愿。

另一方面，"魂气归于天"，因而追求长生以及升仙思想在汉代道教中占据重要的地位，追崇者通过修身、服食丹药等手段来不断探求，并在死后仍不放弃升列仙班的渴望，于是有了墓葬壁画、雕刻以及画像石棺中出现的诸多关于仙界神仙、羽人、祥瑞动植物等形象的描绘。笔者认为沙包梁墓壁雕刻中的朱雀形象，应该就是属于墓主希望脱胎幻化成仙的图腾。

---

① ［周］左丘明传，［晋］杜预注，［唐］孔颖达正义：《春秋左传注疏》卷四十四，《四部备要》，北京：中华书局，1989年，第482页。
② ［周］荀况撰：《荀子》卷十三，《四库全书》（子部·儒家类），上海：上海古籍出版社，1989年，第695册第240页。

第四章　陶俑分类与初步研究

第一节　陶俑研究概况及意义

崖墓中出土了大量陶俑，与以成都为中心的川西地区比较起来，这批陶俑总体偏小，制作略显粗糙。

"俑，痛也……《礼记》《孟子》之俑，偶人也。俑即偶之假借字……假借之义行而本义废矣。《广韵》引《埤苍》说：'木人送葬。设关而能跳踊。故名之俑。'乃不知音理者强为之说耳。"① 此说甚是。《孟子·梁惠王》："仲尼曰：'始作俑者，其无后乎'，为其像人而用之也"。赵岐注："俑，偶人也，用之送死"。郑玄释为与生人相对偶，"有面目机发，似于生人"。最早的偶或为刍灵。《礼记·檀弓下》："涂车刍灵，自古有之，明器之道也。"郑玄注："刍灵，束茅为人马，谓之灵者，神之类。"孙希旦集解："涂车刍灵，皆送葬之物也。" 从俑的本意来看是人的形象，但也有人把动物模型也称为俑。本文的陶俑乃指本意。

目前发现的最早的陶俑是 1937 年出土于安阳殷墟的陶男女囚徒，时代为商晚期。至秦汉盛行陶俑随葬，秦、西汉时期以关中、徐州地区发现的陶俑数量最多，制作最精致，特别是关中地区，作为皇室所在地，代表了全国最高水平。至东汉，以上两地陶俑发现数量减少，有人认为"应与东汉皇陵内限置俑人制度有关"。② 而四川、广州等地区陶俑盛行。广州地区的陶俑数量也很多，但是其规格、艺术水平、数量都无法和四川地区相比。可以说东汉中晚期四川的陶俑代表了全国最高的水平。

陶俑多发现于墓葬之中，作为一种特殊的随葬品包含了大量历史信息，对于古代历史、文化研究有重要的价值。对陶俑在墓葬中位置及其功能的解读可以研究当时的丧葬思想、宗教信仰；陶俑的分类研究，可以了解当时社会阶层、职业构成和生产、生活体系，如依据兵马俑可以了解当时兵种构成和排兵布阵情况，依据劳作俑可以了解社会生产情况，依据宴饮俑可以了解当时社会娱乐情况，依据舞乐俑可以了解音乐、舞蹈史；陶俑的穿着提供了服饰信息，等等。这些信息对于汉文化研究的作用不言而喻。

陶俑最重要的特点是直观性强，这是任何历史文献材料所不具备的。限于生产力，古代不可能留下视频资料，而陶俑作为一个立体的、直观的形象，某种程度上可以看做作是

---

① ［汉］许慎撰、［清］段玉裁注：《说文解字注》，上海：上海古籍出版社，1981 年，第 381 页。
② 顾森：《中国陶瓷名品珍赏丛书——秦汉陶俑》，上海：上海人民美术出版社，1998 年，第 2 页。

某段历史视频资料的片段，排列有序的一个陶俑组合就是一个社会场景。研究者需要做的就是将这些片段、组合连接成连续的影像，以最大程度复原社会历史。

　　陶俑本身属于雕塑品，在中国雕塑史上具有重要的地位。

　　汉代陶俑著述已有不少，其研究大致可以分成以下几类：第一，图录，或加以简单的文字介绍，如《中国古代俑》[①]《中国古俑》[②] 中均介绍到汉代陶俑。第二，概述性的著述，如《替代殉葬的随葬品——中国古代陶俑艺术》[③]，该书虽然贯穿整个历史，但汉代陶俑也是其着墨较多之处。第三，分区、分期等综合性研究，如《两汉墓葬出土陶俑的研究》[④]。第四，专题性研究，主要针对某类、某地区的陶俑。地域性陶俑研究如《徐州地区西汉陶俑的发现及初步研究》[⑤]《广州汉墓出土人物俑的发现与研究》[⑥]《四川汉代陶俑刍论》[⑦] 等。针对某类形象陶俑的研究是主流，如 20 世纪八、九十年代，对秦、西汉的兵马俑的研究就是一个热点[⑧]。此外，在《岭南汉墓所见之胡人艺术形象及相关问题》[⑨]《洛阳地区东汉宴乐俑探析》[⑩]《巫山地区汉代乐舞俑的文化考辨》[⑪]《汉晋时期长江流域出土胡人俑的初步考察》[⑫]《四川汉代俳优俑——从金堂县出土的俳优俑谈起》[⑬] 等文章中，胡人俑最受关注。第五，艺术性研究，主要从艺术角度来讨论陶俑，如《西汉陶俑艺术研究》[⑭]《秦汉陶俑艺术的比较研究》[⑮]。第六，不再局限于陶俑形态、分类、年代等基础性研究，而是探究更深层次的社会史、民俗、宗教、信仰等方面的问题，如《从汉陶人物俑看汉代四川社会》[⑯]《从陶俑看四川汉代农夫形象和农具》[⑰] 等文章，其中杨怡的《楚式镇墓兽的式微和汉俑的兴起——解析秦汉灵魂观的转变》[⑱] 和姜生的《长沙金盆岭晋墓与太阴炼形——以及墓葬器物群的分布逻辑》[⑲] 二文颇具启发意义。杨文依据职能对汉俑进行分类，再考察不同职能的陶俑在墓葬中的位置，分析各类陶俑在丧葬中的功能和象征意义，并和镇墓俑的衰落进行对比，总结汉代灵魂观的变化。姜文对湖南长沙金盆岭西晋永宁二年墓进行了讨论，认为该墓形制模拟北斗，象征着整个墓室乃是死者卧斗修炼成仙的"炼形之宫"，并对墓内器物群功能与分布逻辑进行了探讨，力图还原墓葬及器物背后支配着整个仪式结构的思想图景，

①　曹者祉、孙秉根主编：《中国古代俑》，上海：上海文化出版社，1998 年。
②　奚楚：《中国古俑》，长春：吉林文史出版社，2010 年。
③　呼林贵、刘恒武：《替代殉葬的随葬品——中国古代陶俑艺术》，成都：四川教育出版社，1998 年。
④　赵耀双：《两汉墓葬出土陶俑的研究》，吉林大学硕士论文，2009 年。
⑤　张玉、刘照建：《徐州地区西汉陶俑的发现及初步研究》，《东南文化》2002 年第 11 期。.
⑥　覃杰：《广州汉墓出土人物俑的发现与研究》，吉林大学硕士论文，2010 年。
⑦　王友鹏：《四川汉代陶俑刍论》，《四川文物》1987 年第 3 期。
⑧　袁仲一：《秦始皇陵兵马俑研究》，北京：文物出版社，1990 年；杨秉礼：《浅谈咸阳杨家湾汉兵马俑艺术特色》，《文博》1993 年第 2 期。
⑨　谢崇安：《岭南汉墓所见之胡人艺术形象及相关问题》，《民族艺术》2009 年第 2 期。
⑩　胡国强：《洛阳地区东汉宴乐俑探析》，《故宫博物院院刊》2002 年第 1 期。
⑪　曾繁模：《巫山地区汉代乐舞俑的文化考辨》，《重庆社会科学》2008 年第 6 期。
⑫　尹夏霞：《汉晋时期长江流域出土胡人俑的初步考察》，四川大学硕士论文，2004 年。
⑬　索德浩、毛求学、汪健：《四川汉代俳优俑——从金堂县出土的俳优俑谈起》，《华夏考古》2012 年第 4 期。
⑭　王斌：《西汉陶俑艺术研究》，西安美术学院硕士论文，2006 年。
⑮　李净：《秦汉陶俑艺术的比较研究》，《城市研究》1995 年第 3 期。
⑯　魏崴：《从汉陶人物俑看汉代四川社会》，《文史杂志》2006 年第 4 期。
⑰　史占扬：《从陶俑看四川汉代农夫形象和农具》，《农业考古》1985 年第 1 期。
⑱　杨怡：《楚式镇墓兽的式微和汉俑的兴起——解析秦汉灵魂观的转变》，《考古与文物》2004 年第 1 期。
⑲　姜生：《长沙金盆岭晋墓与太阴炼形——以及墓葬器物群的分布逻辑》，《宗教学研究》2011 年第 1 期。

认为不同的器物群构成不同的功能区域，代表着墓主人地下修炼成仙过程的不同阶段，墓内器物有其内在符号逻辑，表达着墓主人所追求的"太阴炼形""飞升成仙"的终极理想。以往对墓葬中陶俑的解释"执著于世俗文化背景，注重价值而缺乏对意义系统的关注，因而对当时观念世界之考察往往流于表面"，姜文则从宗教学视角来解释墓葬资料，颇具新意。墓葬与生死有关，生死是宗教最重要的内容，其观点和研究方法具有颠覆性意义，但能否确定每件陶俑都与宗教有关？

通过上面的论述可了解到，前人对于汉代陶俑已经做了大量基础性工作，如陶俑的分类、分区、分期、断代，其中胡人、俳优、歌舞等形象较受关注。但深层次研究文章不多，对陶俑信息挖掘不够。如墓中随葬陶俑的原因，以往多用"事死如生"的观念来予以解释，解释至此便匆匆结束，笔者以为这恰恰是问题的开始，为何有"事死如生"的观念？为何随葬陶俑就能"事死如生"？这个观念背后一定隐藏着一个庞大的、完整的逻辑体系基础上的精神信仰观念系统，在这个信仰系统下形成了与生死有关的诸多信仰观念以及丧葬风俗习惯。那这个信仰系统是什么样子呢？从目前的资料来看，有魂魄、升仙、泰山府等观念。当然，这个完整信仰系统的复原还需要大量的工作，上文已经谈到陶俑包含有大量珍贵的历史文化信息，从陶俑功能分析等基础工作做起应该对这个信仰系统复原有一定的帮助。而陶俑功能分析是以往研究的薄弱环节，应该成为下一步研究工作的重点。

总之，我们明明知道陶俑上蕴藏着大量历史信息，但却找不到一个着力点予以提取，来提升研究层次。要改变这种情况只有拓宽视野、提高理论素养和转变研究方法。

限于精力和篇章，本书不可能对绵阳崖墓出土的陶俑进行全方位研究，而且这批墓葬多遭扰乱，难以复原陶俑的位置，对其功能进行分析也有很大困难。因此此处仅对陶俑进行两方面研究：其一，对陶俑分类，尝试分析当时社会生产、生活体系和阶层构成；其二，根据陶俑穿着，研究汉代绵阳以及四川地区的服饰情况。

第二节　陶俑的分类

墓葬共出土 230 余件陶俑，形制清晰可辨者有 170 件，时代多为东汉、蜀汉，少量为两晋时期。男性形象居多，女性较少。根据形象、职能，将其分成以下几类：

武俑　6 件。有白 M7：1、白 M7：2、白 M41：4、白 M42：10、白 M48：9、沙 M6：8。均为男性，身体强壮，持兵器。有些穿裋褐，有些穿长袍。武器一般为环首刀，较长，插于腰部。《三国志·魏志·邓艾传》载："名宗大族，皆有部曲，阻兵仗势。"[①] 可见当时较大势力的家族均有部曲。墓葬中出现这种武士俑也是对当时社会宗族势力拥兵自重的一种反映。

文俑　7 件。此类俑均着袍，腰间系削和囊袋，如白 M25：22、白 M25：26、白 M29：17、白 M29：6、白 M29：13、白 M29：18、白 M29：27。削在汉代常作书刀之用[②]。《周礼·冬官考工记》："筑氏为削，长尺博寸，合六而成规。"汉代郑玄注为"今之书刀"。唐贾公彦疏：

---

①　［晋］陈寿著、［宋］裴松之注：《三国志》卷二十八《魏志·邓艾传》，北京：中华书局，1959 年，第 777 页。

②　不排除削还用于其他日常生活之中。如《礼记·曲礼》："为天子削瓜。"注："削，书刀也。"

"古者未有纸笔，则以削刻字。至汉虽有纸笔，仍有书刀，是古之遗法也。"① 贾公彦认为书刀是刻字之用，不确。郑玄为汉代人，称之为"书刀"当为普遍称呼。其用途应是削简牍、改谬误之用。《史记》卷九十六《正义》："古用简牍，书有错谬，以刀削之，故号曰'刀笔吏'。"② 颜师古在注《汉书》时也多次提到，书刀是削简牍、改谬误之用。《汉书·萧何曹参传赞》："刀所以削书也，古者用简牒，故吏皆以刀笔自随也。"③《汉书·礼乐志》："有司请定法，削则削，笔则笔，救时务也。"颜注："削者，谓有所删去，以刀削简牍也。"④ 汉代笔、墨、砚台已经非常成熟，没有必要用书刀刻字这种笨拙的方法。所以削在汉代是为整治竹、木，删改文字的工具，而非书写工具。因此贾公彦认为汉代用书刀刻字的看法是错误的，但其观点较有影响，为后人所从。如叶德辉在《书林清话》中说道："大抵秦汉公牍文，多是刀刻，故《史记》称萧何为秦之刀笔吏。"⑤

　　所以笔者将佩戴削者定为文人，其穿着也可辅证，此类俑在腰部多系一物，前人未述何物，笔者以之为"橐"，《说文解字注》："橐，囊也。囊，橐也。浑言之也。《大雅》《毛传》曰：'小曰橐，大曰囊。'高诱注《战国策》曰：'无底曰囊。有底曰橐。'"⑥ 囊在汉代常用来装书，《汉书·赵充国传》："卬家将军以为（张）安世本持橐簪笔，事孝武帝数十年。"颜师古注："橐，所以盛书也，有底曰囊，无底曰橐。簪笔者，插笔于首。"⑦ 此俑形象上虽然省略了"簪笔"，但腰系书刀和囊也是为了表现文人的形象。

　　站立拱手侍从俑　68 件。均着右衽袍。根据形体和发式可以分成五型：

　　A 型　19 件。男性，戴巾帻。有部分腰间系囊者可能为文人的形象。有白 M11：4、白 M15：7、白 M16：3、白 M21：29、白 M21：32、白 M25：23、白 M26：4、白 M26：6、白 M32：20、白 M39：11、白 M41：2、白 M49：2、沙 M2：7、沙 M6：12、沙 M6：18、朱 M3：6、朱 M5：9、朱 M5：15、朱 M6：16。

　　B 型　16 件。发、冠不详，形体较小，性别不清晰，似童俑。有白 M10：2、白 M10：1、白 M14：17、白 M15：1、白 M16：6、白 M16：7、白 M21：13、白 M21：15、白 M21：16、白 M21：30、白 M21：34、白 M39：10、白 M43：9、沙 M2：10、沙 M6：19、朱 M5：8。

　　C 型　9 件。束高髻，额上系帩头，性别可能为男性。有白 M13：2、白 M13：4、白 M13：7、白 M14：18、白 M26：8、白 M29：31、白 M29：24、白 M29：25、白 M29：30。

　　D 型　18 件。女性，束双高髻。有白 M21：31、白 M21：28、白 M25：25、白 M26：3、白 M26：5、白 M26：7、白 M29：4、白 M29：14、白 M32：16、白 M32：3、白 M34：6、白 M39：6、白 M39：8、白 M39：12、白 M41：1、白 M42：7、沙 M7：14、朱 M6：13。

　　E 型　1 件。中长发，向后束，女性、置于脑后。有白 M25：21。

　　其他还有白 M32：15、白 M32：6、白 M32：17、高 M20：2、高 M20：6 等。或残或模糊，无法分辨。

①　[清] 孙诒让撰：《周礼正义》卷七十八《东官考工记》，北京：中华书局，1987 年，第 242 页。
②　[汉] 司马迁撰、[唐] 张守节正义：《史记》卷九十六《张丞相列传》，北京：中华书局，1959 年，第 2678 页。
③　[汉] 班固撰、[唐] 颜师古注：《汉书》卷二十二《礼乐志》，北京：中华书局，1962 年，第 1034 页。
④　[汉] 班固撰、[唐] 颜师古注：《汉书》卷二十二《礼乐志》，北京：中华书局，1962 年，第 1034 页。
⑤　[清] 叶德辉：《书林清话》，长沙：岳麓书社，1999 年，第 8 页。
⑥　[汉] 许慎撰、[清] 段玉裁注：《说文解字注》，上海：上海古籍出版社，1981 年，第 267 页。
⑦　[汉] 班固撰、[唐] 颜师古注：《汉书》卷六十九《赵充国传》，北京：中华书局，1962 年，第 2993~2994 页。

乐舞俑 27件。可以分成六型：

A 型 4件。抚琴俑。有白 M11：1、白 M21：24、井 M2：5、沙 M3：8。

B 型 9件。击鼓俑。有白 M11：2、白 M25：13、白 M25：14、白 M26：17、白 M32：4、白 M34：1、井 M1：5、沙 M1：10、白 M21：10。

C 型 5件。吹笙俑。有白 M21：27、白 M25：27、白 M26：14、沙 M7：4、朱 M5：12。

D 型 2件。吹笛俑。有白 M48：10、白 M34：4。

E 型 6件。舞蹈俑。有白 M26：11、白 M41：6、沙 M3：6、沙 M6：13、沙 M7：2、朱 M5：11。

F 型 1件。杂耍俑。有高 M11：9。

劳作俑 43件。有男性和女性两类，男性居多。分成以下几型：

A 型 10件。躬身，有些手中执物。有白 M11：5、白 M19：8、白 M21：8、白 M25：7、白 M25：15、白 M26：19、白 M30：3、白 M34：5、井 M1：3、沙 M1：9。此类俑有人认为是用短棍凿洞播种①，也有人认为是收获工具。②

B 型 9件。执箕、帚、锸等农具。有白 M11：3、白 M14：10、白 M41：5、白 M26：18、白 M29：7、白 M32：11、白 M49：1、沙 M2：13、沙 M7：11。

C 型 11件。提罐。此类有男性和女性两类：男性有的裸上身，一手提罐，一肩扛罐；女性多是两手分别提罐。有白 M14：7、白 M15：8、白 M19：3、白 M21：20、白 M26：16、白 M32：5、白 M48：8、沙 M1：8、沙 M6：7、朱 M6：9、沙 M7：8。罐是容器，可装食物、水，当然也有可能是表现作坊中制作陶器过程。

D 型 6件。庖厨。有白 M25：28、白 M26：15、白 M30：4、沙 M3：7、沙 M7：7、朱 M5：13。庖厨俑在四川汉墓中常见。"庖厨"一词最早出现在《孟子·梁惠王》"是以君子远庖厨也"③。最早是指厨房的意思，后兼有厨师之意。如唐杜甫《麂》诗："永与清溪别，蒙将玉馔俱。无才逐仙隐，不敢恨庖厨。""庖"字出现早于"厨"字，王筠《说文解字句读》中言："周初名庖，周末名厨也。"④ 郑玄注《礼记·王制》："庖，今之厨也。"⑤《说文》中对这两个词的解释分别为："庖，厨也""厨，庖室也"⑥，自古以来川人对于吃就比较讲究，《华阳国志·蜀志》："其辰值未，故尚滋味；德在少昊，故好辛香。"⑦ 在这种"好吃"的风气下，培养出大批厨师，汉墓出土的大量庖厨俑可为证，川菜之源至少追溯至此。

庖厨内容和程序非常复杂。杨爱国根据汉画像石对庖厨内容进行了总结，认为庖厨内容可以大致分为四类：屠宰，有杀猪、宰羊、椎牛、击马、剥狗、烫鸡、剖鱼；汲水；炊煮；切菜。⑧ 此外，笔者以为酿酒也应该算是庖厨中比较重要的内容。陶俑和汉画的表现手

① 余德章、刘文杰：《记四川有关农业方面的汉代画像砖》，《农业考古》1983年第1期。

② 佐佐木正治：《汉代四川农业考古》，四川大学博士论文，2005年，第54页。

③ 杨伯峻：《孟子译注》，北京：中华书局，2010年，第40页。

④ ［清］王筠：《说文解字句读》，北京：中华书局，1988年，第216页。

⑤ ［清］孙希旦：《礼记集解》，北京：中华书局，1989年，第338页。

⑥ ［汉］许慎撰、［清］段玉裁注：《说文解字注》，上海：上海古籍出版社，1981年，第443页。

⑦ ［晋］常璩撰、任乃强校注：《华阳国志校补图注》卷三《蜀志》，上海：上海古籍出版社，1987年，第113页。

⑧ 杨爱国：《汉画像石中的庖厨图》，《考古》1991年第11期。

法有差异，四川汉墓中最常见的庖厨俑形象为一人坐于案后，手中做剖鱼等动作。虽为厨房的一个片段形象，但目的与汉画相同，均是为了表现复杂的庖厨程序和墓主"食不厌精、脍不厌细"的生活。

杨先生还提到了庖厨内容可以反映地方习俗，如"山东苏北一带特别好吃狗肉"。而在四川庖厨俑的厨案上常见鱼的形象，可见四川人爱吃鱼。《汉书·地理志》："有江水沃野……民食稻鱼，亡（无）凶年忧。"[①] 除了稻谷，鱼也是蜀人重要食物，这与四川自然地理情况关系密切，四川境内水网密布，鱼类众多，捕捉方便，如新都出土的一块画像砖表现了捕鱼场景[②]。《华阳国志·蜀志》也说："其山林泽鱼，园囿瓜果，百谷蕃庑，四节代熟。桑、漆、麻、纻。靡不有焉。"[③]

E 型　4 件。执飏扇俑。有白 M14：24、白 M19：4、白 M42：9、沙 M6：21。以往多认为是铡刀俑，铡刀是利用杠杆原理来切草、加工饲料的大型刀。但该俑双手各执两板柄部，不似执刀姿势，且板缘均较厚，并不像刀。此类形象在彭山画像砖上也有发现，而该幅画像砖明显是表现稻谷去壳过程[④]，图上的碓臼内之物很可能为稻谷——上文已谈到稻谷是汉代蜀民的重要食物。画面远处有一座房子，应为仓，左边两人脚踩杵夯打臼中稻谷以脱壳；右边出现的是米、壳分离的场景，右一人肩扛容器，向下倾倒脱壳后谷物，中间一人执飏扇鼓风，利用风力将谷粒和壳剥离。该幅画像砖中间持飏扇者动作、所持之物与此类俑一致，因此判断其为执飏扇俑。

汉代谷物舂碓后，簸去糠秕以得精米，最简单的工具是簸箕。簸箕产生很早，《礼记·曲礼》："以箕自乡而报之。"注："箕去弃物。"[⑤]《说文》："箕，簸也。"[⑥] 北魏贾思勰《齐民要术·种槐柳楸梓梧柞》："至秋，任为簸箕。"[⑦]《篇海》："箕，簸箕，扬米去糠之具。" B 型俑有这类形象，估计和谷物加工有关。B 型俑中还有执箕帚俑，功能却不相同，为清洁之用。《广韵》："箕，箕帚。"《世本》："古者少康作箕帚。"《礼记·曲礼》："凡为长者粪之礼必加帚于箕上。"

效率高者则用扇鼓风。绵阳崖墓发现的飏扇俑是为一种，中原地区还发现有扇车，如1973 年河南济源县泗涧沟汉墓出土的陶风车模型，风车把叶片转动生风和籽粒重则沉、糠秕轻则飏的经验巧妙地结合在同一机械中，确是一种新颖的创造。[⑧] 但目前四川地区未有发现。

F 型　3 件。有白 M13：3、白 M14：6、朱 M6：15。手中物品不详，但从穿着、姿态来看应该是劳作俑。

行走俑　6 件。有白 M13：1、白 M25：20、白 M29：15、白 M29：19、白 M29：1、白 M32：14。此类俑衣着、发式较讲究，一般着袍，有男性和女性两类。

① ［汉］班固撰、［唐］颜师古注：《汉书》卷二十八下《地理志》，北京：中华书局，1962 年，第 1645 页。
② 龚廷万、龚玉、戴嘉陵：《巴蜀汉代画像集》，北京：文物出版社，1998 年，图版 6。
③ ［晋］常璩撰，任乃强校注：《华阳国志校补图注》卷三《蜀志》，上海：上海古籍出版社，1987 年，第 113 页。
④ 龚廷万、龚玉、戴嘉陵：《巴蜀汉代画像集》，北京：文物出版社，1998 年，图版 14。
⑤ 孙希旦：《礼记集解》，北京：中华书局，1989 年，第 146 页。
⑥ ［汉］许慎撰、［清］段玉裁注：《说文解字注》，上海：上海古籍出版社，1981 年，第 199 页。
⑦ ［北魏］贾思勰著、缪启愉校释：《齐民要术校释》，北京：农业出版社，1982 年，第 253 页。
⑧ 河南省博物院：《济源泗涧沟三座汉墓的发掘》，《文物》1973 年第 2 期。

童俑　7件。有白 M21：7、白 M21：33、白 M39：4、白 M39：15、沙 M2：8、沙 M7：13、朱 M1：4。形象似儿童。

聆听俑　6件。有白 M21：26、白 M25：29、白 M26：9、白 M39：13、白 M39：7、朱 M5：14。衣着较为讲究。多为女性，少数男性。

依据上面陶俑的分类，可了解到当时绵阳地区等级意识非常明显，整个社会大致由两个阶层构成：一是有闲、享受阶层人物，如第八类陶俑，虽然数量较少，但表现的人物形象明显具有一定经济实力或社会地位。穿着讲究，衣饰华丽，或在享受乐舞，或在巡视、漫步。二是普通百姓，从事着各种职业，如第一至五类陶俑。

这批陶俑虽然有一定的片面性，但为我们了解汉代社会职业结构提供了线索。据以上分类可知，常见的职业有武装士兵、文人侍从、乐舞、劳作人民等。其中劳作俑数量最多，分工最细，与农业生产有关的 A、B、E 型俑，对播种、耕作、收获、加工等过程均有反映。墓葬中出土的铁锸、镰等农具可以与这类陶俑相对应。C、D 型俑则与生活有关。

乐舞为日常娱乐和祭祀所必需。此次发现抚琴、吹笛、吹笙、杂耍、舞蹈等俑，可能表达墓主蓄有私家乐舞人士的愿望。《后汉书·仲长统传》说当时的富豪人家"妖童美妾，填乎绮室；倡讴伎乐，列乎深堂"[1]。《汉书·贡禹传》："豪富吏民畜歌者至数十人。"[2]《史记·货殖列传》："女子则鼓鸣瑟，跕屣，游眉贵富。"[3] 此类俑与成都地区的相比较来看，在种类、数量、形象上都有很大差距，可能受区域文化、经济的影响。

文人俑也占有一定的比例，不过这批文人俑非独立的知识分子，可能依附于地主、豪强，叫做文人侍俑或更确切些。文人俑的大量发现表明汉代蜀地文化有了长足的发展。扬雄《蜀王本纪》称先秦时期巴蜀居民"椎髻左衽，不晓文字，未有礼乐"。汉初蜀地经先秦李冰父子开凿都江堰，经济大发展，但在文教方面仍然落后，"蜀地僻陋有蛮夷风"[4]。文、景帝时期文翁治蜀，采取了一系列措施促进当地文化教育，"仁爱好教化"，"立文学精舍、讲堂，作石室"，选派蜀中子弟到京师太学受业博士经学、律令，"东受七经，还以教授"[5]。于是蜀地文化大发展，"蜀地学于京师者比齐鲁焉"[6]，出现一大批文人、才子。《汉书·地理志》说："景、武间，文翁为蜀守，教民读书法令，……及司马相如宦游京师诸侯，以文辞显于世，乡党慕循其迹。后有王褒、严遵、扬雄之徒，文章冠天下。繇文翁倡其教，相如为之师。故孔子曰：有教无类。"[7] 至东汉依然重视文化教育，天府广场新出土的《裴君碑》《李君碑》均与学校、教育有关[8]，可见文化教育渐渐深入普通百姓生活之中。崖墓中发现的文人俑进一步予以证明。

出土的武士俑形象与秦始皇陵、徐州楚王陵发现的兵马俑有很大差距，而这两地兵马俑应是正规的军队形象。造成这种差异的原因主要是由于身份的不同。笔者以为绵阳崖墓

① ［南朝 宋］范晔撰、［唐］李贤等注：《后汉书》卷四十九《仲长统列传》，北京：中华书局，1965 年，第 1648 页。
② ［汉］班固撰、［唐］颜师古注：《汉书》卷七十二《王贡两龚鲍传》，北京：中华书局，1962 年，第 3071 页。
③ ［汉］司马迁撰：《史记》卷一百二十九《货殖列传》，北京：中华书局，1959 年，第 3263 页。
④ ［汉］班固撰、［唐］颜师古注：《汉书》卷八十九《文翁传》，北京：中华书局，1962 年，第 3625 页。
⑤ 任乃强：《华阳国志校补图注·先贤士女总赞》，上海：上海古籍出版社，1987 年。
⑥ ［汉］班固撰、［唐］颜师古注：《汉书》卷八十九《文翁传》，北京：中华书局，1962 年，第 3626 页
⑦ ［汉］班固、［唐］颜师古注：《汉书·地理志》，北京：中华书局，1962 年，第 1645 页。
⑧ 成都文物考古研究所：《成都天府广场东御街汉代石碑发掘简报》，《南方民族考古》第八辑，北京：科学出版社，2012 年。

中发现的这批武士俑非职业军人，可能是豪族地主的家丁。东汉、蜀汉巴蜀土著豪族势力空前发展，豪强地主为了维护自己的利益，多有自己的武装力量。《三国志·魏志·邓艾传》载："名宗大族，皆有部曲，阻兵仗势。"① 罗开玉先生对三国蜀汉时期土著豪族进行了详细的论证，其论述可以参考。②

童俑在墓葬中较为少见，其意义待考。

站立拱手俑发现较多，从形象来看不似主人，但也不像普通的劳动者，可能为主人的侍从。

墓中陶俑是为死者服务的，根据"事死如生"的观念，随葬不同类型的陶俑是希望它们能在死后的世界里继续像生者世界一样服务于死者。据此判断，这些陶俑在现实生活中必有出处。将这些陶俑联系起来，便可复原当时豪族、地主的生活，有家丁、侍从、奴婢、大量农田以及为其耕作者，还有倡优供其娱乐。但从墓葬形制和随葬品来看，这批墓葬主人为中下层百姓，不可能有这样的经济实力，所以在墓葬中随葬这些器物只是为了表达一种美好的愿望，生者希望死者能过上他们所向往的生活。

陶俑在墓葬的位置有规律可循，对其位置的考察有助于分析不同陶俑在墓葬中的功能，研究汉代丧葬思想。但遗憾的是至今发现的绝大部分墓葬被扰乱，这也是汉代陶俑研究深度一直难以突破的重要原因。不过从部分未经扰乱或扰乱较小的墓葬，还是可以看出陶俑的大致分布规律。杨怡对西汉高等级大墓的俑进行过考察，认为不同性质俑的出土位置，由外而内大致分布如此：兵俑—墓道偶人—仪卫俑—侍俑—乐舞俑—辟邪俑—玉舞俑、铜锡俑。③ 绵阳这批墓葬多经过扰乱，陶俑的位置难以确切定位，参考以往研究成果、结合成都和四川其他地区的墓葬资料，墓葬中陶俑位置大致为：封门外有武士俑④，甬道内近封门处⑤有镇墓俑，甬道和墓室内多为乐舞、宴饮、劳作之类陶俑。根据陶俑位置、形象和墓葬各室功能可初步了解其在墓中功用。封门处的武士俑具有守卫之职，甬道近封门处的镇墓俑有驱鬼辟邪之用，甬道内和墓室的陶俑主要伺候、娱乐墓主，为墓主死后生活提供便利，有些还有助墓主升仙之用。以上的几类陶俑的位置和功能大致如此。

第三节　陶俑服饰

一　服饰研究概况

"服饰"一词最早指佩玉之饰。《周礼·春官·典瑞》："辨其名物，与其用事，设其服饰。"郑玄注："服饰之饰，谓缫藉。"⑥ 直至汉代才作为衣服和装饰之意。《汉书·张放传》："放取皇后弟平恩侯许嘉女，上为放供张，赐甲第，充以乘舆服饰，号为天子取妇，

---

①　[晋] 陈寿著、[宋] 裴松之注：《三国志》卷二十八《邓艾传》，北京：中华书局，1959 年，第 777 页。

②　罗开玉：《三国蜀汉土著豪族初论》，《成都大学学报（社会科学版）》2005 年第 6 期。

③　杨怡：《楚式镇墓兽的式微和汉俑的兴起——解析秦汉灵魂观的转变》，《考古与文物》2004 年第 1 期。

④　如笔者在高新西区戴尔工厂 M4 的封门发现有武士俑，资料存成都文物考古研究所，整理中。

⑤　成都文物考古研究所：《李家梁子 M23 发掘简报》，待刊。

⑥　[清] 孙诒让撰：《周礼正义》，卷三十九《春官·典瑞》，北京：中华书局，1987 年，第 1573 页。

皇后嫁女。"① 汉应劭《风俗通·正失·叶令祠》："乔：'天帝独欲召我！'沐浴服饰寝其中，盖便立覆。"②

秦统一中国后，建立了各种制度，包括衣冠制度，惜时间短暂，其制度的定型和发展基本由承其制的汉代完成。汉代是传统冠服制度的奠基时期，它直接影响了"汉族服饰整体审美风格的定型与发展"，③ 因此汉代服饰历来为中国古代服饰研究之重点，有关中国服饰通史的著作往往给予其重要的篇幅，如《中国古代服饰史》④《中国古代服饰研究》⑤《古代服饰》⑥《中国历代服饰衣冠制》⑦《中国历代服饰史》⑧《中国服饰史稿》⑨《中国服饰史》⑩ 等。近来考古发现的大量服饰资料也促进了汉代服饰研究的大发展。

汉代历史研究与先秦、唐宋明清的历史研究存在很大区别。相对于先秦来说，汉代保存了大量的文献资料，该时期的历史研究不再主要依靠考古资料和朦胧的文献传说；相对于唐宋以后，历史文献资料又没有丰富到让汉代考古成为历史研究的"附属"，唐、宋、明、清历史文献资非常丰富，仅利用这些文献资料已经将中国古代历史勾画的比较详细了，不管考古学者承认与否，唐宋以后的考古对历史研究的贡献大多是在文献资料建立的一个比较丰满的历史体系下进行修补。所以相对于唐宋以后，汉代考古对于历史、文化的研究非常重要，对于汉代社会各方面的研究必不可少。汉代服饰研究也是如此。

从目前的汉代服饰研究来看，资料来源有两大类：第一类是历史文献资料，《后汉书》专辟《舆服志》说明汉代的服饰及制度。《白虎通》卷十也对当时的"绂冕""丧服"等制度进行了专门论述。其他诸如《史记》《汉书》《说文》《释名》等文献以及大量汉赋中都零散地记述有古代服饰及制度。张末元对这方面资料进行了有益的收集。⑪

建立在此类资料上的研究可称为服饰文献资料研究，此种研究在20世纪80年代之前是主流。汉的历史时期久远，服饰名称、制度逐渐不清，后人开始根据之前的文献进行研究，如宋代聂崇义纂辑的《新定三礼图》的卷一《冕服图》、卷二《后服图》、卷三《冠冕图》⑫ 都是利用传世文献考证服饰，其他还有《深衣考》⑬《深衣考误》⑭《深衣释例》⑮ 等，至今仍常见此类研究，如《东汉服饰制度考略》⑯《汉代常服述略》⑰《中国衣冠服饰大辞典》⑱

① ［汉］班固撰、［唐］颜师古注：《汉书》卷五十九《张汤传》，北京：中华书局，1962年，第2654页。
② 王利器：《风俗通义校注》，北京：中华书局，1981年，第82页。
③ 彭赟乐：《汉代服饰考析》，《美术大观》2008年第12期。
④ 周锡保：《中国古代服饰史》，北京：中国戏剧出版社，1984年。
⑤ 沈从文：《中国古代服饰研究》，上海：上海世纪出版集团，2005年。
⑥ 华梅：《古代服饰》，北京：文物出版社，2004年。
⑦ 陈茂同：《中国历代服饰衣冠制》，天津：百花文艺出版社，2005年。
⑧ 袁英杰：《中国历代服饰史》，北京：高等教育出版社，1994年。
⑨ 朱和平：《中国服饰史稿》，郑州：中州古籍出版社，2001年。
⑩ 沈从文等：《中国服饰史》，西安：陕西师范大学出版社，2004年；黄能馥、陈娟娟：《中国服饰史》，上海：上海人民出版社，2004年。
⑪ 张末元：《汉代服饰参考资料》，北京：人民美术出版社，1960年。
⑫ 聂崇义：《新定三礼图》，北京：清华大学出版社，2006年。
⑬ ［明］黄宗羲：《深衣考》，台北：台湾商务印书馆，1986年。
⑭ ［清］江永：《深衣考误》，台北：台湾商务印书馆，1986年。
⑮ ［清］任大椿撰：《深衣释例》，上海：上海蜚英馆，清光绪十五年（1889年）。
⑯ 马骁：《东汉服饰制度考略》，《吉林大学》，硕士论文，2009年。
⑰ 劳干：《汉代常服述略》，《中央研究院历史语言研究所集刊》第24期。
⑱ 周汛、高春明编：《中国衣冠服饰大辞典》，上海：上海辞书出版社，1996年。

等。劳干《汉代常服述略》一文除了传世文献，还利用了新出土的汉简资料。通过对文献的梳理、考证，对汉代服饰有了一个大致的认识。

但是这种研究有先天缺陷，并不全面。问题一，偏重于社会上层，因为文献记载偏重于该阶层；问题二，偏重于文献梳理，而缺乏实物证据，所以争论较多。沈从文先生已经明确指出，古代文献记载"重点多限于上层统治者朝会、郊祀、燕享和一个庞大官僚集团的朝服、官服。记载虽若十分详细，其实辗转沿袭，未必见于实用"①。制度虽然很详细，但未必能严格执行，而且日常生活和下层百姓服饰几乎被忽略，而这些正是社会服饰的主流。

第二类服饰资料来源于考古发现，这类资料与文献记载有很大的区别。服饰资料多发现于墓葬之中，且墓葬以下层平民为多，即使有高等级墓葬，其服饰制度性也不像文献中记载的那么严格，资料更为客观；考古资料多为实物资料，直观性强，易理解，少争论。于是这类材料愈显重要。

目前考古发现的服饰资料有以下几种：一是服饰实物资料，有些在遣册上还有对应的名称。此类资料最直接、客观，如马王堆汉墓出土的衣物②，但保存条件苛刻，发现很少。二是考古出土的文字资料，简牍、帛书、碑刻等的文字有涉及汉代服饰，如居延汉简就保存有这方面信息③，这类资料也不多。三是画像资料，这类资料最为庞大，在画像石、画像砖、墓葬壁画、画像石棺、帛画上等都有发现，画像上往有人物形象，而人是要着装的。此类资料较为形象，能表现出服饰的样式和穿着方式，但画像是平面的，无法立体表现服装方式，且画像具有艺术性，含有抽象、夸张成分。四是俑类，汉代俑质地有陶、木、石、铜、铅、锡等，其中以陶俑最为常见，俑的造型和服饰缘于生活，是当时社会生产、生活着装最真实的反映。而且俑是立体的形象，最能全面表现服饰信息，此类资料对研究外衣非常有用。四川地区陶俑数量非常多，在这方面的研究有很大的优势。

建立在此类资料上的研究便称之为服饰考古研究。服饰考古研究始自沈从文先生，《中国古代服饰研究》虽然于20世纪80年代才正式出版，但据其后记，该书于60年代已经写就。该书以考古资料为主，客观翔实，图文并茂，易于理解。出版后，其研究方法立即为其他研究者所接受并沿袭。如《中国古代服饰史》《汉代物质文化资料图说》④《中国服饰名物考》⑤ 等著作均大量采用考古发现的资料。近年来的《古代服饰》《汉代妇女服饰的考古学观察》⑥ 《洛阳汉墓出土的有关服饰文化资料》⑦ 《从汉代画像砖看四川汉代服饰》⑧ 《汉代戒指的考古学考察》⑨ 《汉代女子服饰类型分析》⑩ 《从服饰考古资料看两汉时期北方

① 沈从文：《中国古代服饰研究·引言》，上海：上海书店出版社，2002 年，第 1 页。
② 湖南省博物馆、中国科学院考古研究所：《长沙马王堆一号汉墓》，北京：文物出版社，1973 年。
③ 中国科学院考古研究所：《居延汉简甲编》，北京：科学出版社，1959 年；中国社会科学院考古研究所：《居延汉简甲乙编》，北京：中华书局，1980 年。
④ 孙机：《汉代物质文化资料图说》（增订本），上海：上海古籍出版社，2011 年。
⑤ 高春明：《中国服饰名物考》，上海：上海文化出版社，2001 年。
⑥ 徐蕊：《汉代妇女服饰的考古学观察》，郑州大学硕士论文，2005 年。
⑦ 郎保湘：《洛阳汉墓出土的有关服饰文化资料》，《中原文物》1995 年第 2 期。
⑧ 何先红：《从汉代画像砖看四川汉代服饰》，《中国汉画学会第十届年会论文集》，武汉：湖北人民出版社，2006 年。
⑨ 巩文：《汉代戒指的考古学考察》，《四川文物》2010 年第 1 期。
⑩ 徐蕊：《汉代女子服饰类型分析》，《中原文物》2009 年第 2 期。

民族与中原文化的交融》①《咸阳杨家湾汉墓兵俑服饰探讨》②《从汉墓出土"遣策"看西汉服饰》③ 等都是以考古资料为主进行服饰及相关研究的。这类研究以第一手考古资料为研究对象，能够客观地把握汉代服饰的相关历史、文化和制度。但其缺陷在于对文献和前人研究成果研读不深，服饰的定名不准。

以上是依照资料的来源将汉代服饰研究分为两类，但并不是说两者绝无联系。多数著述是兼用两种资料的。且未来服饰研究的趋势将是在历史文献和考古资料的紧密结合的前提下，引入更多的研究理论和方法。

二　服饰分类

此处尝试以考古视角考察这批陶俑，再结合文献资料分析汉代绵阳乃至四川地区的服饰情况。鉴于一些陶俑制作粗糙、服饰不清晰，此处仅讨论服饰较为清晰者。

1. 首服

古代首服有三大类别：冠、巾、帽。汉代还常见有笠的形象，也应属于首服（图三九一、三九二、三九三）。

冠　《说文》："絭也。所以絭发，弁冕之緫名也。"④ 冠的礼仪性远大于其实用意义，故《淮南子·人间训》认为冠"寒不能煖，风不能障，暴不能蔽也"⑤。冠在汉代是区分等级地位的基本标志之一，男人到 20 岁，有身份的士才能加冠。汉代冠类主要有冕冠、长冠、委貌冠、爵弁、通天冠、远游冠、高山冠、进贤冠、法冠、武冠、建华冠、方山冠、术士冠、却非冠、却敌冠、樊哙冠等 16 种，甚或更多。而这批陶俑少有戴冠者，进一步说明这批墓葬的主人地位偏低。仅白 M32：20 似是戴冠，该俑为男性，首服形象与成都青杠坡出土的讲学画像砖上背面三人相近⑥，周锡保认为该冠可能为委貌冠。⑦《后汉书·舆服志》："委貌冠、皮弁冠同制，长七寸，高四寸，制如覆杯，前高广，后卑锐，所谓夏之毋追，殷之章甫者也。"⑧ 两汉的冠区别很大，东汉冠加帻，西汉无。《后汉书·舆服志》："古者有冠无帻，其戴也，加首有頍，所以安物。"此俑冠的形象与其时代特征相符。

巾　庶人所戴。《释名》："巾，谨也。二十成人，士冠，庶人巾。"⑨ 应劭《汉官》云："古之卑贱执事不冠者之所服也。"⑩ 但至东汉晚期，在上层社会中也逐渐流行。《后汉书·郑玄传》："进为设几杖，礼待甚优。玄不受朝服，而以幅巾见。"汉代巾的形式大概有幅巾、帻巾、幧头等。

幅巾。头巾中最基本、简单的形式，通长为方形，因长度与布帛的门幅宽度相等而

①　徐蕊：《从服饰考古资料看两汉时期北方民族与中原文化的交融》，《内蒙古社会科学（汉文版）》2009 年第 3 期。
②　杨秉礼、史宇阔、刘晓华：《咸阳杨家湾汉墓兵俑服饰探讨》，《文博》1996 年第 6 期。
③　徐蕊：《从汉墓出土"遣策"看西汉服饰》，《中原文物》2010 年第 5 期。
④　［汉］许慎撰、［清］段玉裁注：《说文解字注》七篇下冖部，上海：上海古籍出版社，1981 年，第 353 页。
⑤　刘文典：《淮南鸿烈集解》卷十八《人间训》，北京：中华书局，1989 年，第 602 页。
⑥　龚廷万、龚玉、戴嘉陵编著：《巴蜀汉代画像集》，北京：文物出版社，1998 年，图 62。
⑦　周锡保：《中国古代服饰史》，北京：中国戏剧出版社，1984 年，第 87 页。
⑧　［南朝　宋］范晔撰、［唐］李贤等注：《后汉书》志第三十《舆服下》，北京：中华书局，1965 年，第 3665 页。
⑨　［东汉］刘熙、［清］毕沅疏，王先谦著：《释名疏证补》卷四《释首饰》，北京：中华书局，2008 年，第 134 页。
⑩　［清］孙星衍：《汉官六种》，北京：中华书局，1990 年，第 186 页。

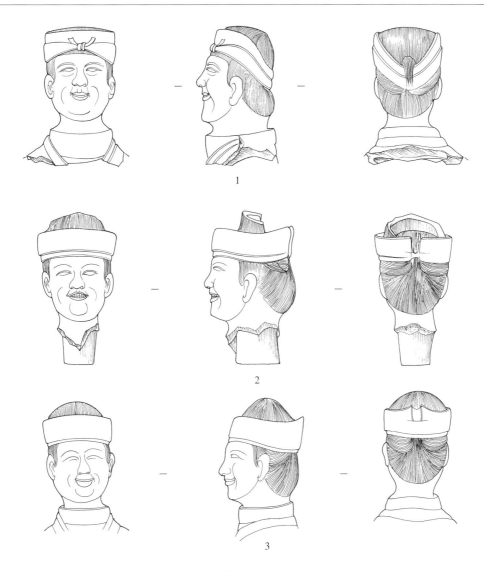

图三九一　绵阳崖墓出土男性陶俑首服与发式
1. 井沿湾 M1：1　2. 井沿湾 M1：2　3. 白虎嘴 M11：1

得名，大抵以幅布三尺裹头。据高春明研究，宽度也就是五十余厘米。[1] 限于制作原因，俑首幅巾多刻画不清晰，难以确认，如沙 M1：9、沙 M6：18 可能是包幅巾。一些童俑如沙 M2：8，也可能是包幅巾。

帻巾。《说文》："帻，发有巾曰帻。方言曰。覆髻谓之帻巾。或谓之承露。或谓之覆发。独断曰。"[2]《急就篇》颜注："帻者，韬发之巾，所以整嫧发也。常在冠下，或单着之。"[3] 所以帻是束发所用，周锡保认为"帻本只是其不使头发蒙面的作用，即把四周头发整齐向上并使之收发不乱"[4]，即围在头上的布圈。后演变成帽的形状。《后汉书·舆服志》："秦雄诸侯，乃加其武将首饰为绛帕，以表贵贱。其后，稍稍作颜题。汉兴，续其颜，

①　高春明：《中国服饰名物考》，上海：上海文化出版社，2001 年，第 255 页。
②　［汉］许慎撰、［清］段玉裁注：《说文解字注》，上海：上海古籍出版社，1981 年，第 358 页。
③　［汉］史游撰：《急就篇》卷三，长沙：岳麓书社，1989 年，第 206 页。
④　周锡保：《中国古代服饰史》，北京：中国戏剧出版社，1984 年，第 79 页。

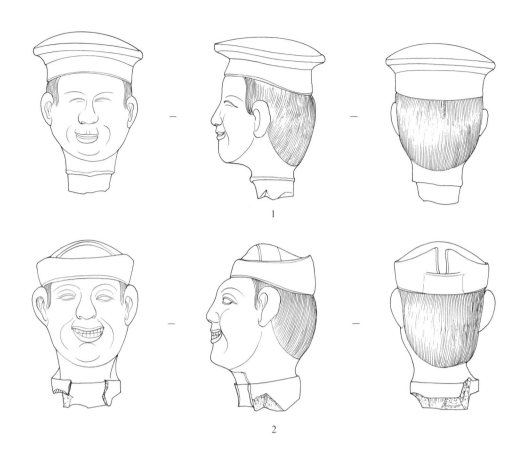

图三九二　绵阳崖墓出土男性陶俑首服与发式
1. 沙包梁 M6 : 24　2. 白虎嘴 M34 : 3

却摲之，施巾连题，却覆之，今丧帻是其制也。名之曰帻。帻者，赜也，头首严赜也。至
孝文乃高颜题，续之为耳，崇其巾为屋，合后施收，上下群臣贵贱皆服之。文者长耳，武
者短耳，称其冠也。"[1] 帻又分为平上帻和介帻两类。《晋书·舆服志》:"《汉注》曰，冠进
贤者宜长耳，今介帻也。冠惠文者宜短耳，今平上帻也。始时各所宜，遂因冠为别。介帻
服文吏，平上帻服武官也。"[2] 帻经过元帝和王莽的使用逐渐流行于上层社会。蔡邕《独
断》曰:"汉元帝额有壮发，不欲人见，故加巾帻以包之也。"同书亦曰:"王莽无发乃施
巾。故语曰: '王莽秃，帻使屋'。"[3] 屋帻即介帻。戴平上帻者有白 M10 : 1、白 M25 : 13、
白 M25 : 14、白 M25 : 28、白 M26 : 18、白 M41 : 2、白 M41 : 4、白 M48 : 10、白 M48 : 9、井
M1 : 3、沙 M6 : 8、朱 M6 : 16，身份以武士居多，还有些击鼓、庖厨俑，均男性。戴介帻
者有白 M11 : 1、白 M15 : 7、白 M16 : 3、白 M21 : 29、白 M21 : 32、白 M21 : 24、白
M21 : 27、白 M25 : 22、白 M25 : 26、白 M25 : 23、白 M25 : 27、白 M26 : 4、白 M26 : 6、白
M26 : 14、白 M26 : 15、白 M29 : 17、白 M29 : 6、白 M29 : 13、白 M29 : 18、白 M29 : 27、白
M30 : 4、白 M39 : 11、白 M49 : 1、沙 M2 : 7、沙 M3 : 8、沙 M7 : 7、沙 M7 : 4、朱 M3 : 6、朱 M5 : 15、

① ［南朝　宋］范晔撰、［唐］李贤等注:《后汉书》卷三十《舆服下》，北京:中华书局，1965 年，第 3670 ~ 3671 页。
② ［唐］房玄龄等撰:《晋书》卷二十五《舆服》，北京:中华书局，1974 年，第 770 页。
③ 蔡邕:《独断》，《四部丛刊》三编子部，常熟瞿氏铁琴铜剑楼藏明弘治癸亥刊本，上海涵芬楼影印。

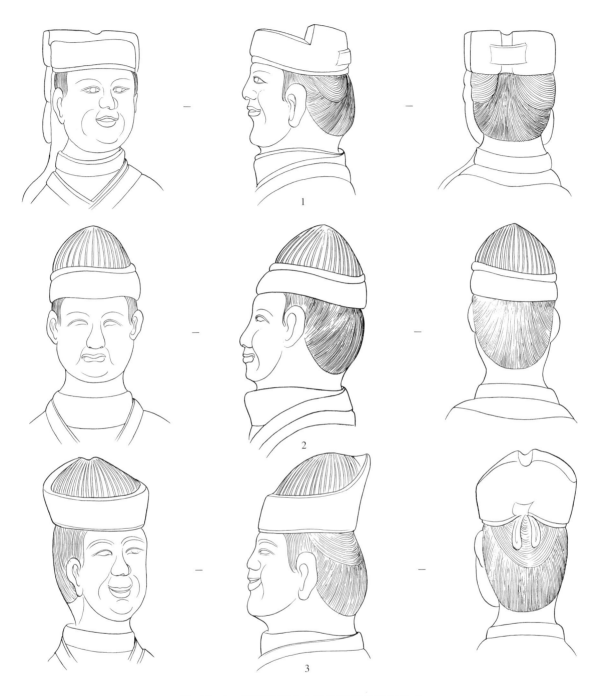

图三九三　绵阳崖墓出土男性陶俑首服与发式
1. 白虎嘴 M41：4　2. 白虎嘴 M29：1　3. 白虎嘴 M13：1

朱 M5：9、朱 M5：12、朱 M5：13、朱 M6：9，身份以文人居多，还有为奏乐者等，均男性。

幧头。《方言》第四："络头，帞头也……自关以西，秦晋之郊曰络头，南楚江湘之间曰帞头，自河以北，赵魏之间曰幧头。"① 系法是用条形巾由后向前，交结于额。此种头巾在四川地区特别流行，常见于俳优、劳作俑。有白 M7：1、白 M7：2、白 M13：2、白 M13：4、

① ［清］钱绎撰集，李发舜、黄建中点校：《方言笺疏》，北京：中华书局，1991 年，第 163 页。

白 M14：18、白 M26：8、白 M29：31、白 M29：24、白 M29：25、白 M29：30。有男有女。

有些戴复合式头巾，如井 M1：1、沙 M3：7 戴平上帻，外系帩头。

另有些头巾非常简单，头束一圆髻或高髻，髻下用一长条形巾束起，其身份多为劳作俑。

帽　《释名》："冒也。"[①]《汉书》卷七十一《隽疏于薛平彭传》："始元五年，有一男子乘黄犊车，建黄旐，衣黄襜褕，着黄冒……"颜师古注："冒所以覆首，即今之下裙冒也。"[②] 在汉代，帽子主要用于少数民族。白 M10：2、白 M29：1、白 M21：8 为此类形象。

笠　《说文》："簦无柄也。"段玉裁注："汪氏龙曰。笠本以御暑。亦可御雨。故良耜传。笠所以御暑雨。"[③] 簦即有柄的笠，像现在的雨伞。笠出现很早，武梁祠画像石中的大禹形象就是戴笠持耜。这批陶俑中戴笠者有两件，即白 M12：3、沙 M6：24，身份均为农夫。

2. 发式

成年男性发式较为简单。从这批陶俑看大致有三种：

一是在头顶上挽高髻[④]，发髻下部用长条形巾束住。高髻在长安地区特别流行，《后汉书·马廖传》："城中好高髻，四方高一尺。"[⑤] 有的发髻位于头上正中，如白 M7：1、白 M7：2、白 M13：2、白 M13：4、白 M14：6、白 M25：7、白 M25：15、白 M29：31、白 M30：3、白 M32：11、白 M32：20、沙 M1：8。身份多为武士。也有的偏向一侧，如白 M11：3、白 M14：10、白 M14：24、白 M19：4、白 M26：16、白 M42：9、沙 M7：11、沙 M7：8。均为劳作俑。

二是头发束脑后或覆于巾帻下，挽法不详，此类陶俑最多。挽于脑后者有白 M10：1、白 M13：1、白 M19：3、白 M21：20、白 M25：13、白 M25：14、白 M25：28、白 M26：4、白 M26：6、白 M29：17、白 M29：6、白 M29：13、白 M29：8、白 M29：27、白 M30：4、白 M32：4、白 M39：11、白 M48：10、白 M48：9、白 M49：2、井 M1：2、沙 M6：19、沙 M6：18、朱 M5：9、朱 M5：15。多为劳作俑，也有文人、武士、倡优的形象。还有头发主要覆于巾帻下，余部附于脑后，如白 M11：1、白 M15：7、白 M16：3、白 M21：29、白 M21：32、白 M21：27、白 M21：24、白 M25：22、白 M25：26、白 M25：23、白 M25：27、白 M26：19、白 M26：15、白 M26：27、白 M26：18、白 M34：1、白 M34：3、白 M41：2、白 M41：4、井 M1：1、井 M1：3、沙 M2：7、沙 M3：8、沙 M3：7、沙 M6：12、沙 M6：8、沙 M7：7、沙 M7：4、朱 M5：13、朱 M5：12、朱 M6：10、朱 M6：9。立俑最多，有些为武士俑。

第三种可能为光头形象，如白 M21：13、白 M21：15、白 M21：16、白 M21：30、白 M21：34、白 M21：20、白 M43：9。立俑最多，其他还有劳作俑、童俑等。

女性发式较为复杂（图三九四、三九五）。据载，汉代有堕马髻、椎髻、瑶台髻、迎春髻、垂云髻、盘桓髻、百合髻、分髾髻、同心髻、倭堕髻等。徐蕊研究认为，妇女"发髻

① ［汉］刘熙，［清］毕沅疏、王先谦著：《释名疏证补》，北京：中华书局，2008 年。
② ［汉］班固撰，［唐］颜师古注：《汉书》卷七十一《隽疏于薛平彭传》，北京：中华书局，1962 年，第 3037 页。
③ ［汉］许慎撰，［清］段玉裁注：《说文解字注》，上海：上海古籍出版社，1981 年，第 195 页。
④ 高春明认为高髻是各类挽在头顶的发髻统称，见《中国服饰名物考》，上海：上海文化出版社，2001 年，第 30 页。
⑤ ［南朝·宋］范晔撰，［唐］李贤等注：《后汉书》卷二十四《马援列传》，北京：中华书局，1965 年，第 853 页。

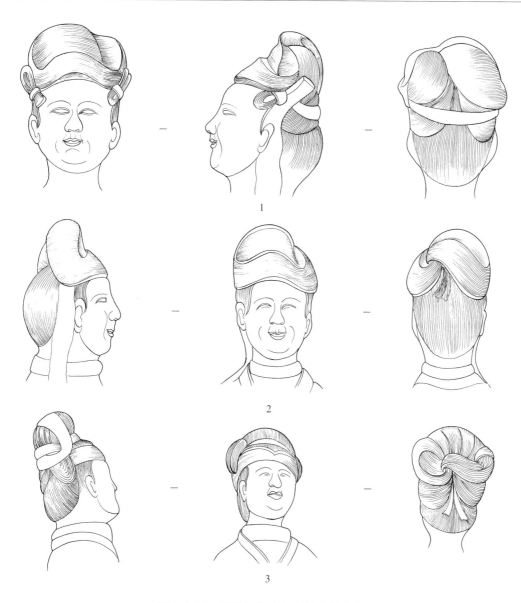

图三九四　绵阳崖墓出土女性陶俑发式
1. 井沿湾 M2：1　2. 白虎嘴 M19：5　3. 沙包梁 M7：2

的位置由低向高发展，即西汉早中期以背后或头后挽髻为主，几乎不见头顶挽髻，至西汉中晚期开始出现头顶高髻，之后头顶挽髻开始普遍流行并盛行于东汉；头发上的装饰呈现由少到多，由朴素到繁杂的转变"[1]。这批陶俑多着高髻，与东汉之后发髻特征符合。

　　女俑头上以挽高环髻为主，环髻多为双数，两环髻或大小相同，或一大一小，余发束于脑后，额上束巾。如白 M19：5、白 M21：31、白 M21：28、白 M25：25、白 M26：3、白 M26：5、白 M26：7、白 M26：11、白 M29：4、白 M29：14、白 M29：15、白 M29：19、白 M32：16、白 M32：3、白 M34：6、白 M39：6、白 M39：8、白 M39：12、白 M42：7、白 M48：8、井 M2：1、沙 M6：7、沙 M7：14、朱 M5：11、朱 M6：13。立俑形象最多，还有舞俑、提罐俑等。

---

① 徐蕊：《汉代女子服饰类型分析》，《中原文物》2009 年第 2 期。

图三九五　绵阳崖墓出土女性陶俑发式
1. 白虎嘴 M39：13　2. 白虎嘴 M21：26　3. 白虎嘴 M29：1　4. 白虎嘴 M13：1

有少数发髻非常复杂，顶部束一主髻，两侧附较小发髻，余发多缕，层层编织环绕于脑后作为装饰，额上再束巾。如白 M21：26、白 M25：20、白 M25：29、白 M26：9、白 M39：7、白 M39：13、白 M41：1、沙 M3：6、沙 M7：2、朱 M5：14。此类俑身份较高，多为墓主形象，极少数为舞俑。

头发挽于脑后，挽法不详，用幧头束住。如白 M29：24、白 M29：25、白 M29：30。

披发者仅见 1 件，白 M25：21，头发向后束，不至肩。

童俑 M7：13 的发型似今日农村的"铲子头"。而汉代之名还存在着争论，有人认为是"鬊"①。《说文》："鬊，发隋也。"即小儿留而不剪的一部分头发。《礼记·内则》："三月之末，择日，剪发为鬌。男角女羁。"郑玄注："鬌，所遗发也。"孔颖达疏："三月翦发，所留不翦者为鬌。"②

3. 上衣

西周之前流行上衣下裳，战国以后将衣、裳连在一起形成一种新的服饰——深衣。《礼记·深衣》："古者深衣，盖有制度，以应规矩，绳权衡。"郑玄注："名曰深衣者，谓连衣裳而纯之以采也。"③ 深衣到西汉依然非常流行，在深衣的基础上衍生出很多类服饰。据目前研究，两汉时期上衣的名称有"深衣""禅衣""复衣""襦""袭""袍""襜褕""褠""衫""裋褐""披肩"等。这批陶俑所着上衣具有东汉、蜀汉特征，与墓葬时代相符合。东汉流行袍、裋褐、襦等服饰，战国、西汉的流行的深衣形制几乎不见。

袍　《释名》："袍，丈夫着下至跗者也。袍，苞也。苞，内衣也。妇人以绛作衣裳，上下连，四起施缘，亦曰袍，义亦然也。"④《后汉书·舆服志》："袍者，或曰周公抱成王宴居，故施袍。"⑤ 袍原是内衣，至东汉时期已经成为外衣。劳干认为"汉代一般的袍又是专指棉袍而言"，是一种有着的衣服，而无着的则成为"襜褕"、单衣等。袍、禅衣、襜褕等为长衣，襦、袭、衫等为短衣。⑥ 实际上后人已将这种下至跗者之衣统称之为袍。《急救篇》："袍襦表里曲领群。"颜注："长衣曰袍，下至足跗。短衣曰襦，自膝以上。"⑦ 由于陶俑的特点，无法判定其衣服是否着里，具体名称还需进一步论证。此处将长衣统称为袍，袍也属于深衣之制，大致无误。

这批陶俑穿袍者居多，右衽，直裾，下摆多盖住脚面，有些下摆装饰花边。通用于男女，除劳作者以外，各类身份的人都在穿。如白 M7：1、白 M7：2、白 M10：1、白 M10：2、白 M11：1、白 M11：4、白 M13：2、白 M13：4、白 M13：1、白 M13：7、白 M14：17、白 M14：18、白 M15：7、白 M15：1、白 M16：3、白 M16：6、白 M16：7、白 M21：9、白 M21：32、白 M21：31、白 M21：28、白 M21：13、白 M21：15、白 M21：16、白 M21：30、白 M21：34、白 M21：27、白 M21：24、白 M25：22、白 M25：26、白 M25：25、白 M25：23、白 M25：20、白 M25：21、白 M25：27、白 M25：28、白 M26：4、白 M26：6、白 M26：3、白 M26：5、白 M26：8、白 M26：14、白 M26：15、白 M29：17、白 M29：6、白 M29：13、白 M29：8、白 M29：27、白 M29：31、白 M29：4、白 M29：14、白 M29：15、白 M29：19、白 M29：1、白 M30：4、白 M32：16、白 M32：14、白 M32：15、白 M32：6、白 M32：20、白 M32：3、白 M34：6、白 M34：2、白 M34：4、白 M39：11、白 M39：16、白 M39：8、白 M39：2、白 M39：10、白 M41：4、白 M41：2、白 M41：1、白 M42：7、白 M43：9、白 M48：10、

① 高春明：《中国服饰名物考》，上海：上海文化出版社，2001 年，第 54 页。

② ［清］孙希旦撰、沈啸寰、王星贤点校：《礼记集解》卷二十八《内则之二》，北京：中华书局，1989 年，第 763 页。

③ ［清］孙希旦撰、沈啸寰、王星贤点校：《礼记集解》卷五十六《深衣》，北京：中华书局，1989 年，第 1379 页。

④ ［东汉］刘熙、［清］毕沅疏，王先谦著：《释名疏证补》卷五《释衣服》，北京：中华书局，2008 年，第 259 页。

⑤ ［南朝宋］范晔撰、［唐］李贤等注：《后汉书》志第三十《舆服下》，北京：中华书局，1965 年，第 3666 页。

⑥ 劳干：《汉代常服述略》，《中央研究院历史语言研究所集刊》第 24 期。

⑦ ［汉］史游撰：《急救篇》，长沙：岳麓书社，1989 年，正文第 11 页、颜注第 142 页。

白 M48：9、白 M48：2、井 M2：5、沙 M2：7、沙 M2：10、沙 M3：7、沙 M3：8、沙 M6：12、沙 M6：19、沙 M6：18、沙 M6：7、沙 M7：14、朱 M3：6、朱 M5：9、朱 M5：15、朱 M5：8、朱 M5：12、朱 M5：13、朱 M6：13、朱 M6：16 等。

有些在袍的腰部系囊。上文已论，囊为知识分子所用。如白 M21：9、白 M21：32、白 M25：22、白 M25：26、白 M26：4、白 M26：6、白 M29：17、白 M29：6、白 M29：13、白 M29：8、白 M32：20。

襦 《说文》："襦，短衣也。" 颜师古注《急就篇》："短衣曰襦，自膝以上。一曰短而施要（腰）者襦。"[①] 黄现璠认为襦有三种：一曰反闭襦，襦之小者也，却向着之，领反于背后闭襟也；二曰单襦，如襦而无絮也；三曰要襦，形如襦，其腰上翘下齐腰也。[②] 由于襦较短，往往和裙、裤搭配。与裙搭配最普遍，《乐府诗集·陌上桑》："缃绮为下裙，紫绮为上襦。"[③] 与裤搭配者时代比较早，《礼记·内则》："十年，出就外傅，居宿于外，学书记，衣不帛襦袴。"[④]《吕氏春秋·离谓》："子产治郑，邓析务难之，与民之有狱者约，大狱一衣，小狱襦袴。"[⑤] 陶俑形象上往往很难辨认出襦裙，如 M21：26、白 M25：29、白 M26：9、白 M26：11、白 M39：13、白 M39：7、白 M41：6、白 M42：9、白 M48：8、沙 M3：6、沙 M6：13、沙 M7：2、沙 M7：4、沙 M7：7、朱 M5：11、朱 M5：14 等，但着半袖衣，半袖往往用于襦上，且腰带偏上。因此该类俑应是着襦裙。

裋褐属于襦的一种。《说文》曰："裋，竖使布长襦。" 高注《淮南子》曰："竖，小使也。"[⑥] 颜注《汉书·贡禹》传曰："裋褐，谓僮竖所著布长襦也。"[⑦]《说文》："褐，粗衣也。" 两字合起之意为粗陋布襦，多为贫贱者所服。《列子·力命》："朕衣则裋褐，食则粢粝，居则蓬室，出则徒行。"[⑧] 汉贾谊《过秦论》："夫寒者利裋褐而饥者甘糟糠，天下嚣嚣，新主之资也。"[⑨] 均提到这种衣服。穿裋褐的陶俑多为劳作者形象。此类俑衣着随意。有白 M11：3、白 M11：5、白 M11：2、白 M13：3、白 M19：8、白 M21：8、白 M21：10、白 M25：13、白 M25：14、白 M25：7、白 M25：15、白 M29：7、白 M30：3、白 M32：4、白 M34：5、白 M41：5、井 M1：3、沙 M1：8、沙 M1：9、沙 M1：8、沙 M6：21、朱 M6：15。如沙 M2：10、沙 M7：11，不仅未着内衣，而且袒胸露乳。

有些陶俑在裋褐下部围系一物，似后世裹肚。如白 M26：17、白 M26：19、白 M26：18、白 M34：1、白 M42：10、白 M49：1。身份为劳作或者武士俑。

有的在裋褐外穿对襟衣，名称不详，如白 M26：16，此类对襟衣在江陵马山一号墓中出土的 "缄衣" 相近。[⑩] 也有些无里衣，直接着对襟衣，如白 M32：11。

① [汉] 史游撰：《急救篇》，长沙：岳麓书社，1989 年，第 142 页。
② 黄现璠：《古书解读初探》，桂林：广西师范大学出版社，2004 年。
③ [宋] 郭茂倩：《乐府诗集》第二十八卷《陌上桑》，北京：中华书局，1979 年，第 411 页。
④ [清] 孙希旦撰，沈啸寰、王星贤点校：《礼记集解》卷二十八《内则之二》，北京：中华书局，1989 年，第 769 页。
⑤ 许维遹：《吕氏春秋集释》卷第十八《离谓》，北京：中华书局，2009 年，第 488 页。
⑥ 刘文典：《淮南鸿烈集解》，北京：中华书局，1989 年，第 602 页。
⑦ [汉] 班固撰、[唐] 颜师古注：《汉书》卷七十二《贡禹传》，北京：中华书局，1962 年，第 3073 页。
⑧ 杨伯峻：《列子集释》，北京：中华书局，1979 年，第 194 页。
⑨ [汉] 司马迁：《史记》卷五《秦本纪》，北京：中华书局，1959 年，第 185 页。
⑩ 湖北荆州博物馆：《江陵马山一号墓》，北京：文物出版社，1985 年。

半袖　常装于襦上，短袖衣。《释名》："半袖，其袂半，襦而施袖也。"[①] 在东汉陶俑中，半袖似多为女性所穿，有些袖缘还刻意剪裁成荷叶边花瓣状。至魏晋时期男性也穿，《晋书·五行志》："魏明帝着绣帽，披缥纨半袖。"[②] 高春明认为"绣襦"也是半袖的一种。[③] "绣襦"乃妇人之服，穿在正式衣物外面。《后汉书》卷一《光武帝纪》："三辅吏士东迎更始，见诸将过，皆冠帻，而服妇人衣，诸于绣襦，莫不笑之，或有畏而走者。"唐李贤注："字无䙱字，《续汉书》作'襦'……如今之半臂也。"[④] 但《后汉书》并未说明"绣襦"样式。

蔽膝　多为方形，系在衣服前面，似今天的围裙，由遮羞之用演变而来。《汉书·东方朔传》："后数日，上临山林，主自执宰蔽膝，道入登阶就座。"颜师古注："蔽膝，为贱者之服。"同书《王莽传》："母病，公卿列侯遣夫人问疾，莽妻迎之，衣不曳地，布蔽膝。见之者以为僮使，问知其夫人，皆惊。"[⑤] 白 M39：11 腹前似系蔽膝。

有些童俑的脖子围着一物，似现在的小孩围涎，汉代名称不详。见于白 M21：7、白 M21：33、白 M39：4、白 M39：15、沙 M2：8、沙 M7：1、朱 M1：4。

腰带　《类说》卷三五引唐刘存《事始》："古有革带反插垂头，秦二世制名腰带。唐高祖诏令向下插垂头，取顺下之义。"腰带位于腰间，多刻画不清楚。据笔者观察，这批陶俑的系腰带有绳子、布帛、皮革。系绳子者仅见白 M14：6。系布帛很多，其腰带呈长条形，腰带系法多不清晰。也有部分应系皮革，仅从陶俑形象来看，皮革和布帛腰带并无法区分，从墓中出土的带钩来看，肯定存在这类腰带。

绶带　绶，丝带。《说文》："绶，绂维也。"《小尔雅》："绂谓之绶。"[⑥] 古代用以系佩玉、官印等。官印结绶制度形成于秦，《后汉书·舆服志》："韨佩既废，秦乃以采组连结于璲，光明章表，转相结受，故谓之绶。汉承秦制，用而弗改，故加之以双印佩刀之饰。"三国魏董巴的《大汉舆服志》也说："古者君臣佩玉，三代同之。五霸兴兵，佩以战器，去佩，留其系璲，以为章表。秦乃以采组连结，谓之绶。"[⑦] 沙 M1：8、沙 M7：8 腰部系一物，似绶带，但据文献，绶带系印、刀、玉等，此为普通劳作者，又不合制度，存疑。

裤　裤有合裆和不合裆两类，不合裆的称之为袴[⑧]，《释名》："袴，跨。两股各跨别也。"所以在汉简中，袴的单位为"两"。四川宜宾翠屏村七号墓出土的石棺上有一人倒立，上衣下翻，由于着袴、不合裆，所以生殖器外露。[⑨] 合裆裤称之"裈"，《释名·释衣服》说："裈，贯也，贯两脚，上系腰中也[⑩]。"司马相如曾着"犊鼻裈，与保庸杂作，涤器于市

① ［东汉］刘熙、［清］毕沅疏，王先谦著：《释名疏证补》卷五《释衣服》，北京：中华书局，2008 年，第 259 页。
② ［唐］房玄龄等撰：《晋书》卷二十七《五行志》，北京：中华书局，1974 年，第 822 页。
③ 高春明：《中国服饰名物考》，上海：上海文化出版社，2001 年。
④ ［南朝　宋］范晔撰、［唐］李贤等注：《后汉书》，北京：中华书局，1965 年。
⑤ ［汉］班固撰、［唐］颜师古注：《汉书》卷六十五《东方朔传》，北京：中华书局，1962 年，第 2854～2855 页。
⑥ 迟铎著：《小尔雅集释》，北京：中华书局，2008 年。
⑦ ［宋］李昉：《太平御览》，北京：中华书局，1960 年，3088 上。
⑧ 也有人袴也有合裆者，多以《史记·赵世家》："夫人置儿绔中"为据，如不合裆，婴儿置于何处？笔者以此处袴很可能指两裆之意，因为以当时的裤子来说，无论合不合裆，都不容易置放婴儿。
⑨ 匡远滢：《四川宜宾市翠屏村汉墓清理简报》，《考古通讯》1957 年第 3 期
⑩ ［东汉］刘熙、［清］毕沅疏，王先谦著：《释名疏证补》卷五《释衣服》，北京：中华书局，2008 年，第 253 页。

中，卓王孙闻而耻之"①。西汉晚期宫廷中流行穷袴，也是合裆之裤，《汉书·外戚传》："虽宫人使令皆为穷绔，多其带。"颜师古注："服虔曰：'穷绔，有前后当，不得交通也。'……穷绔即今之绲裆袴也。"② 东汉蜀地流行穿袴。《后汉书》卷三十一载："廉叔度，来何暮？不禁火，民安作。平生无襦今五绔。"③ 这批俑多着穷绔，如白 M14∶7、白 M14∶24、白 M15∶8、白 M19∶4、白 M19∶3、白 M21∶20 均着合裆裤，很像现在的短裤。身份皆为劳动者，形象以飏扇俑、持罐俑居多。

裙　《说文》："裙，下裳也。"汉代流行上襦下裙，《玉台新咏·古诗为焦仲卿妻作》："着我绣袯裙，事事四五通。"④ 如白 M26∶27、白 M32∶17，其下摆明显有两层，似为长襦加裙。

鞋　除有草鞋外，多刻画不清晰。草鞋在汉魏时期称为"屩"，《说文》："屩，草履也。"《梁书·何点传》："点虽不入城府，而遨游人世，不簪不带，或驾柴车，蹑草屩，恣心所适……"⑤ 屩出行方便，《释名》曰："屩，蹻也。出行着之。蹻蹻轻便。因以为名。"⑥ 从陶俑和画像来看，草屩多为劳动者和武士所穿，上层人士少见。如沙 M6∶8。

装饰品　常见有耳珰、发簪、戒指、镯等。如 M21∶26 耳上有珰。发簪、镯、戒指在陶俑上不好表现，但墓葬中出土颇多。

限于陶俑的特点，里衣无法表现。陶俑一般穿几层衣，除外衣外，还有一层或多层内衣，但掩盖于外衣下，仅在颈部、下摆偶尔表现出来，形制不详。

这批陶俑表现了中下层百姓的着装。袍是最为普遍的服装，各类人群都穿。劳动者服饰以方便劳作为主，如裋褐、短裤。乐舞俑的服饰更注重美观。文人、武士的较为庄重。服饰种类不多，以袍、襦、裤最为常见。服饰以常服为主，与文献记载的有很大差别，再次说明了文献所载的服饰仅适用于上层社会，与实际百姓着装存在差异。从装饰来看，有些形象可能为少数民族，特别是那种高偏髻少见于中原地区。据载，汉代成都平原周围聚居了大量少数民族，在墓葬中发现其形象也属正常。

将这些服饰和中原地区的进行比较，可以发现至东汉以后，巴蜀地区的服饰已基本与中原相同，差异为细部。总体来说中原地区发现的服饰要受礼制影响较多，复杂一些；而蜀地服饰种类较少，以实用性为主，特别是劳动者服饰。

---

① ［汉］司马迁：《史记》卷一百一十七《司马相如列传》，北京：中华书局，1959 年，第 3960 页。
② ［汉］班固撰、［唐］颜师古注：《汉书》卷九十七上《外戚传》，北京：中华书局，1962 年，第 3960 页。
③ ［南朝宋］范晔撰、［唐］李贤等注：《后汉书》卷三十一《郭杜孔张廉王苏羊贾陆列传》，北京：中华书局，1965 年，第 1103 页。
④ ［清］吴兆宜撰：《玉臺新詠箋注》卷一《古诗为焦仲卿妻作》，北京：中华书局，1985 年，第 46 页。
⑤ ［唐］姚思廉撰：《梁书》卷五十一《何点传》，北京：中华书局，1973 年，第 732 页。
⑥ ［东汉］刘熙、［清］毕沅疏，王先谦著：《释名疏证补》卷五《释衣服》，北京：中华书局，2008 年，第 264 页。

结　语

　　《绵阳崖墓》报告对 20 世纪 80 年代以来绵阳地区发现的崖墓进行了较为详尽的记述，编者并在此基础上对这批墓葬材料本身及其涉及的分期断代及陶俑等诸多方面进行了初步研究。

　　墓葬多为科学发掘，数量多、延续时间长，从东汉章、和二帝至南朝晚期及隋都有发现。这批墓葬以中小型墓为主，从其墓葬形制和随葬品来看，应为中下层平民和官吏墓葬。本书按照墓葬发掘顺序对这批墓葬逐一进行了详细的报告，在报告的基础上对墓葬进行类型学分析，初步建立起绵阳市崖墓发展序列。墓葬材料大致可分为六个时期，即东汉早期晚段、东汉中期、东汉晚期、蜀汉时期、两晋时期、南朝至隋末唐初。报告不仅对绵阳地区墓葬分期断代具有标尺作用，对整个四川地区的墓葬分期、断代也有重要的参考价值。

　　崖墓在东汉中期晚以后达到发展的最高潮，并形成了一些区域特征。除了更世俗化、商品化的丰富随葬品组合外，还出现有大量生动形象的崖墓雕刻。河边九龙山沙包梁清理的 11 座画像墓，画像雕刻整体比较简单，属于绵阳地区画像崖墓区系之北部片区的范畴。画像崖墓的发展阶段与崖墓本身的发展序列基本吻合，经历了东汉中期雕刻简单、东汉晚期雕刻丰富且精致、蜀汉时期雕刻更为简单的三个发展阶段。画像内容多为反映世俗生活内容的仿木建筑雕刻，如斗拱、俑、动物模型雕刻；也有代仙界的祥瑞之物，如朱雀、蟾蜍、莲花莲蓬、胜纹等。为探讨汉墓丧葬思想和升仙信仰提供了更生动形象的启发。

　　《绵阳崖墓》报告根据墓葬形制和器物分成两大组合：第一类组合，以单室墓为主，也有一定数量的双室墓。墓葬平面规整，形制均为长方形。有一定数量的画像墓。随葬品以陶器为主，有大口瓮、小口束颈瓮、敛口带领罐、小口束颈罐、深腹罐、喇叭口罐、大底罐、圆唇敛口罐、盆、甑、壶、灯、井、耳杯、案、盘等。陶俑、模型器数量多，且制作较为精致。铜器流行摇钱树、三段式神兽镜、带钩、釜等器物。铁器常见环首刀、凿、錾、釜等。钱币流行半两、新莽钱、五铢钱、蜀汉钱等。瓷器极为少见。这些都是典型"汉制"特征。第二类组合中，墓葬均为单室墓，且平面形制流行长条形（Aa V 式）、梯形、不规则、横长方形等。画像墓绝迹。瓷器成为最重要的随葬品，器型有碗、盏、罐、唾壶、盘口壶、兽首执壶、杯、灯。而陶器数量和种类已经大大减少，仅剩下 Bb II 式小口束颈罐、II 式深腹罐、盘、灯等，且出现仿瓷陶器和双唇罐，流行弧腹平底钵。陶俑和动物模型急剧减少且形制简化、器形变小。铜器以立耳铜釜较为常见，铁器流行剪刀，钱币流行六朝钱币。

　　第一类组合流行于蜀汉之前。第二类组合出现于两晋之后，流行单室墓，以瓷器为主要的随葬品代替了汉代以来流行的仓灶井、杯案盘以及数量繁多的陶俑组合，"晋制"最终形成。

　　从绵阳地区墓葬演变可以看出，晋制的形成和发展与中原地区大体相同，但也有区别。比如北方的牛车等在此处基本不见，而瓷器系统与峡江地区一样，受建康地区影响较大。

　　崖墓发展到两晋南朝时期，墓葬制度发生了转变，虽然也继承了汉代一些传统，如部分陶器器形仍在墓中常见。但总体上汉代墓葬制度被"晋制"所代替，墓葬规模逐渐缩小。固然这是受到中原薄葬思想的影响，但主要还是因为长期战乱的破坏，百姓无力建造汉代那种富丽堂皇的墓葬。墓葬中以陶器为主的随葬品为瓷器所替代。绵阳崖墓出土了大量的青瓷器，这批瓷器大致可分为两组，一组是以成都平原青羊宫窑、江油青莲窑为代表的本地产品，另一组则可能主要来自长江中游的青瓷产区。此阶段长江中下游对四川地区影响增加，瓷器的种类、形制受长江中下游影响为多。

　　墓葬出土了大量陶俑，陶俑提供的信息量很大，但却往往被忽视。本书通过陶俑的分类，对当时社会阶层和职业的构成有一个大致了解。并根据陶俑位置、形象推测其在墓葬中的功用，如封门处的武士俑具有守卫作用，甬道近封门处的镇墓俑有驱鬼辟邪之用，甬道内和墓室的陶俑主要是提供伺候、娱乐、劳作之用。此外还根据陶俑对汉代服饰进行了初步研究。

附表

附表一　沙包梁画像崖墓画像配置简表

期别	年代	墓号	墓门	甬道北壁	墓顶	墓室雕刻				崖棺
						墓室东壁	墓室北壁	墓室南壁	墓室西壁（后壁）	
第一组	东汉中期（安帝至恒帝时期）	沙M6	仿木结构屋脊+屋面+圈纹瓦当		仿木结构屋顶+莲花莲蓬吊饰+嘉瓜吊饰		吹笛俑+朱雀+丁头拱+母子鸡+飞鸟+天狗	石灶+提罐俑+飞鸟+重檐九脊阙+题记		立柱及丁头拱+蹲熊
		沙M7					兽头+母子鸡+马厩及异形马槽	石灶+执刀俑+提罐俑		丁头拱
		沙M11	仿木结构屋脊+屋面+圈纹瓦当		嘉瓜吊饰+圆形吊饰	挂猴+提罐俑	丁头拱+飞鸟+朱雀	石灶+丁头拱		丁头拱+窗棂+胜纹+鱼+莲子吊饰
第二组	东汉晚期	沙M2		门楼			立马+马厩+立柱及丁头拱+持物俑+拱手俑+挂猴+吊饰（壶形，带座立耳镂形）	石灶+飞鸟+朱雀+吊饰（壶形）	仿木结构屋脊屋面+蹲熊+立柱+朱雀	立柱+斗拱
		沙M4			莲花吊饰+嘉瓜吊饰		石灶+立柱+斗拱+猪+马厩	立柱+斗拱	蟾蜍	丁头拱+窗棂+（胜、轮形、长方形、方形）+莲子吊饰
		沙M8			仿木结构屋顶		石灶+提罐俑+龟俑	马厩+马槽+立马	仿木构墓门+屋脊屋面+圈纹瓦当+蹲熊	
		沙M9					马+狗+蹲熊+执刀俑+朱雀+飞鸟+单阙+丁头拱	龟+丁头拱+飞鸟	丁头拱+仿木构屋面+圈纹瓦当	

续表

期别	年代	墓号	墓室雕刻							崖棺
			墓门	甬道北壁	墓顶	墓室东壁	墓室北壁	墓室南壁	墓室西壁（后壁）	
第二组	东汉晚期	沙M10				石灶		石灶	蹲兽＋朱雀＋胜纹＋仿木构建筑屋脊屋面＋圈纹瓦当＋蹲熊	
第三组	蜀汉时期	沙M1	仿木结构屋脊屋面＋梅花纹瓦当＋蹲熊＋蹲兽							
		沙M5					吹笛俑	提罐俑	灶头	

附表二 墓葬形制及出土器物简表

墓号	方向	墓葬形制	葬具	随葬品							分期	备注
				陶器	瓷器	铜器	铁器	钱币	料珠	银器		
白M14	200°	AbⅠ		釜BⅠ2、小口束颈罐BaⅠ2、大口瓮Aa2、BⅠ、壶CⅠ、房2、陶龟、田螺、鸡、鸭、蛙2、站立拱手俑B、C、劳作俑B、C、E、F		青羊神兽镜、镶斗	环首刀	半两A、五铢残片83、大泉五十BⅡ3、摇钱树挂线仿五铢		银手镯	一	
白M43	234°	AaⅠ	崖棺	钵AⅠ、AⅡ2、小口束颈罐AⅠ、BaⅠ2、小口束颈瓮BⅠ、站立拱手俑B		青羊神兽镜	釜、环首刀2				一	
朱M1	324°	AaⅠ		大口瓮Ab、圆唇敛口罐、耳杯、盒、童俑							一	
朱M3	325°	AbⅡ	崖棺	小口束颈罐BbⅠ、釜AⅠ、房、水田、鸡、站立拱手俑A		耳杯2、五铢钱文镜	带柄刀、环首刀	货泉2、五铢AⅠ22、AⅡ37、AⅢ65、Ca3			一	
朱M4	332°	AaⅠ	崖棺	釜AⅡ、盆A							一	
堰M5	173°	AbⅠ		罐3、大底罐、釜AⅡ、钵Ba、耳杯、灯、井Ba、案、鸡、狗、猪、拱手立俑				五铢AⅢ2、Ca2			一	
白M3	216°	AbⅣ		釜AⅡ、大口瓮Aa、小口束颈罐BbⅠ、BbⅡ2、壶CⅠ、鸡、狗			釜、环首刀	货泉AⅠ8、AⅡ、BⅠ36、BⅡ11、BⅢ15、BⅣ4、BⅤ6、五铢AⅡ、AⅡ4、BJ7、BⅢ2、BⅣ、大泉五十Ⅲ、大泉十五2、大布黄千Ⅰ、Ⅱ			二	

续表

墓号	方向	墓葬形制	葬具	随葬品							分期	备注
				陶器	瓷器	铜器	铁器	钱币	料珠	银器		
白M7				武俑2				五铢AⅣ、五铢残片3			二	
白M8				大口瓮Aa、BⅠ、甑A				五铢AⅣ3			二	
白M10				井Bb、狗、站立拱手俑B2			凿、附件				二	
白M11	217°	AbⅣ	崖棺2	乐舞俑A、B、站立拱手俑A、劳作俑A、B							二	
白M20	209°	AbⅢ	砖棺	小口束颈罐BaⅠ				五铢AⅠ3、AⅢ、五铢残片8			二	
沙M6	110°	AaⅢ	崖棺	深腹罐Ⅰ3、喇叭口罐B、小口束颈罐AⅡ2、C、大口瓮BⅡ、釜A、水田模型、母鸡、子母鸡、鸭、狗、猪、站立拱手俑AⅡ2、井A、站立拱手俑A2、B、劳作俑C、E、乐舞俑E、俑头、武俑							二	墓门、墓室顶、墓室北壁、南壁、崖棺有雕刻
沙M7	110°	AaⅢ	砖棺	小口束颈罐AⅡ4、大底罐、大口瓮Ab、壶D、釜AⅠ、鸭2、猪、童、站立拱手俑D、乐舞俑C、E、劳作俑B、C、D							二	墓室南北两壁前部、崖棺有雕刻
沙M11	95°	AaⅢ	崖棺砖棺	小口束颈罐BⅠ、盆							二	墓室南北东三壁和墓门上方、崖棺顶、墓棺皆有雕刻

墓号	方向	墓葬形制	葬具	随葬品							分期	备注
				陶器	瓷器	铜器	铁器	钱币	料珠	银器		
朱M5	324°	AaⅠ	崖棺	釜AⅠ、小口束颈瓮A、BⅠ、敛口带领罐A、子母鸡、狗、猪、站立拱手俑A2、B、抚耳俑、乐舞俑C、E、劳作俑D		鐎斗		五铢AⅡ3			二	
朱M6	321°	AbⅡ	崖棺2	罐、大口瓮Aa、Ab2、瓿A、豆、盘1、房2、马鞍、水田模型、站立拱手俑A、D、劳作俑C、F				五铢AⅡ13、AⅡ17、AⅣ28、Ca2			二	
堰M8	165°	AaⅠ		罐、俑头、俑上半身		环		五铢Ca、货泉			二	
白M1	345°	BⅡ									三	
白M13				釜AⅡ、壶CⅡ、井Bb、站立拱手俑C3、行走俑F							三	
白M18	201°	AbⅡ	崖棺	釜AⅠ、大口瓮Ab、小口束颈罐BaⅠ、井Bb			刀	五铢AⅢ6、AⅣ、AV2、Ca			三	
白M19	203°		砖棺	女俑、劳作俑A、C、E		五乳五鸟镜、摇钱树杆	环首刀、镰	五铢AⅠ、AⅡ5、Ca1			三	
白M21	216°	AaⅡ	砖棺3	大口瓮Ab、小口束颈瓮BⅡ2、敛口带领罐、大底罐、壶CⅠ、CⅡ、釜AⅡ2、AⅢ、BⅠ、瓿A、盘、房2、水田、鸡2、狗、猪、站立拱手俑A2、B5、D2、劳作俑A、C、童俑2、乐舞俑A、B、C、抚耳俑			钉形器、锸	五铢AⅢ、AⅣ、Ca76、五铢残片54			三	

续表

墓号	方向	墓葬形制	葬具	随葬品							分期	备注
				陶器	瓷器	铜器	铁器	钱币	料珠	银器		
白M25	206°	B I	砖棺 2	小口束领罐 A II、敛口带领罐 A、釜 A III、甑 A、盘、壶 C II、井 Bb、鸡 2、猪、狗、鸡立拱手俑 A、D、E、行走俑、乐舞俑 B2、C、抚耳俑 A2、D	瓷盏 A		环首刀、直柄刀	半两 C、五铢 A I、AII4、A III3、A IV5、A V3、Ca21、货泉 B II 2			三	
白M29	237°	B I	砖棺 崖棺	小口束颈罐 Ba II 4、Bb I 4、Bb II、大口瓮 Aa、釜 A II、盆 A、B2、井 Bb、文俑 A、站立拱手俑 C4、D2、残立俑 3、劳作俑 B			环首刀、刀	五铢 A III8、A IV7、A V、Ca76			三	
白M39	205°	Aa II	砖棺	钵 A II、器座、公鸡、猪、站立拱手俑 A、B、D3、童俑 2、抚耳俑 2			釜、环首刀	五铢 A I9、A II10、A III 22、A IV 12、A V2、Ca8			三	骨器
白M40	198°		砖棺 瓦棺	大口瓮 Ab、深复罐 II		三段式神兽铭文镜、鐎斗	环首刀	五铢 A I7、A II 6、A III25、A IV19、A V 2、Ca38、无文钱 I		手镯、戒指 2	三	
白M42	225°	Ab III	原岩 崖棺 砖棺	敛口带领罐 B、喇叭口罐 B、深腹罐 I 2、大口瓮 Aa、B I、壶 A、钵 A II 2、Ba、井、狗、猪、站立拱手俑 D、劳作俑 E、武俑		釜 A I、鐎斗、神兽镜、另外一面残、带钩	釜、环首钩、刀 4、件	五铢 A I60、A II16、A III3、Ca、五铢残片 97、货泉 B VI2	料珠 2	手镯 3、戒指 6、顶针	三	

续表

墓号	方向	墓葬形制	葬具	随葬品							分期	备注
				陶器	瓷器	铜器	铁器	钱币	料珠	银器		
白M48	216°	Ab I		器座（?）、小口束颈罐 A I、壶 D、鸡 2、猪、乐舞俑 D、劳作俑 C、武俑			环首刀、刀	半两 E、五铢 A Ⅲ8、A Ⅳ6、Ca30、五铢五十 24、大泉五十 A I、无文钱 Ⅱ			三	
白M49	210°			站立拱手俑 A、劳作俑 B		摇钱树残杆		五铢 A I、A Ⅲ3、AIV、AV3、Ca60、五铢残片 26			三	
沙M2	100°	Aa Ⅲ	崖棺	敛口带领罐 A3、C、小口束颈瓮 B Ⅱ、钵 A Ⅱ、站立拱手俑 A、B、童俑、劳作俑 B		长宜子孙铭文镜、戒指		半两 B、五铢 A Ⅱ18、A Ⅲ13、A Ⅳ21、A V4、Ca32、摇钱树挂币五铢 14、摇钱树挂币货泉 3、大泉五十、货泉		手镯、饰片、戒指 4	三	墓室北部、南壁有雕刻
沙M3	175°	AbV		小口束颈罐 A Ⅱ2、小口束颈瓮 B Ⅰ、釜 A Ⅲ、钵 A Ⅰ、乐舞俑 A、E、劳作俑 D							三	
沙M4	90°	B I	崖棺	小口束颈罐 C、大口瓮 Ab、钵 A Ⅱ							三	墓室南北两壁和后壁有雕刻
沙M8	115°	Aa Ⅲ									三	墓室左右两壁和后壁有雕刻
沙M9	112°	B Ⅱ	砖棺	鹅、鸭				五铢 Ca3			三	墓顶、南北壁、后壁有雕刻

续表

墓号	方向	墓葬形制	葬具	随葬品							分期	备注
				陶器	瓷器	铜器	铁器	钱币	料珠	银器		
沙 M10	115°	AaⅢ	砖棺								三	墓室后壁有雕刻
井 M1	286°	AbⅢ	砖棺	钵AⅡ、公鸡、劳作俑A、B、俑头2							三	
井 M2	283°	AaⅣ		釜AⅡ、母鸡、子母鸡、猪、女俑头、乐舞俑A							四	
沙 M1	172°	BⅡ		双唇罐、小口束颈罐AⅢ、Ba12、壶B、釜D、劳作俑A、C、乐舞俑B	碗Ⅰ	釜、变形四叶对凤纹镜					四	墓门有雕刻
沙 M5	112°	AaⅣ		狗							四	墓室南北两壁及后壁有雕刻
白 M5	236°	BⅢ		喇叭口罐A、泥鳅	碗Ⅱ			五铢AⅢ6、AⅤ、Ca、五铢残片4			五	
白 M31	216°	AaⅤ		深腹罐Ⅱ、钵BbⅠ2、Bc							五	
高 M1	200°	AaⅤ		钵Bd2、纺轮2	唾壶	五乳鸟镜	剪刀、镞2、首刀	五铢AⅢ	圆球形2		五	
高 M2	207°	AbⅦ			四系罐2、碗Ⅱ、盏BⅡ	釜B					五	
高 M11	202°	AaⅤ		钵AⅡ、BbⅠ、Bd3、圆唇敛口罐、纺轮、乐舞俑F	兽首盘口执壶Ⅰ、罐	釜AⅡ2、CⅡ、龙头饰	直柄刀、剪刀、铁片				五	

墓号	方向	墓葬形制	葬具	随葬品 陶器	瓷器	铜器	铁器	钱币	料珠	银器	分期	备注
高M16	217°	AbⅦ		圆唇敛口罐							五	
高M19	145°	AbⅥ									五	
塘M1	260°	AbⅦ		小口束颈罐 BaⅡ、Bc	兽首盘口执壶Ⅱ、唾壶						五	
塘M2	263°	AbⅥ		罐、釜AⅢ、甑Bb、钵BbⅠ、Bc、盘、仓	兽首盘口执壶Ⅰ、Ⅱ、碗Ⅰ、Ⅱ、盏BⅡ、釉陶灯				石料珠3		五	
西M1	280°	AbⅥ			盏BⅡ						五	
西M3	285°	AbⅥ	砖棺	釜AⅣ2、甑Ba2、钵BbⅡ、Bc2、Bd	盏BⅠ、BⅡ2、灯座						五	
西M4	240°	AbⅧ		BbⅠ、Bc							五	
西M5	235°	AbⅥ		鸡、猪、俑头							五	
西M6	230°	AbⅥ		釜AⅢ、甑Bb、钵Bc、Bd、碗Ⅰ、盏A			镰刀				五	
白M38				釜AⅣ、甑Ba				五铢Ca3、Cb6、大平百钱、刘焉五铢、沈郎五铢、四铢Ⅱ、Ⅲ、孝建四铢4、孝建五铢2、建钱2、两铢、无文钱l2、Ⅱ、六朝五铢6、大泉五十BⅥ			六	

续表

墓号	方向	墓葬形制	葬具	陶器	瓷器	铜器	铁器	钱币	料珠	银器	分期	备注
高M6	189°	AbⅥ		纺轮	盘口壶、盖BⅠ	洗、釜AⅡ、CⅡ	直柄刀、剪刀、矛		黑色圆鼓形3、黑色圆珠形2、深灰色圆珠形		六	
高M10	140°	AbⅦ			圈足杯2						六	
高M15	225°			釜BⅡ、甑Bb							六	
高M20	140°	AbⅧ		双唇罐、碗I、甑Bb、俑2	盘口壶、碗Ⅲ、杯						六	
高M21	218°	AbⅥ		釜BⅡ、甑Ba	带盖六系罐						六	
高M26	165°	AbⅥ		碗Ⅱ2、盏B、灯盘3							六	
高M27	140°	AbⅦ		盏B、钵Bd	盘口四系壶		剪刀				六	
高M28	225°	AaⅤ		小口束颈罐BbⅡ2、碗I3、钵Be、盏A5		箸、簪子	剪刀、铁饰件	半两C、D、五铢A I、B、Ca2、Cb6、五铢残片5、大泉直、五铢BI3、BⅡ、白五铢I2、Ⅱ、四铢 I、Ⅱ、孝建钱			六	
竹M1	10°	AbⅧ		罐、釜BⅡ、甑Ba	碗Ⅲ、杯	簪					六	
竹M2	5°	AbⅧ		甑Ba、钵BbⅡ、Bc							六	
富M1	125°	AbⅧ		釜BⅡ、甑Ba、钵BbⅡ	罐						六	
富M3	125°	AbⅤ		罐、釜AⅢ、C、甑Bb、盏A							六	
戏M1	55°	AbⅦ		盏B	盘口四系壶、碗Ⅲ5						六	

续表

墓号	方向	墓葬形制	葬具	随葬品							分期	备注
				陶器	瓷器	铜器	铁器	钱币	料珠	银器		
戏M2	45°	AbⅦ		罐（?）、盂、盏B2	盘口四系壶、碗Ⅲ5						六	
白M12		二次葬		狗、器座、男俑头								
白M15	216°			站立拱手俑A、B、劳作俑C	碗、盏3	釜CⅠ		五铢AⅣ、AⅤ、五铢残片30、崇宁通宝3、政和通宝、皇宋通宝、宋铁钱4				
白M16	210°	AaⅠ		大口瓮Aa2、小口束颈罐BaⅠ、盘、甑A、站立拱手俑A、B2			錾、刀	五铢AⅢ3、AⅣ3、AⅤ2、五铢残片				
白M17				小口束颈罐AⅡ、BaⅠ、壶CⅠ			錾、环首刀	五铢AⅡ、AⅢ15、AⅣ16、AⅤ3、Ca71、货泉BⅠ、开元通宝Ⅰ、Ⅱ				
白M22												
白M23	220°											
白M26	220°	AbⅠ		大口瓮Aa、壶D、钵AⅡ、盆B、灯、站立拱手俑A2、C、D3、拖耳俑、乐舞俑B、C、E、劳作俑A、B、C、D				五铢AⅠ12、AⅡ27、AⅢ44、AⅣ35、AⅤ6、B4、货泉BⅠ				
白M30	204°		砖棺	陶鸡、劳作俑A、D			环首刀					
白M32	184°	AaⅡ	砖棺	大口瓮Aa、带盖瓿3、甑、俑3、行走俑、站立拱手俑A、D2、乐舞俑B、劳作俑B、C			釜、刀2、环首刀2、臼、矛2	五铢AⅠ7、AⅡ29、AⅢ94、AⅣ114、AⅤ27、B9、Ca163、五铢残片140、货泉B Ⅱ、大泉五十 BⅢ、BⅤ、开元通宝Ⅰ2				

续表

墓号	方向	墓葬形制	葬具	随葬品							分期	备注
				陶器	瓷器	铜器	铁器	钱币	料珠	银器		
白 M34	184°	Ab I		站立拱手俑 D、立俑、劳作俑 A、乐舞俑 B、D、男俑头				五铢 A I 8、A II 14、A III 64、A IV 54、A V 48、B5、Ca98、大泉五十 B I、B II、B III				
白 M41				鸡 2、武俑、站立拱手俑 A、D、劳作俑 B、乐舞俑 E								
高 M3	200°	AaV										
高 M4	212°									铃		
高 M5	191°											
高 M7	220°	AbⅦ										
高 M8		AbⅦ					直柄刀					
高 M9	223°	AbⅦ				釜 C II						
高 M12	216°			钵 BbII、Bd、纺轮								
高 M13	222°	AaV		盏 A6								
高 M14	142°	AbⅦ										
高 M17	228°	AbⅦ		盏 A								
高 M18	155°	AaV										
高 M25	147°	AbⅧ										
朱 M2	324°	B II										
官 M2	278°		崖棺									
官 M11	270°											
官 M14	282°											
富 M2	125°	AbⅧ										
堰 M1	160°											

后　记

　　《绵阳崖墓》考古发掘报告所涉及的墓葬全部为狭义的绵阳亦即绵阳市区的范围内，其田野调查和发掘工作全部由绵阳博物馆的唐光孝、宋建民、胥泽蓉、杨伟、巩仁、夏良民、王勇、彭世全以及当时的绵阳市文物管理所唐飞、三台县文物管理所钟治和射洪县文物管理所曾凌云等同志承担，现场绘图分别由唐光孝、宋建民、唐飞、钟治、夏良民和曾凌云等承担。田野调查和发掘工作时间从1995年开始，至2012年结束。报告整理和编写工作由成都文物考古研究所和绵阳博物馆共同完成，先后参加工作的有绵阳博物馆唐光孝、宋建民、胥泽蓉、夏良民、杨伟、巩仁，成都文物考古所刘雨茂、索德浩、谢林、邱艳、卢引科、戴福尧、严彬以及四川大学历史文化学院2008级研究生贝蕾和柴丽丽。报告中墓葬总平面图和每座墓平、剖面图以及细部结构图由卢引科在原发掘图上修改后清绘，河边九龙山沙包梁墓葬群总平、墓室结构及画像雕刻图由卢引科现场重新绘制，报告所用器物图全部由卢引科绘制。照片由刘雨茂、杨伟、李绪成、李升拍摄制作。拓片由戴福尧、严彬完成。

　　报告主编王毅、王锡鉴，执行主编刘雨茂、唐光孝。

　　报告编写分工如下：

　　第一编：第一章和第二章第一、二节由唐光孝执笔，第二章第三节由刘雨茂执笔。

　　第二编：第一章第一、三节由唐光孝、索德浩执笔；第二、八节由胥泽蓉执笔，第四节由刘雨茂执笔，第五、六、七节由宋建民执笔；第二章第一、二节由索德浩执笔，第三节由谢林执笔，第四节由邱艳执笔。

　　第三编：第一章由索德浩、唐光孝执笔；第二章由刘雨茂、宋建民执笔；第三章由刘雨茂、邱艳执笔；第四章由索德浩、谢林执笔。报告最后由刘雨茂、唐光孝统审定稿。

　　《绵阳崖墓》在田野调查、发掘和整理编写过程中先后得到四川省文物局、四川大学历史文化学院、四川省考古研究院、绵阳市文广新局、绵阳博物馆、成都文物考古研究所等单位领导和同仁的大力支持和帮助。四川大学历史文化学院宋治民先生以八十三岁的高龄审阅了全稿并欣然作序，先生严谨的治学态度，对四川文博事业的切切关心及对后学晚辈的谆谆教诲，让我们受益匪浅、感激不尽。四川大学历史文化学院白彬教授、成都文物考古研究所江章华副所长、蒋成副所长对报告的编写提出了许多宝贵意见。文物出版社责任编辑孙漪娜女士不辞辛苦、认真编审，为报告的出版付出很多。在此，我们致以衷心的感谢！另外，还要特别感谢蒋璐女士对本报告摘要的英文翻译。

　　《绵阳崖墓》的编撰工作中，我们本着科学、真实、客观、全面地报道田野考古资料的宗旨，力求反映出绵阳市区崖墓的全貌，以期达到尽快为研究者提供第一手原始资料的目的。然而，由于我们学识水平有限，报告中错漏和不当之处在所难免，恳请各位专家、同仁批评指正。

英文提要

Mianyang, which is located in the north of Sichuan Province, is an important distribution area of rock tombs. The rock tombs, dated from Han Dynasties to the beginning of Tang Dynasty, are especially with large numbers, and have rich burial artifacts as well. Therefore, it is of great importance to collect all the rock tombs in this area and carry out an initial research. From October, 2007 to March, 2013, the Relics and Archaeology Institute of Chengdu City, cooperated with Mianyang Museum, gathered the rock tombs found in Mianyang area and then compiled them in the book named Mianyang Rock Tombs. This book has a collection of 98 comparatively complete tombs, which were found in the rescue excavations since 1996 in Fucheng and Youxian, two districts of Mianyang. Among these tombs, 83 are from Fucheng District, and 15 are from Youxian District. These tombs located in 12 sites. 8 sites belong to the Fucheng District, such as Baihuzui at Shuangbei, Jinyan Bay at JiulongMoutain of Hebian, Gaobailiang at Yuanyi, Shabaoliang at Jiulong Mountain ofHebian, Banqiao of Tangxun, Xikeda of Qingyi, Zhulin Bay of Xishan, Xitailiangzi at Baiguolin of Jinfeng. And the other 4 sites belong to the Youxian District, such as Zhujialiangzi at Baichan, Guanshanliang at Songya, LehoushanMoutain at Xiaojianfu, Yaner Bay at Bailin.

The most significant characteristic of this book is that the editor separates the objective reports and the subjective study into two parts, which makes an impartial publication of archaeological materials, and also is conducive to express of editor's preliminary understanding. The main body of this book is introducing tombs in sequence, striving to be objective and informative by reducing editor's objective speculation, thus to reveal a complete archaeological information to the readers. Besides, based on the reports, the editor made a primary research and expressed ideas and knowledge resulted from excavations and sorting works. The editor hopes that the subjective part can not only impress reader's understanding, but also benefit researcher's deep – going studies on Mianyang Rock Tombs.

The editor divides rock tombs into six stages on the basis of typological analysis, that is, the Late Period of Early Eastern Han Dynasty, the Middle Period of Eastern Han Dynasty, the Late Period of Eastern Han Dynasty, the Shu Han Period, the Eastern and Western Jin Dynasty, and the Southern Dynasty to Sui Dynasty. This book also explores and summarizes the evolution of artifacts and burial customs.

The rock tombs obtain its culmination after the Middle and Late Period of Eastern Han Dynasty and then formed several regional features. Besides abundant artifacts contexts presenting more secular and commercializing, there are amounts of vivid chamber carvings as well. In 10 decorated tombs unearthed in Shabaoliang at JiulongMoutain in Hebian, the paintings are mostly of imitated wooden construction sculpture, figures and animals, which illustrate the ordinary lives. These paintings provide visual images for discussing funeral customs and belief in becoming immortal. Considered the differences on the contents and techniques of the chamber carving, the ShabaoliangCemetry in JiulongMoutain has two parts, that is the south part and the north part. In the south part, there are more tombs with multiple chambers, therefore, the structures are more complicated and the inner decorations are more various. By using carving and painting, most decoration on constructions imitated residential houses on the ground. While, the portraits of human activities and mythical animals make the tomb seem delightful.

Until the Jin Dynasty and Southern Dynasties, the burial customs of rock tombs shifted. Although there are Han traditions succeeded, for example, several types of potteries still can be found in tombs, in general, the Han customs were replaced by Jin customs. The rock tombs dated to the Jin Dynasties and Southern Dynasty play importance roles on the researches of the Jin Customs in Sichuan. Porcelains in rock tombs of Six Dynasties can be divided into two groups. One is made of local products sampled by the Qingyanggong Kilns in Chengdu Plains and Qinglian Kilns in Jiangyou, the other is mainly from the midstream of Changjiang River.

Large amounts of pottery figurines with quite characteristics are found in rock tombs. The editor studies these pottery figurines from two aspects:

The first is classification of pottery figurines. The figurines can be classified into several types, such as warrior figurines, official figurines, submissive standing figurines, dancing figurines, working figurines, walking figurines, child figurines, listening figurines and so on. By classification studies, the editor initially analyzes the social production, life system and social classes and then the regulations abided by which the pottery figurines were laid out in the tombs.

The second is about the clothing both in Mianyang of Han Dynasty and Sichuan. The sorts of clothes dressed on pottery figurine are limited, most of which are Pao (gown), Ru (short jacket) and Ku (pants). Pao is a kind of popular dressing for all kinds of people. Clothes for workers, such as, Shuhe (leisure suit), shortpants, are designed for convenient working in the fields. Clothes for dancing figurines are of high aesthetic, while clothes for official and warriors present solemnities. Clothes on pottery figurines are mainly casual dresses, which show a sharp contrast with those recorded in the historical literatures. Thus supports the conclusion again that the clothes mentioned in the literatures are only suitable of upper classes and quite different with ordinary dresses. After Eastern Han Dynasty, clothes in Ba and Shu area are almost the same to those in the Central Plains, except for slight difference on details. Generally speaking, clothes in Central Plains received more influences from etiquette so that they present more complicated. Meanwhile, the clothes in Shu area are of fewer sorts and prefer to be more practicable. Clothes for workers are most popular.

In short, these rock tombs not only built a model on sequences and dating of tombs in Mianyang Area, but also play an importance reference value on chronological study on the tombs in the entire Sichuan Province. Chamber carving and artifacts in rock tombs are highly significant for the studies on society, history, customs, religious, clothing, and commerce of Sichuan in Han Dynasty.

图 版

图版一　绵阳市地形图

1. 大口瓮M3：9

2. 壶M3：3

3. 碗M5：3

图版二　白虎嘴M3、M5出土陶器

1. 拱手立俑M10：1

2. 狗M10：6

图版三　白虎嘴M10出土陶模型

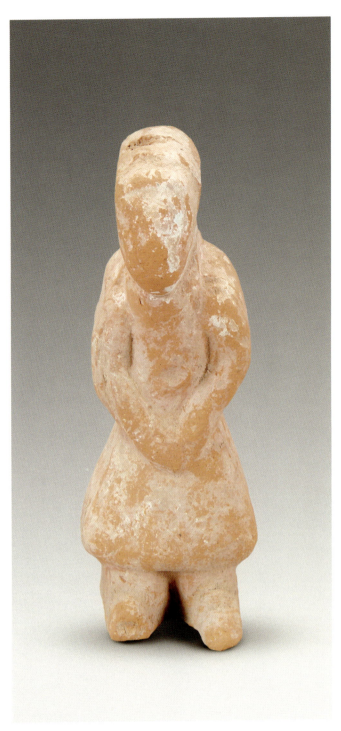

1. 躬身俑M11：5   2. 拱手立俑M13：2

图版四　白虎嘴M11、M13出土陶俑

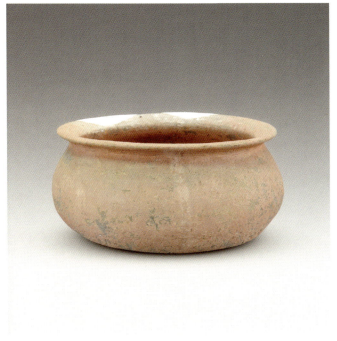

1. 釜M14：5

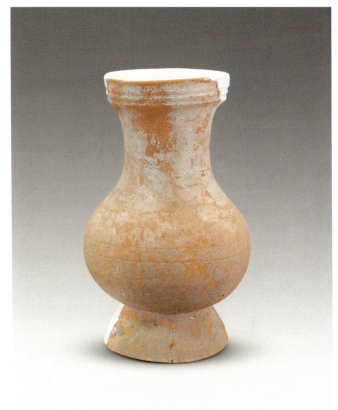

3. 壶M14：22

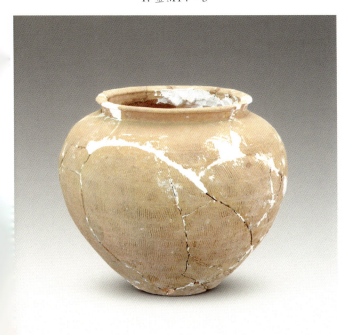

2. 大口瓮M14：9

4. 环首铁刀M14：27

图版五　白虎嘴M14出土陶器及环首铁刀

1. 扛、提罐俑M14：7   2. 执飏扇俑M14：24

图版六　白虎嘴M14出土陶俑

1. 房 M14：16

2. 公鸡 M14：20

图版七　白虎嘴 M14 出土陶模型

1. 铜提梁釜 M15：6

3. 陶釜 M18：1

2. 陶壶 M17：2

4. 陶井 M18：5

5. 陶汲水小罐 M18：6

图版八　白虎嘴M15、M17、M18出土遗物

1. 陶罐 M21 ∶ 38

2. 陶盘 M21 ∶ 14

3. 陶房 M21 ∶ 35-1

4. 铁锸 M21 ∶ 39

图版九　白虎嘴M21出土遗物

1. 狗M21：22

2. 猪M21：23

图版一〇　白虎嘴M21出土陶动物

1. 拱手立俑M21：29

2. 拱手立俑M21：28

3. 抚琴俑M21：24

图版一一　白虎嘴M21出土陶俑

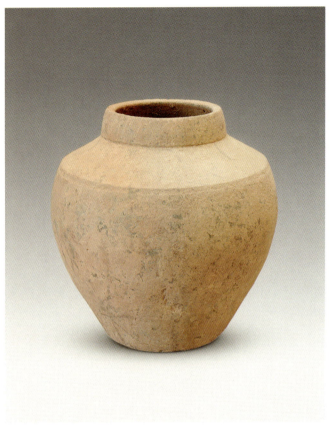

1. 罐 M25：1

2. 壶 M25：30

3. 击鼓俑 M25：13

4. 躬身执棒俑 M25：15

图版一二　白虎嘴 M25 出土陶器、陶俑

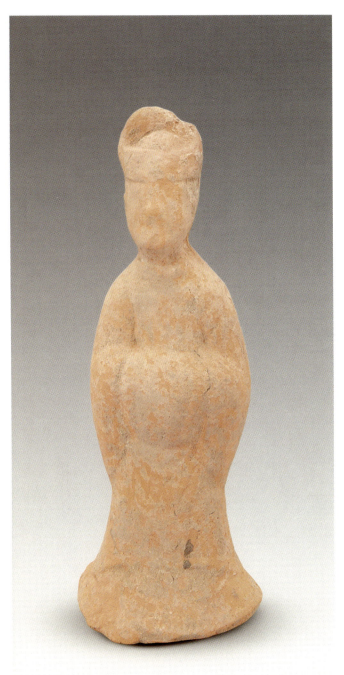

1. 拱手立俑M26：7   2. 抚耳俑M26：9

图版一三　白虎嘴M26出土陶俑

1. 执笙俑M26：14

3. 击鼓俑M26：17

2. 庖厨俑M26：15

图版一四　白虎嘴M26出土陶俑

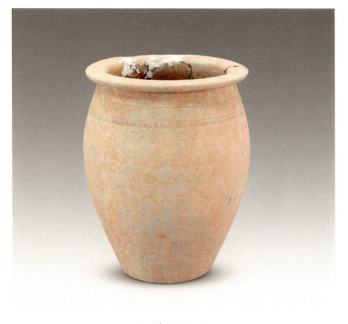

1. 井M29：9

3. 行走俑M29：1

2. 佩刀男俑M29：6

图版一五　白虎嘴M29出土陶模型

2. 陶带盖瓯M32：1

1. 陶庖厨俑M30：4

3. 铁臼M32：12

图版一六　白虎嘴M30、M32出土遗物

1. 抚耳俑M39∶7

2. 抚耳俑M39∶13

3. 猪M39∶2

图版一七　白虎嘴M39出土陶模型

1. 银手镯M40：3

2. 银戒指M40：4

3. 陶罐M42：6

4. 陶钵M42：20

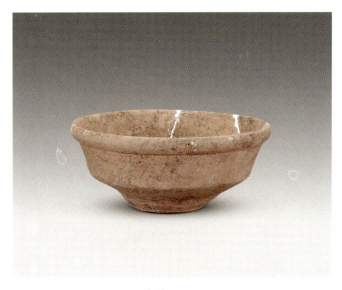

5. 陶钵M42：11

图版一八　白虎嘴M40、M42出土遗物

1. 陶井 M42：18

2. 铁钩镶 M42：5

3. 铜釜 M42：22

4. 陶罐 M43：4

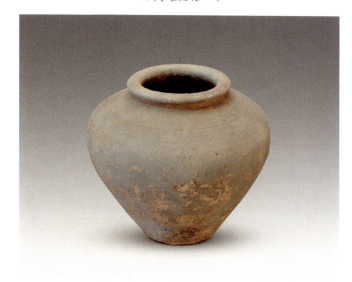

5. 陶罐 M43：5

图版一九　白虎嘴 M42、M43 出土遗物

1. 吹笛俑M48：10   2. 执箕帚俑M49：1

图版二〇　白虎嘴M48、M49出土陶俑

1. 陶钵 M1：2

2. 铁剪刀 M1：3

3. 银铃 M4：1

图版二一　高柏梁 M1、M4

1. 瓷盘口壶 M6：2

3. 铜洗 M6：10

4. 料珠 M6：9

2. 瓷盏 M6：6

5. 瓷杯 M10：2

图版二二　高柏梁M6、M10出土遗物

1. 陶俑M11：9

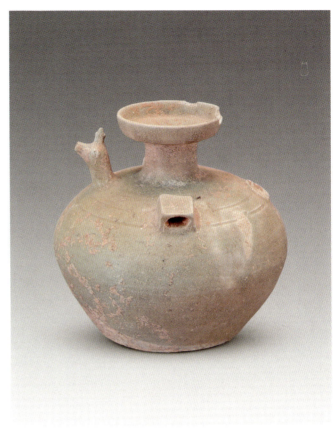

2. 瓷鸡首壶M11：15

3. 瓷罐M11：8

4. 铜龙头饰M11：11

图版二三　高柏梁M11出土遗物

1. 陶纺轮 M12：1

2. 陶盏 M13：6

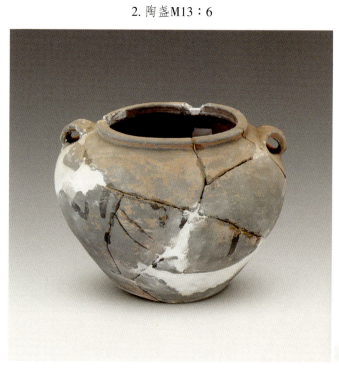

3. 陶釜 M15：2

4. 陶双系罐 M16：1

图版二四　高柏梁 M12、M13、M15、M16 出土陶器

1. 拱手立俑M20：6

2. 拱手立俑M20：2

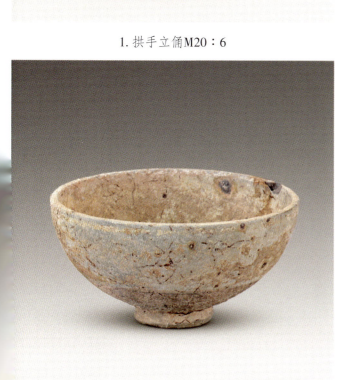

3. 瓷碗M20：3

4. 瓷杯M20：8

图版二五　高柏梁M20出土遗物

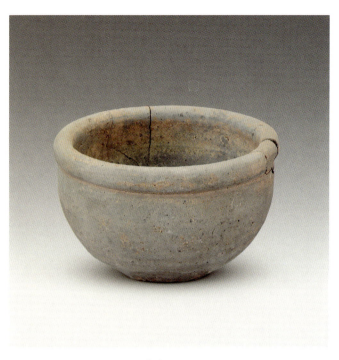

1. 陶甀M21:3

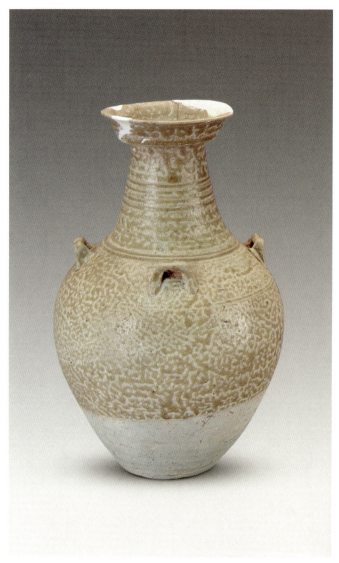

3. 瓷盘口四系壶M27:2

2. 陶碗M26:3

图版二六　高柏梁M21、M26、M27出土陶、瓷器

1. 前室南壁

2. 后室墓门蹲熊

图版二七　沙包梁M1

1.陶双唇罐M1：2

2.陶罐M1：12

3.陶鐎斗M1：11

4.瓷碗M1：5

图版二八　沙包梁M1出土陶、瓷器

1. 墓室

2. 墓室后壁雕刻

图版二九 沙包梁M2

1. 后室北壁崖棺

2. 后室北壁雕刻

图版三〇　沙包梁M2

1. 罐 M2：5

2. 罐 M2：3

3. 瓮 M2：2

图版三一　沙包梁M2出土陶器

1. 舞俑M3：6   2. 抚琴俑M3：8

图版三二　沙包梁M3出土陶俑

1. 前室东北角石灶及壁龛

2. 墓室南壁崖棺

图版三三　沙包梁M4

1. 后室（由东向西）

2. 后室北壁崖棺

图版三四　沙包梁M4

1. 墓室

2. 墓室后壁魌头

3. 前室南壁石灶

图版三五　沙包梁M5

图版三六　沙包梁M6墓道（由东向西）

图版三七　沙包梁M6墓室

图版三八　沙包梁M6墓室墓顶

1. 莲花莲蓬吊饰

2. 嘉瓜吊饰

图版三九　沙包梁M6墓顶吊饰

图版四〇　沙包梁M6墓室北壁东部雕刻

图版四一　沙包梁M6墓室南壁崖棺柱头蹲熊

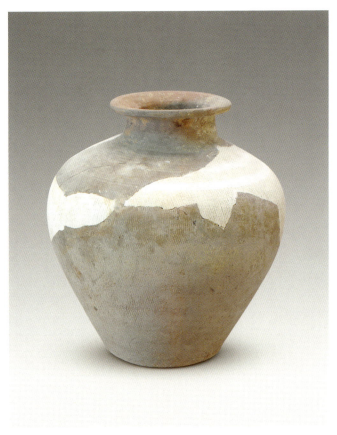

1. 罐 M6：10

2. 釜 M6：2

3. 公鸡 M6：22

4. 鸭 M6：27

图版四二　沙包梁M6出土陶器、陶模型

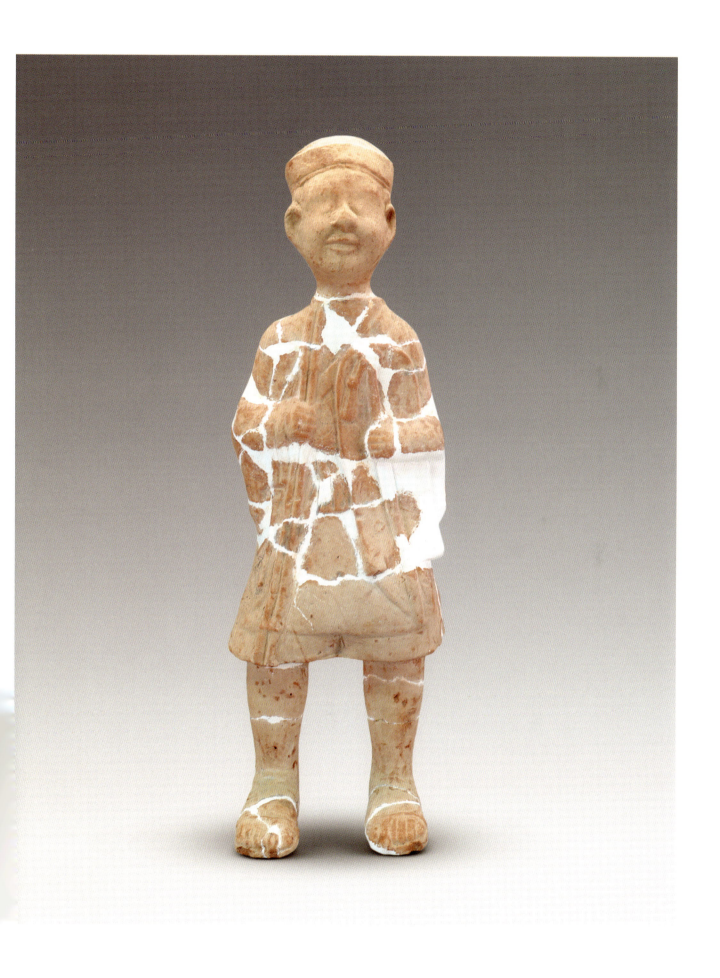

图版四三　沙包梁M6出土陶佩刀男俑（M6：8）

1. 墓室

2. 墓室北壁雕刻

图版四四　沙包梁M7

1. 墓室南壁提罐俑、执刀俑

2. 大口瓮M7∶18

3. 壶M7∶9

图版四五　沙包梁M7出土陶器、陶鸭

1. 鸭M7：5

2. 舞俑M7：2

3. 庖厨俑M7：7

图版四六　沙包梁M7出土陶俑

1.执箕帚俑M7：11   2.扛、提罐俑M7：8

图版四七　　沙包梁M7、M9出土陶模型

1. 墓室

2. 墓室南壁雕刻

3. 墓室后壁雕刻

图版四八　沙包梁M8

1. 前室北壁雕刻

2. 前室南壁雕刻

3. 墓室

图版四九 沙包梁M9

1. 后室墓门

2. 鹅M9：1

图版五〇 沙包梁M9

1. 墓室后壁雕刻

2. 墓室后壁檐脊蹲熊

图版五一　沙包梁M10

1. 墓室（由内至外）

2. 前室西南角雕刻

图版五二　沙包梁M11

1. 墓室北壁雕刻

2. 后室西北部崖棺

图版五三　沙包梁M11

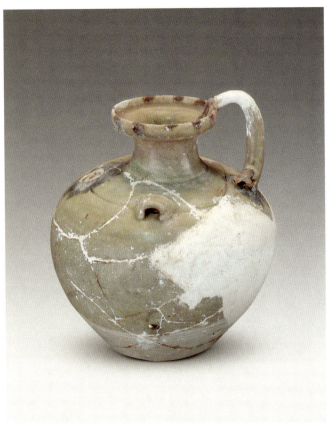

1. 瓷鸡首壶M1：3

2. 瓷唾壶M1：1

3. 陶仓M2：13

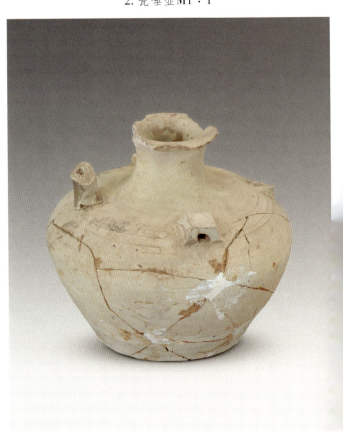

4. 瓷鸡首壶M2：1

图版五四　板桥M1、M2出土遗物

1. 陶钵 M3 : 7

2. 陶鸡 M5 : 2

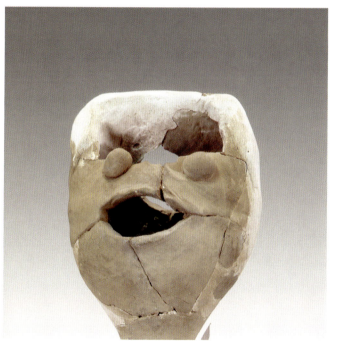

3. 陶俑头 M5 : 3

4. 铁镰刀 M6 : 2

图版五五　西科大 M3、M5、M6 出土遗物

1. 陶房M3：11

3. 朱家梁子M3：18

4. 朱家梁子M3：19（短侧面）

2. 朱家梁子M3：17

5. 朱家梁子M3：19（长侧面）

图版五六　朱家梁子M3出土陶房及铭文砖

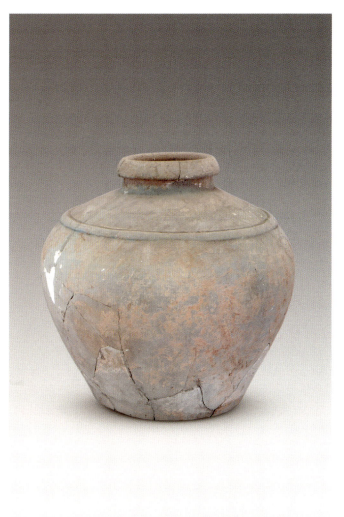 

1. 小口束颈瓮M5：3　　　　　　　　2. 执笙俑M5：12

图版五七　朱家梁子M5出土陶器、陶俑

1. 房 M6：17

2. 水田模型 M6：10

3. 提罐俑 M6：9

图版五八　朱家梁子M6出土陶模型